Jul.

涂磊的
爱情手册

涂磊 著

九州出版社

图书在版编目（CIP）数据

涂磊的爱情手册 / 涂磊著. — 北京：九州出版社，2022.4
　ISBN 978-7-5225-0877-1

Ⅰ．①涂… Ⅱ．①涂… Ⅲ．①爱情－通俗读物 Ⅳ.
①C913.1-49

中国版本图书馆CIP数据核字（2022）第053305号

涂磊的爱情手册

作　　者	涂　磊
责任编辑	周红斌
出版发行	九州出版社
地　　址	北京市西城区阜外大街甲35号（100037）
发行电话	（010）68992190/3/5/6
网　　址	www.jiuzhoupress.com
印　　刷	北京盛通印刷股份有限公司
开　　本	880毫米×1230毫米　32开
印　　张	11
字　　数	270千字
版　　次	2022年4月第1版
印　　次	2022年4月第1次印刷
书　　号	ISBN 978-7-5225-0877-1
定　　价	59.80元

★版权所有　侵权必究★

好的亲密关系,

总是在面对矛盾和解决矛盾,

并且在这个循环中增进彼此的了解,

让双方变成更完美的爱人。

拒绝每一个不曾动心的人,

把心留给自己真正爱的人。

自 序

情感没有方法,更没有技巧,只有感悟。我在节目中说的每一句话,此书中的每一个字,都是透过一些情感现象来分析背后的本质,帮助大家感知自我在情感中的真实。只有了解自己,才能客观面对自我的行为,唯有自省才能自我调整!

情感节目是中国人的特色,无论是谈话还是调解类型都无一例外地要袒露自己的隐私,有些人真实讲述,有些人添油加醋,更有人心怀叵测。十几年来,我几乎参与了中国所有情感节目的录制,案例无数,人间百态,形形色色。庆幸的是我从未因此而审美麻木,始终保持敏锐的洞察与感知力,一如既往地说真话,讲事实!我反感所谓的"看破不说破",否则对不起我在舞台上所处的位置!说实话,坚持如此,很难,油滑却很容易!

将近十年前就陆续有几十家出版社邀约这本书,直到今日才得以问世,有诸多原因。一是懒,节目太多没精力。二是对书的敬畏,在出书门槛如此之低的今天,我始终认为出书是件神圣的事,而不是沽名钓誉,附庸风雅。三是随着年龄的增长,有些观点总在不断地变化,尽可能避免读者的误读!

我这辈子最大的骄傲就是坚持做了一个还算正直、真实、善良的人,最大的收获就是一个幸福的家庭和无数喜欢我的你们,你们与别的粉丝不同之处就在于:在价值观上的认可,而不是盲目跟风,感谢!这本书不能帮你追求幸福,但希望能为你们避开不幸!

目 录

Chapter.1　享受独处
活成自己的最高版本

- 002　你真希望 TA 过得比你好？
- 005　不懂寂寞，脱单何用？
- 009　女人不要太善良，不要太坚强！
- 012　你向往别人时，别人也在羡慕你
- 014　爱人七分足矣，剩下三分爱自己
- 017　不论走多远，别忘记自己为什么出发
- 020　你需努力生活，但不必太用力
- 023　幸福还有多远

Chapter.2　爱情开局
暧 昧 不 是 爱

032　　暧昧有多迷人，就有多危险

036　　你的好意，他以为是好感！

039　　好人未必值得爱！

042　　趁火打劫可耻，无缝连接可悲

045　　感情里的备胎，是隐藏的第三者

049　　男女之间，没有永不过界的纯友谊

053　　真正爱你的人，不会忽视你的感受

055　　爱你的人，不会让你遥遥无期地等待

059　　四不恋爱论

062　　不属于你的爱情，何必强求

Chapter.3　恋爱之道

享受甜蜜，保持清醒

070　缺乏理解的付出，是一场自我感动

073　你对待爱情的方式，决定你爱情的模式

077　伪装的爱情，终究会被打回原形

080　别打着善意的幌子

082　深爱一个人，不会羞于谈钱

085　要么浪漫到底，要么本本分分

087　"誓"与"诺"都有口无心

089　绝不将就

092　不共患难，怎共富贵？

Chapter.4　秒懂男人
绕过恋爱雷区

100　嫁给一个什么样的男人

103　如何看清男人是否真的爱你？

106　你以为的懦弱其实是一种手段

109　爱情不能套路，幸福要靠领悟

113　TA无情地利用你，你却不以为然！

116　女人，别被你的"母性"欺骗了

120　你骗自己的样子，真的很狼狈

124　女人，别轻易为谁生孩子

Chapter.5 同居指南

最好的关系是相处不累

132　爱不是说出来的,是做出来的!
135　没有人天生为你准备
138　没有一种爱情高人一等
141　女为悦己者"丑"
144　爱的考验
146　爱需要表达,但更需要付出

Chapter.6 遭遇不忠
有多少爱情，毁于多情

154　如何揭穿他的振振有词？听懂男人话语背后的解释！
156　到底是谁先背叛了谁？
160　别以为你"情能自禁"！
163　甜蜜源于回忆，背叛始于忘却！
166　那个老实人变了！

Chapter.7 前任攻略
我们该如何正确地说再见

174 对前任的有情，就是对现任的无情

178 你念念不忘的，是倾注太多爱的自己

180 想起是因为善良，放下是因为成长

182 终于，我学会了不再想你！

185 放过你不等于原谅你

Chapter.8　婚前抉择

选择是对自己的负责

192　　聪明的女人,从不跟男人"讨价还价"
195　　别为爱情远走他乡
199　　得不到父母的祝福,真的不幸福吗?

Chapter.9　婚后相处

婚姻最好的尺度，是张弛有度

208　女人太能干，男人就混蛋？
212　缺乏理解的付出，终究是自我感动
215　相处的天平，取决于你的管理水平
218　要女人给你面子，先给女人里子！
221　爱要自由，先要自律
223　有"病"的公主，并不会嫁给爱情
225　先经济独立，再人格独立
229　他的努力，只需要一点鼓励
232　不要为婚姻打工

Chapter.10　出轨修复

与其貌合神离，不如离

240　你能抢来的，别人同样可以抢走！
243　男人多情而长情，女人专情而绝情
247　面对背叛，请量力而行！
250　爱到尽头，请互相留下体面

Chapter.11　情感保鲜
如何有效度过爱情沉默期

258　爱她不如"算计"她！
262　相爱是一场与时间的竞赛
265　你的能量，决定爱情的质量
268　矛盾让爱情变得更有意义
272　爱情就像高速公路

Chapter.12 关系升级

彼此独立又彼此依赖

280 好的爱情是彼此间的取长补短

282 平等是一切关系的基础

286 给彼此安全感,并不难

289 爱与不爱,都藏在肢体语言里

293 你有没有一种莫名的心疼?

296 慢一些,含蓄些!

299 爱情原本的样子,平淡而简单

302 你不幸福,是因为活得太复杂

304 好的爱人,可以通过对方看到整个世界

Chapter.13　男人忠告
你的温度，决定女人的态度

312　真正爱你的女人，才愿为你遮风挡雨

314　男人蜕变的背后，是女人默默的付出

317　永远给爱人，留一个专属位置

319　三十岁的男人应该有多少存款？

与其等待别人的疼爱,

不如自己疼爱自己。

Chapter. I

享受独处

活成自己的最高版本

你真希望 TA
过得比你好？

你身边有没有这样一种人,他在你困难的时候,总是乐于帮助你,并且祝福你过得好一些。但真当你哪一天不需要他的帮助,甚至生活水平比他还好了,你会发现他渐渐断了跟你的联系,他在你的生活中悄悄地消失了。你很苦恼,为什么这个人愿意帮助困境中的我,却在我顺境时不见踪影?

其实,仔细想想,你自己也有同样的问题,只是没有那么极致和明显罢了。

这个问题就是,我们都有善良的一面,希望周围的人过得好,但是每个人也有自私的一面,我们希望别人好,但绝不希望自己比周围人过得差!

叔本华说人类的本性中,有三个愚蠢的特质:好胜、虚荣和骄傲。其中,骄傲这个本性,往往会让人在看到别人比自己强时心生嫉妒,也可以说这是扭曲的自尊心作祟。

人的自尊心是个很奇怪的东西。失去自尊心的人,总是索取,甚至乞求他人的施舍，这已经丧失了做人的意义和乐趣。而自尊心过强，太在乎自己的感受，又容不得他人强过你，这样会很累、很狭隘，同样丢失了做人的意义和乐趣！

一群老同学聚餐，如果一个混得不错的同学举杯，说以后有事儿需要帮助就找他，同学们一定会说这个人真讲义气。如果一个混得很差的同学说同样的话，大家一定会觉得他在吹牛。

一个人的自尊心最好能展现得恰如其分。想拥有恰如其分的自尊，应该做到这三点：自爱、自重、自信。知道自己值得被爱，不会为了讨好别人而苛待自己；以强大的内心做自己的坚实后盾，并且足够相信自己的能力。这样就不会因为过分在意别人的看法和评价而悲喜无常。

其实，一个人是否有助人为乐的想法，跟他的能力大小并无关联，关键是那颗纯粹的心。一个有力无心的人说帮助，那是虚伪；一个有心无力的人尽力而为，那是真诚。

人这一生，即便再怎么好强，再怎么优秀，总要麻烦几个人，但我们总是容易形成一种强与弱的思维定式。

心理学上把这称为"惯性思维"，通俗一点的解释就是：先前的经验和习惯，影响了这个人后期的分析判断，不懂得灵活变通，摆脱不掉"条条框框"的束缚。

比如一个人认为自己强，就要一直强，即便哪一天处于人生低谷，也要打肿脸充胖子，绝不接受别人的帮助，尤其不会接受一个曾经比自己弱的人的帮助。如果对方是我的好朋友，那更不可以，因为我会很没有面子。

如果是这种情况，他就陷入了惯性思维，没办法跳出先前负面的心理状态，向他人适当地示弱。从另一方面看，他也可能从来没有把他人当成真正的朋友。

人的感受都是平衡的，既有付出的需要，也有接受的需要。你帮助别人是善良，但也是一种自我价值的体现。别人同样如此，与其接受一个外人的帮助，为什么不把这种机会留给自己的朋友？要知道，帮助别人是热心，拒绝接受帮助却是一种残忍。

内心真正强大的人，不是只能慷慨地帮助别人，更可以从容地接受别人的帮助。

因为真正的强大，无关力量的大小、社会地位的高低、财富积累的多少，而是不以自己财富、能力高于别人而骄傲，也不因为自己的财富、能力低于别人而谄媚。这种人的内心总有一种高贵和谦卑。

我真诚地希望你过得比我好，因为我相信，无论谁过得好一些，心中都不会忘记彼此！

不懂寂寞，
脱单何用？

传说中的"光棍节"，不知是从什么时候开始兴起的，如今摇身一变成了很多单身人士狂欢的日子，甚至成为很多情侣结婚的良辰吉日。脱单也从一种心理上的渴望变成了一种被追逐的时尚，但是脱单真的快乐吗？

这一天，无论是"光棍"们的苦中作乐，还是脱单人士的暗自庆幸，或者商家们借助单身的痛苦或脱单的快乐，进行着趁火打劫式的营销，其实都挺无聊的。

不懂寂寞，脱单何用？

关于光棍节的来源，流传着很多种说法，其中的一个版本是：

男主角叫木光昆，生于1970年11月11日。由于他的名字特殊，从小到大的外号都叫"光棍"。

他在南大读大二时谈了一场恋爱。只是没想到，幸福那么短暂，女生突然查出患有绝症，最终离开了人世。女生去世的那天，木光昆跑到宿舍顶楼，点燃蜡烛，吹了一晚上的笛子。之后，木光昆像变了一个人，大四那年的 11 月 11 日，也是他生日那天，舍友们在南大第一宿舍的楼顶上陪他一起喝酒庆生。

此后，关于木光昆的故事在南大流传开来，他的生日也被定为"光棍节"。我不知道这个故事是否真实，但我觉得这更符合这个节日本身的意义！

我们一直崇尚圆满，幸福的定义从来都离不开团聚、结合，因此，单身也成了孤独、残缺的代名词。

父母的逼婚也好，剩女剩男的悲哀也罢，似乎形单影只是在证明你是人生的失败者，唯有出双入对才是人生赢家。

可是，一个不懂寂寞、无法品味孤独的人，如何能够理解真正的团聚和幸福呢？

多少人表面上花前月下，搂搂抱抱，可内心深处充满着欺骗、玩弄、自欺欺人。从来就没有随随便便的幸福，也从来没有轻轻易易的团聚。

脱单容易，幸福很难。

幸福是一种主观感受，是一个人在满足温饱与安全需求后，内心感到愉悦充实。它需要的是满足感，是一颗知足常乐的心，跟脱单没有直接关系，所以，单身的人也可以获得幸福，前提是他对生活保持热爱，对未来充满期待。

而两个人的幸福，则是共同完成情感的扩容与升华，需要相互投入爱，珍惜对方的存在。只有当我们先理解了什么是幸福，才能抵达爱的港湾，从一个人的满足，变成两个人的幸福。

有人反驳：品味孤独？享受寂寞？拜托，大家都是凡夫俗子，别装什么圣人君子。无人陪伴的夜晚心事向谁诉说，别人出双入对你孤家寡人，你不痛苦？

我相信说这些话的人很多，但这说明空虚是多数人的真实写照，无聊是多少人的生活状态。

只不过他们忽视了，一个人的孤独时刻，也是最好的增值期。

现在的光棍都干些什么？撸串？打麻将？K歌？打《王者荣耀》？如果用这样的方式排解你单身的时光，活该你打一辈子光棍。

你不过是无人陪伴、寂寞难耐罢了。即便遇上一个真正爱你的人，我相信你也无法真正守住这段真情。因为你从来没有准备好去迎接爱情，迎接一个即将走入你内心深处的爱人。

一个耐不住寂寞、只会凑热闹的人，一旦周围静下来，内心就会躁动不安，他根本不懂得与自己对话，更不懂得认知自己，和自己交朋友。

而急于摆脱寂寞的人，往往找不到排解寂寞的方法。因为寂寞无法摆脱，它是一种人生常态。梁实秋就曾说，寂寞是一种清福。他在寂寞中看到了自我的存在。

寂寞不总是负面的，它取决于我们如何看待与解读。当你试着咀嚼寂寞的滋味，你或许就学会了如何与之共舞。

一个浮躁的人对自己都无话可说，又如何跟爱人交流？自己都不懂自己，怎么知道自己要什么样的爱情？自己和自己都交不了朋友，你交的只能是狐朋狗友。

《猎场》里胡歌扮演的男主角郑秋冬，就很有代表性。他因为盲目地追求成功，跟初恋女友的感情无疾而终。四年之后再次重逢，初恋女友已经是师哥的女友。

女友问他，你后悔吗？他说自己的肠子都悔青了，只怪自己当初太盲目，不懂得珍惜。

之后师哥因病去世，他们本有可能复合，郑秋冬还是因为对成功的贪念，被骗入传销组织，最后入狱。

他太急切、太浮躁、太盲目了。入狱后郑秋冬冷静下来，铁窗生涯让他不得不面对自己，认识自己。他以无情的方式拒绝了初恋女友的等待，不想再耽误对方的青春。

郑秋冬在狱中充实自己，考取了人力资源的文凭，争取了减刑。当失去自由后，在不得不孤独地面对自我时，他终于成熟了起来。

可见，孤独与寂寞其实是宝贵的财富，单身的时光也是幸福爱情的前奏。

好好地享受单身的时光，充实和武装自己。当你学会了接纳孤独，与孤独坦然共处，才能明白孤独之后便是成长。优秀的人会想办法提升自己，让自己持续增值；聪明的人也懂得享受孤独，把时间花费在高价值的事情上，历练过后让自己走得更远。

人只有对一个角色有长久的准备和期待，才会珍惜和演好这个角色。

女人不要太善良，
不要太坚强！

　　一个女人无论面容多么丑陋，只要她内心善良，总会给人以美好的感觉；一个女人无论多么强势，如果她很坚强，也总能让男人去尊重她。

　　只是你可曾知道，如果一个女人太善良、太坚强，虽然能让男人感受到美好，让男人心生敬佩，但还是会被男人抛弃，最终输在一个不怎么善良、不怎么坚强，爱撒娇、会任性的女人手上。

　　男人在抛弃你的时候，总是会甩下一段让你欲哭无泪的话："亲爱的，我离开你不是因为你不好，是因为你很善良，所以我相信你一定会原谅我的离开。我选择她，是因为她太脆弱，如果离开我，她就太惨了。但是你不一样，你即使被打倒再多次，也能勇敢地站起来。我相信你会从心底里祝福我们，我也希望将来能和你像亲人一样相处。"

　　听了这些话女人们恍惚了：我善良，我坚强，有错吗？当然没错，只是你太不了解男人。

　　每个男人都渴望成为一个女人的英雄。他们想被人需要、被人依赖，而擅长撒娇的女人，往往能激发男人的保护欲，也更能满足他们变身英雄的梦想，所以，懂得适当示弱的女人，更能让男人心动和不舍。

善良是什么？是对人友好，是同情弱者，是心地单纯，是将心比心。而心理学定义的善良，是拥有极强的同理心，善于理解他人，懂得换位思考。所以，一个善良的女人总是能先人后己，宽以待人。她们喜欢小动物，善待老人，乐于助人，善解人意。这所有的一切对于相对刚硬的男人来说，是一种美好的补充和平衡。

可是，千万别把善良理解为没有原则和妥协。俗话说得好：人善人欺天不欺，人恶人怕天不怕。这个所谓的天，不是老天，而是原则和底线。

你的善良要给同样善良且懂得感恩的人，你的包容也不是一味地妥协，而是心胸宽广。会哭的孩子有奶吃，会撒娇和示弱的女人能得到男人的青睐，那是因为她们利用了善良。所以我们说，当女人泪眼婆娑的时候，失明的是男人。

若善良的女人遇上心机女，你还报以善良，那就是自我毁灭。如果一个男人总是触犯你的底线，你还包容妥协，在对方眼中那不是善良，反而会被理解为愚蠢和软弱。

就像艾默生说的："你的善良，必须有点锋芒，否则等于零。"因为世界上并非都是懂得回馈善意的天使，还有很多利用和践踏善意的恶魔。对于后者，我们不要以德报怨，而是以牙还牙。坚强是什么？是内心的独立，是面对困难的勇敢，是咬牙强忍的坚持，是默默承受的隐忍。

坚强的女人不会事事都依靠男人，不会开口闭口撒娇撒痴，她们能够扛起男人扛不起的责任，她们能一个人含辛茹苦地带大孩子。这样的女人让男人内心崇敬，但也让男人没有存在感。

一个女人太软弱，软弱到离不开男人，男人会厌恶。一个女人太强大，强大到不需要男人，男人会害怕。

很多人认为现代女性应该追求独立和保持自我。这些都没有问题，但不应该矫枉过正，忽视了在亲密关系里女性可以依赖另一半。这不是卑微的依附，而是适当的示弱。它像是两性互动里的调剂品，你来我往，势均力敌，彼此需要，相互满足，在平等中实现关系上的和谐圆满。

无论是分娩的痛苦，还是挫折中的坚持，男人都不如女人能忍，所以男人天生害怕女人强过自己，无论是经济收入、社会地位、职场能力，还是吃苦耐劳的能力。

英国前首相"铁娘子"撒切尔夫人，雄踞英国政坛十一年，在英国和阿根廷争夺马岛的海战中，面对阿根廷的巡洋舰，她亲自下令："开炮，击沉它！"但就是这样一个女人，却在生活中每天为丈夫做早餐。可见女人的坚强，不是不需要男人，而是要告诉男人，因为你的软弱，我才这么坚强。

一个女人应该善良，但要有识别丑恶的眼睛、抗击恶毒的能力。

一个女人应该坚强，但在生活独立的基础上，情感上对男人要有依赖，经济上对男人要有要求。

善良而不懦弱，坚强而不强势，人格独立，情感丰富，这样的女人才是迷人的。

你向往别人时，
别人也在羡慕你

你快乐吗？如果你总是不能感觉到长足的快乐，也许我的话会对你有用，让我们聊一聊不快乐的自己！

很多时候，我们都不是在做自己，而是在模仿别人；我们不是在过自己的日子，而是在羡慕别人的生活；我们不是在追求自己的幸福，而是在抄袭别人的快乐。

不可否认，我们一直在比较，并且是从生命之初就开始了！

读书时，比成绩；立业后，比业绩；吃饭，比好坏；穿衣，比品牌；买房，比大小；购车，比贵贱；恋爱，比甜蜜；婚姻，比安稳。

人不开心，主要源于错误的比较。无论是拿过去跟现在比，还是拿自己与他人比，都会产生心理落差。正向的还能让人感到进步和愉悦；反之则会产生挫败感，进而自我否定。

弗洛伊德将人格分为"本我""自我""超我"，在比较心理中，也有一个"三我"结构，分别是"经验自我""攀比自我""期望自我"。"经验自我"是过去的自己，"攀比自我"是跟外界比较的感受，而"期望自我"

是理想中的自己。

我们之所以不断跟别人比较,就是因为做不到那个理想中的自己。米兰·昆德拉说得好:生活在别处。

所以,我们看别人的生活都觉得幸福,到了自己这里却都是残酷。失去的都美好,得到之后又都不过如此。**我们太习惯了拥有,总是理所当然。我们太害怕失去,总是患得患失。**

如果人终其一生都避免不了比较,不妨换个比较的思路。

去医院看一看,其实健康是最大的财富。去墓地里走一走,好好活着是最大的奢侈。别人成功的时候,你只看见了他的风光,却无视他的沧桑。别人幸福的时候,你满心羡慕,却无视身边人的付出。

不求而得的,往往求而不得,当下最珍贵的,恰恰是你此时正拥有的,一旦失去,很难失而复得。

生活不在别处,恰在此处。

当你在向往别人的生活时,也许别人正在羡慕你的幸福。

爱人七分足矣，
剩下三分爱自己

做节目的时候，有很多人给我留言，每一句留言都是他们内心深处的呐喊，每一个故事都是别样的人生。

其中有一些留言，是关于一个人生活的寂寞。

有人说，群居是暂态，孤独是常态。

有人说，被迫恢复单身两年，如今很享受当下的生活，原来人生不是只有爱情，还有亲情、友情、事业。

还有人说，一个学会了独处的人，才不会过度依赖他人，避免在一段关系里成为一个绝对的付出者、低价值者。那样的关系太危险，对方反而不会珍惜。

他们都品尝到了寂寞的滋味，或成长，或感慨，各不相同。

电影《重庆森林》里有一段台词："不知道从什么时候开始，在什么东西上面都有个日期，秋刀鱼会过期，肉罐头会过期，连保鲜纸都会过期，我开始怀疑，在这个世界上，还有什么东西是不会过期的？"

毁掉一个人的不是孤独，而是寂寞中孤立无援的无力感。人生在世，难免寂寞,但因何寂寞,又如何抵挡寂寞,各有缘法。

爱你的人,想你的时候就寂寞。不爱你的人,寂寞的时候才想你。 当你内心挂念着远方的他,虽然寂寞,却内心饱满,因为你心里有他,所以每个角落都是他。寂寞只是因为你迫切地想知道,他冷不冷、饿不饿、快不快乐,是不是因为想你也正在寂寞。

因此一个心中有爱的人,TA 的寂寞并不空洞,因为承托着厚重的情感,所以,这份寂寞因思念的羁绊更有价值。这样的寂寞,既能抵挡住诱惑,也能承受住考验。而心中无爱的人,渴求关爱却容易被蒙蔽,不懂分辨自己遇到的是暧昧还是真情。

所以,对前者而言,时间依旧很慢,黑夜依旧很长,但如果这所有的一切都是为了约定的重逢,那即便寂寞也是幸福的。只是怕重逢遥遥无期,寂寞便泛滥成灾。

"有时候不是小鸟不愿意飞过沧海,而是因为海的那头早已没有了等待。"最残忍的寂寞,无非是怀念着一段早已逝去的情,思念着一个早已忘记你的他。

你泪流成河又怎样,心如刀割又如何?叶子黄了又绿了,你浪费的是你不可挽回的青春。

有些人到死才知道谁爱自己,有些人到死才知道自己爱谁,但我们首先要学会爱自己。

王尔德说:"爱自己,是终身浪漫的开始。"一个人懂得了如何爱自己,才能更好地爱别人。而一个知道什么是爱的人,绝不会忽视取悦自己,更不会盲目去爱他人。

在这个修行的过程中,你会慢慢理解浪漫与幸福的真谛。所以,浪漫的人不会被寂寞吞噬,幸福的人也懂得如何治愈痛苦。

在独处时,你要学会倾听自己内心的声音,减少对别人的过度期待和依赖,耐得住寂寞,才能完成自我救赎式的成长。

如果你学会自己和自己对话,做自己的朋友,寂寞就并不痛苦。如果你失去了自己,寂寞本身也就丧失了意义。

爱人七分足矣,剩下三分爱自己。

不论走多远，
别忘记自己为什么出发

我看到过这样一个故事：

一对兄弟住在80层大厦的顶楼。有一天，他们旅行后回家，发现大厦停电了。两人背着大大的行囊，但仗着年轻力壮，决定爬上去。爬到第20层的时候，感觉乏累，哥哥决定把行囊留下来，回头再取。

轻装上阵后，两人有说有笑。但好景不长，到了第40层，心力交瘁，两人开始互相埋怨爬楼的决定。边吵边爬，边爬边吵，就这样到了第60层，他们累到连吵架的力气也没有了，只能默默地继续爬。终于到家了，兄弟俩兴奋不已，却发现钥匙留在了第20层的行囊里。

其实，很多人的一生就是如此。
20岁，青春年少，追求梦想无所畏惧。
40岁，人到中年，压力增多，遗憾也多，免不了心生抱怨。
60岁，人生所剩无几，忍耐着继续走下去。

80岁，人生即将走到终点，而梦想却像那把钥匙，永远地停留在了20岁的行囊里，从未放飞。

人为什么活着？

估计很多人都曾不停追问自我。其实，活着本身就是答案，可能为了体验，可能为了梦想，也可能只是简简单单想要陪伴爱的人。

生而为人，总会经历跌宕起伏，没人能风平浪静地过一生。即便会遭遇坎坷，我们依旧执着向前，因为这样才能邂逅更多的人，雕琢出独一无二的人生图景。

人活着是要享受过程，而非一味追逐结果。

既然所有人旅途的终点都是死亡，那就不必着急抵达，不妨多欣赏一下沿途的风景。

平时看到很多人的留言，字里行间充满了对生活的抱怨，对爱人的不满，对往事的遗憾，还有对未来的不知所措。

这所有的一切都是人之常情，但心中坚持梦想、时时不忘初衷的人，往往能够很好地调整自己的情绪，因为他们清楚自己人生的方向、行为的底线、做人的原则、生活的目标。

在他们眼中，梦想就是用来追逐的。强大而坚韧的内心，将助他们栉风沐雨。一个有追求的人，可以更坦然地直面挫败。即便付出后的结果不尽如人意，他们也不会沮丧失落。因为目标在远方召唤，他们会想办法重新奔跑起来。拼搏者的人生，不会在意一城一池的得失，更不会选择自我放逐。

生活苦一些不怕，工作累一些也不怕，爱情遭遇到挫折更不怕，怕的是内心没有希望!

  人生总会苦一阵子,但不会苦一辈子。

  如果你害怕苦这一阵子,那么一定会苦一辈子。

  记住,宁愿做了、错了不后悔,也千万别没做、错过而后悔!

你需努力生活，
但不必太用力

现实中，总有一些生活太用力的人。

他们工作时很疯狂，恋爱时很热烈，对待朋友热情似火，甚至对陌生人也能掏心掏肺。当然，如果这一切都得不到回报，他们也会出奇地愤怒，激烈地争吵，无休无止地抱怨，冲动绝望地离开。

用力活着本身是件好事，这是一种积极的人生态度，但把握不好力道，就会过犹不及。水满则溢，月满则亏，世间万物无一不遵循物极必反的规则。中国人讲究分寸，事情做得过头，就跟做得不够一样，生命都会缺乏弹性。

你身边有没有这样的人？你如何评价？他们是"天使"还是"魔鬼"？

他们活得既卑微又用力，陷于"我执"却不自知，时刻与自己较劲，甚至不给别人喘息的机会。

茨威格在《一个陌生女人的来信》一书中，讲述了一个女人在临终之际，给一位作家写了一封长信，倾诉自己过往几十年对这位作家的爱恋之情，但事实上，对方根本不记得这个女人的故事。

女人跟作家有过三次邂逅，始于仰慕，陷于短暂的欢愉，却终于一场疾病。如果她没染上流感，应该会继续无怨无悔地爱下去，无望又疯狂，痴等着对方记起自己。

只读故事就已经触目惊心，如果真被这样的人用力爱一辈子，该是怎样沉重的体验？这爱恋满是悲伤的注脚，变成了自我催眠式的痴恋。因为谁也不知道这段爱情的尽头是什么，总免不了惴惴不安。

无论如何，遇上这样的人你都应该选择敬而远之。如此用力的爱，你无福消受；如此用力的恨，你无力承担。

但如果你就是这样的人，我要告诉你，生活别太用力，小心用力过度伤到自己。外表强势的你，其实内心很自卑，之所以生活太用力，是因为太害怕失去。而越害怕失去，就越容易失去。因为你的付出完全是为了交换，并非心甘情愿。

真心如果只是为了换取真心，本身已经不再是真心，而是功利心。 工作如果只是为了成功，而不享受过程，往往不会太成功。对待朋友太过热情而不自然，会被理解为谄媚。对陌生人也能掏心掏肺，别人会觉得你莫名其妙，这是廉价的信任。最糟糕的是，对待爱人如果总保持激情似火，带给她的只能是压力。

你或许会想，难道对别人好也是错误吗？

那么我问你，如果别人不给你相同的回应，你会不会苦恼？

如果会，那就别说你这么做是为了别人，那是你自己内心的需要。想被认可是每个人的需要，总是害怕不被认可，却是欲壑难填，自私作祟。

《道德经》里说，凡事张弛有度，否则物壮则老。给予也是如此，需要真正的智慧。

不考虑对方感受的给予，往往适得其反。一方面容易伤及他人自尊，对方可能误认为你过度的帮助是一种"侮辱"。是你太把自己当回事儿，根本没有关注对方的想法。

另一方面，你可能会被对方的反应所伤。既然给予了帮助，自然想得到回应，可他并不需要这些，也就给不出你期许的反馈。如此交往，只徒增彼此的烦恼，最后不欢而散。

总之，别太用力生活，那样活着太累了，争取是一种努力，妥协又何尝不是一种以退为进？

给得多，给得少，不如给得刚刚好。要得多，要得少，也要别人给得了。

幸福还有多远

又是一年七夕夜,此时的你,是不是独自一人?

无论是爱人在异地他乡,或是你们刚刚分手,又或是你依然独身一人,今晚都是如此漫长。

时间是这么难熬,看着指针慢慢走,想着这些年一路走来的不容易,分分合合也好,形单影只也罢,你内心深处最想知道的一个问题一定是——属于我的幸福还有多远?

期待幸福是一种煎熬,但煎熬的过程何尝不是一种幸福。

回顾你走过的岁月,你会发现,当你做梦也想获得一件心爱之物,你日思夜想,努力奋斗,不管走得多么艰难,都是想离目标更近一些。

无论是为了一部手机、一条裙子、一份工作、一份爱情,甚至是一个自己的孩子,只要你想起自己的目标,步伐就不再沉重,心情就不再低落,因为幸福并不是遥遥无期。

幸福到底离你多远,完全取决于你自己的努力程度。没有期待过程的幸福,只是短暂的满足,你早晚会失去。所以你此时的煎熬,正是幸福的前奏。最怕的是你的内心没有梦想。

一个心怀梦想的人，总会萌生更多的期待。他们愿意为了这份期待付出时间、精力，然后坚定不移地向前方奔去。目标感强的人，永远不会停留在原地，他们在行动上心无旁骛，每一个毛孔都流淌着渴望，每一天都被梦想所驱驰。

而且，触发我们幸福感的并不都是多么宏大的事，也可能十分琐碎、微小。

"幸福曲线"理论创始人乔纳森·劳赫认为，幸福可以分为两个层次：一个是当下的心情，属于短期心理状态，被称为"情感幸福"；另一个是我们把生活作为一个整体进行评价，也就是"评估幸福"。

我们大多数情况下追求的幸福感，不是人生成功的表现形式，而是生活里很多节点上无处不在的内心感受。当下每一个幸福的切面，都能垒成宏大的幸福版图。

某天早晨我收获的幸福是一觉醒来，妻子告诉我，小樱桃第一次自己在小马桶上便便了。我睡意全无，迅速爬起来，欣赏着马桶里的便便，小樱桃在一旁傻傻地笑着。

你的生活中何尝没有过这快乐的瞬间，只是你没有关注，或是没有用心体会罢了。

真正的幸福都是免费的，清新的空气，爱人的付出，朋友的关爱，陌生人的帮助，但是我们总容易忽视这些免费的幸福，因为这是无需付出就能得到的幸福，你总是不在乎。但不求而得的，往往求而不得，这些免费的幸福一旦失去，你再怎么努力也无法拥有。

幸福是什么?

一个少年手握一只小鸟,把手藏在身后问一位老人:"你猜我手中的小鸟是死是活?"

他心里想:如果你说活,我就掐死小鸟;如果你说死,我就把小鸟放飞。谁知,老人微笑着说:"生命在你手中。"所以,幸福离你多远?幸福在你手中。

爱情是我们手握钥匙而主动钻进去的「牢笼」。

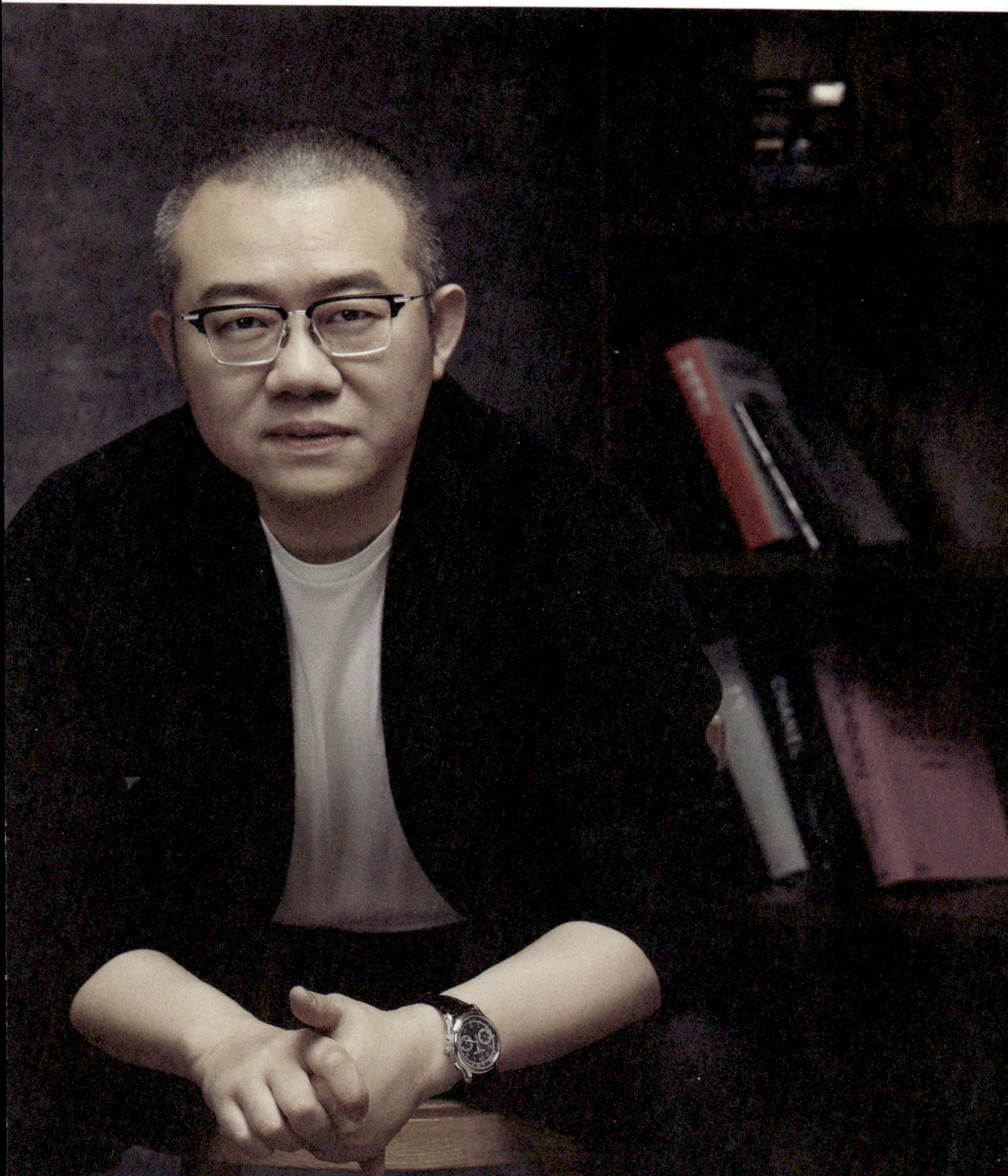

涂言涂语

01

内心真正强大的人,不是只能慷慨地帮助别人,更可以从容地接受别人的帮助。

02

一个浮躁的人对自己都无话可说,又如何跟爱人交流?自己都不懂自己,怎么知道自己要什么样的爱情?自己和自己都交不了朋友,你交的只能是狐朋狗友。

03

人只有对一个角色有长久的准备和期待,才会珍惜和演好这个角色。

04

一个女人太软弱,软弱到离不开男人,男人会厌恶。一个女人太强大,强大到不需要男人,男人会害怕。

05

善良而不懦弱,坚强而不强势,人格独立,情感丰富,这样的女人才是迷人的。

06

生活不在别处,恰在此处。

当你在向往别人的生活时,也许别人正在羡慕你的幸福。

07

爱你的人,想你的时候就寂寞。不爱你的人,寂寞的时候才想你。

08

如果你学会自己和自己对话,做自己的朋友,寂寞就并不痛苦。如果你失去了自己,寂寞本身也就丧失了意义。

爱人七分足矣,剩下三分爱自己。

09

人生总会苦一阵子,但不会苦一辈子。

如果你害怕苦这一阵子,那么一定会苦一辈子。

在这个世界上,

其实所有的关系,归结到最后,

都是看谁更需要谁,爱情同样如此。

如果对方过多地感觉到被需要,

那你终将不被需要。

Chapter. 2

爱情开局

暧昧不是爱

暧昧有多迷人，
就有多危险

爱情中如果两个人都认真，那就刻骨铭心。如果两个人都虚伪，那是逢场作戏。怕就怕一半真，一半假，真真假假，假假真真，这就是暧昧。你永远不说透，她也永远装不懂，朦朦胧胧，不清不楚。

也许有人不明白，为什么要暧昧，为什么不开门见山？

在我看来，无非两种原因：一种是不敢承担，一种是害怕失去。也许有过被伤害的经历，曾经真真切切的付出，换来彻彻底底的背叛，于是，再也不想付出全部的身心。因为全身心投入爱情的成本太高，而暧昧的成本很低。

喜欢暧昧的男女，大多是因为内心缺乏安全感，心理学上把这种人归为逃避型依恋人格。他们喜欢跟别人保持一定的距离，即便是最亲近的恋人，也要有所保留。不是不喜欢对方，而是缺乏坦诚去爱的勇气。因为担心深爱后受伤，所以不敢全情投入，暧昧就成了他们的最佳选择。

但你也不能一味责怪他们，因为相对于不敢承担的暧昧，害怕失去的暧昧恰恰是想要承担，却害怕表白后连付出的机会也没有。他们忐忑大于虚伪，真心多过假意，但是他们应该明白，要想拥有一段好的恋情，就不能关闭自己的"情感阀门"，只有敢于去爱，才有可能被爱。

其实，几乎所有的爱情都是从暧昧开始的。

在大家还没有完全摸清对方的底牌前，一个不经意的眼神，一个蒙娜丽莎的微笑，一个挑逗的玩笑，一句似懂非懂的情话。男生对女生说，下班后有空吗？女生说，那要看你有什么事咯？男生又说，如果五年后，你未嫁，我未娶，就凑合着一起过吧！

所有拐弯抹角的互动都是暧昧。

如果这种暧昧是出于对下一步表白的铺垫，那么美好至极。所以，暧昧像跳探戈，双人共舞，变化无穷。相互间一步一步地试探，你向前一个叉步，我向左一个旋转，拧身转头，左顾右盼，都别有含义。等到关系真的有实质性的进展，暧昧时的一颦一笑就会变成最好的回忆。

但如果只是为了满足刺激和欲望，那不过是没有承诺的调情。多少婚外情也是从一句轻浮的暧昧开始的。有家室却按捺不住欲望，管不住自己而处处留情的人，无论在生活中，还是网络上，都擅于与异性萍水相逢。

他们不需要实际发生些什么，从言语的挑逗中也能获得某种行为快感。他们并不怕被拒绝，因为一旦被正色警告，他们马上假正经地说自己没有别的意思，是你自作多情罢了。所以当你遇上一个向你伸出暧昧橄榄枝的人，你首先要明白，他只是想玩玩而已，并不重视与你的交往。

这种男人的暧昧，只是不负责任的欲望，一味索取却不愿意付出。所以，他们离场时的姿态多半很狼狈，要么被妻子发现后一拍两散，要么越暧昧越空虚，最终迷失了自我。

生活中，我们也时常看到另一种沉重的暧昧。他不是恋人的角色，但所做的已经完全超出了爱人应该做的一切。他时常惦念着你，对你有求必应，只是他永远不敢开口说爱你，甚至你强烈的暗示也激不起他的勇气。

我们对这种人的感受是哀其不幸，怒其不争。你可以说他是懦弱，或是自卑，但不可否认就是存在这样一种人。

和逃避责任的暧昧比起来，这种暧昧更让人报以同情。可恨之人必有可怜之处，相反，可怜之人也必有可恨之处。这种人的可恨之处在于，他的存在导致你总处于愧疚之中，想走不舍，想留又不甘。

在亲人的眼里，你是个不知好歹的人；在外人的眼里，你是个不懂感恩的混蛋。这种男人的暧昧，令人徒增烦恼，看起来无害又温柔，实际上是变相施压。回头想想，一个连爱都不敢说出口的人，虽然给了你短暂的欢愉，但又怎么能让你相信，他敢在危险时刻挺身而出，把你护在身后呢？

暧昧是会上瘾的，那种任你想象、任你猜的无限憧憬让人沉醉。但时间一长，那不过是自己对自己耍流氓，生活终究是现实而落地的。

暧昧可以是爱情的前奏，也可以是破坏他人感情的罪魁祸首。我们要有辨别暧昧的能力，因为不同的暧昧有不同的结局。对于表白前的试探，你可以勇敢给出回应；对于寂寞的已婚男人的暧昧，你应该大胆拒绝；对于没有胆量告白的暧昧，你最好做个勇敢的"坏人"。

对于爱，我们要学着承担责任甚至付出代价，对于不爱则要知道坚决说"不",绝不冠冕堂皇、拖泥带水。

爱情之中最大的麻烦在于,不尊重内心真实的感受,不敢表达内心真实的话语。

若爱,请深爱。若弃,请彻底。

不要暧昧,伤人伤己。

你的好意，
他以为是好感！

　　生活中有两件事让人异常尴尬，一件是表错情，另一件是会错意。归根结底，源于当时自己如何理解对方所说的话。

　　表错情的人，多半是没有搞清楚状况，很可能把情义当成了爱情，然后做出了不恰当的举动。而会错意更简单，是主观上误解了对方的想法，把并不针对自己的表白当成了好感，或者敏感地以为对方喜欢自己。

　　如果只是日常交际，还能一笑了之，要是发生在界限还不够清晰的两个异性朋友间，光想想就让人难为情，但这又是生活的常态。

　　人类发明的语言，能帮助我们准确地表达心中所想，但不是每个人都有精准运用语言的能力，同时也不是每个人都有较高的理解能力。所以，也就有了前面所说的"表错情，会错意"。

　　其实，两性在心理认知上不难达成共识，可一旦涉及情感，就很容易出现偏差，这跟天性有关。无论男女，都喜欢被赞美、被追求，也更倾向于站在自己的角度看待问题。

　　我常听别人分享自己的烦恼，其中一个问题是女人该如何拒绝一位追求者？

这听上去很容易，但事实上挺难做的，尤其被追求的人有些心软而追求的那个又过分执着时，解决起来十分考验前者如何不被自己的善意所累。

当然，被爱是幸福，爱人是痛苦。没有人不想被人喜欢，或者怀有好感。

中国人常说，伸手不打笑脸人。当异性疯狂地追求你，我相信，很多人的第一感受不是痛苦而是惊讶。因为是人就有虚荣心。一般人无法拒绝大把的玫瑰、殷勤的问候和一颗无时无刻不在表白的真心。

有些人总想炫耀被爱，来证明自己的魅力，似乎可炫耀的爱越多，越能彰显自身的价值。即便爱没有结果，在向旁人展示的过程中，仍然可以获得愉悦感，满足虚荣心。

于是，当你因为虚荣和面子不好意思严词拒绝的时候，追求者已经达成了他的第一步。接下来，你会被自己的善意害惨，面对追求者痴情的守候，你一边烦恼不堪，一边内心歉疚，你以为感情可以培养，但终究，爱就是爱，不爱就是不爱。

于是你开始后悔，为何当初自己没有狠下心无情拒绝。宁可伤人一时，也不该伤人一世。现在越欠越多，陷入到更多苦恼中。

表面上看是虚荣心和要面子作祟，其实，本质是因为贪婪。一个利己的人，既要享受被追求的惬意，又希望不伤害对方，还天真地希冀能从中找到一个平衡点，让大家最后能全身而退。

这不是善良或好意，本身就是一种自私。

中国人喜欢讲中庸之道，但在一些大是大非的问题上，不能秉持中庸之道,是就是,不是就不是,爱就爱,不爱就不爱,总想走灰色地带的人,往往会铸成大错。

你的不好意思,让追求者变得很好意思,可能被理解成对他有点意思,最终变成了你这个人很没意思。所以,对于如何拒绝追求者,我更欣赏处事果断的女人。

在孙红雷主演的《好先生》这部电视剧里,车晓饰演的女孩甘敬,她和男友在纽约闯荡,他们的经济状况很差,困难到房租都交不起了。一位默默喜欢了女孩五年的男人,富有且才华横溢,主动提出要帮帮她。

这个男人说:"我这么做,不为了别的,只是想让自己内心好受些。"

但女孩的回答是:"对不起,我不能因为想让你内心好过,而让我的男朋友自尊心不好过!"

当你内心善良,对自己的爱人怀有执着的坚守,那么,对其他追求者就应该足够无情。否则,你对追求者的善良,就是对自己、对爱人的无情。

毕竟,善良不等于丧失底线,拒绝只是一种得体的社交回应。你拒绝对方不代表否认对方的人格,只是不打算躬身入局,有更深一步的交往。他或许可以退回更合适的距离,成为普通朋友或者朋友圈里的"点赞之交"。

明确的拒绝是必须发射的信号,不然对方始终心存幻想。面对一个根本不爱的人,你的每一分迟疑,都会引起他的无限遐想;你的每一次微笑,都是对他的无限鼓励;你的每一次沉默,都像在给他下一个机会;你的每一个玩笑,都是他信以为真的证据。

记住,拒绝每一个自己不曾动心的人,把心软留给自己真正爱的人。

好人未必值得爱!

你想找个什么样的爱人?

首先,对方必须是个好人。因为有谁会爱上一个坏人呢?可事实上,在最初的情感经历中,你更容易爱上一个"坏人"。

男人骨子里的坏,来自对女人的欲望;女人骨子里的坏,来自对男人的诱惑。无论是"坏"男人的欲望,还是"坏"女人的诱惑,在懵懂无知的青春岁月,单纯的少男少女常常抵挡不住。

一直以来,大多数人从小接受的教育,就是要做别人喜欢的人,并以此来约束自己。对于单纯的少男少女来说,"坏"男人或"坏"女人之所以有致命的吸引力,是因为激活了他们潜意识中突破束缚的渴望,以及对情感中野性和欲望地带的试探。

而太过本分朴素的好人们,往往就缺乏了很大的魅力值,甚至无人问津。他们一本正经的样子,让人感觉呆板而无趣。

欲望与诱惑往往是激情的代名词,与责任无关。男人要找玩够了的,女人要找伤透了的。激情过后,爱也爱了,伤也伤了,人也老了,心也收了。此时，好人正式登上爱情的舞台成为主角。

什么是好人？靠谱、善良、全心全意、值得依靠。恰恰是这种种优点，总容易让人产生错觉，好人就一定是好爱人。

因此，当你刚刚经历了一段失败的感情，遇上一个对你一心一意的好人，你如获至宝，以为找到了此生的归宿和依靠，从此岁月静好，现世安稳，但日子一长，你发现事实并非如此。

因为人活着是有低级需求和高级需求的。

按照马斯洛提出的需求理论，人有五个需求层次：第一层生理需求（活着必需的食物、水分、空气等），第二层安全需求（需要稳定、安全的环境），第三层对归属和爱的需求（人需要跟其他人建立情感关系），第四层尊重需求（使人相信自己的力量和价值，获得他人的尊重，同时尊重他人），第五层自我实现的需求（人们会追求实现自己的能力）。

人是一种奇怪的动物，渴望被关爱、被照顾，这就是马斯洛理论中的第三层对归属和爱的需求，当衣食住行都得以满足，周遭环境也让你觉得安全时，人们就会追求社交、渴盼爱情。

而爱情的最终诉求是理解，这是更私人的精神体验。

当一个好人对你付出所有，你被震撼、被感动，于是欣然接受他的爱意。周围人羡慕的眼光，让你的虚荣心得到满足，家人的认可与祝福，也告诉你此人值得拥有。

可是，当你发现一个对你有求必应的好人，却不能理解你时，好就成了别扭，因为不懂；好就成了压力，因为无力偿还。旁人的祝福成了嘲弄，觉得你在玩弄感情，家人的认可也变成了指责，说你不知好歹。你站在道德的洼地里，一脸无辜，却无人能懂。

一个好人，不一定是一个好爱人。遇上一个无可挑剔的好人，是你的福分，也可能是你的灾难。

好，不是爱人的唯一标准，只是最低标准。爱或不爱，才是爱人的必要标准。

如果你情不自禁，被好人所感动，那是人之常情。但你一味贪恋他的好，却不爱他的人，就是自私自利。

不管男性还是女性，都应该弄清楚自己真正的情感所需，否则辜负了对方的真心，到最后换来的只能是对彼此的伤害。好的爱情要双向奔赴，就像波伏娃所说的，唯有你也想见我的时候，我们见面才有意义。

可以说，从容易被"坏"男人、"坏"女人吸引，到遇上一个"好"人，再到发现"好"人不一定是好爱人，这是很多人的情感成长之旅。爱是本能，但"会爱"更需要学习和摸索。

尊重每一个善良朴实的好人，不以爱为名欺骗，不以无辜为名装傻，不以对方是好人就理所当然，不以此生罢了而自欺欺人。

如果你不爱 TA，就请你离开 TA。

趁火打劫可耻，
无缝连接可悲

不知是哪位专家说过，从一段失败的感情中走出来的最好方法，是赶紧开始下一段恋情。如果这位专家是女士，我想她一定时时刻刻都离不开男人；如果这位专家是男士，也一定是离不开女人的情种。总而言之不是好人，因为这话害了不少人。

很多人想知道，如何才能迅速走出失恋？

失恋并非不治之症，只是需要一段时间自我修复和疗愈。有人很快就能走出失恋的痛苦，也有人深陷失落、自卑、抑郁中不能自拔。治愈失恋没有良方，你只能依靠意志力去克服"心魔"。

但我想说的是，如果你是个有真情实感的人，就不该问出这样的问题，否则你当初的付出就是虚情假意，因为假，所以不在乎，当然可以迅速摆脱。

失恋，本身就是痛苦的，一定会持续相当长的一段时间，当初爱得有多深，如今伤得就有多狠。因此一个人因失恋而痛苦，面对内心的空洞想呼喊却发不出声音，想在共同走过的地方不断找寻熟悉的线索，都是可以理解的。痛苦是对曾经美好的致敬，煎熬是成长路上的良药。

如果失恋的人，企图在短期内把内心的伤痕抹平，像从没有恋爱过一样，这注定是不可能的。

一个能从失败情感中迅速康复的人，我不认为TA有多坚强，相反，我会认为TA很虚伪。我想那些在别人失恋期间，乘虚而入的人也是这么认为的，当然，是得到之后才意识到这件事罢了。

一个在失恋期间，接受他人追求的人，是有优越感的，或许认为无缝连接是源于自己的魅力，是把对方当成了寂寞的解药，但这么做其实也把自己当成了猎物。猎物不会受到尊重，只会被人征服。相反，一个真正尊重你、爱你的人，万万不会在你最脆弱的时候，乘虚而入，趁火打劫，乘人之危。

如果彼此都是利用对方而走到一起，那结合之后，内心也会看不起对方，相互间的信任便岌岌可危。一个能将爱情无缝连接的人，有几分真情？一个乘虚而入的人，又能有几分真诚？

这两种人相遇而产生的恋爱终究不长久。心理学上把一个人分手后迅速投入一段新恋情称为"反弹式关系"，意即在一段重要的感情关系结束后，还没好好舔舐伤口，就立刻陷入下一段关系里。

研究发现，在前一段恋爱关系中作为被分手的一方，如果恋情持续时间越长，投入程度越深，性格又比较依赖他人，就越容易发生"反弹式恋爱"。

有多少人因为寂寞而错爱，最终又因错爱而更加寂寞。又有多少人以为感动总有一天会变成心动，最终却是备胎的命。

什么样的失恋者让人尊重？是虽然痛彻心扉，但绝不将就。什么样的备胎让人尊重？是即便爱到骨髓，也绝不乘虚而入。

感情里的备胎，
是隐藏的第三者

　　有人说，这个世界上没有人喜欢做备胎，因为做备胎很悲哀。总是在等那百分之一的机会，却总是在选择时被排除在外。也有人说，备胎一点不悲哀，反而很可恨。因为备胎等待的机会，会使别人遭遇背叛，备胎是可恨的第三者。总之，无论是悲哀还是可恨，备胎的下场都不好，应该没有人喜欢这个角色。

　　但是有一种人，他们坚持做备胎，甚至做了一辈子。他们无怨无悔、默默无闻，甚至被歌颂成最痴情的人，我把他们称为"千年备胎"。

　　"千年备胎"们的痴情，是一种加了滤镜的自我美化，他们根本没有搞清楚备胎的含义。作为一段感情中的替补，备胎们的一厢情愿，并不能增加被选择的几率，因为主动权往往掌控在"驾驶人"手中。

　　备胎加上"千年"两个字，似乎给自己增加了戏码，硬凑上去的不离不弃，委实有些难看。

　　而还有一种备胎是误把修罗场当成了舒适区，这类人总是不断遭遇某一类型的创伤，反复将自己置身于危险的境地中，然后再将这一切合理化。一些痴迷于当备胎的人，很可能遭受过类似的童年创伤，以至于成年后不断重蹈覆辙。他们想从童年阴影中"醒来"，只不过事与愿违，不但没能治愈自己，反而容易伤害他人。

我不知道他们的价值在哪里，但是很可能他们在内心深处，认为痴情就是一种价值，不需要理由。

当我们在影视作品中看到这类人物，大多数人会报以十二万分的同情和怜悯，感叹为什么这样专一的人得不到幸福。可如果现实生活中，自己和爱人之间，总有这样一种人存在，你又做何感想呢？你还会同情他吗？你还会祝他幸福吗？

我尝试着寻找一些"千年备胎"的动机，想知道他们为什么在数次被拒绝后，依然选择等待？为什么明知喜欢的人已经有了爱情和婚姻，还要充当万能的哆啦A梦？要肩膀给肩膀，要怀抱给怀抱，要金钱给金钱。

"千年备胎"们为什么要这么折磨自己，还是说他们给自己定义的使命就是：我一辈子缠上你了，非你莫属？这话听起来豪情万丈，但总感觉有些无赖。

我曾经问他们，他们给我的答案是——我没有伤害任何人，我也没有干扰别人的感情，我祝福他们，但想默默地守候TA。如果TA感到不幸福，我会给TA温暖。如果TA受到欺负，我也会维护TA。我不会做TA幸福的绊脚石，只想做一个默默无闻的护花使者。即使是一辈子，我也愿意。

我的天呐，当"千年备胎"们给出他们的逻辑，我居然无法反驳。这是多么无私的一个备胎呀！但是细细一想，真的无私吗？真的伟大吗？

我们千万别像电视剧里的一些无脑角色那样，被所谓的无悔付出、不求回报给骗了，事实并不是如此。

一个人当备胎或找备胎都不值得提倡。从心理学角度分析，这两类人的行为动机很可能是曾经有所缺失，所以想补偿性地获得心理满足。如果一个人在成长过程中，没有得到足够多的关爱，长大后会因过度渴求被爱而丧失底线，继而形成备胎心理。

所以，悲剧的背后其实是一场彻头彻尾的自我感动和欺骗。

世界上能对另一个人一生无悔付出，不求回报，甚至为此丧失自尊也要执意为之的人，是有，但也只有父母。这其中有父母伟大的一面，也有不得已的另一面。

很多父母为了孩子可以抛弃一切，也可以为孩子的错误而买单，是因为他们要借此表达自己爱得伟大吗？不是，是因为血缘无法割舍。父母内心真实的独白其实是，自己的孩子，没有办法。

但是如果一个毫无血缘关系的人，被拒绝了很多次，被告知绝无在一起的可能，还选择默默等待下去，你可以说他是犯傻，是固执，是别有用心，但你绝不能说他痴情。

一个连自己都不在乎，对家人也没有责任，把珍贵的人生浪费在不可能的爱情之中的人，怎么可能是无私的？

"千年备胎"最自豪的无悔付出、不干扰对方的生活，也是一个幌子。他的等待，他的伺机奉献，他的温暖关爱，已经干扰到了别人的感情和婚姻。

人性最经不起的就是推敲。

任何情侣都会有矛盾，任何夫妻都会有争吵，他们需要的是双方自我的调解和成长，但是身边总是出现这么一个无怨无悔的"千年备胎"，只能滋生更多的误会和矛盾。而处于矛盾中的人，总是看不清自己，会本能地寻求安慰。

这就像一个渴了的人，你在他身边放上一瓶有毒的水，他一次不喝，两次不喝，但长此以往，他总有一天会不注意喝下去，这是人性的弱点，难道你要谴责人性吗？

"千年备胎"就是那瓶有毒的水。他们说自己不干扰别人的生活，却一直站在别人的生活周围。他们貌似不求回报，但内心永远充满对爱情的渴望。他们宁愿用所有的时间来赌那百分之一的可能，美其名曰是痴痴地等，实际情况是等待别人犯错。这种行为使得别人永远生活在被干扰、被监视、被道德绑架的危机环境中。

不怀好意的备胎，就是不尊重自己，也必然越爱越感到孤独。妄图通过乞求或等待获得的爱，已不是两情相悦的美好，而是不自爱、不自重的"讨好"，这本身就是误入歧途的执念。

请问"千年备胎"们这是痴情吗？是无私吗？

不，你这是恶毒！

男女之间，
没有永不过界的纯友谊

男女之间有没有纯粹的友谊？

有人说有，越丑越纯。这无疑是说一个人丑到让你提不起兴趣，当然也就不会有其他的念头。

如果我们按照这个逻辑去推理，一个人不管是丑还是差劲，总之你完全不在意，显然无法吸引你的注意。既然连吸引力都没有，那也不会存在什么友谊，更别提纯粹的友谊了。

当我们在讨论男女之间有没有纯粹友谊时，显然是建立在彼此间已经产生了吸引的基础上。

当你对一个异性产生好感，不管是因为欣赏容貌、钦佩能力，还是因为信任对方，无论如何，你是产生了好感的。这份好感开始的时候可能与性别无关。

短时间的接触你会忽视对方的性别，只见其人，不见其性，但长时间接触下来，你不可否认彼此性别差异的存在。

一个鲜活的人物形象一定是包含了性别的体现，例如行为举止、思维习惯，以及价值观等方面。

男女之间的相互吸引，无非四个方面：视觉上的欣赏、生理上的满足、性情上的相投，以及三观上的一致。任何一个方面的共振都会吸引两个人不断靠近，至于是成为朋友还是恋人，要看彼此对爱情的需求与界定。

一个男孩和一个女孩，从小一起长大，两小无猜。他们坚信彼此可以拥有纯洁的友谊。直到有一天，这个想法被打破了。

那是很平常的一天，他们像往常一样在教室里你追我赶，男孩把女孩的书包摔在了地上，书包里掉出了一样东西，当两个人同时注意到这个东西时，都脸红了。

他们从那天起，开始保持男女之间应有的距离。那个东西就是卫生巾。这是青春期男女之间的正常反应，当发现了彼此之间的性别差异，人会本能地保持距离，这是生理的本能。既吸引又害羞，也是道德的本能，既好奇又尊重。

也许你会说，生活中经常有男人对女人说，我根本不把你当女人，所以，即便到了世界末日，世界上只剩下两个人，咱们也不可能成为恋人，甚至会粗鄙地说，即使我们睡在一张床上，也不会发生什么。

往往说这样话的人和听这样话的人，还都是有家庭的人。他们也许在用这样的话规避什么，来以此证明彼此间的关系是干净纯洁的，但是这样的话，既不尊重自己也不尊重对方，更不尊重彼此的家庭。如果听者并不在意，那么同样是一个不自重的人。

两个不懂得基本尊重的人在一起，我不相信他们能控制自己，并且我觉得他们之间的这种对话不是在证明彼此的清白，相反是在调情。

当然，也有自认为是君子和贞女的人，认为自己能自我控制，绝不越雷池一步，但是，如果有了自控和防备，显然已经开始有了关系不纯粹的可能。

至少他们在内心深处是把对方当成了有吸引力的异性的，所以才会发出这样的示警。你可以说，TA有道德上的原则，但不能抵消TA产生过越界的想法。这个想法不就是我们探讨的"不纯粹"吗？

又有人会说，我根本没有那种想法，但是你能确保自己没有，却不能保证对方也没有。我们经常见到一些可爱的男生，很有女性缘，因为长得貌似对女性无公害，所以堂而皇之地穿梭在女性群体间。他们甚至有自己的女朋友，却丝毫不担心女朋友介意，打着闺蜜的幌子，当着女朋友的面，称呼别的女人亲爱的，或者搂在一起自拍，做出种种亲密的姿势，还美其名曰是纯洁的友谊，跟女朋友信誓旦旦地做出保证，以显示自己的光明磊落。

我不知道这个可爱的男生是不是有想法，但这样招蜂引蝶，他的女朋友一定五味杂陈。如果他真不懂女朋友的介意，就不会在女人中选择一个做自己的亲密爱人，以表明这个女人和其他女人身份的区别。所以，他们清楚地知道自己是一个男性，只不过利用自己无公害的外表，享受更多异性的青睐罢了。

异性之间的友谊，更需要界限感。所谓界限感就是亲密但有间，两个人相处绝不能越过那道隐形线。

很多时候，当一个人和异性保持密切的交往，并且解释自己带着纯粹的心时，多半是在自欺欺人，或者自己也没意识到对对方的依赖。当他们发现不对劲的时候，爱情已经悄然滋生。

那么，男女之间到底有没有纯洁的友谊？

我相信有，但只是发生在某个瞬间，在那一刻我相信彼此心底的坦荡，可是，当男女长期地保持这种非工作式的频繁往来，一定是产生了强烈的吸引和依赖，情不自禁就是早晚的事。

我们都是人，有血有肉的人，不是神，情感的滋生是人之常情，这并不丑陋。

但也恰恰因为我们是人，就应该有对自我的道德约束和明白做人的本分，要懂得与异性保持恰当的距离，这是对彼此的尊重，对爱人的尊重，也是对人性的尊重。

真正爱你的人，
不会忽视你的感受

有个女生说自己很苦恼，因为男朋友总是不懂得保持与异性的距离，甚至跟她的闺蜜吃过同一碗泡面，理由是浪费可耻，让她哭笑不得。男朋友真的没这个意识，还是他花心轻浮？

情侣之间总因为这样的事情吵架，感情也容易越吵越淡。

因为这种情况下的争吵，常常拿捏不好分寸感，要么大喊一句："你根本不懂我的感受！"要么指责对方："你根本不在乎我！"本质上是想解决问题，寻求安慰和关注，但总是弄巧成拙，把一切推向覆水难收的境地。

我理解女生的感受，一个深爱对方的人，总希望自己在恋人心里是独一无二的。如果他把这种心情理解为自私，那他也许没那么爱你。如果他理解为在乎，那说明他懂你也爱你。

热恋中的人，总会情不自禁地对爱人说，我只属于你，而不是说你是我的。要彼此都心甘情愿放下选择的自由，才是真正的爱情。

爱情是我们手握钥匙而主动钻进去的"牢笼"。因为想要跟一个人在一起，所以，放弃了更广阔的世界，与对方囚禁在一小片自由里。

有些看似微不足道的小事，其实很能印证一个人的心理活动。比如，和异性同吃一碗泡面；比如，和异性勾肩搭背；比如，对异性的昵称等等。

也许你觉得这没什么，不过是一碗泡面、一个动作、一个称呼，但是如果你深爱一个人，无论平时多么大大咧咧、马马虎虎，你都会突然变得敏感起来。

我曾见过，阅人无数的风流浪子遇上真爱后也会脸红心跳；我也见过，粗粗拉拉的"男人婆"为了爱情穿起飘逸的长裙。

归根结底，他们收起锋芒的原因是遇到了对的人，甘愿放下身段，小心翼翼地呵护这段关系。

所以，女孩在乎的真是那一碗泡面吗？她在乎的，是男友没站在她的角度看待问题，她就是介意男友跟其他异性举止过密，可对方穿越底线却不自知。

有智者曾说："男人总希望成为女人的第一个男人，女人总希望成为男人的最后一个女人。"这其实是人类爱情排他性的明证。

在外部视角中，爱情是自私的，它就像无法与他人共享的私密领地。而在内部视角中，爱情又是无私的，我可以为了你赴汤蹈火，做出任何改变。

两个人只要心中有爱，就会尊重爱人的感受，当然也希望被爱人尊重，于是，会与其他异性保持距离。这不是一种表演，而是爱的本能。

深情相爱的彼此，往往全神贯注，心无旁骛。

投入真爱的男人堂堂正正，陷进真爱的女人自尊自爱。

爱你的人，
不会让你遥遥无期地等待

这些年我回答过很多网友的问题，有一类问题每次遇到都想痛骂对方无耻。

有网友说："我们两个认识五年多了，刚开始一直是我在追求他，作为一个女生几乎把所有浪漫的事都做遍了，没能感动他。现在我面临毕业，父母一直想让我回家工作，但这个时候，他却突然回头找我，希望我能和他一直留在甘肃，却不说跟我确定关系。我该怎么办？"

每次当我看到这种问题，都会由衷发出两句感慨：一句是给傻瓜的，"没有他，你能死吗？"一句是给骗子的，"说一句'不爱'，你能死吗？"

但是我知道，要解决这个问题，跟傻瓜讲不通道理，她们已经执着、沉迷。主动权永远掌握在骗子手里，他们像是许下咒语的巫师，但凡愿意狠下心来戳破一切，说一句"我不爱你"就能让对方死心。虽然会痛苦一阵子，但能早日走出等待的苦海，可他们偏偏不说，偏偏要一脸为难、貌似不忍的样子，看着对方在等待中沉沦。

毫无疑问，这种人是自私的，他们像高段位的猎手，将猎物牢牢囚禁在关系之中。只要他们肯高抬贵手，说一声"不爱"，这世界上可能就会少一个因爱痛苦的人，多一个收获幸福的人。可他们偏不，一片温柔蕴藉，用深情的假面俘获人心，让对方沉溺在玫瑰花铺陈的陷阱里。

虽然我在节目中痛骂的都是那些执迷不悟的傻瓜，但那是哀其不幸，怒其不争。我心里真正恨得牙痒痒的是那些明明清醒却故作迷离，明明不爱却偏偏装爱的骗子。

他们明明已经被众人看穿，我也把话说透，但他们依然不愿承认自己的不真诚。大家心里在骂这家伙还在装呢，但是全世界都看穿了，那个傻瓜还一次又一次地相信了谎言。

杀人要诛心，当你主宰了一个人的心，看 TA 随着你的快乐而快乐，因为你的悲伤而悲伤，情绪起伏都不再属于自己，你怎么忍心继续骗 TA？

如果要骗，那就骗一辈子吧！但是，这家伙明明清楚自己做不到，还是不肯放过对方。平日里演技马马虎虎，只有在傻瓜下定决心离开时才会来一次影帝级的用心表演。果真人生如戏，全靠演技。但我想对傻瓜说，戏如人生，你又何必当真？

被骗的傻瓜也不一定是真傻，只是 TA 不愿意清醒。对于付出的真心、交出的信任，TA 总想要得到一点点回应，更何况骗子也真的会施与 TA 一点点甜头，尝到了甜头又怎舍得轻易放手？

也许一开始骗子并不是骗子，他们是真的不忍心拒绝，又或者想给彼此一个机会，万一日久生情呢？

人总是难以经得起诱惑,如果说骗子们暧昧不明的态度,对傻瓜是一种勾引,那傻瓜们的执着和狂热,其实对骗子也是一种诱惑。

试想一下,有一个对你无微不至、全心全意的人,总围绕在身边,既是一种温暖,也能满足虚荣。长此以往,你难以放弃一个无偿的保姆,一个掏心掏肺的粉丝,以及虚荣自满的感觉。

也许,就是在这种自私的享受中,愧疚变成了利用,受宠若惊的被爱者变成了麻木不仁的骗子。

也许,你也想过开口拒绝,但是你狠不下心来,你以为这样蒙混下去也挺好,你以为彼此能培养出感情,但是,你有没有想过,你会利用自己的父母吗?你会利用自己的家人吗?

如果有一天真爱向你招手了,这傻瓜该如何安置?把TA抛在门外,还是让TA继续抱着希望做你的备胎?

一个绝情的骗子,往往也是一个老到的心理猎手。他能洞悉对方的想法,拿捏对方的情绪,但越是这样的"聪明人",越应该清楚,欺骗他人情感是一件多么不道德的事。

如果你选择继续做骗子,终有一天,也会做一次傻瓜,遇上一个可以骗取你灵魂的家伙,那时候你或许可以体会一下傻瓜爱而不得的滋味。爱情也有因果!

情感是人最高贵的品质,利用情感是亵渎了人性。不要以为有人爱是一种虚荣,应该把它理解为他人的真诚,当你不能回馈同样的真诚,千万别因为自己的优越感,认为自己可以玩弄对方的真诚。

我相信再混蛋的人在伤害了别人的真心后,看着对方伤心欲绝的模样,内心总会有一丝惶恐和不安,害怕被诅咒,此生不幸。所以,郑重地说一句"不爱",你会死吗?

四不恋爱论

爱情之中,令人苦恼的问题千百种,但有一种最为致命。

之所以说它致命,是因为你明明知道却欲罢不能,你被虐了千百遍却依然抱有幻想,期待对方有所改变。

这个致命的问题就是虚伪,也就是不真诚。有人曾说,世界上只存在真诚或虚伪的恋情,而不存在成功或失败的恋情。

也许你认为欺骗和虚伪没什么不同,但我告诉你,两者之间的差别可太大了!

欺骗固然可耻,但潜藏着内疚和胆怯,否则就无须欺骗,可以明火执仗。可是虚伪却不同,他可以肆无忌惮地伤害你,还能解释为不得已,是你咎由自取,甚至他的所作所为都是为了你好。到头来,他倒成为受尽千般委屈的受害者,你却成了麻木不仁的无情人。

所以,跟虚伪的人恋爱,更容易元气大伤。你跟对方讲道理,对方跟你说感情,你跟对方说感情,他又狡辩所做的一切都是为了你。虚伪的人永远都站在道德高地俯视你,也总能比你更快一步找到借口自圆其说，吵到最后你有苦难言，却抓不到任何理由反击。

爱情当中的伪君子，往往有着自己的四部曲：第一，先把自己伪装成富有人格魅力的君子，引起你的好感；第二，诉说自己种种不得已和现实所迫，博取同情，然后先占有你的人，再拿走你的钱；第三，当你向他要个结果的时候，他明明不想娶你，却要说成自己还没有能力给你幸福，不想害你；第四，当你陷入有苦说不出的两难境地，他又会给你温暖呵护，以便把你长期持有，直到下一个目标出现。

有人说，这不就是传说中的"四不男人"吗？不主动，不拒绝，不承诺，不负责。

但其实有所不同，或者说"四不男人"只是姜太公钓鱼，愿者上钩，但伪君子不同：他们主动，却不明显；拒绝，却绝无语言的伤害；承诺，又总是心有余而力不足；负责，也永远只是停留在嘴边。

明明是个人渣，看上去却像个谦谦君子；明明不爱你，却总是一副深情的样子；明明什么也没做，又总是要对你掏心掏肺；明明把便宜都占了，还要说是你心甘情愿的。

自私是人之常情，但无耻会天诛地灭。

一旦你遇上爱情的伪君子，切记别抱任何幻想，更别因为曾经的付出心有不甘。对方恰恰利用了你的不甘心，才会让你一步步欲罢不能。你以为他能有所改变，却只是沉醉于自己营造的幻想。

伪君子们，大都表里不一，行不践言。他们嘴上说一套，行动时却是另一套。而人们之所以讨厌伪君子，也是因为这些人深藏不露，让大家以为他们心地纯良，最终在错爱里着了魔。

而感情里的伪君子，之所以要伪装，就是为了随时能撇清关系，给自己留有退路。而你要做的是看清本质，及时止损，撕开他的面具，让他无路可退。

不属于你的爱情，
何必强求

　　一生之中，人总会遇上不属于你的东西，不属于你的爱，不是因为你没有勇气，也不是因为你不在乎，而是你内心清楚地知道，强求的结果只能是彼此痛苦。

　　而你不愿看到对方痛苦，所以宁愿自己独自承受。虽然不能开口说爱，但是看着那个人快乐，自己就感觉幸福，虽然不能在一起，但是把对方放在心里就足够了。

　　喜欢可以放肆，但爱却是克制。

　　表白很容易，说出口就是了，但坚持下去很难；付出很容易，掏心掏肺就是了，但懂一个人很难。

　　有些人的爱就是如此克制且动人。在电影《秋天的童话》里，周润发饰演的船头尺让人惋惜，他如此深爱李琪，却还是选择了默默关怀，隐而不彰。

　　他为对方戒烟戒赌，努力兑现之前的诺言。爱是发生了，但情无法继续。有时候有些爱就是如此，两个有情人难成眷属，他们趣味南辕北辙，所以无法走到一起。

或许当时放手才是最好的选择，给自己和对方时间去经历各自的人生，完成各自的成长，如果有缘还会相见，就像多年后李琪在海边的餐馆跟船头尺重逢，那时候的再见，才有了历尽千帆后依然是你的圆满。

人人都明白，爱要大声说出来，但如果对方并不爱你，或是心有所属，或是有家室，你又何苦强人所难，生生地把爱的美好变成苦苦相逼。

失去理性的爱，让人备受煎熬，你再深情也要问问人家愿不愿意。爱谁的确是你的自由，但得到谁却不是你的权利。如果为了得到而不择手段，那不是爱，是占有。

而真正的爱绝不是占有，有些时候，爱恰恰是放手。

自私的人不会明白无私的美，被爱的人不会理解爱人的两难。有些人一生被宠爱却没有真正爱过、付出过；有些人一生爱人却从没有被爱过、得到过，这些都是残缺的人生。

大部分人都会经历爱与被爱，你会发现付出比索取更能激发你的爱，得到有时并不是那么重要，你爱的人幸福与否才是你爱的初衷。

也有人会比较，到底爱与被爱哪一种更幸福。然而，当你真的身处爱的暖流之中，就会将所有得失都抛诸脑后，因为人生的快乐，在于你爱的人是否快乐，而不是你自己快不快乐。**人生的智慧，在于是否争取了你应该争取的，放弃了你应该放弃的。**

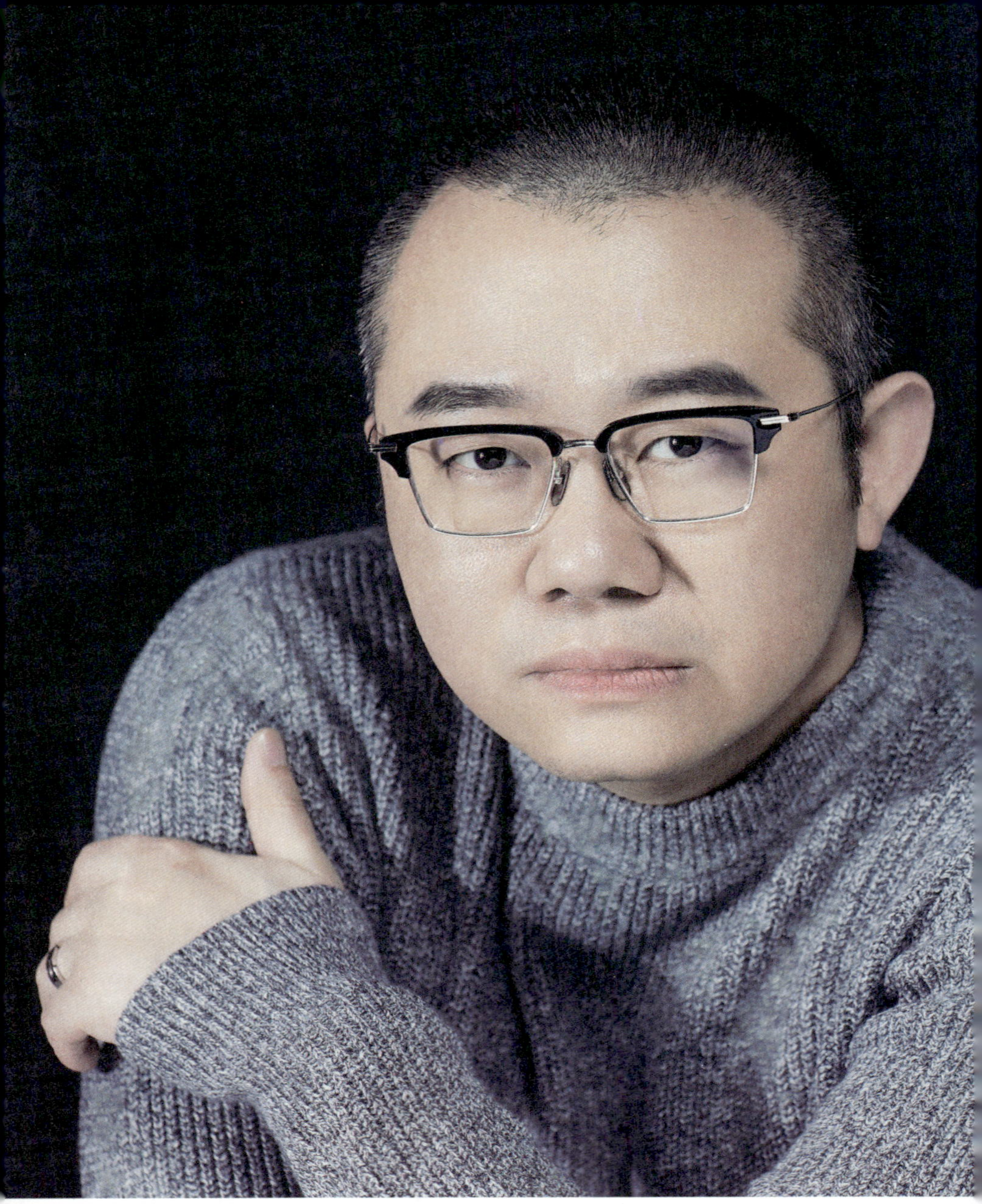

对于女人，年纪只是数字，阅历才是底气，

好好爱自己，一直美下去。

涂言涂语

01

　　暧昧是会上瘾的,那种任你想象、任你猜的无限憧憬让人沉醉。但时间一长,那不过是自己对自己耍流氓,生活终究是现实而落地的。

02

　　若爱,请深爱。若弃,请彻底。
　　不要暧昧,伤人伤己。

03

　　生活中有两件事让人异常尴尬,一件是表错情,另一件是会错意。

04

　　你的每一分迟疑,都会引起他的无限遐想;你的每一次微笑,都是对他的无限鼓励;你的每一次沉默,都像在给他下一个机会;你的每一个玩笑,都是他信以为真的证据。

05

　　人性最经不起的就是推敲。

06

欲望与诱惑往往是激情的代名词,与责任无关。男人要找玩够了的,女人要找伤透了的。

07

好,不是爱人的唯一标准,只是最低标准。爱或不爱,才是爱人的必要标准。

08

一个能将爱情无缝连接的人,有几分真情?一个乘虚而入的人,又能有几分真诚?

09

有多少人因为寂寞而错爱,最终又因错爱而更加寂寞。又有多少人以为感动总有一天会变成心动,最终却是备胎的命。

10

请问"千年备胎"们这是痴情吗?是无私吗?
不,你这是恶毒!

11

投入真爱的男人堂堂正正,陷进真爱的女人自尊自爱。

爱是相互的，

它不是"妥协式"的恋爱手册。

Chapter. 3

恋爱之道

享受甜蜜，保持清醒

缺乏理解的付出，
是一场自我感动

你对痴情的理解是什么？

我认为是执着、专一、守候、温暖。这四种爱情的品质在盛行速食爱情的年代，显得弥足珍贵。

如今的爱情太浅薄，一句"我爱你"可以脱口而出，但两个人的感情只能维持短暂的热度。爱情的誓言也可以说得惊天动地，但真正要履行承诺时又不见人影。

高兴的时候可以腻在一起，不高兴的时候各玩各的。也正因为如此，**人缺什么便求什么，痴情人成了稀有品种，也成为纯美爱情的代言人。**

但有这样一种痴情人，他们的痴情有别于真正的痴情，我称之为痴心妄想。这种痴情有以下几种特征：

第一，他们往往会一条道走到黑。执着是一种赞美，但固执却是自我束缚。他们因为得不到，就要死要活，整日愁眉不展，放弃工作，放弃责任，这不是痴情，是自私。既然你有选择的权利，那别人也有放弃的权利。

人生不如意十之八九，如果遭遇拒绝，就要用自己的所有去陪葬，这样的痴情，无疑是要挟与占有。

第二，没有自尊。无论是爱还是痴情，都建立在拥有自尊的基础上。如果面对反复的拒绝，依然痴心不改，这不是执着，而是执我，固执地爱着自我。犹如现在一些所谓的营销书籍，鼓励销售人员不顾一切拿下客户，说得好听是不懈努力，但实际上是丧失了自尊的人去不断地骚扰客户。

任何坚持都要行之有度，任何执着都要尊重别人和自己，否则就是不择手段，没脸没皮。

第三，感动了自己，却伤害了他人。痴情不是为了感动自己，而是想要温暖别人。当痴情变成了一种表演，有人演着演着，就陶醉于自己营造的情节之中，执迷于自己的角色不能自拔，站在道德的高地展现痴情，此时已无关爱情，不过是一个人的独角戏。

如果有不明就里的人，也会被这种自恋的痴情所感动，那么，又多了一个无辜的受害者。

好的爱情，必然是相恋相缠的奏鸣，没有回应的感情绝不会美好。一厢情愿的痴情只是自我感动式的付出，是极端自私的占有欲，我们交付爱的同时也要尊重别人选择爱的权利。

真正的痴情，是沉重和隐忍，他们不会不顾所爱之人的感受，他们不会放弃做人的骨气，他们也不会因为爱情放弃自己的亲人，那不是痴情，而是放肆。

深爱而不可得，应该在内心深处给这份爱永远留一个位置，深深保留住那份遗憾和美好，祝对方幸福，因为这是你爱一个人的初衷。**一个爱而不得便自暴自弃的人，恰恰证明了自己是不值得爱的懦夫。**

爱情不是支票，并非总能成功兑现，就像两个型号不匹配的齿轮，必然无法咬合在一起。你可能已经尽了最大的努力，却依旧遇不到对的人，越深情反而越绝望。

如果把这份深情刻在心里，带着一份沉重的爱，一丝痛苦的隐忍，以及虔诚的等待，活出一个优秀的自己，所有的一切将证明你是一个值得托付的爱人。也许你终有一天能如愿以偿，即便不能，也赢得了世界的尊重。

你对待爱情的方式，
决定你爱情的模式

　　一个男人说："为什么我找的女人到最后总是把我当成提款机？我内心渴望被理解，想找一个真正善解人意、内心温暖的女人，但为什么前妻是这样，如今的她也是这样？

　　"直到现在，我依然记得某年某月某日，我只身来北京，凌晨抵达北京东站，四点多去天安门广场看国旗升起，然后立志要闯荡出一番事业，于是我一路努力奋斗，白手起家。

　　"第一段婚姻里，我穷怕了，希望把最好的东西给妻子，只要是她想要的，我都尽力满足，但谁知妻子越来越大手大脚，根本不懂得理解我的不易。

　　"和前妻离婚后，我在伤心期间遇上了现在的女友，她一开始很温柔，总是安慰我，陪着我，我内心充满感激，以为自己找到了真正值得爱的人。

　　"我给她买她喜欢的一切东西，给她开了公司，可现实如此相似，她变得越来越像我前妻，除了爱花钱外，一无是处，完全没有了以前贤惠的样子。我想知道这是为什么?"

看着这个男人掏心掏肺的样子,听着他励志的奋斗史和对两个女人的控诉,我们几乎要咬牙切齿地恨上了那两个犹如吸血鬼一般的女人。

她们怎么可以变得这么快,几乎面目全非,从体贴贤惠变得贪婪虚荣,男人投注再多的爱也经不起消耗。

两个人在一段关系里,总会经受各种诱惑和考验。没变的一方会指责另一方不思进取,而改变的一方会倒打一耙:当初是你说会爱我的全部,为何曾经的温柔都变成了伤人的利刃?

但是,回过头想了想男人的问题,"为什么我每次都遇上这样的女人?",发现还有另外一种可能性。

我想,一个聪明的生意人,一个能在生意场上周旋自如,并取得一定成绩的男人,一定不傻。如果一个女人完全冲着金钱来的,我不相信男人看不清楚,所以我断定,这两个女人一定有她们的可取之处,同时,也一定对男人有真感情。

她们最初也不是男人描述的那种"吸血鬼",可为什么后来都变了呢?为什么这两个女人和这个男人在一起后,都变成好吃懒做、坐享其成的"吸血鬼"了?

俗话说得好,可怜之人必有可恨之处,男人身上一定有问题。而问题也恰恰出现在他最动人的那句话:"我要尽可能给她们最好的,只要她们想要的,我都尽力满足。"

男人想给心爱的女人最好的东西,因为那是我们的责任。如果心爱的女人总也买不起橱窗里的东西,那是我们的无能。

但是，最好的只有钱吗？难道最好的不是我们真诚的爱吗？

真诚的爱是什么？ 是一颗忠诚的心，是无微不至的照顾，是勇敢的承担，是对爱人正确的引导。

每个人表达爱的方式都不相同，但最不会出错的就是尊重和真诚，这是一段健康关系的基础。一个尊重你的人，会把你视若珍宝，想要给你他最好的一切，而不仅仅是金钱。把所有爱都建构在金钱之上，你们的关系就会被限制住，以为有钱就能得到爱，那是一种深度的自恋。

如果一个男人只能用金钱来表达自己的爱，那么，他的爱太空泛。他爱的不是对方，而是自己的自尊，以及用钱来表达一切的方式。

正因为穷怕了，所以他内心深处最心疼的人是日子最艰难时候的自己——这是他最自豪的过去，也是内心最柔软的角落。

他一边诉说自己的奋斗历史，又一边用钱来保护自己敏感的内心，生怕别人嘲笑他的贫穷，也生怕别人看透他的自卑。

如此一来便使得行为和内心极为矛盾，一方面表现得很不在乎钱，一副慷慨的样子，但在别人看来不过是挥霍无度；另一方面内心又对花出去的钱心疼不已，恨对方如此不理解自己，大手大脚。

这样的人，如果自己不做出改变，即便再遇到好女人，依旧会重蹈覆辙。因为问题的根源并非某个女人，而是他自己。有时候爱一个人，也是探索内在的修行，通过去爱别人，真正看清欲念后的自己。

有些打肿脸充胖子的男人，对待爱情也透着几分虚伪。你会经常看到，有些男人在朋友圈里发一些送给女朋友的礼物，他这么做表面上是要晒幸福，证明自己多爱对方，但实质上不过是在晒自己的虚荣而已。

生活的哲理是永恒不变的，你用什么样的方式去追求自己的爱情，结果就会招来什么样的人，甚至她们本来不是这样的人，但最终会因为你的行为而变成了那样的人。

人的思想和行为有惯性，有求必应总有一天会变成理所当然，百般纵容总有一天会变成本该如此。**什么人进什么门，什么钥匙开什么锁。**

为什么这位土豪总是得不到真正的爱情？根本原因是他追求爱情的方式好土。如果他能把当初奋斗时的坚强和勇敢拿出来对待爱情，那结果会比用钱来砸更得人心！

伪装的爱情，
终究会被打回原形

爱情之中总会上演弄假成真的经典桥段，但即便成真了，结果却不美好。

一个女人开车不小心蹭了一个男人的车，因为车辆损失不严重，加上女人长得貌美如花，男人就没有过于追究。

倒是女人觉得不好意思，一定要留男人的电话，想请他吃饭以表歉意。于是，两人由此而相识相爱。男人很有经济实力，经常给女人买一些奢侈品，为女人下厨，对女人很是疼爱。

有一天，偶然间，男人看到女人手机里的一条微信，发现女人经常以碰瓷的方式结识一些富有的异性。于是男人愤怒了，要和女人分手。

可是女人发现，自己已经无可救药地爱上了男人，百般恳求，也得不到男人的原谅和信任，最后只好选择默然离开。

爱情电影里的弄假成真，是在庸常俗世之中造梦，结局总会皆大欢喜。而现实生活里往往没有童话，那些怦然心动的过往，都会在离场那一刻黯然清算。想要开启一段甜蜜的恋情，就不要用谎言铺路，谎话再美，也终会有被揭穿的那一天。

也许有人说，这个女人不可原谅，一个利用感情骗财骗色的人，完全不值得信任。但也有人说，浪子回头还金不换呢，为什么女人就不可原谅？

如果说当时女人是看中了男人的钱，那么男人当初不也是看中了女人的美貌吗？如果问题更换一下，当初女人的欺骗不是为了财而是为了人，结论又如何呢？例如，一个男人为了追求对方，隐瞒自己的年龄和过去，被揭穿后，还冠以善意的谎言，说是因为害怕对方离开自己。那么，这样的骗人和之前的骗财，哪一个更值得原谅？

有人会说，当初那个女人纯粹为了骗财，这个男人是为了爱，为了和喜欢的人在一起，的确是善意的。

但也有人会说，女人骗财固然可恶，但从最初的欺骗到最后的真爱，是一个由恶变善的回归。反观男人，最初的目的是占有，赤裸裸地欺骗，没有一句真话。

当大家都在讨论谁更值得原谅的时候，已经有些跑题了。我们真正该谈论的是一段感情里该不该存在谎言，以及该不该原谅那个说谎的人。

人总有不堪的过去，但无论因为什么，欺骗本身是不道德的，没有人希望被欺骗。

而一个谎言是否是善意，要看是为了对方，还是为了自己。

如果彼此都有真爱，可以选择包容，真爱难寻，不可能有完美的爱情，有些无伤大雅的谎言可以原谅，只要不涉及原则问题，也可以看清现在，珍惜当下。

如果一个人对于自己欺骗的行为心存愧疚，真诚悔悟，把谅解的权利交给对方，不辩解也不强词夺理，至少说明此时他是尊重你的，也是爱你的，当初的欺骗一直在他心里翻不过去，自己也不能原谅自己。你可以遵从自己内心的感受，做出对的选择。

如果一个人明明欺骗了对方，还狡辩自己的谎言是善意的，说明真爱从未存在，一切都是为了占有的欺骗。你善意的谅解只会助长对方的气焰，你也会变成爱情里的傀儡，被 TA 手里的线牵引着步入深渊。

情感是人内心深处最珍贵的财产，欺骗情感是最大的伤害。有些人能恢复，有些人一生挥之不去。如果说有些欺骗是无心之举，或是玩世不恭，有朝一日变成真爱，也应该真诚地悔悟，绝不要求对方原谅自己，也绝不辩解，因为每个人都要为自己的行为负责。

而被伤害的人，绝不能因为对方的辩解而妥协、丧失原则，也绝不能因为对方曾经的欺骗而无视他如今的真诚。错就是错，不勉强自己接受；爱就是爱，别揪着过去不放，从而错失一个浪子回头。

别打着善意的幌子

撒谎是人类的天性,人人都知道谎言可耻,却依然忍不住那么做。

伴侣之间,有人经常说"你相信我,我绝对不会骗你",可这就是一句谎言,因为世界上很难找出一个从未说谎的人。

行为学家保罗·埃克曼博士说:"说谎是人类社会的重要特性,人们在社交活动中应正确理解说谎现象。有时候,善意的说谎是必要的。"有研究说,男性说谎的频率是1天6次,女性说谎的频率是1天3次,不仅限于成年人,甚至婴儿也会利用"说谎"和你交流,传递彼此的情绪。

说谎似乎在日常生活里是无可避免的。撒谎的本质是趋利避害,是出于自我防卫的本能。

现实生活有太多需要撒谎的理由,例如:虚荣、懦弱、贪婪。虽然这些理由足以成为自我辩解的借口,但或多或少都会让内心有些歉疚和忐忑。

但有一种谎言,有些人却可以撒得理直气壮、荡气回肠,那就是所谓的善意的谎言。

恋爱之道

欧·亨利曾经写过一篇名为《最后一片叶子》的小说，故事里脾气暴躁的老画家贝尔曼，得知患病的邻居琼西把窗外的那片叶子当成生命最后的希望，认为叶子凋落之时，她的人生也随之结束。贝尔曼在一个风雨交加的夜晚，画了一片不会凋谢的藤叶。琼西因此重燃了活下去的信念，病情慢慢好转，但老画家因着凉而染上肺炎，最终失去了生命。作家笔下有人性的美，也有善意的谎言。

这个善意的谎言是出于美好的愿望，建立在真诚、良善的基础上，而现实中很多人假"善意"之名，行利己之实。

有些居心叵测的人，利用善意谎言的潜台词，说我都是为了你好，但扪心自问，你真的是为了对方好吗？

一个谎言是否是善意的，要看谁从中获取好处，如果是撒谎者本人，这显然不是善意的谎言。

其实，谎言就是谎言，无论善意或是恶意，本质是错误的，所以即便是善意的谎言，撒谎者也是为了当事人好，但他们的心中也必定是痛苦的，因为欺骗了对方，掩盖了真相。但凡需要说谎的事，多半都是对方在意的。既然对方在意，你又选择说谎，怎么可能毫无愧意。

而那些打着善意的幌子，堂而皇之撒谎也毫无愧疚心的人，其实并不理解哪些是真正"善意的谎言"，只是既不想承担说谎的责任，又想占尽说谎后得来的便宜，这样的"谎言"未免太过残忍。

再善意的谎言，在真相暴露的那一刻也会对当事人造成伤害。

而所有能被你欺骗的人，都是先选择了相信你的人，当对方袒露自我的时候，你的欺骗却让这段关系走向惨烈的失败。

深爱一个人，
不会羞于谈钱

我们的传统文化对于情和钱的态度往往两极化。谈钱就别说情，图利就勿论义。好像一旦钱和情混在一起，情感就没那么纯粹了。

因此，选择爱情对象，也是人和钱要分得清清楚楚，从而出现只看人、不看钱的伪君子，或者只要钱、不看人的泼皮无赖。在我看来，这都是假装的，或者是被逼的。因为，从来没有人完全不喜欢钱，也很少有生来只认钱不认人的无耻之徒。

真实的生活离不开钱。吃喝拉撒，柴米油盐，哪一样不需要钱？而花钱的方式可以反映一个人的消费观，消费观在一定程度上也折射了一个人的三观。我见过太多的情侣，因为消费观不同，日复一日地争吵，最后分道扬镳。

三毛说："爱情，如果不落实到穿衣、吃饭、数钱、睡觉这些实实在在的生活里去，是不容易天长地久的。"婚姻是现实的，情感是基础，经济也是基础。有情饮水饱，那是恋爱，有激情的填补，但是婚姻是过日子，谁不希望生活过得有保障？

所以，从人性的角度上来说：在爱情对象的选择中，既看中一个人本身，也看中他的经济条件，是正常的。只是人比钱要更重要一些罢了。但是，一直以来，钱似乎是一个让人矛盾的东西，人人都喜欢，却都不太想直接谈，好像一旦谈钱，事情就变味儿了。当一个母亲谈到礼金，就是卖女儿；当一个男人爱上了富婆，就是小白脸。

不管男女，都该坦坦荡荡地谈钱，谈钱才表明把彼此纳入到自己的人生规划里。

情侣间想完全不谈钱，根本不可能。

一个才华横溢却生活落魄的男人很少有女人敢嫁；一个家徒四壁、背着债务的女人也很少有男人敢娶。所以，在钱与情的博弈中，始作俑者是我们自己。

情感与人品固然是无价的，但钱除了是生活必需品外，往往也能表现出一个人的情感态度。

恋爱时，谈钱必不可少，但金钱不会高于爱情。一个男人如果愿意为一个女人花钱，不一定代表爱，而一个男人不愿意为一个女人花一分钱，说明根本不爱。一个女人不愿意为一个男人花钱，不一定不爱，而一个女人愿意为一个男人花钱，她是爱这个男人的。

所以，愿不愿意为一个人花钱，的确能评估TA在你心里的分量。人人心里都有杆秤，只是对不同事物的砝码价值有所不同。

当你深爱一个人，跟他谈钱不会羞于启齿，而是可以毫不避讳地商量经济问题。因为如果你想要跟他过一辈子，钱是绕不开的话题。

当一个人不爱你，他可能会肆无忌惮地向你索取，也可能绕着弯子跟

你谈钱，其实都是利用而已，差别只是一个愚蠢，一个更为精明。

想要认真经营下去的感情，就应该敢于谈钱，那些一谈钱就翻脸的人，根本不值得托付。而借着谈钱为自己牟利的人，你只有经历过才能看清对方的嘴脸。很多时候，不是谈钱伤感情，而是用谈钱来辨别感情。

一个有爱无钱的人是个潜力股，一个有钱无爱的人是个垃圾股，一个有爱又有钱的人是一只蓝筹股，而你只需要诚实地表达自己的态度。

要么浪漫到底，
要么本本分分

　　有的女人，用一生的时间去追求爱情的浪漫，虽然清贫，倒也纯粹。

　　有的女人，用现实的目光，选择了物质上的富有，虽然世俗，也算执着。

　　比如，小说《喜宝》里的女主角，她出卖自己的青春，以此换取富足的生活，嘴里也说着："我一直希望得到很多爱。如果没有爱，很多钱也是好的。"

　　而最悲哀的莫过于一个女人用青春去追求浪漫，在衰老后却被现实打败。又或者用青春去交换财富，在衰老后却爱得力不从心。

　　生活中这样的人屡见不鲜，她们最大的问题是：还没想清楚自己要的到底是什么，就仓促做了决定，付出代价后，又懊悔地否定过去的选择。这种人往往过得最苦，因为不曾真正快乐过。

　　对女人而言，两难的抉择确实需要智慧，有人就曾总结："没有面包的爱情是寒酸的，没有爱情的面包是索然无味的。"

有女人反问，为何就不能同时拥有爱情与财富呢？我可以肯定地告诉你，贪婪的女人不可能遇上痴情的王子，因为贪婪的女人没有单纯的爱情，所以，童话故事里最后嫁给王子的是灰姑娘。

女人又问，驻颜有术同样有资本做人生的第二次选择。但我反问，脸老了可以整，心老了还能回去吗？一旦心老了，是否还有追求爱情的激情也未可知。或许，她们最需要的该是穿越时光，而不是驻颜有术。

所以，女人们要记住，青春易逝，如果选择纯美爱情，就爱他个彻彻底底；如果选择富足安稳，就请你本本分分。

"誓"与"诺"
都有口无心

如果你是男人,你对心爱的女人许下过诺言吗?你又履行了多少?有句话叫:"宁可相信世上有鬼,也不要相信男人的嘴。"似乎是在嘲讽许下诺言又屡屡失约的男人。

如果你是女人,你相信心爱的男人所说的誓言吗?你又相信多少?有人说:"只有没脑子的女人,才会相信男人发过的誓。"这是在警告轻信男人的女人,因为她们容易被感情蒙蔽双眼。

热恋中,男人是最好的演说家,女人是最好的听众。因为男人想说的,正是女人爱听的,但这并不是巧合,而是彼此之间的配合。

确切地说,是男人对女人的投其所好。最初许下的誓言,多半发自真心,后来要履行承诺,多半早已忘记。所以,无论是誓言的"誓",还是承诺的"诺",都有口无心。

《白蛇传》中,白娘子和许仙的爱情不知感动了多少人,但在这段感情里,明显白娘子付出得更多。你侬我侬时,许仙是个好郎君,等到法海设计戳破白素贞的真实身份,许仙还是被吓破了胆,辜负了白娘子。难道他们之间没有过海誓山盟吗？有的，可种种誓言在现实面前都被击得粉碎。

　　只可惜，女人一边骂着男人的油嘴滑舌，一边又沉醉于男人的甜言蜜语。男人注重结果，女人注重仪式感。女人天生就是喜欢甜言蜜语的生物，她们渴望被宠溺、被在意，即使知道这是男人的伎俩，也心甘情愿被骗，因为她们在男人身上得到了关注，情感上获得了满足。由此把男人活生生地逼成了一个演员，女人也成了一个愚蠢的观众。

　　但再精彩的表演，终究要谢幕；再虔诚的观众，终究要离场。

　　人生如戏，全靠演技；戏如人生，你又何必当真。可偏偏有人当真，所以，别演，也别装。

　　如果一段感情里掺杂了表演的成分，谁能保证自己能演到最后？

　　语言是情感的载体，行为才是内心的真实写照。这世上最可信的誓言，是默默付出；最可靠的承诺，是一心一意、相濡以沫。

　　真正爱你的男人往往说得少，做得多。他们说的也不是甜言蜜语，而是为你担心的唠唠叨叨；做的也不是表面上的浪漫和殷勤，而是那些不起眼的拖地买菜、端茶送水。

　　如果你判断错误，可能是自欺欺人，也可能是对方演技高超。如果你判断准确，可能是你爱得真诚，也可能是因为你的真诚，对方回头是岸。

　　爱的考验是对彼此的伤害，只有生活的点滴才是真正的答案。

绝不将就

我很喜欢《何以笙箫默》中的一句话："如果世界上曾经有那个人出现过，其他人都会变成将就，而我不愿意将就。"

这句话字字朴实，并不华丽，没有波澜壮阔的誓言，更不像甜蜜的情话，却能触动每个人的内心深处。

为什么？

因为大多数人都选择了将就，将就地谈一场恋爱，将就地嫁给一个不爱的人，将就地过一辈子。事实上每个人都想坚持自己的爱情，但现实太残酷，很多人选择了放弃，从而开始了将就。就像另外一句话中说的："向来缘浅，奈何情深，既然琴瑟起，何以笙箫默？"

相识之初，不可预知的相遇，让我们感觉到缘分的奇妙。离别之际，深思熟虑的分手，总是被我们归结为有缘无分。

人在年轻的时候总是更容易相信缘分，觉得自己跟一个人相遇，是冥冥之中上天注定的。原本可以擦肩而过的人，偏偏相识相爱，是命运使然。但缘分也成了他们最好的借口，有缘分相遇是幸运，没缘分在一起是不幸，却没有仔细想想，如果当初自己再坚定一点、爱得再深一点，两个人是不是就能修成正果？

不离不弃的爱情，人人向往；斩钉截铁的誓言，张嘴就来。可是一旦面对现实——一套房、一段距离、一份工作、一句父母的反对，你就望而却步，黯然离开。到底是现实打败了爱情，还是我们被现实打败？

亦舒曾说："人们爱的是一些人，与之结婚生子的又是另外一些人。"

在现实面前，爱情往往很脆弱。然而不管两个人因什么理由分手，归其根本，就是因为不够爱，或者权衡利弊后，TA爱自己更多一些。

电影《真爱至上》里，演绎了十个类型各异的爱情故事：初恋、暗恋、一见钟情、日久生情等。你会发现每种爱情都历尽坎坷，谁都无法轻而易举就收获了幸福。暗恋中的人要想尽办法表白，办公室恋情中的人担心因爱影响工作，一见钟情的人不确定这段感情是否有未来……那他们就不爱了吗？不，唯有努力追求，才不会错过真爱。所以，有时候现实可以打败爱情，而有时候爱情也可以战胜现实。

放弃，还是坚持，这也许是个问题。但爱情不是一种选择，而是一种勇气。

坚持靠的不是激情，而是耐力。为了自己的懦弱而放弃很容易，为了彼此的幸福而坚持，这很难。但坚持下来的人，能得到上天的奖赏，他们收获了彼此生命中最不可替代的人。

坚实的爱情往往充满了弹性，怎么拉，怎么扯，怎么吵，怎么闹，到头来谁也离不开谁。只有把现实当借口的人，才把自己的人生过成了将就。

想要放弃，有千万种借口，坚持到底，却不需任何理由。

也许一辈子不止一次爱错，但只要遇上真爱，就绝不放过。

不共患难，
怎共富贵？

男人都向往成功，但女人未必这么想，你知道为什么吗？

找一个成功的男人，是所有女人的本能，但引导一个男人走向成功，才是一个女人真正的本领。可无论是分享男人的成功，还是参与成功的过程，男人的成功却总是让女人患得患失，不知所措。

一个女人找一个成功的男人，直接分享他的劳动果实，这种坐享其成的事情，当然不合逻辑。人们往往会说她是贪图男人的钱，而不去正视她付出的爱。误解多了，再辩解也无济于事，所以，她们接受成功男人的追求，总要承受旁人指摘的负担。

当爱情浓烈的时候，一切差异都可以突破，因为在纯洁的爱情面前，世俗是可耻的。但是当一切都平淡下来，你终究会明白，生活本来就是世俗。没有一起共患难，又怎么可能共富贵呢？

现实中不乏穿越逆境后共享富贵的夫妻，这是由独立的个体联结成美好家庭的必然成长之旅。

一个女人含辛茹苦地引导男人走向成功，跟着他吃苦受罪，微笑鼓励他一次次面对失败,你会发现生活本身并不苦,因为付出激发了女人所有的爱。

但是这一切都面临风险,因为很有可能前人栽树后人乘凉,有些男人成功之后的膨胀是可怕的,所以,才会有那句经典的告诫:"且行且珍惜。"

很多男人从青年到中年,是由贫到富的过程,而很多女人则是从对丈夫的扶持到示弱讨好的过程。

我由衷相信,所有成功又犯过错的男人,都会怀念曾经风雨同舟的爱人。

一生之中,我们印象最深刻的总是一起哭过的爱人,而不是一起笑过的恋人,但有些事错过了就不可挽回。

可男人们怀念归怀念,他们不会因此回头。既然大步向前可以邂逅其他人,为什么要回去寻找一个记忆中的女人。所以,他们的这种怀念不是为你,而是为曾经的自己。最后女人们困惑了,我到底希不希望自己的男人成功呢?

如果我是女人,我会这样对男人说:"我不会因为你的成功而多爱你一分,也不会因为你的失败而少爱你一分。我爱的,只是一个自信又努力的男人。"

一生之中，我们印象最深刻的总是一起哭过的爱人，

而不是一起笑过的恋人。

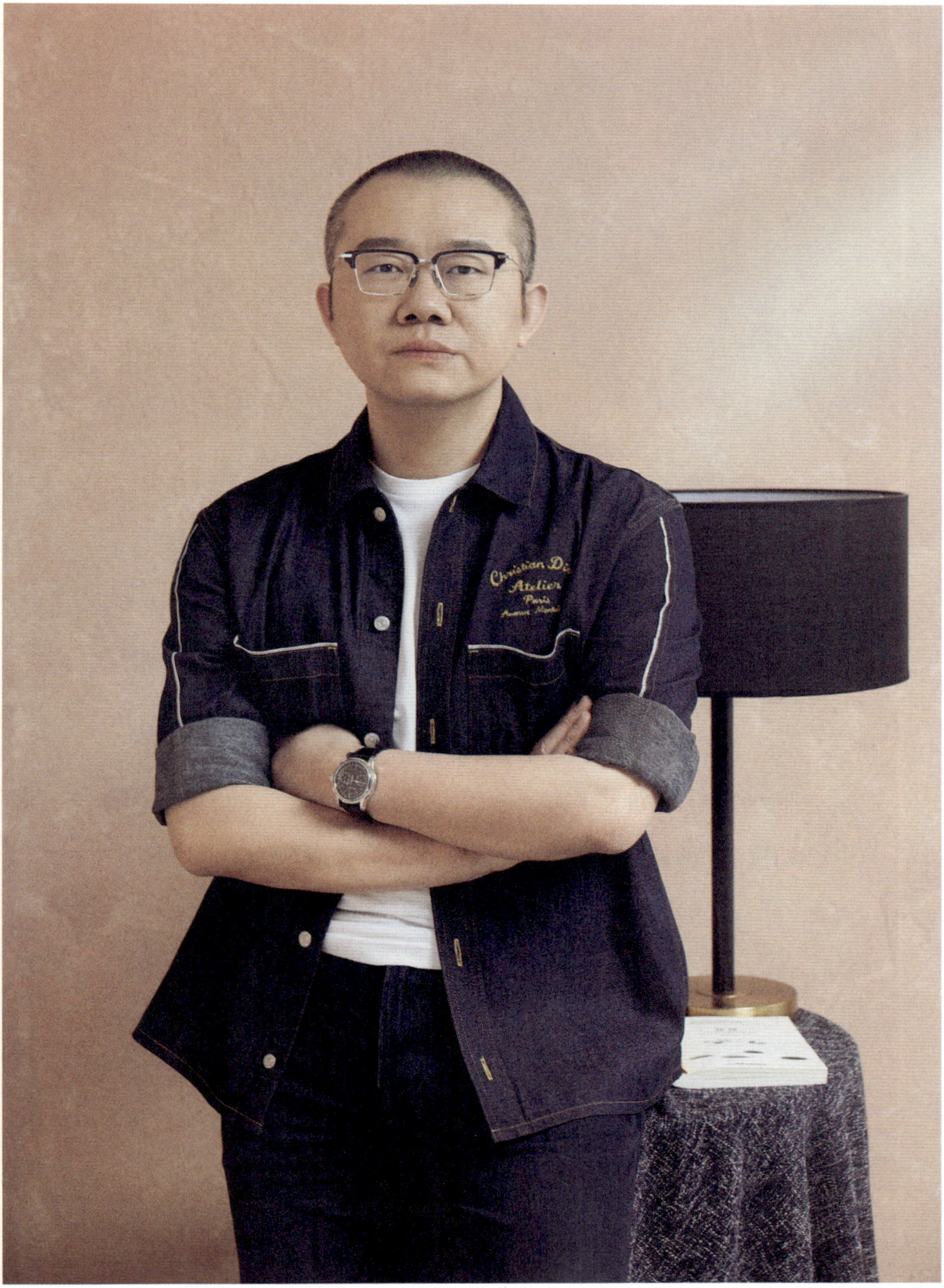
Atelier
Paris

涂言涂语

01

人缺什么便求什么，痴情人成了稀有品种，也成为纯美爱情的代言人。

02

一个爱而不得便自暴自弃的人，恰恰证明了自己是不值得爱的懦夫。

03

真诚的爱是什么？是一颗忠诚的心，是无微不至的照顾，是勇敢的承担，是对爱人正确的引导。

04

什么人进什么门，什么钥匙开什么锁。

05

情感是人内心深处最珍贵的财产，欺骗情感是最大的伤害。

06

一个谎言是否是善意的,要看谁从中获取好处,如果是撒谎者本人,这显然不是善意的谎言。

07

所有能被你欺骗的人,都是先选择了相信你的人。

08

当一个人不爱你,他可能会肆无忌惮地向你索取,也可能绕着弯子跟你谈钱,其实都是利用而已,差别只是一个愚蠢,一个更为精明。

09

一个有爱无钱的人是个潜力股,一个有钱无爱的人是个垃圾股,一个有爱又有钱的人是一只蓝筹股,而你只需要诚实地表达自己的态度。

10

所以,女人们要记住,青春易逝,如果选择纯美爱情,就爱他个彻彻底底;如果选择富足安稳,就请你本本分分。

11

女人一边骂着男人的油嘴滑舌,一边又沉醉于男人的甜言蜜语。

如果你一旦失去了自我,

就不要提你拿什么去爱别人。

你只有活出自信,

你的男人才会害怕失去。

Chapter. 4

秒懂男人

绕过恋爱雷区

嫁给一个
什么样的男人

女人最爱男人什么？

颜值无疑是重要的，人都是视觉动物，爱美之心人皆有之，不光男人好色，女人也是如此。但恰恰因为人人都有一双眼睛，欣赏美貌不需要深度与内涵，所以，太过看重颜值的审美往往肤浅。

在"小鲜肉"横行的年代，多少女人对着屏幕流口水、欢呼，疯狂程度更胜于男人。但你见过哪一个优秀的男人完全因颜值而富有魅力？

男人与女人不同，你不得不承认，女人的颜值，在审美中所占的比例比男人重得多。女人可以一笑倾城，男人会因为一个女人的美貌发动特洛伊战争，但你可曾见过一个男人因美貌而俘获众生、倾国倾城？

如果有，那他更多也是因为才华与人格征服了周围。如果颜值很高，当然是锦上添花，但颜值肯定不是最重要的。

为什么说男人越老越有味道？

你会发现，男人的美恰恰在于生活对于身体的锤炼，皱纹是经历的体现，老茧是责任的付出，花白的头发是对岁月的思考，佝偻的身躯是对命运的不屈不挠。但如果这一切出现在女人身上，我们更多感慨的是岁月催人老的悲凉。

人是视觉动物，这是本性。曾有心理学家做过实验证明，人类获取的信息83%来自视觉，11%来自听觉，而剩下的只有6%来自嗅觉、触觉、味觉等。所以人类"目光所及"的东西，其实都是被我们的大脑筛选过的。

但颜值这东西，睁开眼绚烂多彩，闭上眼便荡然无存。

如果一个男人能让女人宁愿刺瞎自己的双眼也要爱，一定是因为他拥有无穷的人格魅力，即便不是个英雄，也一定是个有情有义的男子。

颜值虽然诱人，但只要闭上眼睛就行了，才华却不同，腹有诗书气自华。读书能提升一个男人的谈吐与修养，甚至是精神境界，这也是一个人的整体气质。

你可以想象一个帅气逼人的小伙子，口吐脏话是多么不协调，但一个长相平庸却气度不凡的男人会更加让人出乎意料。这就是文化的作用。

外表只可以看，却不能深度体会，但修养与才华体现在一举手一投足。一个绅士的微笑，你会感觉温文尔雅；一个专注的表情，你会觉得魅力非凡；一首华彩的诗歌，你会陶醉不已；一个不羁的行为，你会感叹很酷、很炫。

但是切记，**一个男人的才华只决定他的宽度，却不能体现他的厚度。**宽度是指他的知识阅历，厚度是责任与担当。

男人的才华可以用来崇拜和欣赏，却万万不可用来爱，如果一个男人心里没有你，那么他的才华越高，越有可能成为背叛你的筹码。

富家女为了爱情，跟穷小子私奔，舍弃富足的生活，历经艰难支持男人的事业，而穷小子飞黄腾达后却始乱终弃。这样的故事并不少见。所以，一个男人的才华与人品没有直接联系。一个很容易被别人夺走的东西，说明它从来就没属于过你。

当然，不要一味地被男人的才华迷了眼，还是要理性选择爱人。他既要有才华，更要有良知和责任心。否则他的才华很可能成为招蜂引蝶的手段，而难以成为只取悦你的限定款。

女人应该嫁一个什么样的男人？

答案是始于颜值，羡于才华，忠于人品。但切记，这一切的基础都是他爱你。

人没有绝对的优点和缺点，多半真实之中带点虚假，优点之中存在些许缺点，但一定要有主次之分，女人切记不能只看帅气和才华，却忘了最根本的人品。

常言道"先做人，后做事"，可见人品好是一段高质量亲密关系的保障。因为人品决定态度，而态度决定行为。跟心地纯良的人交往，也更容易体会到踏实的幸福感。

"路遥知马力，日久见人心"，有颜值和才华的男人，人人懂得欣赏，但有责任和担当的男人需要一双慧眼，也需要长时间的了解。这虽然需要冒险与尝试，但与其和那些肤浅的女人共同拼抢徒有其表的赝品，不如花时间考查一个人品可靠的男人。因为这种冒险更值得。

一个女人的品位，并不在于她的穿着和气质，恰恰在于她找一个什么样的男人。

如何看清男人是否真的爱你？

录制节目，我经常遇见这样的女人，她们哭着抱怨男人如何不好，如何不靠谱，如何伤害她。可当我问起，既然男人如此不堪为什么不分手时，女人又满脸温情地说："其实他有时候对我还是挺好的，深夜为我买夜宵，情人节送我鲜花，生病为我端茶倒水，走累了背着我回家。"

现实中如此纠结的女人，比比皆是，她们纠结于男人到底是爱还是不爱，但根本原因是她们看不清楚。

其实，女人能感觉出来一个男人是否爱她，内心是否有她，但是，由于女人的感性特质和自欺欺人的本性，又常常被男人的哄骗所迷惑。她们对男人抱有浪子能回头的期望，殊不知，很多感情就死在了有些男人不会改变上。

如果非要给出标准来甄别一个男人是否真的对你好，我勉强给出以下几个标准，以供参考。

第一，男人对你的好是存在于相爱的前半年，还是之后的时间？

热恋时对你的好，都是爱情的技巧；平淡之中对你的好，才是生活的本来样貌。

好男人并没有唯一的标准,他可以帅气多金,也可以才华横溢,但更重要的是体贴温柔、爱妻顾家。

而热恋期的人,受情感支配多于受理性驱动,根本没有冷静思考的机会。不要责怪她们"恋爱脑",因为在这个阶段,人的生理、心理全都处于亢奋状态。一方面是生理上,身体会分泌更多荷尔蒙、多巴胺,让人沉溺于爱的美妙体验;另一方面,心理上正处于恋爱的"自我扩张"期,会想要把他人纳入到"自我"的领地当中。但为了更长久的亲密关系,还是要懂得看清男人。

当你们感情趋于平淡后,如果一个男人依然能保持对你的好,说明他不是为了讨好你,而是发自真心地爱你。如果你总把他追求你的热情,当作爱你的见证,那你是多缺爱呀。

第二,男人对你的好是更注重形式,还是更关注不起眼的小事。

俗话说得好,"无事献殷勤,非奸即盗",不经意的关心才是真爱。鲜花、烛光、浪漫,这些花钱多过花心思的形式主义,更多是一种表现。如果一个男人愿意做一些不起眼、不容易引起你注意的事情,例如,买菜做饭,洗衣拖地,说明他不是为了引起你的关注,而是想要照顾你。

当然,女人往往吃形式主义那一套,却忘了平淡之中见真情。想追求浪漫没有问题,但生活中除了浪漫还有柴米油盐。一个不关心琐碎日常的人,也无法体恤你的情绪变化。实在但不浪漫的男人,可以慢慢培养,但华而不实的男人,一开始就不适合一起过日子。

第三,男人再好也不能忘了是非。无论一个男人对你多好,都不能动摇自己的底线。

别忘了爱情的根本是忠诚，缺失了忠诚的关爱，不是赎罪就是陷阱，否则一个对你如此之好的男人，为什么会对这份爱情不忠贞？为什么会不尊重自己的爱人？

可是有些女人总会给自己和对方找种种借口，不过是不愿意承认对方背叛自己的事实。面对一个背叛了你的人，不要试图为他辩解，亲密关系里的某些界限，一旦越过就是死线。即便当时原谅了，也容易在某些特定的时刻爆发。

爱是艺术，但爱也是科学。你不能沉醉于他曾经对你的好，而忘记了一些基本的逻辑。

当一些事实摆在眼前，不是不够明显，而是你不敢去看。当你自己都要欺骗自己，男人又为何要承认自己不够爱你，是在欺骗你？

一个装睡的人，别人怎么叫也叫不醒。而一个能从痛苦中成长的女人，更能获得男人的尊重。

你以为的懦弱
其实是一种手段

听过装酷的、装富的、装穷的,但你听过装㞞的吗?

㞞,是男人最介意的形容词,因为这很不"男人"。但是,装㞞却能合理地躲避责任,逃避冲突。于是,生活中便出现了这样一种男人,追女人的时候勇敢浪漫,甚至无所不用其极,但是,在不爱女人的时候,面对你的追问、谴责,他们不仅不敢面对你,还总是以父母为借口,做出种种很不"男人"、很不厚道、很令人不齿的事情,让你恨得牙痒痒却无可奈何。这种男人叫作伪"妈宝男"。

也许有人会说,"妈宝男"懦弱、无能,没有独立的人格,对父母唯命是从,不能承担生活的责任,不能保护自己的女人。但是他们并不狡猾,只是缺乏担当和想法,被父母所控制和左右。

可是伪"妈宝男"截然不同,他们看似同样听父母的话,却是选择性服从。伪"妈宝男"的撒手锏在"伪"上,他们不是真正的"妈宝男",但披着"妈宝男"的伪装,为自己欺骗他人感情打掩护。对这样的男人一定要敬而远之。

一个男人在朋友的聚会上结识了一个家境不错的女人，便展开了疯狂的追求。女人娇生惯养但单纯美丽，在男人热烈的攻势和甜言蜜语下，很快被征服了。

女人虽然家境优越，可因为被父母保护得太好，个性单纯的她下定决心，即便过苦日子也要和男人在一起。父母强烈反对，但拗不过女儿，最终也选择了妥协。

只是没想到男人的父母，更加反对他们的婚姻，认为家境相差太大，女人娇生惯养，将来会让儿子受委屈，承担太大的精神和物质压力。

两家人久久僵持不下，虽然男人承诺会说服父母，但事情没有任何进展。

有一天，女人发现男人和另外一个女老乡密切往来。女人质问男人，男人解释说，那是家里安排的相亲对象，不是自己所爱，保证不会和女老乡有任何不正当的关系。直到女人有一天发现自己怀孕了，去男人家跟男方父母摊牌。

男人的父母表示，无论如何不会让女人进家门，但是，他们完全不知道男人所谓的女老乡。

这时，女人才恍然大悟，自己始终被蒙在鼓里，她不顾家人反对勇敢追随的爱人，不过是一个虚伪的男人。

其实，所有反对子女爱情的父母，大部分是可以理解的。无论他们反对的理由多么自私，对自己的孩子仍旧无私。只是他们不惜做恶人，也要让自己的孩子过更稳定的生活，不希望孩子受委屈。

如果孩子们毅然坚持，多半是以父母的妥协告终，因为他们爱孩子。

所以，当你碰到对方父母反对，但久久不能解决时，其实是你的爱人没有努力起到周旋和引导的作用，或者压根儿就没有和你在一起的决心。

而可恨的伪"妈宝男"看上去很听父母的话，但只在需要父母做挡箭牌时那样。当他们想为所欲为时，绝不会听取父母的意见，始终以"孝顺"为幌子来逃避责任，这是最可怕的地方。

虚伪的人永远不会承认自己虚伪，因为承认自己的虚伪本身需要真诚。

当一个男人总是以父母或是其他理由逃避自己的责任，应付你，敷衍你，记住，清醒一点，不要因为被虚伪的人欺骗而羞耻，真正该羞耻的人是骗子。也不要因为被欺骗而不甘心，你最应该做的是转身离开，及时止损。

因为一个真正爱你的人，总是会找各种机会来爱你、保护你，而不是找各种借口看着你继续痛苦，因为看着你痛苦，对他而言是更大的痛苦。

任何一个男人都不会主动认怂，尤其在自己的女人面前，因为那是一个男人真正的尊严。

爱情不能套路，
幸福要靠领悟

有一个女生说，她爱上了一个男生。

"他像一道光，很耀眼。他很有绅士风度，总是把胳膊架在我后面，不让别人碰到我。他会一直牵着我的手，说巴不得让全世界的人都知道我们是一对。他会在吃饭的时候，都点我爱吃的。他会在我生病的时候嘘寒问暖。

"虽然每次出去吃饭都是我买单，但是我不介意，因为他目前正处于事业低谷，我不想我的男人没有面子。我也只是个学生，因为花销太大，最近家里已经不给我寄钱了。但是，他突然对我越来越冷淡，甚至不再联系我了。我通过他的朋友得知，其实他在和我交往期间，还和一个比他大十几岁的女人在一起，住那个女人的房子，开那个女人的车。

"我找他对质，他也承认了这一切，可是我现在还在这段感情里无法自拔，只要他还愿意回头，我就愿意原谅他。

"我坚信他对我是有感情的，为此我也付出了很多。我撒谎骗家里钱，撒谎骗老师逃课，还撒谎骗室友夜不归宿，我无法就此放下那个男孩。"

为什么这么明显的爱情套路,还有人执迷不悟?有句话叫"自古深情留不住,唯有套路得人心"。天性爱幻想的女人,很容易受镜像投射效应影响。当男人通过一个又一个套路,把自己塑造成她们内心渴望的形象时,总有一些人会误以为遇到了"真命天子"。

另外,我也在揣摩三个问题:第一,什么样的男生会是一道光?第二,这个男生对女生可谓照顾得无微不至,如果不是真情使然,怎么能如此真切?第三,小女生和老女人都喜欢他喜欢到不能自拔,男生是怎么做到的?

后来,我想到有几个词是这个男生身上的特质:专业、敬业、无业。

一个人能把自己包装成一道光,不可谓不专业。一个人能在不爱的情况下,做到贴心服务,不可谓不敬业。一个人能让小女生和老女人都为他花钱,包养他,无业又如何,生活照样潇洒。

其实这样的男人,有一个专业的称谓,叫作"小白脸"。

当然,随着时代的变化,千万别以为"小白脸"都是容貌清秀、油头粉面的男人,恰恰相反,有的"小白脸"长得粗犷威猛,男人味十足。所以,从容貌上很难区分一个男人是不是"小白脸"。

判断一个男人是不是"小白脸",只有一个标准,那就是吃不吃软饭。"吃软饭"是一句上海方言,意思是指靠女人养活的无能男人。

可是有人要说了,有些知名人士在事业低谷时,也靠女人养活,比如说,大导演李安就是如此。我想说的是,李安在事业低谷期可是勤劳的家庭妇男,况且他也没有感觉一切理所当然,他很感恩妻子的付出,也在为之后的作品积蓄力量，后来确实为大家带来了很多优秀的电影作品。

夫妻之间如同命运共同体，本就应该相互扶持。这种付出是双向的，因为短期的单方面付出尚可以忍受，但是长时间的供养总有一天会身心俱疲。

"小白脸"、吃软饭是一种职业，他们以此为生，并且同时不只"吃"一个女人，更可恶的是，不把女人吃穷是不罢休的，当然，在此期间，他们和女人保持着情人关系。

虽然如何识别一个男人是不是"小白脸"已经很清楚了，但我们仍然要搞清楚，为什么已经知道这个男人是"小白脸"，受害者依然不能自拔、不愿放弃呢？难道是被下了什么药吗？又或是"小白脸"太有魅力？

这就要说到"小白脸"的专业和敬业。我写了这么多帮助大家体验幸福、规避不幸的文章，但我最讨厌的是那些教大家恋爱技巧的文章，例如，什么《泡妞三十六计》《如何三招搞定男神》等，现在有很多类似的书，网络上也有一些视频教程，还有一些这种定位的自媒体。

如此功利的技巧把神圣的爱情毁得一文不值，这些所谓的技巧，不是用来追求爱情的，而是用来对付追求对象的。

"小白脸"的技巧多数就是此类，不可否认这些技巧都经过千锤百炼，所以，他们能够屡屡成功。但爱情不能靠套路，幸福要靠领悟，用心比用脑更专注，一个能理性使用技巧恋爱的人只是为了短时期的占有，而非长时间的付出，所以不要被"小白脸"的套路所蒙蔽。

一个男人用心对你，最主要的是忠诚，其次是不把你当成提款机。

如果连忠诚都没有，只有对你的利用，所有对你的温存都不过是手段而已。

记住，**每一个"小白脸"都不承认自己是"小白脸"，相反，他们打扮得很男人。**

每一个"小白脸"最初都表现得很大方，因为这是欺骗你的成本。

每一个"小白脸"在欺骗你的同时，还欺骗着其他女人。

每一个"小白脸"在把你榨取干净后，不会明确说分手，只是说希望做普通的朋友。

睁大你的双眼，看清楚，但是上当后，也别闭上眼，默默忍受，更别因为付出太多而心有不甘，那些失去的钱财只当喂狗，你应该立即离开，一切从头开始。

TA 无情地利用你，
你却不以为然！

我爱你，与你无关。你爱我，与我无关。这是两句话，字数相等，但把"你我"二字对调之后的意思和意义，却截然不同。

我爱你，与你无关，意思是：我只需要默默地关注你，并不想打扰你的生活，只要你幸福就好。

你爱我，与我无关，意思是：你所有的行为，都是你自己的选择，无论结果如何，都是你咎由自取。

"高尚是高尚者的墓志铭，卑鄙是卑鄙者的通行证。"虽然说高尚与卑鄙不可能同行，但在爱情中，总有高尚者爱上卑鄙者的故事，以上两句话就是两者之间的潜台词，只是双方都不说出来罢了。

有人说，高尚者怎么可能会爱上卑鄙的人？

要知道，在爱情中，高尚者往往容易犯傻，而卑鄙者往往把自己的卑鄙藏得很深。

尼采在《快乐的科学》中说："'爱情'这个简单字眼，对男女实际上表示两种不同的意思。女人对爱情的理解是整个身心的奉献，毫无保留地、不顾一切地。而理性的男人,可以把爱和情分开理解,他们很难进入完全无条件的爱情。"

我爱你,与你无关。你爱我,与我无关。这两句对话,听上去很矛盾,但是在爱情中,却是相辅相成的。

不信的话,我们可以来演绎一下当时的情景。

一个女人对男人说:"我爱你,与你无关。你不需要有太大的压力,我只要在心里爱你就好。"

男人心里想:你爱我,与我无关,是你自己犯傻。但是他嘴上却说:"傻瓜,别等了,我不值得你为我浪费时间,别耽误自己的青春,否则我会内疚的。"

这样的心口不一,不仅不会让女人知难而退,反而会使她痴心一片。都是骂女人犯傻,但却是完全不同的效果。

不得不感叹语言的博大精深。当然这里男人与女人的角色,也可以反过来,不是只有男人会如此无耻,女人也有类似的行为。

我爱你,与你无关,听起来多么无私,但是这句话对吗?能如此无私地爱着对方的人,是凤毛麟角,能做到的都是超脱的智者。

对绝大多数的人来说,我爱你,一定与你有关。因为爱是相互的,没有回应的爱不过是自我想象,并且潜意识中想要有所回应,哪怕只是一点点。所以,当一个人说,我爱你,与你无关,要么是智者看透了生活,要么是愚者在被人利用。

真正的智者太少了,大部分人都是愚者,但愚者又很难看清楚真相。当你付出了所有感情,对方依旧毫无回应时,你的"无关"最终会变成"有关"。如果你足够克制,会伤心欲绝地离去;如果你无法自已,就会在爱情陷阱里越陷越深。

当一个人说,你爱我,与我无关,要么是君子坦坦荡荡,要么是伪君子利用感情。生活中,被感情利用的人,自己茫然不知,依然飞蛾扑火;而利用感情的人,心里非常清楚,还是选择利用对方的感情,让 TA 对自己死心塌地。有些老板与秘书、艺人与经纪人,彼此之间也常常是感情上的利用与被利用的关系。

当真相揭开,被利用的人,如同经历一场地震,被震碎了所有的幻想;而利用他人的人,毫无愧疚之意,来去自如,徒留一片废墟。

很多人不明白,感情是人类最高贵的品质,一个真正值得你爱却不爱你的人,一定会对你残忍,因为此刻的无情,也是一种高贵。而你也应该尊重这种高贵,从而自重地离开。

倘若一个不爱你,口口声声不想耽误你,却总是利用你的人,你绝不要听他两难的借口,应该断然离开。

记住,爱情不是选择,没有两种可能,爱情是态度,要么爱,要么不爱。

女人，
别被你的"母性"欺骗了

女人到底喜欢什么样的男人？

我想大概是这样的，曾经是个流氓，现在是个绅士，偶尔做回英雄，其实是个孩子。

为什么这么说？

男人流氓式的坏，能刺激女人的肾上腺素。男人绅士般的儒雅，能让女人沉迷。男人英雄的壮举，可以给女人以安全感。但说到底男人孩子般的依赖，才真正给女人足够的存在感。说穿了，很多女人都喜欢当妈。

为什么我们把出嫁的女人叫新娘，因为在封建社会，女人嫁给男人就意味着要代替婆婆照顾他。如果是童养媳，不仅要照顾丈夫的生活，还要教会丈夫为人做事，这不就是一个新的妈妈？

如今当然有所不同，但依然不能阻挡女人内心深处的母性情结。虽说爱到深处，男人的父性和女人的母性都会掺杂进爱情之中，但是女人的母性更为突出一些。

有些女人有公主病,但那毕竟是少数。在无数个案例中,我发现有些女人一旦深爱一个男人,就会把他当作自己的孩子,管他吃穿,给洗臭袜子,辅导他学习,甚至监督他找工作,那种望夫成龙的迫切令人感动也使人害怕。

母性是一种优秀的品质,但有的女人容易母性泛滥,她们往往在低自尊中长大,自我价值感很低。童年缺爱的她们更渴望在成年后获得情感的滋养,所以她们的精力都用在了照顾男人、迁就男人上,希望对方也能给予积极的情绪反馈,自然没办法看清男人是不是真的爱自己。

一个青春朝气的女人,突然因为爱情变成了一个老妈子,整日唠唠叨叨、长吁短叹,却乐此不疲。更可怕的是,她们变得没有理想,没有自己的生活,甚至没有了是非和原则。

无论男人做了什么,无论被男人伤害成什么样,她们都能像母亲一样毫无原则地接受,并且把这归咎为宿命,其实是因为内心深处强烈的不甘心,付出那么多,到头来不仅得不到回报,还要被对方嫌弃,所以只能一条道走到黑。

如同封建社会的女人,一旦被玷污,无论如何也要嫁给对方,根本不管对方是君子还是流氓。

封建社会的女人如此认命是环境使然,但是现代女性还如此,说白了是因为内心自卑、缺爱。这样的女人,多半在成长的过程中缺失了关怀,迫切地想拥有一个家,却忘记了有些男人是流氓,却扮成了可爱的孩子来利用女人。

有时候,你不得不佩服一些流氓的生存逻辑,当他们振振有词,说着自己的大道理时，甚至会让你哑口无言。

比如，明明是自己不努力工作，每次遇上问题不是积极面对，而是选择不断跳槽。他却要辩解，因为那工作不适合我，我干得不开心，领导没有看到我的才华，我太委屈。

明明是自己没有能力出去赚钱，却偷换概念，说不是非要出去挣钱的男人才是好男人，在家做饭的男人就不是好男人吗？

明明是吃女人的、喝女人的，还要说既然彼此相爱，又为何要分得那么清楚？

明明自己每天在微信上和其他女人暧昧，却还要倒打一耙，说就是因为你每天唠唠叨叨抱怨我，所以我才会找别人聊天。

其实，流氓的逻辑就是不讲道理，然后变着法儿地占便宜。他们就是要吃女人的、穿女人的，把自己当成这段关系的主宰；他们甚至会用言语虐待和折磨女人，打击她们的自尊，让她们觉得自己配不上这份感情。

如果这个时候，流氓碰上一个特别想当妈妈的女朋友、特别有管控欲的女人，好戏就上演了。要知道流氓的口才都不错，因为他们不要脸面，所以无耻的话也可以说得头头是道，如果妈妈式的女朋友和流氓辩论起来，很容易陷入流氓的无耻逻辑，最后把自己弄成怨妇和神经质，整天查岗，打电话给流氓的父母和朋友，期望找到一些同盟，结果却四面楚歌。

宁和君子动手，也别和流氓动口，因为流氓的生存逻辑就是用自己的无耻来面对你的真诚。

有一句话这样说:"善良的女人管住男人的胃,功利的女人管住男人的钱,愚蠢的女人管住男人的身体,聪明的女人管住自己的自尊。"

当你遇上一个胡搅蛮缠的流氓男友,千万别听他的强词夺理,因为那是狡辩;千万别企图改变他,因为那是警察的责任;千万别只看他文质彬彬的外表,因为那不过是流氓的道具;千万别因为他的低头认错而心软,因为那不过是狐狸的眼泪。

你骗自己的样子，
真的很狼狈

一个年轻女孩声嘶力竭地指责一个中年男人："你这个骗子，明明没离婚，却骗我离了，让我被别人骂是小三儿，害我被父母痛骂，被别人嘲笑。"

男人说："你也没问啊，我说过自己有过一段失败的婚姻，但我也没说我已经离了呀。你说我骗你，但是我对你的那些好，难道都是骗你吗？你说你要学美容，我就拿钱给你上课。我每天给你做饭，要什么我都买给你，这些你都忘了吗？"

听到这样一段对话，有人说男人在偷换概念、诡辩，但我想说，女人得了便宜还卖乖，活该！

都说可怜之人必有可恨之处，这女人的可恨之处就在于，明明是自己想不劳而获，却说别人在无耻地勾引。找一个比自己大十几岁的中年男人，没有和他共同奋斗，却要分享他的财富，这本身就是利用自己的青春来交换利益。

一段成熟的情感关系里，不排除有计较甚至小心机，但一定不会有上述这样的隐瞒和不真诚。男人隐瞒的是婚姻状况，这是关系里最大的雷区；女人的不真诚，则是对一段感情过于糊弄，想着糊弄他人，没想到糊弄了自己，结果不言而喻。

如果你想要真诚而谨慎地了解一个陌生男人，你会不知道对方的婚姻状态？你难道从对方的社会交往、亲朋好友中感觉不到一丝怀疑？

除非你自欺欺人，被自己的贪念蒙蔽，沉浸在所谓的谎言中，不想去戳破眼前的泡沫。

当你在痛斥被他人欺骗的时候，首先问问自己，为什么被骗的不是别人而是你。自己若是没有漏洞，又怎么可能被对方乘虚而入？

事实证明，所有的受骗者，其实本身都有被骗的基因。所以，很多圈套的真实情况是：骗子骗人，受骗者骗己。

首先，受骗者内心懦弱，不敢面对现实。人之所以会自欺欺人，是因为不想承认自己的错误，因为否认眼前的一切，就是否认自己。而一旦否认自己，那么之前的所有行为和努力都是白费，意味着一路走来构建的一切都要崩塌。

没有比否认自己、颠覆自己更残酷的事情了。当认识到我不再是我，就意味着要重新找回自我，重新审视周围的一切。

为什么很多捉奸的人，已经走到门口，只要推开房门就可以目睹真相，但是停留在门口迟迟不敢打开那扇门？

其实，那一刹那，我相信门内的人一定比门外的人更淡定，既然做得出无耻的事情，至少想过东窗事发的惨烈，甚至想好了应对的方式。倒是捉奸的人内心更为忐忑，因为门一旦推开，一切再也无法挽回，而选择不撕破这层纸,既留住了自己的脸面,也给了对方从头再来的机会。他不要脸,我还要呢。

其实TA没有想过,门内的人也许内心纠结,既由于羞耻不希望被揭穿,又希望被揭穿,那样便不用再藏着掖着。如此看来,门内的人,无耻得很坦荡;门外的人,善良得很虚伪。于是,当捉奸者从门口退回,放弃揭穿真相后,欺骗已经不复存在。

生活中如此让人哭笑不得的事情并不少见,自己选择承受谎言,当旁人告诉你真相,你却还要指责对方狗拿耗子多管闲事。

其次,容易受骗的第二种特质是贪婪。这种贪婪往往不明显、不放肆,把贪婪写在脸上的人,往往不容易受骗,因为豁得出去。往往是想贪又不敢贪,想拿又不敢拿,心里想要,嘴上说不要,明明已经接受,还要说一堆冠冕堂皇的话的人最容易受骗。

因为他们的贪婪,不只是要利益和虚荣,还要自己的名声。清白和贪婪是相对的,不可融合,所以想要两者兼收,就必须把希望寄托在他人的谎言上,也就是对方不说真话,来维护你"绿茶"的形象上,这就等同于自愿受骗。

人有时候,宁可将贪念放在明面上,也不要欲拒还迎地虚伪。男人和女人交往,要揭开虚伪的面纱,在感情里袒露本性。

如同开始那对男女的对话,男人的潜台词说得很明白,我就是贪图你的青春,但我也付出了金钱和精力,你何必装无辜呢。都是千年的狐狸,你给我玩什么聊斋?

如果既要别人满足自己的欲望,又要别人说你单纯,这就很不厚道。

男人无事献殷勤，非奸即盗；女人来者不拒，不是爱，便是欺。

事实上，短暂的欺骗时有发生，因为人总有大意的时候，但长久的欺骗一定是自我的沉醉和选择性失明。

如果你不能从欺骗中获取一些什么，我相信你早就怒发冲冠，但若是因为自己的懦弱而不敢面对，或是因为自己的贪婪而自欺欺人，我只想说，你活该被骗。

女人，
别轻易为谁生孩子

网上曾有两则关于孕妇的新闻，看得人触目惊心。一则是孕妇因为不忍疼痛，乞求剖腹产未果，跳楼身亡。另一则是孕妇买菜，当街产子，事后淡定回家。

网友们对这两则新闻有很多争议，也有许多的感叹，但是我所关注的是，孕妇背后的男人，他们都干吗去了？

毫不客气地说，**每一个委屈的孕妇背后都有一个无能的男人。**

女人生孩子这样的关键时刻，很可能一生只有一次，如果连这一生一次的陪伴都做不到，怎么可能让人放心托付终身？

那么，女人生孩子到底是不是一件大事？

在有些男人心目当中，生孩子对男人来说是大事，因为传宗接代，因为脸上有光，因为父母催促，因为别人有我也要有。

对于女人而言，这可能只是一件寻常事。因为千百年来都是如此，别的女人都是如此，我妈也是如此，所以自己也没什么特别的。

但是男人怎么不多想想，你的妻子不是别人，她肚子里的孩子也不是别人的，难道对于你来说，这不是最特别的吗？

若是古时的皇帝，后宫佳丽三千，个个都做梦能为皇上生个孩子，作为男人的皇帝不重视其中任何一个，倒是可以理解。

但现代是一夫一妻制，男人不应该对自己的爱人生孩子足够重视吗？除非，他根本没想过要一生一世，一世一妻，一妻一子。

女人们千万别愤怒于男人的不重视、不在乎，因为有些女人也是这么想的。我就听过有些婆婆因为心疼自己的儿子，怕在儿媳妇怀孕期间，儿子遭罪，睡不好觉，上不好班，居然埋怨儿媳妇太娇气，说自己当年生完孩子直接下地干活，或是买菜做饭，根本不用照顾。如此昧心的话也说得出来，这个婆婆全然忘记了自己当年怀胎十月的痛苦。

有人为了生一个孙子，甚至逼着儿媳妇不要命似的快速生下二胎，却忘记了自己也是个女人，女人坐不好月子，或是身体恢复不足，立刻生二胎对身体是有伤害的。有一个这样的婆婆在前，又怎么可能有一个足够重视身怀六甲妻子的丈夫呢？

但我依然要谴责那些在女人怀孕期间，敷衍、懒惰、不负责任、毫不在乎的男人。

男人不要以工作压力为借口，多少孕妇怕丢掉工作，生产前的一两个月依然在上班？那些婚前说要照顾她一辈子的誓言，难道如今都成了鬼话？

男人折腾一会儿就能做个父亲，但女人却要辛苦几十年。从少女时代开始的例假之疼，到怀孕时的重负临盆之累，再到分娩时的撕心裂肺之痛，男人一件都没体会过，他们也许知道生孩子痛，但没有体会，就不会知道到底有多痛。

说句实际一些的话，不管男人多么爱女人，不管他多么呵护备至、细腻关怀，女人这一辈子因为生孩子要经历的每月例假之疼，怀孕时的重负临盆之累，分娩时的撕心裂肺之痛，男人一件都帮不上忙，因为他们不能替女人承受。

所以，想想这些，孕育生命如此伟大，选择做母亲的女人如此坚强，男人倒是显得如此无能。

既然如此，就多花一些时间陪伴她，即便有可能丢掉工作。多花一些心思照顾她，即便别人嘲笑你不像个男人。多将心比心去理解她，即便你不是个女人。多受一些委屈，即便那是孕妇的无理取闹。

但这一切难道不是为了自己的女人，为了你们共同的孩子吗？

如果连这些也做不到，我不能想象女人为什么要嫁给一个这样无能的男人，生儿育女。

别忘了爱情的根本是忠诚，

缺失了忠诚的关爱，不是赎罪就是陷阱。

涂言涂语

01

颜值这东西,睁开眼绚烂多彩,闭上眼便荡然无存。

02

一个男人的才华只决定他的宽度,却不能体现他的厚度。宽度是指他的知识阅历,厚度是责任与担当。

03

一个女人的品位,并不在于她的穿着和气质,恰恰在于她找一个什么样的男人。

04

一个装睡的人,别人怎么叫也叫不醒。而一个能从痛苦中成长的女人,更能获得男人的尊重。

05

虚伪的人永远不会承认自己虚伪,因为承认自己的虚伪本身需要真诚。

06

你最应该做的是转身离开,及时止损。

因为一个真正爱你的人,总是会找各种机会来爱你、保护你,而不是找各种借口看着你继续痛苦,因为看着你痛苦,对他而言是更大的痛苦。

07

每一个"小白脸"都不承认自己是"小白脸",相反,他们打扮得很男人。

08

我爱你,与你无关,意思是:我只需要默默地关注你,并不想打扰你的生活,只要你幸福就好。

你爱我,与我无关,意思是:你所有的行为,都是你自己的选择,无论结果如何,都是你咎由自取。

09

记住,爱情不是选择,没有两种可能,爱情是态度,要么爱,要么不爱。

10

男人无事献殷勤,非奸即盗;女人来者不拒,不是爱,便是欺。

▼

人最大的问题是什么？

相爱容易相处难，

相处容易相信难，

相信容易相谅难。

Chapter. 5

同居指南

最好的关系是相处不累

爱不是说出来的，是做出来的！

大多数男女在爱情中都遇过一种困惑，相识之初，谈情说爱，憧憬理想，志趣相投，相谈甚欢，但是一起开始过日子后，却发现不是那么回事。

当初的有为男青年，变成了好吃懒做的啃老族；当初的温柔女青年，变成了唠唠叨叨的怨妇。男人的有才，原来是浮躁的空想；女人的贤惠，不过是精心的伪装。

为什么彼此能玩到一起，谈到一起，却过不到一起？

因为生活不是建立在轻松的谈天说地上的，语言是行为的道具，而长期的行为和付出才是现实生活的基础。一句"我爱你"说出口太容易，但真正从行为中体现却很难。一见钟情可以靠五官，过日子靠的却是三观。

心理学家霍妮说："人与人之间最大的差距，不是地位、贫富、学历或者美丑，而是价值观。"每个人的一生会遇到成千上万的人，但能够成为朋友的人少之又少，能够变成恋人的更是万里挑一。如果连最根本的三观都不同，人和人的相处不可能长久。

电影《钻石王老五的艰难爱情》里有这样一段台词：1953年版的《不列颠百科全书》中，原子有3页，爱情却有11页；到了1966年版的《不列颠百科全书》中，原子有了13页，但爱情只剩下1页。这说明不只是我们变得现实了，这个世界也变得现实了。

但唯有现实才能考验两个人的爱情，能在现实中坚持爱情的不现实，还可以苦中作乐的人，才是笑对生活、真正浪漫的人。

其实，我时常想警示一些过于感性的男女，太浪漫的爱情，往往走不了太远。当彼此把大部分的时间花在了营造风花雪月、意外惊喜等外在形式和寻求夺人眼球的感官刺激上，根本没有余暇深入了解彼此，只是沉迷于这些浮华的虚荣。

爱情的浪漫，终究要建立在现实的基础上。浪漫是调节生活的艺术，却不是生活本身。就好像一个父亲总是温柔地看着自己的孩子，眼神中充满了爱意，开口闭口"我亲爱的孩子"，但他却从没努力为孩子做点什么，这样的爱又有什么意义？

任何没有实际行动的爱，都如空中楼阁，看着堂皇，但不实用。它悬浮于生活之上，刚开始觉得对方体贴入微，时间稍久，便发现如此鸡肋，到最后幡然醒悟：那不过是对方没有付出任何成本的爱情套路罢了。

不可否认，在爱情中，我们总是被感觉欺骗，总以为对方就是自己看到的那个样子，认定对方是自己今生要找的伴侣，于是我们开始庆幸，但是到头来却发现一切并非如此。因为最初相处的时候，每个人都想把自己最优秀的一面展示出来，就好像孔雀开屏炫示自己的美一样。一旦长久相处，就要各自回归到原本的样子，双方的缺点都不可避免地要暴露给对方。尤其是在异地恋、网恋这类缺乏实际了解的恋爱方式中，经常出现这种情况。

但不要以为你只自己欺骗了自己，其实也在无意识中欺骗了对方。

任何人在爱情中，都会本能地把自己包装起来，言谈举止，形象穿着，甚至是背景和收入，或多或少都会做一点粉饰，那是对爱情的讨好，一种小小的虚荣。

但是真诚的人，会在逐渐交往和情感深入的过程中，放下魔术表演，卸掉这些伪装，并且也能接受对方的这种行为。将心比心，不难理解。当彼此还原了真实面目，赤裸相对时，还能够接受彼此本来的样子，那他们的爱就超越了感官的审美。

如果一个人全程不肯袒露真实的自己，总习惯性地讨好另一半，这种拼命迁就的爱情，能装一时，却难装一世。

而且，一个人把情感需要的满足，完全寄托在另一个人身上，既是对自己的不负责，也是在强求对方。一旦你因为"暴露"真实的自己而失去对方，很容易陷入铺天盖地的自我怀疑。

深沉的爱往往无言，那是彼此的默契。**踏实的婚姻往往并不浪漫，因为忠诚本身是最大的浪漫。**

如果你想要找到一个真正爱你的人，千万不要听 TA 说了什么，要看 TA 做了什么。也千万别看 TA 在众人面前做了什么，而要看 TA 无意之中做了什么。

因为**生活是过出来的，不是说出来的，日子是两个人关起门过的，而不是演给大家看的。**

没有人天生为你准备

相爱容易相处难,相处容易相信难,相信容易相谅难。可见,没有随随便便就能天长地久的爱情。

一些人口口声声说着,只希望曾经拥有,不在乎天长地久,不过是无奈的感慨,又有谁不愿意有情人终成眷属呢?

但是彼此能从爱情走到婚姻,再从婚姻走向衰老,直至一起面对死亡,这既是一场深厚的缘分,更是一场艰难的修行。

既然是修行,过程就注定不全是甜蜜的。它是在经历与体验中看清自己的内心,有悲有喜,有起有落,有相逢的美好,也有分离的苦痛。但你们在不断修行中携手并肩,走过了一生,也因此领悟了什么是爱情和婚姻。

那些把爱情和婚姻想得太容易、太肤浅,只知享受,却不能经历磨难,只知索取,却不懂得付出的人,往往半途而废,到头来只会发出一句有缘无分的感叹。

大部分人都执着于一见钟情,却很少有人信仰日久生情。这也来源于对爱情肤浅的理解，多数人以为爱情是浪漫、激情、鲜花、烛光。

到底什么是大家以为的一见钟情？

心理学家荣格说："每个人心中都有一个原始的对于异性的模型，这种模型被称为意象。当你遇到的人和这个意象越接近时，你就越愿意跟这个人去发展接下来的关系。"也就是说，你提前在心里搭建过一个恋人模型，当现实中遇到这样的人时，你在眨眼之间动心了，也就产生了一见钟情的感觉。

这种一见倾心的背面，是对爱情的严肃，是一个人的不愿将就，当你等待了足够长的时间，有朝一日遇上真正心仪的爱人。虽然是第一次相见，却已经等待了漫长的岁月，她已活在了你的内心深处，这何尝不是日久生情。

而其他的一见钟情，不过是"一见钟色"罢了，惊艳了你的眼，撩拨了你的心，却并未打动你的情。

两个正值青春的人很容易情投意合，他们把这称为感觉，说得神乎其神，但是扪心自问，"感觉"是否很宽泛？是否只发生在一个人身上？那不过是寂寞难耐，又或是兴趣相投罢了。

一见钟情真正重要的是，不仅要情投意合，更要志同道合。情投意合，激情和感觉就够了，但志同道合却需要长足的了解与磨合。

激情和感觉让人心旷神怡，是一种享受，但了解和磨合却很现实，甚至残忍到鲜血淋漓。

心理学家认为，造成人和人之间强烈吸引的原因之一，其实是我们要追寻完整的自我。因为自我的缺失，所以当你遇到和自己不同的人时，

TA对你产生了致命的吸引力。但是一旦进入爱情磨合期，对方最开始吸引你的高光时刻，也有可能会成为你最厌弃的部分。

情投意合是爱情的上半场，彼此的默契是假象，因为彼此都隐藏了真实的一面，只是互相迎合；志同道合是爱情的下半场，当彼此袒露自我，否定与矛盾油然而生，当直面生活的现实，争吵与矛盾就无休无止。但是，不经历风雨，又怎能见彩虹？

如果你以为爱情只是一件美好又惬意的事，那你就错了，爱情也有沉重而痛苦的一面。从最初的情投意合，到婚姻的志同道合，直至共同面对死亡，一步比一步难，也一步比一步更幸福，因为同甘与共苦从来都是相生相伴的，没有指甲掐进肉里的隐忍，又怎么可能有心有灵犀的默契？没有鲜血淋漓的磨合，又怎么可能有后来的水乳交融？

记住，从来就没有轻易成功的爱情。

没有一种爱情
高人一等

　　人的这一辈子都在藏东西,藏自己的短处,藏自己的羞耻。因为人总有不完美的一面,甚至是不堪的污点。爱情之中,一个人怎么看你的缺陷,往往证明了他对你的态度,也能帮你分辨他是否真正爱你。

　　《欢乐颂》中,安迪患有家族性精神病遗传史,她的两个追求者——奇点和小包总,对此是截然不同的态度。奇点的态度是我不介意这些。小包总则是你那么完美,这个缺点终于让我可以配得上你。

　　仔细体会一下这两种态度,哪个是真爱,结果一目了然。

　　奇点的不介意,看起来是一种慷慨的包容,没关系,因为爱你,我可以接受你可能发疯的风险,这是清醒且理性判断后的爱。

　　小包总的"配得上",是因为他刚开始把自己置身于低处仰视对方的位置。他不够好吗?不是,是他觉得安迪太好,以至于内心有了难以企及的压力。可现在安迪有了让他呵护、照顾的理由,仰视变成了平等的对视,缺陷变成了靠近的契机。

　　其实,真正爱你的人,不会把你当男神女神,那不是爱,是迷恋,是想象。

正如林徽因所说:"徐志摩当初爱的并不是真正的我,而是他用诗人的浪漫情绪想象出来的林徽因,而事实上我并不是那样的人。"

而那些把你当成完美男神女神来爱的人,很可能在发现你的缺点后失望透顶,并且拂袖而去。其实,他们爱的不是你,爱的是他们自己。

爱了一辈子的人,都知道一个人的缺点其实无法改变。真正的爱情,因为心里有他,即便是缺点也变得可爱起来,因为那是幸福的小烦恼。

我们对待缺点的方式,也是像欣赏他的优点一样去欣赏他的缺点。这种欣赏里多了一种宠爱,例如,"我们家那家伙又忘记带钥匙了""哎呀,你又喝多了吧",有点小抱怨,但不会真生气,诸如此类,就是宠爱的体现。

你是否想过让对方改掉这些缺点?

但我想提醒你,要预测一个人未来的行为,最好的方式是看看TA的过去。人很难被改变,当我们决定和一个人在一起,不要试图去改变TA,而是要学着接受对方。一旦生出改变对方的想法,不仅给对方增加压力,也让自己徒增烦恼。

爱情不是拯救,而是共同面对。如果你的爱人总是以拯救者的姿态面对你,丝毫没有感觉到这种优越感正在伤害你,还为此沾沾自喜,那么,TA爱自己胜过爱你。

一个真爱你的人,从来不会觉得自己高人一等,甚至会注意与你的差距,不至于伤害到你。电影《夜半歌声》中,女主角为了不让毁容后的男主角心生退却,自己刺瞎双眼以示爱的决心。听起来爱得太深,付出太多,可有时候爱人就是这样,你瞎了,她就是你的眼睛;你聋了,她就是你的耳朵；你瘫了，她就是你的腿；你哑了，她就是你的嘴。

因为这样的人深知爱是付出，也是平等相待。她不会因为你瞎了、聋了、瘫了、哑了而离开你，反而担心你会因此自卑，想要躲开她。所以，她宁愿变得与你一样，一起呵护这份比生命还珍贵的爱情。影视化的演绎，当然有所夸张，但背后的深意却值得每个人思量。

一个人的优点是一条漂亮的彩带，能吸引更多人的注意，但也容易让你看不清爱情。

一个人的缺点是一面镜子，虽然那么残酷，却能清晰照出爱情本来的样子。

当一个人对待你的缺点很怜惜，就像抚摸自己的伤疤，那么请珍惜TA，因为TA爱你就像爱自己。

女为悦己者"丑"

女为悦己者容,女人总是希望能在所爱之人面前呈现自己最美的样子。但是我认为,真爱你的男人,要能接受你最丑的样子。

有一句话说得好,"明珠出于贱蚌,美玉出于丑璞"。审美的最高境界,其实是审丑。

生活中我们所见的任何事物都有两面,一面是你喜欢的,一面是你不喜欢的。一面是美的,一面是丑的。从来没有绝对美丽,也没有绝对丑陋的事物。女人尤其如此,没有几个女人卸妆前后完全一致,包括那些女明星。据说某档相亲节目里的女嘉宾,卸妆后简直判若两人。

现实生活中,即便是天生丽质、清丽脱俗的女人,也有蓬头垢面、不修边幅的时候,例如,八卦新闻里也会爆出一些女明星的丑照。凡夫俗子的世界,谁也不能保证自己时时刻刻处于完美状态,否则他就不是真正的人,而是蜡像馆里的蜡像罢了。

什么样的女人最美?

在我看来,在厨房里忙碌的女人最美,灯光下辅导孩子做作业的女人最美，清晨起床前睡眼蒙眬的女人最美，委屈之后瘪着嘴角的女人最美。只可惜有些男人看不到，因为他们要么已经习以为常，要么是从未发现，要么人在家里心不在，也就忽略了这些美丽的瞬间。

其实他们不明白，**女人精心装扮的美，是刻意雕琢给男人看的**。而**女人真正的美，往往在不经意间流露于生活细节里、散发在家中的各个角落**。

因为无论多么善于装扮自己的女人，都无法在生活的方方面面包装自己，不露出一丝痕迹。她们在家里的放松姿态，反而是一种"天然去雕饰"的美，美在没有外在的修饰，全凭本色与真实。撇去容色，回归性情，这也是更经得起审视的美。

如果一个男人总是挑剔自己的女人不会打扮，要求女人按照自己的标准穿上高跟鞋，不顾女人的脚是否舒适；要求女人穿上裙子，不管外面的温度是否合适；要求女人为了自己的面子和客人喝上一杯，不管女人的身体是否舒服。

那对不起，这样自私的男人并不爱你，因为他爱的本就是你外在的皮囊，而不是你的全部。你的美只是他交换虚荣的商品，当你老去，他必然会离开你，然后去爱另一个美丽的女人。

美和美好是两回事，美是一种冷硬的外表，美好却是发自内心的快乐。

有些女人，你不能说她长得不美，可就是很难从她身上找到美好的感受。你也找不到任何瑕疵，却没有任何接近她的渴望。

她们在男人面前总是一个样子，因为她们知道男人喜欢那个样子。

但总是保持那样已经像一个假人,没有一丝的生动与鲜活。

相反,有些女人长相平凡,或许都称不上美女,但因为她对生活的态度,对旁人的善良,真实、不做作,会让人感觉她周围的空气都是美好的。

真正有品位的男人,往往能发现这种美好,而不是仅仅停留在一个女人的面容上。有人说,男人和女人都是好色之徒,谁不喜欢美丽的事物?但是我想说,你只用眼睛看世界吗?你不用心去感受世界吗?

如果你只用眼睛看到女人肚子上的伤疤,当然觉得丑陋,但是当你用心体会这个女人剖腹产时经受的痛苦和伟大,你还会觉得那道伤疤丑陋吗?反而会感叹,那是一道多么美丽又独特的伤疤。

女人要记住,爱你的男人绝不嫌你丑,赞美你漂亮的男人却未必真爱你。

虽然我们都是视觉动物,但只用眼睛看你的男人,只想得到你的身体,只有用心体会你的男人,才想和你共度一生。

爱的考验

爱情这东西，从来只有听说，却没人亲眼所见。

有时候，你都忍不住怀疑自己正在经历的是否是爱情，对方如果真爱你，又该拿什么来证明。除非，他能经得起爱的考验。

但你忘了，考验爱情，归根结底是考验人，又有多少人真能经得起这场考验？

人心总是易变，明明只想要考验一下对方，结果爱情却碎了一地。因为就算今天经得起考验，明天也有可能改变。**今天两个人还是睡在一张床上的夫妻，明天就可能变成要在法庭上相见的怨侣。**

爱情看似简单，但长久爱下去很难。它不是简单的一句承诺，一束玫瑰，一顿浪漫的晚餐，而是一辈子的真心相待，一辈子的钟情与疼惜。

一个女人指着桥下湍急的河流说，爱我，你就跳下去。男人二话不说纵身跃下。一个星期之后，两个人却各奔东西。你觉得他们之间是否真爱？或许纵身跳下的那刻是有爱的，但他们的爱太短暂，像流星划过天际，转瞬即逝。

一个女人为患肝癌的前夫，捐献了一半的肝脏，但她完全没有复合的想法。你觉得她这么做又是为了什么？你可以说她善良，不忍心看着曾经同床共枕的人不幸早逝，却不能说她还念着过往，因为时间已经改变了一切。

真爱只存在于相爱的人内心深处，两个人爱的区别，只有爱得多或爱得少，曾经爱过或者依然爱着。

但谁也没有资格考验对方是否爱得真诚，因为一旦你有了这种想法，不真诚的人恰恰是你自己，如果对方接受考验，无论结果如何，痛苦的也还是你。

可为什么人总是忍不住这么做呢？

原因很简单：当一个人对自己不自信时，往往需要从别人那里寻求安慰，她内心的疑问不是对方爱不爱自己，而是他真的会接受这样一个不完美的自己吗？所以，她的考验是一种试探。

当两个人的关系进入敏感期后，有人想着急确认这段关系能不能进入稳定期，意图通过考验去判断对方是否可靠。

但这些人却忘了，人性经不起考验，爱情同样也经不起考验。对方是否爱你，完全在于你内心的判断，你说是，那就是，你说不是，对方怎么做都是徒劳。

爱需要表达，
但更需要付出

有人跟我抱怨自己的男朋友是个闷葫芦，虽然人很踏实，对她也很好，但是从来不会表达，更不会讲什么甜言蜜语，一点都不浪漫，所以她非常苦恼。

在我看来，如今的爱情，最不缺的就是甜言蜜语，如今的恋人，最不缺的就是能言善道。爱情的形式过于开放，结果往往缺失了庄重，人为的浪漫过于做作，生活恰恰失去了真实。

速食的爱情年代，表白只需要三分钟，热度却超不过三个月，分手还只是昨天，今天已经开始新的恋情。恋得太轻浮，爱得太露骨，感情太廉价，分开也不在乎。

所以，我们越来越怀念含蓄的爱情。就像《山楂树之恋》里的老三和静秋，两人之间的感情很浓，却也很克制。情浓时，老三可以说："我不能等你一年零一个月了，我也不能等你到二十五岁了，但是我会等你一辈子。"但他们的爱情又特别纯粹，老三生病后，静秋来看他，他们躺在一张床上，却什么也没有发生，不是不想，而是老三不愿意为了满足私欲而耽误静秋的一生。

我们怀念的爱情里，有满脸绯红的羞涩，有小鹿乱撞的心跳，有笨嘴拙舌的亲吻，还有吞吞吐吐的表白。

因为满脸羞涩，是害怕心事被看透。小鹿乱撞，是内心忐忑，也是怦然心动。笨嘴拙舌，是想要表现，却不知道怎么表现。吞吞吐吐，是爱你在心口难开，可心里的爱浓得化不开。

深爱一个人的时候，有些话不必说得太明白，偷偷地放在心里是一种满足和期待。有些事也不必表现在脸上，快乐的一面留给对方，痛苦留给自己慢慢消化。

追求速食爱情的人，可能讲求的不是情感而是效率，想要的不是理解而是征服，他们不懂得何为深情，也不明白慢一点的爱或许更迷人。

事实上，过于直白的爱，虽然轰轰烈烈，但很难持久。含蓄深沉的爱，虽然平静沉默，却意味深长。腼腆而内向的爱人，往往外表平和，内心细腻，没有华丽的情话，却只有踏实的付出。遇上这样的爱人，不正是一种幸运吗？

爱情不是战争，必须得赢；爱情也不是生意，必须要赚；爱情更不是一场风花雪月的表演，必须要博一个满堂喝彩。

它其实很私密，很微妙。你重视，它就珍贵；你敷衍，它就廉价；你握得越紧，它消散得越快；你用心浇灌，它会开花和结果。

不要把爱情看得太简单，也不要去苛求另一半。**爱的确需要表达，但爱更需要付出；爱的确需要浪漫，但爱更需要踏实。**

爱一个人，要敢于开口，也要能够持久，与其对你殷勤备至，不如给你稳稳的幸福。

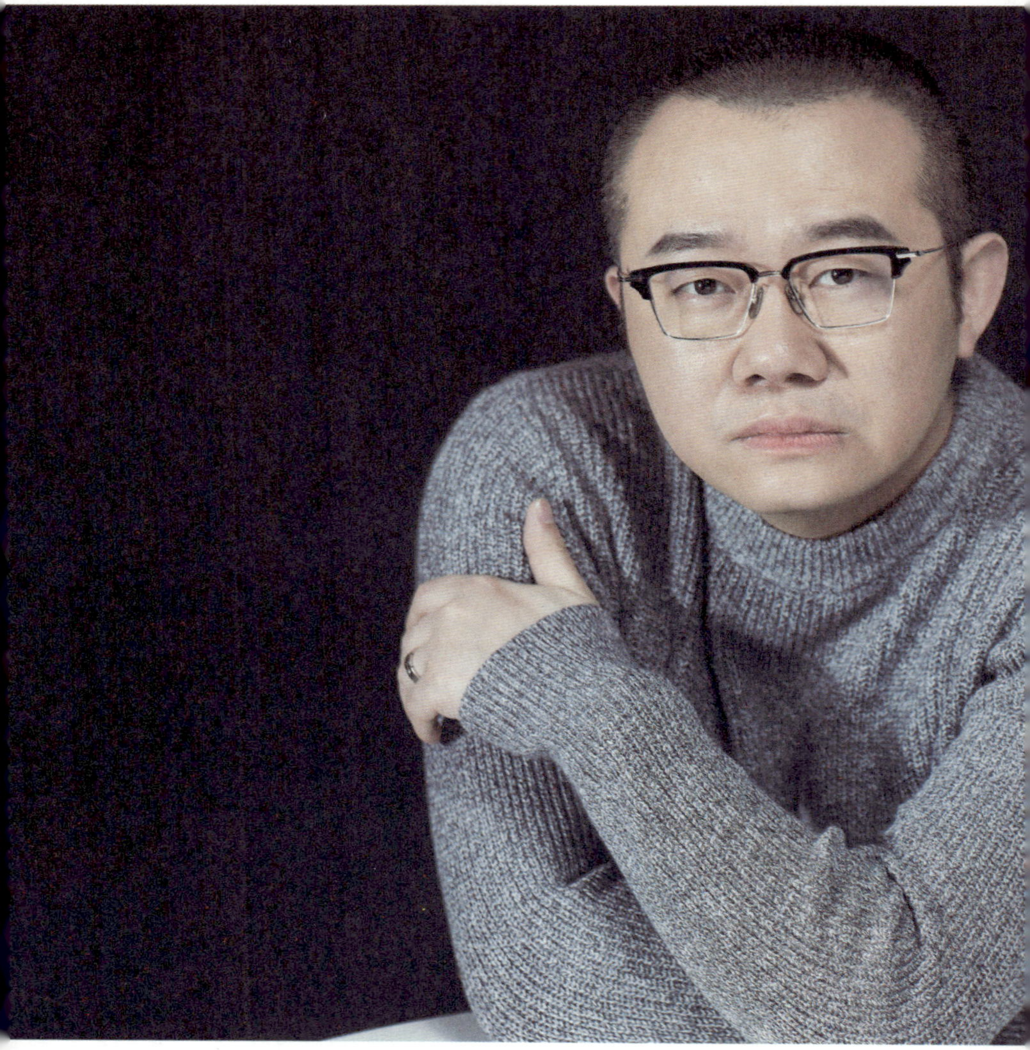

一见钟情可以靠五官,

过日子靠的却是三观。

涂言涂语

01

踏实的婚姻往往并不浪漫,因为忠诚本身是最大的浪漫。

02

生活是过出来的,不是说出来的,日子是两个人关起门过的,而不是演给大家看的。

03

大部分人都执着于一见钟情,却很少有人信仰日久生情。

04

一见钟情真正重要的是,不仅要情投意合,更要志同道合。情投意合,激情和感觉就够了,但志同道合却需要长足的了解与磨合。

05

爱情不是拯救,而是共同面对。

06

一个人的优点是一条漂亮的彩带,能吸引更多人的注意,但也容易让你看不清爱情。

一个人的缺点是一面镜子,虽然那么残酷,却能清晰照出爱情本来的样子。

07

女人精心装扮的美,是刻意雕琢给男人看的。而女人真正的美,往往在不经意间流露于生活细节里、散发在家中的各个角落。

08

女人要记住,爱你的男人绝不嫌你丑,赞美你漂亮的男人却未必真爱你。

09

今天两个人还是睡在一张床上的夫妻,明天就可能变成要在法庭上相见的怨侣。

10

对方是否爱你,完全在于你内心的判断,你说是,那就是,你说不是,对方怎么做都是徒劳。

越是爱一个人,

越不要依赖一个人。

Chapter. 6

遭遇不忠

有多少爱情，毁于多情

如何揭穿他的振振有词？
听懂男人话语背后的解释！

有人向我倾诉困扰，说男友总是和一个认识多年的异性走得很近，他们相识很久，对方有任何需要都有求必应。

每当她为这事和男友争吵，男友就说，我和她是多年朋友，如果要在一起，早就在一起了，又怎么会有你的存在。

其他人也遇到过类似问题，女孩的男友，总是当着她的面和别的女生亲密互动，还总解释，如果我花心怎么会不避开你？

她们面对这样的解释，很无奈，又无话可说。

我们仔细分析一下这两种解释："如果我要怎样，早就可以做了，不必等到现在"，或者"我如果要怎样，大可以瞒着你，你又能怎样呢"。

听起来没有问题，逻辑上也严丝合缝，但是你细想一下，这样的回答无非是想证明自己既有魅力又有道德，并以此为由明目张胆地和异性暧昧，让你无法指责。

但是，你反过来思考，"如果我要怎样，早就可以做了，不必等到现在"，那是因为他一直追求而不成功，所以才会退而求其次选择你。如果他成功,你们还会有今天吗?他不过是被利用又不甘心,所以才一直念念不忘。

"如果我要怎样,大可以瞒着你,你又能怎样呢?"这句话充满了优越感,潜台词是,我多有魅力,如果想发生些什么,根本轻而易举,只是我不去做罢了。

你反过来思考,他在你面前都可以这样,如果背着你只会更加肆无忌惮,他对你不够尊重。

心理学有个理论:想让一个人答应一个很难的要求,最好先让他接受一个小要求,一旦他接受了小要求,也就会更容易接受后面的大要求了。而当你能接受他跟异性暧昧的时候,或许接下来他就要开始下一步更亲密的动作了。

女人是感性动物,男人是理性动物,女人喜欢靠直觉做判断,而男人习惯用逻辑去推导,在男人巧言令色之后,感性常常抵挡不住理性的攻势。

因此,如果一个男人,用逻辑推理辩解自己的错误,例如,如果我要怎样,你又能怎样,说明他心里有鬼。

如果一个女人,总是用形式主义来说明男人不如别人更爱她,例如,别的男人都送什么礼物,说明你也没有那么爱他。

当真心爱上了一个人,从此便再也没有所谓的纯友谊,因为TA不希望你受伤!

到底是谁先背叛了谁？

爱情需要真诚，但不是所有的男女都能报以同样的真诚。

如果双方都真诚，那就爱个轰轰烈烈。如果双方都虚伪，那就彼此逢场作戏。如果一个真一个假，结果必定始乱终弃。但最可怕的是双方都是一半真一半假，彼此相爱，却半信半疑，心掏了一半，另一半还藏着，这种情况最折磨、最无聊，也最伤害情感。

但是很不幸，总有这样的男女，这边和一个人谈着恋爱，另一边还想着其他的可能。

你说他不真，他的确付出了感情，你说他真，又不够专心致志。而另一半觉得自己没有得到忠诚，于是为了找心理平衡，或是为了报复，也三心二意起来。

一位从事着空乘工作的女生，和男朋友相恋两年，感情还算不错，但一位乘客的疯狂追求打破了这种平静。

那是一位坐头等舱的成功人士，他自从遇见了这位空姐，就对她展开了强烈的追求攻势，鲜花、豪车、礼物。空姐最开始坚定拒绝，慢慢就有些抵挡不住,或者是碍于面子,或者是因为虚荣,她接受了追求者的礼物和鲜花。

毕竟,这位成功人士的条件比她的男朋友好太多了,最重要的是,她的男朋友现在越来越不在乎自己的感受。

如果此时此刻空姐的男朋友,能够给予她更多的关爱,两个人共同抵御追求者的攻势,也许追求者会无功而返。可是男朋友带着质疑的态度,指责空姐招蜂引蝶、水性杨花,这种质疑的背后是自卑。内心强烈的不平衡,促使男朋友生出报复的念头,他也开始和身边的异性暧昧起来。

人就是这样,当你发泄完情绪,心情平静下来,才能清清楚楚地认知自己。

心理学中有一个著名的"费斯汀格法则":生活中的10%是由发生在你身上的事情组成,另外的90%则是由你对所发生的事情如何反应所组成。

简单来说,我们日常生活中只有10%的事情是无法掌控的,而剩下的90%是可以掌控的。只不过我们能掌控的那部分,也受心态影响。所以,我们要在情绪稳定的时候,做出正确的决定,去解决人生中的种种难题。

故事中的空姐满足了虚荣,却事后认识到自己爱的人是男朋友。男朋友报复过后,也没有得到预期的快感,他最爱的还是空姐。

在面对两个人的情感危机时,他们更多地被个人情绪带着走,冲动地做了选择和决定,导致两个人的感情分崩离析,双方的亲密关系也再难回到从前。

男女之间的感情最容易似是而非，当你认定对方背叛了自己，无论真相如何，你都判了对方死刑，对方无力辩驳。

如果对方处于迟疑阶段，正摇摆不定，你的态度无疑把对方推向了别人的怀抱。如果这一切完全是你的误解，欲加之罪何患无辞，你的行为也同样容易让人寒心。

也许有人会说，是你的就是你的，不是你的怎么挽回也没用。其实，这是失败者选择逃避的借口，人性往往经不起考验，谁也不能保证自己不冲动、不迟疑、不糊涂，很多时候你拉一把，对方就回来了；你推一把，对方就掉了下去。

爱人的作用，就是关键时刻的引导和信任，要像一面镜子一样让对方看清自己。伴侣的意义不是一方情绪失控的时候，跟着一起失控，而是在对方濒临崩溃的时候，给予抚慰和疏导。如果不仅不往回拽，还要用同样错误的方式报复对方，显然是最大的愚蠢。相当于你嘲笑别人脏的同时，自己也跳了下去。

现实生活中这样的夫妻并不少见，只许州官放火，不许百姓点灯，你能在外面三心二意，我为什么不能朝三暮四？如此相互伤害，加速彼此的情感走向堕落，再也回不到从前，到头来谁也不是胜利的那一方。

爱情不是双输，就是双赢。

我们相爱是为了彼此幸福，而不是袒露最柔软的一面后，相互伤害，惨痛收场。

在充满诱惑的世界，没有谁是金刚不坏之身，谁也不能保证自己不起心、不动念。

爱人能做的就是帮助对方看清诱惑，回归自我，绝不是由此否认和指责对方，更不是用同样错误的方式惩罚对方。

那些互相伤害对方的爱人，多年之后终将发现，伤害对方就是伤害自己，犹如爱对方就是爱自己。

别以为你"情能自禁"!

古希腊哲学家西塞罗说:"世间的一切都写在了脸上,而眼睛是心灵的窗户,如果一个人能将真实的情感隐藏,社会将给予他丰厚的报酬。"

可见,隐藏情感是一件异常困难的事情,那么控制感情更是难上加难。

人是情感动物,情不自禁是人的本性,但总有人认为自己"情能自禁"。如果说自以为是之人的张狂令人厌恶,那么,自认为能控制好自身情感的人,总给外人以好感,给爱人以痛苦。爱好全世界很容易,爱好一个人却很难。

或许有人疑惑,为什么我们总会不自觉地产生一些"自以为是"的想法。这是因为人类都有自我服务心理,人总是能记住那些自控力极强的情境,而下意识忽略自己控制不了的部分,所以才会产生控制力错觉。

随着科技的进步,人可以控制的事物越来越多。时至如今,人类甚至打算控制整个宇宙。未来,或许有那个可能。人类却妄想控制自己的情感,一个十分自律的人可以控制自身的行为、欲望,但不可能控制自己的情感。

电视剧《黑冰》中有一段独白发人深省:"你可能觉得你自己可以控制你自己,但是事实上,你只能控制你的手不伸进他人的钱袋,你的脚不迈进监狱的大门,你的眼睛不去摄人心魄,而你根本无法控制你的肝脏分泌多少酶,你的胰脏分泌多少胰岛素,你更控制不了你的心跳、你的血压,以及你大脑的潜意识。"

柳下惠坐怀不乱的故事,不乱的是行为,但心一定乱了。女儿国的国王唱道:"悄悄问圣僧,女儿美不美。"婉转的歌声也唱得唐僧额头冒汗,可见一个人的情感真的难以掩藏和控制。

当一个人能控制自己心不动、情不移,就已经不是普通人了。即便你认为自己可以,别人也不一定能做到。所以,只能人人守好本分,和异性保持距离,和前任老死不相往来,别妄想男女之间有纯粹的友谊。

你我皆凡人,千万别受到一种言论的蛊惑,对方说,如果你内心坦荡,就不怕和异性有亲密接触,否则只能证明你心里有鬼。

这本就是一句鬼话,情感都发生在不知不觉间,每个人心里也都有鬼,只是不知什么时候冒出来,以及冒出以后能否控制自己的心魔罢了。

情感贫瘠的人是可怕的,他们缺失了做人的乐趣。情感丰富的人,是可爱的也是危险的,因为这样的人往往不能专一而执着。

只有一种人既可爱又可敬,他们内心情感丰富而热烈,对爱人一心一意、细腻入微。他们善良而朴实,对异性抱有一分善意,却敢于坚决说"不"。

柏拉图说:"自制是一种秩序,一种对于快乐与欲望的控制。"自律的初衷是解决问题，也是为了克服自身的弱点，而情感上的自律也是一种自爱。因为人性如此复杂，所以千万不要越过雷池。

一个真正自律的人，不会把自己当成万能的神，用种种世间的情感来考验自己内心的坚定，即便成功也只是害了别人成就了自己。

真正的自律，是认清自己凡夫俗子的身份，做好凡夫俗子的本分。

甜蜜源于回忆，
背叛始于忘却！

我们都痛恨背叛者，痛恨他们绝情绝意地说分手，头也不回地离开。可是坦率地说，又佩服他们的冷酷无情，甚至无法理解他们是怎么做到的。

往日的点点滴滴，如何能忘得干干净净？彼此间的一幕幕回忆怎么能视而不见？心软的人总是对过去的情感挥之不去，他们为什么能说变就变？难道我们一直是在和别人相爱，一直在自作多情，又或者这一切都是一场梦、一场戏、一场闹剧？

无论如何，一句话，想不通。

对于想不通的人，我想解释一下这其中的缘由。

当你回顾往昔的爱情，记忆中最深刻的是欢笑还是泪水？

如果你认真回想，将发现无论是欢笑还是泪水都是甜蜜的，因为时过境迁，恨早已过去，爱却永远留在心底。

想起往日的欢笑，你会不自觉地流下泪水，那是多么美好，多么令人情不自禁。想起往日的眼泪，你也豁达地笑了，往日的悲伤在如今看来多么稚嫩单纯。

无论记忆中的爱人,此时还在不在身边,你总能从回忆中成长,学会感恩生活。如果爱人还在,要珍惜。如果爱人已走,要坚强。

爱情来时,我们欣然接受;爱情走时,哪怕是被伤害的一方,我们也要学会放手。

人们总是对糟糕的、痛苦的、受挫的事情记忆深刻。墨菲定律说:"如果事情有变坏的可能,不管这种可能性有多小,它总会发生。"在感情里,它是一种负面的心理暗示,而我们只有学会接受和遗忘,让回忆归于回忆,才能摆脱过去的牵绊,继续从容地向前走。

可见,回忆是一个人对过往生活的复盘,能坦然地面对过去,于现在而言是一种学习和成长。

经典电影《爱乐之城》里的米娅和塞巴斯汀,他们被彼此的才华吸引,全情投入地相爱了,但坠入爱河后,又不得不在理想和现实之间做出抉择。最终,他们分开了,多年后再见面,他们已经各自有了新的生活,但留在心中的不是遗憾,不是悔恨,而是深深的祝福。

回忆是一种人性的善良,这叫不忘本。**人生总是走走停停,走的时候忙于探路,停的时候要看看来路。**如果能清晰记得自己从哪里来,也会让你清晰知道往哪里走。当初相爱有多不容易,如今就应该有多珍惜。爱人对你有多少付出,你应该牢记心底,生死相许。

时时回忆,也是为了时时铭记。这样的人懂得感恩,他们会感谢生命中每一个重要的人,也会感谢那些人施予的每一次帮助。

但那些无情的背叛者,往往记忆力比较差,他们之所以走得那么绝情,就是忘却了往日的时光,忘记了爱的初衷,忘记了爱人的付出。

如果他们能常常回忆当初,就不会走出背叛的第一步。如果他们走出背叛的第一步时,脑海中能浮现爱人真诚的眼神,也会悬崖勒马、戛然而止。即便背叛已然发生,回忆也会使他们愧疚不已。

可是,忘本的人在欲壑难填的时候,忘却了所有的曾经,总是在被抛弃时,才想起谁是真正爱自己的人,但为时已晚。要知道,春风得意时的浪子回头最珍贵,穷途末路时的暂时投靠最虚伪。

做人,做爱人,最不能忘本。忘记了自己的本来,就是否认了过去,否认了自己。一个能把自己忘却的人,怎么可能真诚面对爱情呢?

真正爱你的人,永远不会忘了你们的曾经,TA不会忘记你们相识、相知、相爱的每一个纪念日。工作再繁忙,也会把这些纪念日标注在手机日历上。TA不会忘了你点点滴滴的付出。

每一次欢笑,每一滴泪水,都是往日岁月的烙印,一点一点沉淀着难以割舍的情感。无论何时何地,只要你懂得时常回顾这些时光,你就能对这份感情报有一份忠诚。

那句"不忘初心,方得始终",是说感恩,也是说做人不能忘本,但这话无数人在说,又有几个人真正入了心?

如果你只是匆匆地往前走,迟早会把爱人扔在半道上,自己也迷失了方向。因为**甜蜜源于回忆,背叛始于遗忘**。

那个老实人变了!

我们都喜欢老实人,但我们都不喜欢做老实人,因为老实人太老实,容易受欺负。

我时常在想,这个世界上有真正的老实人吗?什么是真正的老实?我似乎见过,但又有所怀疑。

一些貌似本分厚道的人,在名与利面前也不禁露出了一丝狡黠;一些看似精明能干的人,在纷繁错杂的利益面前却坦坦荡荡;有些女人找了个老实本分的丈夫,本以为能踏踏实实过日子,谁料想,生活水平提高了,老实人却变坏了;有些在影视作品中扮演渣男角色的演员,生活中却是一个好男人,而有些扮演正人君子的演员,在生活中却并不那么靠谱。

由此,我想到了简单与单纯的区别。

简单是指空洞,没有内容。而单纯是指内心丰富,人生阅历不简单,却依然保持一份纯粹的生活态度。简单的人可以无知者无畏,但经不住诱惑。单纯的人在经历了冷暖沧桑后,依然有着一颗天真无邪的心。

也许在这个世界上,只有一种人是真正的老实人,那就是 TA 有不老实的能力，但依然选择本分生活的人。

而那种没有能力选择，不得不做老实人的人，往往是假老实。

《莺莺传》里，穷书生张生是个典型的老实人，元稹形容他"性温茂，美风容，内秉坚孤，非礼不可入"，大意就是性情好，长得好，凡是不合礼节的事，别想打动他。但就是这样一个人，在追求到富家小姐崔莺莺后，上京赶考得中，最终始乱终弃。

曾经张生立下海誓山盟，不过是因为穷书生没经历过真正的诱惑，而京城的繁华与他乡的温柔，注定会绊住假老实人的心神。穷乡僻壤的犯罪率低，并不意味着那里的人高尚，那是因为他们没有选择。

一个人老不老实是相对而言，随着环境的变化，诱惑的多少，时间的改变，内心诉求的增加，都会有所变化。

但现代人很容易标签化处理，用简单的黑与白去判断一个人。老实人就忠厚实诚、循规蹈矩，反之则狡诈奸猾、惹是生非。其实，**任何一个人都有厚道的一面，也会有狡猾的一面，就看他把哪一面翻出来。**

一个真正爱你的人，即便之前荒唐，也会因为爱你而变得踏实，因为爱可以让一个人纯粹起来。但一个不爱你的人，即便老实本分，如果违心和你在一起，无论出于什么理由，至少说明 TA 不真诚。

人绝不是一个"好"字或是一个"坏"字可以定义的，也不是一句"老实"或是一句"不老实"可以区别的。人是一个多元的复变函数，有太多的变数。

人是复杂性的，世界也是复杂的，但我相信所有人内心一定都保存着一份善良。

当我们面对他人时，我们不能做纯粹的善良人，也不能因为怕被欺负选择做一个恶人。我们应该做一个恶的善良人，既有辨别善恶的能力，又能保持心底深处的那份善良。

一个女人一定要学会爱惜自己，因为男人的爱随时可以收回；

你也要永远懂得修饰自己，未必要漂亮但一定要精致、要自信。

涂言涂语

01

当真心爱上了一个人,从此便再也没有所谓的纯友谊,因为 TA 不希望你受伤!

02

爱情不是双输,就是双赢。

03

那些互相伤害对方的爱人,多年之后终将发现,伤害对方就是伤害自己,犹如爱对方就是爱自己。

04

情感贫瘠的人是可怕的,他们缺失了做人的乐趣。情感丰富的人,是可爱的也是危险的,因为这样的人往往不能专一而执着。

05

真正的自律,是认清自己凡夫俗子的身份,做好凡夫俗子的本分。

06

人生总是走走停停,走的时候忙于探路,停的时候要看看来路。

07

甜蜜源于回忆,背叛始于遗忘。

08

任何一个人都有厚道的一面,也会有狡猾的一面,就看他把哪一面翻出来。

有些人注定是你人生中的过客,

却总是成为你记忆中的常客,

无法忘却是人之常情,

想入非非就是害人害己!

Chapter. 7

前任攻略

我们该如何正确地说再见

对前任的有情，
就是对现任的无情

前任是很多人绕不开的话题，因为绝大多数人都拥有过不止一段感情。如何处理和前任的关系，是一个重要的人生问题，尤其当你遇上一个敏感的现任。

我认为最好能跟前任老死不相往来，但不是每个人都能如此理性，如此铁石心肠。有些人甚至和前任处成好朋友，在我看来这根本不可想象。

但最让人纠结的还是一种特殊情况，当前任有难处的时候，你帮还是不帮？帮，现任不爽。不帮，于心不忍。

但扪心自问，当你处于纠结状态时，已经把前任和现任放在了平等的位置，这不公平。很多事情都是这样，如果你不直面问题的核心，往往看不透自己的内心。

有人说，自己帮助前任是因为不想做一个无情无义的人，那么帮不代表对不起现任，况且一个人对老情人都能有情有义，证明TA是一个善良且值得托付的人，现任不该那么自私狭隘。但还有人说，你明知道帮助了前任，现任会不舒服，为何还要帮？如此看来，你分明把前任的重要性排在了现任前面。

双方各执一词，要知道，人的本能是会为自己的行为找出充分的理由说服自己。这种辩解，其实是个体体验到焦虑后用来自我保护的。面对前任和现任孰轻孰重这样无解的问题时，不论做出怎样的抉择，都难论对错，因此人不得不合理化自己的行为，以求卸下心理上的重负。

一个有了现任还要帮助前任的人，真的是有情有义吗？显然，我们被这种表面看起来是助人为乐的行为误导了。

如果一个人在不和现任商量的前提下，自以为是去帮前任，那不是真的助人为乐。因为一个不懂得尊重、不懂得体谅他人的人，不可能真心帮助别人。

说穿了，这种帮助不过是要面子罢了。如果当初和前任的分手是被甩，那么，想找回自尊就成了帮助的动机。如果是自己对不起前任，那么，内疚就成了帮助的理由。其实，都是为了挽回自己的颜面，并非真正的善良。

还有些人对前任的感情非常纠结，他们天生追求圆满，所以，对有缺憾的亲密关系总是耿耿于怀。他们容易陷入情感上的"轮回陷阱"不能自拔，哪怕已经身处一段全新的感情中，可还是对曾经"破碎的爱情"念念不忘。

有人说，也许是和平分手。坦率地说，和平分手的情况，要么是爱得太浅无所谓，要么是爱得太深彼此尊重。前者不会有帮助的动机，后者不可能选择不跟现任商量，因为上一次分手都能做到彼此尊重，这样的人不可能没有同理心。

所以，当爱人瞒着你，或者在没知会你的情况下帮助前任，千万别以为 TA 是个善良的人，别用这样的逻辑安慰自己，TA 一定是出于自私的理由或是还爱着前任。

生活中经常发生这样的情况，很多现任吵了、闹了后，多半会选择原谅，因为 TA 们觉得这不是什么大问题。

如果你这样想就大错特错了。

首先，如果 TA 心里没鬼，为什么不光明正大地和你商量？也许 TA 会解释，怕你误会，但连问都没问，怎么知道你会误会？因为 TA 也知道这么做不妥。

其次，在 TA 心目中，把你定位在了一个不善良、不包容、惹是生非的角色，这和此时孤独无助的前任相比，你显然已经矮了一头，因为人们总是更同情弱者。

如果你义正词严地指责他的行为，本来是合理的质疑，但在 TA 看来却变成了不讲道理。到头来，你从有理变成没理，那个没理的反而振振有词。你哑巴吃黄连，有苦说不出。

再次，爱人之间遇到事情有商有量是最基本的尊重。如果 TA 连这么重要的事情都可以瞒着你，那么，TA 是不是还隐藏了一些什么，TA 嘴里到底有几句是真话？

一个人肉体背叛了你，你难以接受，但心不在你这里，难道不算精神背叛吗？

当然，如果 TA 在选择帮助前任后，内心充满歉疚，主动来向你忏悔，说明 TA 更在乎你，但切记，这种道歉和愧疚不是在你发现之后的。

对前任的有情，就是对现任的无情。对前任的有义，就是对现任的无义。这中间没有灰色地带，爱情就是这么自私。你或许会说帮助前任是无私的，但是你隐瞒现任，是不是一种自私呢？

我们和前任永远不可能成为真正的朋友，因为爱过。但前任遇到困难不是不该帮助，前提是和现任一起做出最终的决定。毕竟前任不是普通人，而你的现任也是人，不是神。

你念念不忘的，
是倾注太多爱的自己

曾经把你伤得体无完肤的他，如果回头找你，你会怎么办？

我这么问，大概所有人都会说，绝不接受。言语中带着愤慨，神色中透着嫌弃。但事实上，很多人未必言行合一。TA们会迟疑，会回头，甚至抛弃现任。这种人往往是看上去善良本分的老实人。

你不信？我告诉你老实人有时候也会欺负人，因为有两种人性的欲望会促使一个人做傻事。

第一个是修补欲。人生会有众多的遗憾，当有朝一日你有机会、有能力，修补某个遗憾的时候，你会不遗余力地犯一次贱。这也是通常所说的不甘心。

虽然被甩的滋味很痛苦，但这种痛苦会刺激得你总想赢一次。当你看见曾经趾高气昂抛弃自己的前任，如今痛哭流涕求你原谅，你会忘记当初的痛苦和耻辱，随之而来的是一种前所未有的胜利快感和被重视、被眷顾的惬意。

掺杂着胜负欲和修补欲的复合，结局通常不会太美好。因为你只是想弥补当初受伤的自己，并不是真心实意还爱着对方。

电影《恋爱的温度》里有句台词："两个人分手后复合的概率是82%，但复合后能一直走到最后的只有3%，那97%再分手的理由其实都跟第一次一样。"所以，当你们再次复合，还是可能会因为性格不合、价值观迥异而一拍两散，只不过这次主动提分手的人可能是你。因为你已然懂得这段感情就像一双不合脚的鞋，终于可以坦然地说出"再见"这两个字。

第二种欲望是挑战欲。**我们太习惯拥有，太害怕失去。**再珍贵的感情，时间长了也会变成理所当然，再卑微的恋人，一旦失去，也总让你念念不忘。所以才会造成：你总是眷恋着伤害你的人，无视深爱着你的人。

你或许还痴迷于一种感觉——如何在现任和前任中做出选择？虽然选择很为难，但是和当初你被抛弃时的没有选择相比，如今有选择使你获得了一种存在感。

当你的双眼被这两种欲望蒙蔽，你大概会忘记一个朴素的道理，一段会轻易失去的情感，说明你从未拥有过。**一个会轻易失去的爱人，说明你从未被爱过。**

别不承认，你真正念念不忘的，是倾注过太多爱的自己。人在爱情里难免会计算"沉没成本"，明知再坚持下去也不会有好结果，可就是没法轻易放下曾付出的感情、时间、金钱。

结束的恋情就和它彻底告别吧，与其分手后做无谓的纠缠，不如放下过去惜取眼前人。

想起是因为善良，
放下是因为成长

白天忙忙碌碌，逢人便要客客气气，心里有委屈也要忍着，因为做人很难，要背压力；因为做人很难，要扛责任。

我们可以承认身上有种种缺点，但万万不敢坦白内心一丝一毫的脆弱。在这个充满竞争的现实世界，职场不相信眼泪，情场同样不给弱者机会，我们只能故作坚强面对一切。如今的生活，像极了一首歌名——《白天不懂夜的黑》，白天太白，虽然阳光灿烂，但人来人往，众目睽睽，容易让我们的脆弱无处遁形。

黑夜太黑，虽然形单影只，但好在可以卸下面具，独自抚慰。陌生的城市，寂静的黑夜，当卸下所有的心理防线，当你被孤独彻底包围，你总是会莫名想起熟悉的谁，在心里问一声 TA 还好吗？

虽然这个问题的答案与你没有关系，但这句问候也无关爱情，甚至它无关一切，你只是想知道 TA 到底过得怎样。

就像刘若英导演的电影《后来的我们》里的男女主角，他们没有圆满的结局，只是彼此在心里给对方留了一个位置，并且学会了放下。再次相见，不是红着脸，或者红着眼，而是一起并肩在雪地里行走，然后，互道晚安。

这种感情已经变成了人生的养料，因为只有 TA 在此时温暖了你的记忆，却又让你深深地体会到失去的滋味。

都说往事不堪回首，但一幕一幕浮上心头。虽然你控制不住自己潸然泪下，但这不是为了曾经的失去而感伤，更多的是因为你内心善良。尽管你情不自禁浮想联翩，但那不过是因为此时的寂寞想要找他。

我们这一生将遇到很多人，大部分都来去匆匆，真正能和我们产生关系的人少之又少。一段缘分尽了，不可能完全抹去对方存在过的痕迹。虽然没能在一起，却未必不是最好的结局。那些过往也教会我们或珍惜，或放下，或感恩，或坚强……种种回忆也会变成一面让我们成长的镜子。

似水流年，人生变迁，爱过也恨过，我们不能一直懵懵懂懂，靠回忆度过此生。如今的我们，学会了不再片面地看待一个人的好与坏、一段感情的真与假。当一切都与你毫无关联，你才能看得真真切切。

莫名想起是因为内心的善良，理性地放下是因为学会了成长。

终于，
我学会了不再想你！

夜深人静的时候，你最想念的是谁？

一个让你爱到欲罢不能的人？一个拿起手机又不能拨出电话号码的人？一个在微信上编辑了文字反复修改又最终删除的人？

TA或许早已远离了你当下的生活，但内心深处总有一股想抹去又抑制不住的思念。有些人注定是你人生中的过客，却总是成为你记忆中的常客，一来一去，留给你的只剩无奈。

当你失去一段爱情，TA真真切切地走了，你却久久不愿相信这是真的。

曾经的一见钟情，往日的缠绵悱恻，一起看过的电影票根，一起穿过的情侣衫，这一幕幕，一件件，难道都是假的？

曾经的欢笑，感动的泪水，甜蜜的亲吻，深情的拥抱，仿佛就在昨天，难道都是幻觉？不，一切都是真的，只是你不承认它已经结束了。

你依然挂念着TA，心里还有些放不下。但残酷的是对方早已放下了。

人生的滋味千百种，但是到头来，只剩下无奈。一生的遗憾，林林总总，你又能怎样？很多求而不得的愿望，你又能如何？

不能因为结局不圆满，你就认为整个过程都是错误。不能因为一个人离开，你就否认彼此曾经真爱过。

恋爱考验一个人的勇气，分手则考验一个人的智慧。面对一段不尽如人意的感情，我们要做的是不纠缠，不自怨自艾，毕竟这个世界上极少有人一次就能找到对的人，很多人都要经过爱的练习才能看清自己，才能获得真正的幸福。

在此之前，不要因噎废食，也不要因为曾受过伤而害怕去爱。爱时真心，离开后才不会有遗憾；分时真忘，再回忆时也不会徒增烦恼。

未经失恋不懂爱情。一时难以接受是痛的本能，长久走不出来是自欺欺人。

失恋的确会对一个人的身心造成极大的冲击，因为人的大脑有自我保护机制，面对熟知的事情，会比不确定的未知更有安全感。人会不自觉地陷入过去的念想之中，为发生过的一切寻找看似合理的解释。所以，你怀恋的那个人，早已不是真实的 TA，是你脑海美化过的 TA。

失恋面前人人平等，你不必因为经历了失恋就痛苦绝望，越喂养负面的情绪，它们越会啃噬你。每个人摆脱失恋的痛苦，都没有明确的时限，但乐观的人总能更快地调整好心态，迎接全新的生活。那些蜷缩在失恋迷宫里的人，实际上是内心不愿意经历淬炼而蜕变。

失恋不是失败，失意也不是天意，我们所要做的是，在痛苦中成长，在幻梦中醒悟过来。

当初和 TA 在一起，是因为爱 TA，想要照顾 TA。如今学会忘记

TA，也是因为爱 TA，想要给 TA 自由。

当你终于勇敢面对真实的曾经，开始美好的明天，学会不再想 TA，明白有一种爱叫作放手，就会谢谢 TA 教会了你成长。

放过你不等于原谅你

有人给我留言说:"两年前,我在国外读书时认识了一个男孩儿,在快要谈婚论嫁的时候,他突然提出分手,并从我生活中消失。三年过去了,我回到了国内工作,他现在专程回来找我,让我原谅他,我应该答应吗?"

这样的问题,我听过无数,提问者的迟疑,往往在于自己的不甘心,以及对方低头认错的诚恳模样!不可否认,大多数人的内心都是柔软的,吃软不吃硬!对于直白的伤害,我们会愤怒地还击,但对于微笑地认错,我们往往恨不起来。鲁迅说,所谓悲剧,就是把美好的东西撕碎了给人看!而善良被利用,恰恰是毁灭了美好。因此你会发现,对于无情者的原谅总是以再次被伤害而告终!因为缺乏尊重的爱情,不会有结果!

对于那些突然消失在我们视线中,没有解释、没有理由的人,我们应该彻底地放弃。拔腿就走、无情无义是最大的不尊重,丝毫没有体会你内心的感受!如今轻易地回头找你,更是没脸没皮,充分说明你在他心中的微不足道!如果你选择原谅,等同于承认自己的渺小!原谅一个无情的人,一次是善良,两次是无知,三次就是犯贱!

尊重自己，首先要忠诚于自己的感受，尊重曾经受到的伤害，否则你等于背叛了自己！一个自尊自爱的人，别人不敢轻易伤害！一个好了伤疤忘了疼的人，付出的善良也是廉价的！

你若无情，就别怪我无义，没有尊重的爱情，我拒绝到底！

别不承认，你真正念念不忘的，

是倾注过太多爱的自己。

涂言涂语

01

对前任的有情,就是对现任的无情。对前任的有义,就是对现任的无义。

02

我们太习惯拥有,太害怕失去。

03

一个会轻易失去的爱人,说明你从未被爱过。

04

似水流年,人生变迁,爱过也恨过,我们不能一直懵懵懂懂,靠回忆度过此生。

05

莫名想起是因为内心的善良，理性地放下是因为学会了成长。

06

不能因为结局不圆满，你就认为整个过程都是错误。不能因为一个人离开，你就否认彼此曾经真爱过。

07

你若无情，就别怪我无义，没有尊重的爱情，我拒绝到底！

爱情就是，即便你两手空空，

她也愿意飞蛾扑火。

亲情就是，父母再怎么爱屋及乌，

也不会让你嫁给一无所有。

Chapter. *8*

婚前抉择

选择是对自己的负责

聪明的女人，
从不跟男人"讨价还价"

关于彩礼，我听过两个最经典的故事，大概可以代表两类人。

第一个故事，男孩和女孩相恋三年，感情深厚。第三年末，女孩不小心怀孕了，谈婚论嫁时，女孩的母亲提出要男方家出三十万的彩礼。

男方家庭情况一般，只能拿出一半，于是男孩找准丈母娘商量。但丈母娘认为，自己养个女儿不容易，嫁到男方家要照顾公婆，生儿育女，所以自己要点彩礼作为补偿，也理所当然，更何况这是中国历来的传统。

女孩本无意要彩礼，但架不住父母的压力，认为彩礼的确能证明一个女人在婚姻中的地位，因此也选择了坚持。

于是，男孩的父亲一气之下，决定出这三十万的彩礼，但是要求女方签一纸协议："既然坚持中国的传统，第一，自结婚之日起，女方未经允许，不得擅自回娘家。第二，家务事均由女方承担，但无话语权。第三，女孩无须工作，但必须大门不出，二门不迈。如有违反以上条款，彩礼双倍退还，净身出户。"

女方认为男方仗着女孩怀了孩子过河拆桥，男方认为女方仗着怀了孩子漫天要价，最后，原本好好的婚事不了了之，可怜了一条小生命。

第二个故事，男孩和女孩要谈婚论嫁，女方没有提出任何要求，因为男孩人品不错，认为最重要的是男孩能一心一意对女孩好。

男孩的父母却主动给了女方二十万，认为这是必需的礼数。女方父母把这二十万给了小两口过日子用。双方的家人一直相处得不错，婆媳亲密，夫婿和谐。

彩礼本是古代的"六礼"之一，男方会向女方家送去寓意喜庆的物品，但在当下却成了一种陋习，它被赋予了太多的物质意义。

某种意义上，彩礼成为女性身价的象征，婚姻法明文禁止。而且，"天价彩礼"不仅成了沉重的负担，更让约定俗成的"彩礼"失去了本意，让不少有情人终成陌路。彩礼看似是一种保障，但同时也是一种武器。

很多时候，虽然是两个人选择携手步入婚姻殿堂，但跟两个家庭或大家族都密不可分。哪怕有些女孩自认独立、自主，但碍于父母的要求也会跟男孩提彩礼的事。

两个真心相爱的人，不会把彩礼或嫁妆放在第一位，它们保障不了婚后的幸福。因为在婚姻里，彩礼只能锦上添花，真正雪中送炭的是那个爱你的人。

当然，也有一些女孩开口闭口要引领时尚潮流，嘲弄传统文化老旧，但是在彩礼这个问题上，却继承得很好，甚至有发扬光大的精神。

说穿了，这是看淡了爱情，释放了欲望，想借彩礼来名正言顺地获得利益和虚荣，企图用金钱得到男人的尊重，却又遵守不了彩礼的规矩和义务，缺失了矜持，忘记了底线。

尊重你的男人，会主动和你谈钱，因为他知道娶你就应该给你好的生活。这是一个男人的责任和义务，他不忍心让你跟他吃苦受累。当然前提是，你是一个自尊自爱的女人。

不尊重你的男人，只要你跟他谈钱，他就会说你嫌贫爱富，认为你看上的不是他的人。或者如果你谈钱，他让你只管开价，但在他眼里你也只是个数字，没有尊重可言。

记住：愚蠢的女人常常讨价，甚至抬价，所以廉价；聪明的女人，从不开价，更不还价，所以无价。

别为爱情远走他乡

有人为了爱可以跨越千山万水，无论相隔多远，都愿意为了爱而追随对方！但是事实证明，如果一个女人为了一个男人远走他乡，结局通常是得不偿失。这是我通过很多个真实案例得出的结论！

一个男生和女生在校园中一见钟情，毕业之后，男生决定出国留学，希望女生跟着自己一起去留学。但女生家庭的经济条件支付不起留学的费用，最后女生的父母为了支持女儿，将家中的房子变卖，换了一套小房子，这让女生心存愧疚。而男生并没有注意到这些，因为家境殷实的他，对于金钱并不敏感。

去了国外之后，男生并没有认真学习，每天执迷于打游戏而无所事事，女生一边勤工俭学，一边还要照顾男生的生活。硕士毕业之后，男生因为长期不与外界接触，有语言障碍没有找到工作，倒是女生找到了一份工作。男生则因为逃避，想要回国，女生无奈之下，选择了妥协。

回国之后，眼高手低的男生自认为是海归，想要在北京一展宏图，最终也没有能力在北京生存下来。于是，男生又想到要投靠家里，想让女生跟他回老家,这次女生再也不愿意妥协了。两人因此发生了争执之后,男生居然不辞而别!

男生回老家之后,在家里的帮助之下,找到一份体面的工作,却跟女同事搞起了暧昧!

时至今日,女生觉得自己愧对父母,当初就不应该追随男生的脚步!

如果在经济学中,"马太效应"反映的是两极分化,富的更富,穷的更穷;那么两性情感中的"马太效应",就可以理解为付出越多的人,越爱对方,而始终享受着被爱的人,因为付出的少,投入的爱意也会越来越少。就如同木心所言:"你强,强在你不爱我。我弱,弱在我爱你。"

女生为爱远走他乡,几乎抛下一切,但男生得到得太容易,反而不知珍惜。女生后悔自己的决定,而男生或许还觉得对方固执又难以沟通。这种不平等的爱,最终的结局不难猜测。

经常有女生问我,和男方相隔两地,男方希望自己能够过去团聚,但自己犹豫该不该为了这份爱远走他乡。

说实话,把一个女人交到一个大男人手上,这本身就是一件极不靠谱的事情,更别说为了一份爱情,追随着一个男人去到一个陌生的地方。

也许有人会说这个故事本身具有特殊性,不足以代表所有相似的情况,其实这其中都暗藏着行为背后的心理活动。

婚姻对于女人而言是一个家,几乎是生活的全部,而对于男人而言是除了工作之外的另一份人生事业。女人的战场在于家庭的经营,而男人总是想要征战四方。

有人说这不公平,难道一个愿意待在老家发展的男人就不是男人吗?

的确,每个人都有选择生活方式的权利,但是不愿意闯和不敢闯是两回事。一个踏踏实实在家乡奋斗的男人是个好男人,但不敢面对外界环境的男人一定是个懦弱的男人,更何况还有一份爱情的支撑,依旧不足以激起男人的勇气和责任心吗?

一个不能为爱而远走他乡,却只会让女人来到自己身边的男人,根本不可能给女人一个温暖的家!

这种自私的行为是一种近乎本能的欲望,如果只要求女人单方面付出,他却源源不断地索取,这并不是真正的爱。

当一个男人向你发出邀请,因为思念希望你投奔他,如果他离开那里就会失去很多人脉和资源,并且承诺会给你一个舒适的家和美好的前景。女人要清楚,这其实是一个自私的信号,一个不能为了爱而舍弃自己一些东西的男人,一个不能为了爱而跨出勇敢的脚步的男人,怎么可能给你一个家?

在他的心目中,显然工作、人脉都比你重要!在这个男人的人生价值排序里,爱情很可能无足轻重。你把爱情看得很重,他却把自己看得很重,因此当你踌躇满志地到他的身旁,你已经开始了悲剧的第一步!

也许最开始他会非常感激,但是随后你就会发现,他只是自私地需要你的陪伴而已,根本不是要和你长相厮守。

不相信,你问问他对将来有什么样的规划?他一定没有!因为如果他有,他必定会先带着他的计划去拜访你的父母,然后再把你接走。有准备、有责任心的男人一定会照顾你的感受,也懂得尊重你的父母。

事实上，付出越多，"马太效应"就会愈发明显。所以，你付出的多，只会让你更死心塌地去爱他，却不会让他更怜惜你。你把他当成了全世界，他的人生规划却总是忽略你。

都说陷入爱情的人容易失去理智，因为爱情本身就不是交换机制，不是你给我什么，我就等价回馈你，就像你为了我不远千里而来，我赠你一朵刚摘下来的花，你都欢喜不已。

从对方的视角看这件事，你为了爱情远走他乡，等他过了新鲜感，就会逐渐地冷淡你，在他看来，一个能够轻易地不顾父母的反对，来到这里的女人，是多么轻浮的女人，这样不矜持的女人，不值钱！

这时候你一定会因为他的不在乎而愤怒不已，但是，谁让自己是送上门的呢？如今后悔已经来不及，向父母和闺蜜诉苦也是自取其辱，只能打掉牙往肚里咽。可内心的不快乐，依然会折磨得你不能自已，于是两个人之间争吵不休，直到他赶你离开！

也许有人会侥幸地认为这只是个例，但我想对女人说，**爱的确需要勇气，但更需要勇气背后的理性**。

恋爱之初都是感性的，但在做出重大付出的时候应该思考和观察：这样的男人值不值得你付出？你是否丧失了自己的矜持？你是不是可以做到无悔？你是去投靠一个男人，还是只是选择了一份勇敢的爱情？

如果你都考虑全面，并且不后悔自己的决定，就勇敢地去做，因为爱情就是需要勇敢地付出！但如果事实证明你看错了人，也不用死要面子活受罪，父母和朋友不会嘲笑你，他们会等你回家。

得不到父母的祝福，
真的不幸福吗？

得不到父母祝福的婚姻会幸福吗？这句话像一个魔咒，笼罩在每个争取婚姻自由的年轻人心上。

内心充满这种矛盾的年轻人，至少内心善良。因为在他们的内心深处，还在乎父母的感受，只是不知道如何在父母和爱人之间、在亲情和爱情之间做出正确的选择。

有人说，父母生你养你，没人可以爱父母胜过爱自己，但父母可以爱孩子胜过爱自己，孩子本就是父母身体的一部分。

也有人说，在现实生活中，姻亲要比血亲走得更长远，毕竟爱人会陪你走过一生，而父母与孩子做不到这一点。父母迟早要走，孩子总有一天会离开组建自己的家庭。

那么，当父母反对自己的爱情和婚姻，我们该何去何从，又孰轻孰重，真是一个千古难题，让人欲哭无泪。

父母为什么反对你的感情？

最根本的原因是，他们觉得对方不能带给你幸福。但是父母不是你，又如何能真正了解你需要怎样的幸福？他们不是幸福的权威，如何能制定幸福的标准？

不可否认，父母的生活阅历是一种生活的智慧。无论他们的婚姻是否幸福，在漫长的人生中，他们都积累了观察生活的能力。无论他们的表达能力如何，有时候直觉告诉他们，你的爱人不靠谱，或者你们之间不合适，又或是你们的感情走下去有很大的隐患。

几乎没有哪一个父母对孩子不是真心的。父母的意见不可不听，无论你内心有多么叛逆，至少应该客观参考父母给出的意见。因为他们是出于爱护你的角度，当你沉溺在爱的"月晕效应"之中，容易低估未来婚姻要面对的困难，而父母作为旁观者，能更理性、更全面地给出过来人的建议。

事实上，多数人没有选择听取父母的建议，他们认为父母的思想已经跟不上时代，爱情早已不是他们认为的样子。可殊不知，无论什么时代，爱情忠诚、理解、包容的基本内涵没有改变。真正变了的不是爱情，是人对爱情的态度。

当然，子女对父母的意见充耳不闻，还有一个重要原因就是所谓的"正义感"。当热血冲上头脑，爱情已经不是爱情，是针对一切阻碍自己爱情的情绪。

就像"罗密欧与朱丽叶效应"，当人处于一段不被他人看好、祝福，甚至被强烈反对的恋情中，很容易产生一种逆反心理，他会更强烈地想跟那个人在一起，甚至会为此不顾一切。但别忘了你不是朱丽叶，他也不是罗密欧，你们只是想获得幸福的普通人。

人一旦被情绪蒙蔽了双眼，坚持爱情就不再是为了追求幸福，而变成了你越要我分手，我偏不分手的偏执。在这样的偏执之下，你往往看不清爱情，也看不清自己。

那个古老的问题总是拷问着男人：如果你的母亲和妻子掉进河里，你救谁？其实这个问题同样适用于今天的话题。父母和爱人，你选择谁？

人性证明，当你处于这样的极端选择中，口头承诺说明不了任何问题。绝大多数人会选择牺牲掉生活中无条件包容自己的人，那就是父母。

因为他们知道父母爱自己，只要自己坚持，终究会迎来父母的妥协。虽然日后才明白父母是打掉牙往肚里咽，但他们当时体会不到，只有在自己遭遇不幸或是为人父母后，才追悔莫及。

即便现实的生活证明了父母当初的话是对的，但为了面子，有些人还是不肯承认自己的不幸福。在众人面前装成快乐的样子，以自欺欺人的方式继续着自己当初错误的选择，直至情绪崩溃。

有人说父母也不一定全对啊，有些父母反对的原因很"奇葩"，什么彩礼呀，八字不合呀，身高太矮呀，这样的建议不听也罢。更何况有些父母自己的婚姻也不幸福，他们凭什么对我的婚姻指手画脚。

其实，得不得到父母的祝福，并不重要，能否有独立思考的能力很重要。一个没有独立思考能力的人，即便得到了父母的祝福，也不一定会幸福。一个有独立思考能力的人，即便得不到父母的祝福，也会获得长足的幸福。

聪明的父母只会给出自己的建议，绝不会强加给孩子，否则，父母一旦上场，就会促成孩子和恋人结为同盟，使得父母与孩子的矛盾，上升为主要矛盾，却使孩子们看不清自己爱情上的问题。

可怜天下父母心，他们对于孩子，从来不吝啬自己的祝福，他们不在乎你和谁在一起，他们只希望你能永远幸福，可是前提是，你得自己清楚你要的是怎样的幸福。

一个自尊自爱的人,别人不敢轻易伤害!

一个好了伤疤忘了疼的人,付出的善良也是廉价的!

涂言涂语

01

尊重你的男人,会主动和你谈钱,因为他知道娶你就应该给你好的生活。

02

不尊重你的男人,只要你跟他谈钱,他就会说你嫌贫爱富,认为你看上的不是他的人。

03

愚蠢的女人常常讨价,甚至抬价,所以廉价;聪明的女人,从不开价,更不还价,所以无价。

04

一个不能为爱而远走他乡,却只会让女人来到自己身边的男人,根本不可能给女人一个温暖的家!

05

爱的确需要勇气,但更需要勇气背后的理性。

06

人一旦被情绪蒙蔽了双眼,坚持爱情就不再是为了追求幸福,而变成了你越要我分手,我偏不分手的偏执。在这样的偏执之下,你往往看不清爱情,也看不清自己。

07

得不得到父母的祝福,并不重要,能否有独立思考的能力很重要。一个没有独立思考能力的人,即便得到了父母的祝福,也不一定会幸福。一个有独立思考能力的人,即便得不到父母的祝福,也会获得长足的幸福。

女人勤俭是一种美德，

但你不能只苦了自己，

要不然男人就会觉得理所当然；

女人贤惠是一种付出，

但不是为了讨好男人，

要不然男人就会自以为是。

Chapter. 9

婚后相处

婚姻最好的尺度,是张弛有度

女人太能干，
男人就混蛋？

一个优秀女人的关键要素是什么？漂亮，有能力，还是善解人意？其实这些都不重要，重要的是由谁来评判这件事。

如果是女人评判，必然不够全面，因为失去了两性之间的客观，也缺乏实际价值。虽然女人成为更优秀的自己的同时也需要得到男人的赞许，但是，通常男人对女人的评价也会有失公正。

女人夸女人，夸的只是"人"，而不是"女"。男人夸女人，夸的更多是"女"，却很少见"人"。

说实话，男人很少用"优秀"这个词评价女人，不然，这个男人和这个女人之间，一定不是情侣关系。一个男人如果对女人有情感或是好感，夸赞对方用到的词多半是"漂亮""性感""温柔""体贴"……

可见，男人并不在意女人是否优秀，他们对于好女人的标准里，很少有男人选"能干"这个选项。因为女人太能干，会让一些男人缺乏安全感，甚至增加反感。这是对女人最大的不公平。如果按照这些男人的逻辑，女人这一生最需要学会的本领就是，装傻。

从心理学角度分析，有两种男人不喜欢聪明的女人：第一种是不自信的男人，他们出于"自我价值保护"的心理，认为一个聪明有能力的女人，会让他们成为关系里的弱者；第二种是曾经被分手的男人，他们基于过往的经验判断，陷于"路径依赖"，然后不断自我催眠强化，觉得聪明的女人不可靠。而根本原因是，他们没有治愈过往受挫造成的自卑，进入了自我贬低的恶性循环。

其实，中国男人或多或少有些大男子主义，什么你负责貌美如花，我负责挣钱养家，话说得好听，其实就是彻头彻尾的大男子主义。

如果女人真沉醉于前面描述的情形里，就大错特错了，你要真只会貌美如花试试？

要知道，有一小部分男人养不了家，他们甚至要靠女人来养。

而现代社会经济压力大，大部分男人需要女人配合，共同养家。所以，只有一少部分男人，才能一个人负担起家庭的所有经济责任，而这少部分男人又未必真的愿意这么做。

由此可见，女人终究要靠自己，想靠男人是靠不住的。于是，**婚姻中的女人出现了两极分化，一种太能干，一种太依赖。**

其实，这两种女人在现实生活中可能都不太好，太依赖的容易被抛弃，太能干的容易被嫌弃。

情感中最重要的是平衡，因为爱是相互的。太过依赖，将逐渐失去自己；太过能干，又会增加对方的压力。过度的依赖不是爱，是负担。在爱里，谁愿意做个弱者呢？只有两人平起平坐，才能长久地互相吸引。最好的感情，是双方各自独立，又彼此扶持。

现实中一个能干的女人往往会配一个窝囊男人，这是相辅相成的。女人太利索，男人就会变成甩手掌柜。正所谓，闲的闲死，累的累死。既然女人能干好，那男人自然会偷懒，并且由此得出一种强烈的感受，自己没有存在感。他在家里找不到做男人的感觉，又这么闲，自然要去一个能体现自己是男人的地方，一个柔弱女人的家，便是他们的理想去处。

一个太能干的女人，往往性格刚硬，否则无法做到雷厉风行，更无法与男人抗衡。虽然如今男女平等了，但不可否认，生活中、职场中，男人占主导地位的情况还是更多一些。

同时，因为生理的问题，女人真正能投入到工作中的时间、精力，显然少于男人，这无疑使女人要想做出跟男人相同的成绩，就注定比男人付出更多。更要命的是，很多女人还要兼顾家庭和孩子。

所以说，一个能把家里家外照顾得井井有条的女人，势必性格强势，麻利干练，运筹帷幄，不可能太柔弱，而这一切在男人看来都很不温柔，很不小鸟依人，很不女人。

事实上，很多女人之所以不小鸟依人，是因为无人可依，才生生地把自己从小鸟变成了神雕，替男人维持家庭的责任。她们没有时间做面膜，没有心情撒娇，于是她们蓬头垢面，粗声粗气，甚至因为太累到了晚上拒绝男人的亲热。到最后，女人不像女人，男人不像男人。

那么，女人该怎么办？太依赖被抛弃，太能干被嫌弃。

其实这一切难，也不难。

人格上女人要独立，情感上女人要依赖。一切和谐长久的关系，本质上双方都要感觉舒服，这样才有继续下去的基础。而一个勇敢独立，又懂得适度依赖的女人,是最让男人舒服的。独立是自信的基础,依赖是甜蜜情感的黏合剂,相辅相成,密不可分。

生活和工作中不依靠男人的女人,往往具有魅力,同时,又给男人一定的危机感。而在情感上对男人的依赖,又让男人感觉到自己被需要,有价值和存在感。

如此一来,一个随时可以离开男人好好活着,但对男人又一往情深的女人,男人如何离得开?

缺乏理解的付出，
终究是自我感动

  一个妻子因为业务繁忙需要经常在外应酬，她的丈夫总是在家耐心等候，为她准备一杯热水，递上一块毛巾，体贴入微，关怀备至。

  有一次妻子问丈夫，你就不问问我在外面都干些什么？丈夫说，我对你百分百信任。不久之后，妻子提出离婚，家人反对，丈夫不解。妻子说，我要的不是你的细致照顾，我要的是走心的爱。你怎么不怕我有外遇？哪怕是言语上有一点担心、一丝醋意，我都会感觉到你心里有我。你怎么不关心我工作上有什么难处？哪怕是跟我唠叨唠叨，也能帮我疏解压力，但你根本不在乎我。

  女人天生感性和细腻，她们渴盼在爱中得到互动和回应，因此需要更多的安全感、踏实感和归属感。男人要在关系中让女人感觉到这三点，才算满足她们内心对被爱的定义。很多婚姻走向解体，并非男女间的感情出了大问题，而是双方缺乏理解和交流。女人想让男人了解自己的一切，恨不得将心思和盘托出，而男人却对女人敞开的心门视而不见。

丈夫始终不明白自己究竟何错之有。这位丈夫的心声是，只要你要，只要我有，我都愿意给你。

这大概是多数人期望的另一半，但是真正遇到这样一位掏心掏肺的爱人，你又未必幸福、未必感动，甚至会有一丝苦恼，就像故事中的这位妻子。

那么，到底是谁错了？

其实谁也没有错，错的是不懂。当一个人不懂你，他做再多的事也是徒劳。反过来，你若不懂一个人，你付出一切也只能给对方增加压力。

有人说付出已经很不容易，在爱情当中这其实是个伪命题。当你不爱一个人，付出当然不容易，因为没有动力。但是当你深爱一个人，付出就成了本能，是自发，也是情不自禁。说难听一些，不是别人要求你付出，而是你宣泄情感的需求。所以，一旦是自愿的行为，就别说什么不容易，真正不容易的是理解一个人。

缺乏理解的付出，只是一件不走心的体力活，只顾自己怎么做，却不管是不是对方需要的。但是，要做到真正懂对方，是一件心力活，需要长期的用心观察和设身处地为 TA 着想。

付出不是为了感动自己，而是温暖对方。

心理治疗大师欧文·亚隆在《当尼采哭泣》中说过："把你的动机解剖得更深层一些，你将会发现，永远没有人做任何事情是完全为了他人。所有的行动都是以自我为中心的，所有的服务都是利己的，所有的爱都是自私的。"所以，如果你打算去爱一个人，那就去把爱放大，把自己缩小，做很多事情的前提千万不要是自我感动。

即便你要付出所有，也要有所克制，想想对方是不是有此需求。

付出不能你以为，幸福与否要 TA 以为，与其不顾一切拼命给，不如读懂对方再作为。

相处的天平，
取决于你的管理水平

如果把"管理"两个字用在爱情关系中的男女之间，似乎有些格格不入，因为爱情之中彼此平等，不存在谁领导谁，谁被谁领导，应该相互扶持、相互尊重，一起摸索着向前走。但是，相爱是艺术，相处是科学，艺术没有贵贱之分，科学却有高下之别。

爱情之中，智商不起作用，男人与女人的智商都是零，但是当热度褪去，彼此开始真正在生活中相处、磨合时，你会发现有些恋人之间的情商、成熟度以及生活能力相差甚远。

不同的生长环境和经历造成了这些方面的差距，而这往往会决定两个人爱情的成败。如果两个相爱的人，不能找到一种更好的相处模式，最后也会劳燕分飞。

这种情况经常发生在男弱女强的关系中，这里的强与弱，不是指气势和性格，而是指处世的能力与智慧。

男弱女强的情侣关系，一旦没有找到合适的相处模式，就很容易出问题。因为女人身披铠甲为整个家冲锋陷阵，需要男人体贴地做好心灵补给和行动配合,如果只是不断透支其中一方,一定会使关系变得面目全非。

如果男弱女强的情侣想和谐相处,最好的解决方式是女人管理男人。但不是所有的男人都可以被管理,所谓朽木不可雕也,能被管理的男人需要具备以下几个条件。

首先,他必须有一颗谦逊的心,能客观看待自己,敢于承认自己和女人之间的差距。

男人都要面子,承认自己比女人弱,比女人笨,本身需要极大的勇气。这样的男人相对较少,刚愎自用的男人比比皆是。

有研究显示:男性往往会比女性表现出更强烈的自信心和自尊心,同时男性也更自恋。一方面是从进化角度,男性多半倾向于支配、竞争,在关系中有极强的掌控欲。另一方面是社会传统的塑造,男尊女卑的封建思想由来已久,导致男人本能地认为无论家内家外,自己都是一个家庭的领导者,如果要让一个女人指导自己的行为,那是一件不可接受的事情。

因此,谦逊是男人克服自恋才能习得的品质。而要想管理一个男人,他必须心甘情愿承认你的观点是对的,才能真诚地接受。

其次,他必须懂得反省。反省是一个人进步的阶梯,**如果一个男人事事都要女人去管、去教,就像母亲带孩子,事事操心,时时担心,久而久之,女人真成了新娘,一个新妈妈,男人则成了一个习惯性依赖女人的废物。**

懂得反省的男人,往往能带着欣赏的眼光看待自己的女人,以一个徒弟对待师傅的虔诚之心，面对自己的女人，勤学苦练，积极进取。

夫妻之间彼此配合过日子，师傅倾心教导，徒弟认真学习，总有一天师徒之间配合默契，共同解决生活中的一系列问题，幸福就在这样的学习和配合中渐渐滋生。等有一天青出于蓝而胜于蓝，师徒磨合得炉火纯青，情感也由此得到极大的升华。

最后，他还要有一颗感恩之心。人生最大的智慧是分得清好歹，知道谁真心对自己、爱自己。有时候是女人愿意倾囊相授，但男人未必懂得感恩。当学生不理解老师的良苦用心，老师做再多也是徒劳。很多人是为人父母后，才理解老师当初的心意。

别人对你的好，天长日久就会习以为常，心理学上称之为"贝勃定律"。当人经历强烈的刺激后，新的刺激对他来说就变得微不足道。就心理感受而言，初始的大刺激能冲淡恒常的小刺激。所以，我们常常感激陌生人施予的温暖，却总是善忘最亲的人日复一日的付出。

一个女人管理一个男人，不可能事事温柔、常常鼓励，难免会有严厉甚至残酷的一面，这时男人若不理解女人的苦心，往往会心生怨恨，耿耿于怀。所以，拥有一颗感恩的心是多么重要。

现实中，**不是所有男人都适合管理，也不是所有女人都善于管理。**

如果男人们发现身边有一个女人愿意管理你，男人应该心存感激，有则改之无则加勉，因为不是所有女人都在乎你。

如果女人们发现有一个男人心甘情愿地接受你的管理，女人应该倍加珍惜，别骄傲自满、沾沾自喜，因为恰恰是爱你的男人才愿意对你心悦诚服、五体投地。

要女人给你面子，
先给女人里子！

经常有男人抱怨，女人不给自己面子，可能是在众人面前数落他，可能是在父母面前张嘴就骂，也可能是每天只给他几十块钱，邀请朋友去家里吃顿饭也要甩着脸。

每每听到这样的抱怨，众人总会忍不住同情，这样的老婆太不像话了，不给男人面子不就等于打男人耳光吗？

的确如此，对男人而言面子就是命根子，一个男人如果颜面扫地便会在圈子里混不下去，一个连自己女人都看不起的人，没有人会尊重。所以，无论如何女人当着第三个人的面，都应该给男人留点面子，尤其当着公公婆婆的面，这是最基本的尊重，更是爱的表现。

男人的种种缺点，可以关起门来说，而不是公开指责，这也是一个人有教养的体现。

男人很注重面子，是因为他希望在社交圈呈现有质感的公众形象，让外界认可他是一个高价值男性。

但是凡事皆有因果，男人在向女人要面子的同时，也应该想到，不仅你要面子，女人也要面子。

男人在乎面子，却常常指责女人虚荣，不是买名牌包包、美容整形，就是喜欢抛头露面出风头。女人的这些虚荣心，跟男人在财富、权力、名声等方面的虚荣心比起来，似乎也算不得什么，女人不过是小小的虚荣，男人才虚荣得更为彻底。

其实，适当的虚荣无伤大雅，那是拼搏向上的动力，是追求美好的基础，但是，过于要面子，就容易变成打肿脸充胖子，死要面子活受罪，必然会受到生活的惩罚，就像莫泊桑《项链》中的女主角。

仔细想想，女人的虚荣心，不过是一些外在东西，衣服、配饰、华丽的生活，这一切不也在应和男人的要求吗？不是男人希望女人打扮得靓丽点，让他能在众人面前更有面子吗？怎么一转脸就责怪起女人虚荣？

况且，女人只是外出社交时靓丽些，回到家收拾家务，洗衣做饭，还是一如既往的朴素，女人的小小虚荣是必要的，也是值得支持的。

不管女人是多么喜欢谈论美妆、名牌、家世，喜欢把彼此的丈夫拿来对比，不可否认，大部分女人在实际的生活中，对丈夫、对家庭都抱着踏实而朴素的态度，这跟男人们热衷吹牛、好高骛远的虚荣比起来，实在算不得什么。

如果男人想向女人要面子，维护自己在众人面前的尊严，请先在家里给女人面子。而这种家里的面子，不是跪搓衣板，也不是做什么都对女人言听计从，而是对另一半的尊重。

但关起门来过日子，夫妻之间无所谓面子，彼此知根知底，也不用见外和客气。与其说是在家里给女人面子，不如说是给女人里子。

具体的做法是：努力工作，别无所事事；扛起家庭的责任，别好高骛远；主动分担家务事，别饭来张口、衣来伸手，一边打着游戏，一边指手画脚。如果男人能够做到上面说的这些，女人不可能不给你面子，因为你给了女人家的温暖。

听起来像是某种交换，但人类行为都是建立在合理化交换的基础上的。

著名的社会交换论中说："人类的一切社会活动都可归结为一种交换，而人们在社会交往中所结成的社会关系也是一种交换关系。"其实，婚姻也可以看作双方长期进行价值交换的亲密关系，它的和谐需要遵守动态守恒原则，彼此提供价值，感情才能稳固长久。

其实，女人的面子和男人的面子彼此相辅相成，男人的面子女人的脸，女人的面子男人的心。当女人为了心爱的男人，精心装扮出现在众人面前，男人面上有光。当男人为了心爱的女人，努力奋斗取得成就，女人以男人为荣。

聪明的男女用虚荣去鼓励对方，愚蠢的男女用虚荣来折磨彼此。所以，如果男人想要面子，记住，请先给女人里子。

爱要自由，
先要自律

"生命诚可贵，爱情价更高，若为自由故，两者皆可抛。"可见，自由是多么重要。

但是有一种不自由，其实很幸福，虽然有时候会让你苦恼，但那也是幸福的小烦恼！只是看你能不能领悟和品味。这种幸福就是，你的老婆喊你回家吃饭！

很多男人说，结婚以后就失去了自由，老婆不让抽烟喝酒，不让打牌打游戏，还不让太晚回家，反正十分苦恼。可当我问他们想要什么样的自由时，又没有人能说出具体的标准。比如，先列一个清单：每天抽几包烟？喝几瓶酒？每个星期打几次牌？晚上想几点回家？

其实，他们也不知道自己要什么样的自由，只是不想被老婆管罢了。既然如此，我又问他们，老婆可以什么都不管，但前提是他们也不能管老婆行不行？男人们又摇摇头，说不行，那样家就不像家了。

那么，男人们到底要什么自由呢？

自由，不是你想干什么就能干什么，而是你不想干什么就可以不

干什么。在这个世界上没有绝对的自由，否则就不可能有法律的存在。法律一方面给你权利的保障，另一方面也遏制你不能为所欲为。

如果你没有自己的观点，凭什么要思想自由？如果你没有是非观，凭什么要行动自由？如果连一个深爱你的女人都没有，谈什么爱情自由？

所以，想要自由，先要自律，做到自我克制。

结婚是一个人自愿放弃爱情的自由，跟另一个人走入婚姻。当一个女人放心地把自己交给你，你就应该知道，你已经选择了她，必须拒绝别的女人。你选择了和她一起生活，就要履行爱她、保护她的责任。

心理学上说，自由是指一个人能按照内心所愿决定自己的行为。而当你真正遇到了对的人，她的一次皱眉和难过，都会变成你眼里的风暴。那些不愿意放弃的所谓的自由，不过是不够深爱的借口罢了。

当老婆愿意管你的吃喝拉撒，你应该心存感激，因为那是在乎你。除了母亲，只有老婆愿意这么做。

当老婆要制止你的不良嗜好，你应该知道好歹，因为这种吃力不讨好的事情，只有老婆才会这么做。

当老婆不许你乱花钱，你应该心存敬畏，看看老婆平日里的节俭。

当老婆开始不管你了，说明她已经不在乎你了，你应该自我检讨，是不是伤透了她的心。

有一种自由叫"无家可归"，还有一种自由叫"有家可回"。

有"病"的公主，
并不会嫁给爱情

有多少女人有"公主病"，又有多少男人把自己的女人宠成了公主？

生活中，很多女孩都有个公主梦，可很多女孩都不是公主，她们就是想要在亲密关系中实现这个梦。这样的女生多半有些任性，总认为自己是最重要的，会提出很多非分的要求，当这些要求得不到满足，就会责怪对方不够爱自己。

这种责怪可能是言语上的不满，也可能是情绪失控后的疯狂。这一切都源于一颗不安的心。"公主病"在心理学上被定义为一种性格障碍和认知偏差，有"公主病"的人都有自恋倾向，她们容易忽略他人的感受，总是过度关注自己的需求。

她们之所以焦虑任性，是因为内心的不确定，所以想通过一次次试探，去确认对方的关爱。

我时常亲昵地称呼女儿"我的小公主"，但我从不这样称呼我的妻子，因为她不是我的公主，我也不是她的王子，我们是彼此的爱人。

父亲把女儿当公主，可以持续一辈子，但男人把女人当公主，最多坚持一阵子，因为生活现实而朴素，没有办法保持长期的宠爱。

真正聪明的女人只希望活在男人的心里，只有愚蠢的女人才希望被男人永远捧在掌心。公主不是别人捧出来的，而是自己修炼得来的。

你只看到了公主受到的百般宠爱，可曾体会过公主对寂寞的坚守，在生活中的智慧，还有她们高贵的自尊？如果这些你都没有，又怎么可以要求男人把你当公主？

即便一开始男人这么做了，也不过是获取你关注的手段而已。女人应该知道，被男人捧在掌心的感觉虽然美好，但是被冷落的滋味更不好受。

有"公主病"的人，看似主动权在自己手里，但实际上男人才真正操控着你的情绪控制器。你总想男人能无时无刻宠着你，就是在不断地向他索取情绪价值。而内心充盈自信的人，总能把自己的情绪也处理得很好，她们本自具足无须外求，即便有公主命也不会有"公主病"。

真正的公主，内心渴求的是做一个普普通通的女人，因为平淡之中见真情，靠男人的宠爱过日子，怎么过也是个花架子。要求男人时刻都跪着仰视你、捧着你，时间长了免不了心生抱怨。

善良而智慧的女人不会这么要求男人，也不忍心这么做。

愚蠢的女人才要求男人把自己当公主，聪明的女人只希望男人把自己当爱人。

先经济独立，
再人格独立

你藏私房钱吗？为什么要藏私房钱？是不信任对方还是有了外心？

我相信，很多夫妻都有私房钱相关的问题，但当你认真问自己这三个问题，看起来说的是钱，但真正拷问的是你对感情是否忠诚。

也许有人会说，私房钱是个普遍的问题，不过小事一桩，谁还没一点隐私呢？但透过一个人对金钱的态度，可以看透这个人的本质。

据说，最早私房钱的发明者是女人，旧时期都是男人在外挣钱，女人在家主事，男人地位高于女人，所以女人会觉得金钱能够给自己带来安全感。于是，会从家用中留出一部分，藏起来以备不时之需，或是当作婚姻不幸时度过危机的储备金。

但如今不同了，男女平等，女人在很多方面能和男人一争高下，事实证明，有些女人可以比男人挣得多，在家庭之中女人的地位未必低于男人。因此，现在男人更喜欢藏私房钱，但男人藏私房钱的目的，多数不是怕婚姻危机，而是为了满足自己的自私爱好，或是避免在朋友面前没面子。

这里需要说明的是,私房钱和离婚前私自转移财产不同,私房钱的基础是彼此感情没有大的问题,而转移财产是反目成仇前的暗度陈仓。

其实,谁在家里掌握财政大权并不重要,但爱人间对待金钱的态度,却值得我们仔细琢磨。

如果一个人非常反感交出自己的收入,或是隐瞒自己的收入,他对感情、对爱人的信任一定有问题。

婚姻关系里,那些总是把你的、我的分得很清楚的人,往往更看重自己;那些真正放下小我,将"我们"看得很重要的人,才能让人获得安全感。

一直以来,我都很反感夫妻之间的AA制,也反对夫妻之间要有一定的隐私。夫妻是要一起相伴到老,直至面对死亡的人,如果在金钱上不能做到相互信任、同甘共苦,那不是志同道合,而是严防死守。

至于隐私,我坚信感情再好的夫妻,也是独立的两个人。每个人都有各自的空间,这并不等于存在这种空间,就是存在不可告人的隐私。我们尊重对方的空间,不擅自过问,但绝不可以刻意隐瞒对方一些事情。如果存在刻意隐瞒,显然是对对方的伤害。一旦隐瞒的事情败露,就是一场信任危机,即便对方选择了原谅,但谁又能保证未来心无芥蒂?而且,婚姻存续期间刻意隐瞒的财产,在双方离婚时如果不据实相告,可能会引起诚信诉讼,造成更大的损失。

而往往与收入有关的问题,能集中体现夫妻的关系。无论是一方不愿意交出和坦白自己的收入,还是一方非要管理对方的收入,都是对彼此感情不自信的表现。

不愿交钱的是自私，非要管钱的是缺乏安全感。

钱本身衡量不了爱情，但钱背后往往隐藏着人性。

有这样一个男人，他不愿意把收入交给妻子，总是抱怨妻子管得太严，于是把私房钱藏得到处都是，还指责妻子是母老虎、铁公鸡，让他日子过得紧巴巴、苦不堪言。

但事实上，这个男人对自己极为大方，一件衣服动辄几千，但妻子永远穿着淘宝货。他对朋友也豪爽大气，对妻子和孩子却少有关爱。后来，男人得了脑血栓，瘫在医院，妻子为了给丈夫治病，不仅拿出家里所有的积蓄，还四处借钱。

也许是上天的惩罚，男人最终没能完全康复，半身不遂，妻子必须长年照顾，但她不离不弃，始终没有一句怨言。

自私的人不会明白那个妻子无私的选择。其实，人性两面，一面自私，一面无私。在经济学中，自私本没有错，但它的前提是不伤及他人，然后使自己变得更好。而婚姻里的自私却无法保持这份中性，丈夫的自私，就是对妻子的伤害；而妻子的无私，却是对丈夫的守护。

那些对自己大方、对家人吝啬的人，有没有想过，这是你对自己的纵容、对家人的苛刻？看着爱人节俭朴素，你如何忍心对自己那么大方？

也许你认为自己挣得多一些，理所当然要享受得多一些，但婚姻的意义恰恰是同甘共苦。婚姻中彼此的价值呈现，金钱只是一部分，更重要的是理解、忠诚、包容。

为什么有些夫妻可以在金钱上做到不分彼此？为什么有些夫妻却斤

斤计较？如果做不到你的是你的、我的是我的，就做不到你的是我的、我的是你的，结果只可能是，我的是我的，你的还是我的。

想要不分彼此，首先要尊重彼此。

他的努力，
只需要一点鼓励

有次，我去月子中心，探望一个刚刚晋升为辣妈的女员工。还未进门，就听见她对丈夫抱怨，责怪对方照顾孩子不够细心。想来当初的我，也是如此，无论做得再好，在妻子的眼中，始终不是最好的父亲。

作为一个男人，其实我非常羡慕女人，尤其当孩子哭着喊着要妈妈的时候，我更是心存嫉妒。

但不得不承认，自然界的安排就是如此奇妙。女人对于孩子的到来，几乎没有接受的过程，因为孩子是女人分离出来的一部分。**母亲爱孩子就像爱自己，所以，母爱往往感性，可以不顾一切，这是女人的本能。**

而对于父亲而言，孩子完全是一个陌生的个体，对刚刚出生的孩子，感觉紧张又不知所措，这是男人的正常反应，因为需要一个接受的过程。

其实，在孩子出生后，父母的陪伴都有极其重大的意义，这是双方都需要学习的一门课程。

著名心理学家哈里·哈洛曾发表过一篇名为《母爱的本质》的致辞，这份致辞基于他做的一个"恒河猴实验"。实验的内容是，让新生的婴猴从出生第一天起同母亲分离，以后的165天中同两个"母亲"生活在一起——铁丝妈妈和布料妈妈，铁丝妈妈的胸前挂着奶瓶，布料妈妈则没有。当婴猴同铁丝妈妈在一起时能喝到奶，而布料妈妈则是为婴猴提供柔软、温暖的触感。

通过观察哈洛得出结论：肢体接触对婴猴成长的影响甚至超过哺乳的作用——只有饮食需要时，它们才去找铁丝妈妈，其余大部分时间则依偎在布料妈妈的身上。这个结论同样适用于人类，也就是说，母爱的本质，绝对不只是简单地满足孩子的吃饭和喝水需求，它还应该包括对孩子的接触、爱抚和心理的关怀，这些才是孩子心理健康的根本保障。

母亲作为孩子天然的守护者和翻译官，是孩子和父亲之间的桥梁。相对于母亲和孩子而言，父亲倒像是个外人。

但心理学家格尔迪说过："父亲是一种独特的存在，对培养孩子有一种特别的力量。"所以，妻子千万别急着责怪丈夫对孩子的紧张和不擅长，而是要尽力帮助丈夫成为一个合格的父亲。

夫妻之间相互配合，才能更好地帮助孩子健康成长。电影《奇迹男孩》中，小男孩奥吉·普尔曼患有下颌骨颅面发育不全症，做了27次手术才侥幸活下来。

面对这样一个特别的孩子，他的家庭却很有爱，爸爸、妈妈和姐姐的呵护无处不在。比如，出于对奥吉的保护，妈妈伊莎贝尔一直在家教导奥吉读书，直到小学五年级时，才送他去学校上学。奥吉因为外形受挫时，爸爸内特主动对他说："我知道你并不怎么喜欢你的脸，但是我很喜欢，因为这是我儿子的脸。"就是因为他们爱意满满的引导和教育，奥吉不但没有自卑、沉沦，反而始终保持坚强、乐观。

  我们从出生起就在学习如何去爱，但始终更在乎的还是被爱。即便在爱情之中，也夹杂着自私和索取。直到我们有了孩子，才真正体会到爱的无私，甚至对爱人也多了一份对孩子般的疼爱。

  感谢女人十月怀胎的辛苦，感谢孩子教会了我们更好地去爱，再给爸爸们一些时间，我们一定加倍努力，迎头赶上。

不要为婚姻打工

女人对事业的看法，大概分为两个阵营：一是，绝不为了家庭放弃事业，要独立自强，不能依附男人；二是，嫁汉嫁汉，穿衣吃饭，男主外，女主内，老公挣钱，我持家。但事实上，你会发现，这两种女人都不快乐。

女人若是完全独立，独立到不需要男人，其实是可怕的。但如果女人完全依赖男人，整天待在家，两耳不闻窗外事，便失去了活力，对男人而言也会失去魅力。

事业心强的女人，再怎么不快乐，终究有事业的支撑，不至于太惨。可那些致力于做一个家庭主妇的女人，如果不走好自己的路，很可能付出一切，却竹篮打水一场空。

根据《亚洲经济》报道，韩国CJ集团向1700名家庭主妇做了抽样调查，数据显示，72.8%的调查对象表示很后悔做主妇，如果可以时间倒流，绝对不会放弃工作，可见大多数家庭主妇并不快乐。所以，现在很多女人反对依靠男人，主张独立，千万别做了媳妇做孕妇，做了孕妇做产妇，做了产妇做家庭主妇，最后变成怨妇。

即便如此，女人也不得不承认，女人因为生理原因导致职业生涯的短暂，或者女人天生有回归家庭的本能，到最后依然要面对家庭主妇这个角色。

可无论是那些骨子里想做家庭主妇，想相夫教子的女人，还是最后不得已回归家庭的女人，都应该明白一点，家庭主妇不是你们想象的那么不堪、卑微、灰暗，也不像你们想象的那么容易和肤浅。

多数人认为，家庭主妇就是洗洗衣服，买买菜，带好孩子，做好饭。如果这就是家庭主妇的全部生活，到最后一定会变成家庭怨妇，如果再碰上一个不懂得感恩的男人，悲剧就诞生了。

但一个优秀的家庭主妇，从不会脱离社会和职场，也不会停止学习的步伐，更不是最终成为一名保姆。

做一手可口的饭菜，善于打理家庭财务，拥有先进的育儿理念，懂得真正的生活美学，这样的家庭主妇，完全是一个优秀的人才，没有男人离得开，也没有丈夫敢不尊重。

这样的女人，不是我们印象中的家庭主妇的形象，面色蜡黄，蓬头垢面，身材臃肿，情绪低落，相反，她们阳光灿烂，风姿绰约，精神焕发。因为不放弃学习的人，永远会散发出迷人的魅力，永远不会被时代抛弃。

家庭主妇曾经是个受人尊重的称呼，可如今却成了悲壮的代名词。那是因为女人在准备做家庭主妇时，就已经认为是牺牲了自己，成就了爱人和家庭，于是把自己置于一个道德的制高点，把自己放在了一个受人同情的位置。

无论是家庭主妇，还是家庭主夫，成就家庭和对方，未必要牺牲自己。只有自己变得更有能力，才能更好地服务家庭，才能得到对方真正的尊重。即便遇上一个恩将仇报的爱人，凭着自己一身的本领，也完全有能力寻找更好的幸福！

忘不了是最大的痛苦，

回不到过去是最大的悲哀。

涂言涂语

01

说实话,男人很少用"优秀"这个词评价女人,不然,这个男人和这个女人之间,一定不是情侣关系。

02

可见,男人并不在意女人是否优秀,他们对于好女人的标准里,很少有男人选"能干"这个选项。

03

婚姻中的女人出现了两极分化,一种太能干,一种太依赖。

其实,这两种女人在现实生活中可能都不太好,太依赖的容易被抛弃,太能干的容易被嫌弃。

04

人格上女人要独立,情感上女人要依赖。

05

付出不是为了感动自己,而是温暖对方。

06

当一个人不懂你,他做再多的事也是徒劳。反过来,你若不懂一个人,你付出一切也只能给对方增加压力。

07

缺乏理解的付出,只是一件不走心的体力活,只顾自己怎么做,却不管是不是对方需要的。

08

爱情之中,智商不起作用,男人与女人的智商都是零,但是当热度褪去,彼此开始真正在生活中相处、磨合时,你会发现有些恋人之间的情商、成熟度以及生活能力相差甚远。

09

如果一个男人事事都要女人去管、去教,就像母亲带孩子,事事操心,时时担心,久而久之,女人真成了新娘,一个新妈妈,男人则成了一个习惯性依赖女人的废物。

10

不是所有男人都适合管理,也不是所有女人都善于管理。

犯一次过错,

是暂时的遗憾,

因此而错过,

是一辈子的遗憾。

Chapter. 10

出轨修复

与其貌合神离,不如离

你能抢来的，
别人同样可以抢走！

做了多年情感节目，我发现一段情感里的第三者，多数是女人，其中，有明知故犯的，有上当受骗的，有没心没肺的，还有无知无畏的。

为什么第三者多数是女人呢？

明明女人在捍卫家庭的意识上，如此强烈，她们对拆散家庭的凶手，如此痛恨，女人为何要难为女人？后来，我终于找到答案，因为出轨的多数是男人。

也许，有人会觉得我的话太绝对，但我是基于录制了十几年的情感节目所做出的判断。相对于男人而言，由于生理结构的不同，女人在爱情方面付出的成本，往往要高出男人数倍。少女时期每个月的剥离之疼，怀孕十月的重负临盆之累，最后分娩时的撕心裂肺之痛，男人们都无法体会。

因为付出的成本高，女人对待感情就格外珍惜，而男人付出的成本低，出轨的成本相应地也低。所以，不是因为女人傻，也不是因为女人坏，从根本上说，是由于女人用情更专一，更想抓住爱情。女人一旦陷入爱情，便会失去理性,想要不顾一切保护自己的情感。

女人天生感性,而男人偏爱理性。虽然女人无法证明自己的直觉,但不得不承认女人的直觉很准。当男人还在用逻辑思维层层推理一件事情的时候,女人早已得出答案。

但,成也萧何,败也萧何。

正因为女人擅长用直觉,又无法说出理由,所以,女人也时常怀疑自己的判断,加之女人天生缺乏逻辑,所以,经常用形式弥补逻辑。

例如,她们总是看重对一个男人的第一印象;需要用男人打了多少个电话证明想她,送了多少鲜花证明爱她;认为一个有才华的男人,就是一个优秀的男人等毫无逻辑的事情作为判断依据。

不过,注重第一印象并不是女性群体的特例。人在社会交往中,都会受到"首因效应"的影响。根据美国心理学家洛钦斯提出的观点,当外界信息输入大脑时,先后顺序决定了认知效果,往往最先输入的信息作用最大。因此,人与人之间第一次见面留下的印象,会在日后的交往中占据着重要地位。

但在有些事情上,女人确实更容易自欺欺人。哪怕已经有事实证明自己遇人不淑后,女人也多半不敢面对真相,反而沉醉于男人的谎言中。

除了极少数骨子里喜欢通过抢男人彰显自己魅力的狐狸精外,多数充当第三者的女人都是因为感性冲动,自欺欺人,用情至深。女人插足他人的情感,一年是是非,两年是祸害,第三年就成了爱情。

因为女人心软又容易共情,相处久了,会对那个人产生依赖心理,也更容易心软地站在对方的立场看问题。明知道对方有家庭,可只要动了真感情，以为爱情大于一切，还是甘愿委曲求全。

出轨的男人却不同，你以为他对你一见钟情，不过是见色起意；你以为他对你日久生情，其实是权衡利弊。

人人都有追求幸福的权利，但争取幸福的方式不能靠抢。

一旦你的脑海里出现了"抢"这个字，你就容易被利用。因为你能抢来的感情，别人同样可以抢走。

男人多情而长情，
女人专情而绝情

什么样的女人最容易受伤害？什么样的女人最容易被男人利用？什么样的女人最软弱？这一系列的问题其实最终都归结为一个问题：女人致命的弱点是什么？

一个幼儿园的幼教老师小王，是个美丽而善良的姑娘，她对班上的孩子们都很好，很有耐心，尤其是对其中的一个小女孩。每天这个小女孩的父亲都会来幼儿园接送她，父亲和小王说，自己和妻子离婚多年，孩子缺少母爱，非常感谢小王对孩子的照顾。

当了解了这些之后，小王对孩子有了更多的同情，同时对孩子的父亲也产生了好感，她觉得一个男人带着孩子不容易。

随着孩子对小王越来越依赖，三个人走得越来越近，没过多久，孩子的父亲向小王表达了爱意，小王也欣然接受。

突然有一天，孩子的母亲来找小王，说自己虽然和丈夫长期分居，但并没有办理离婚，指责小王是第三者。小王愤怒而痛苦，跟孩子的父亲提出分手，但是孩子的父亲希望小王看在孩子的分上原谅自己，他的确撒了谎，但是和在国外的妻子长期分居，感情不和，自己会尽快离婚。

小王不知道该不该相信这个男人的话，可是孩子对自己的情感已经越来越深！

为什么小王会对孩子的父亲产生好感？为什么会轻易相信这个男人的话？为什么事到如今小王还是难以放下？

所有的一切都指向一点，那就是孩子。因为孩子，小王对孩子的父亲产生好感；因为孩子，小王对孩子的父亲放下防备；因为孩子，他们难舍难分。

在两性关系中，有些男人善于通过伪装脆弱，吸引有拯救者情结的女人，有时不惜把孩子当作追求对方的道具，这么说虽然有些残忍，但不得不承认事实就是这样。

孩子激发了小王的母性，软化了小王的心，而当一个女人的心软了下来，往往会失去理性的思考和判断，心理边界被完全突破后，会丧失自己的底线，接受一些自己原本不能接受的东西，而这个孩子的父亲恰恰利用了这一点！

俗话说得好，男人心软一世穷，女人心软裤带松。有多少女人被男人的苦肉计突破了自己的心理防线？不要以为只有女人会示弱来利用男人，其实男人也会装可怜来利用女人，利用同情这一招，虽然女人用得多，却不如男人用得精。

女人的楚楚可怜、泪眼婆娑，最多是迷乱男人的心智，模糊男人的视线，其结果不过是骗骗男人的钱财。可男人的扑通下跪、热泪涟涟，可以完全震撼到女人的心灵，男人膝下有黄金，男儿有泪不轻弹，女人瞬间母爱泛滥成灾，拜倒在男人的脚下！

男人的哭，半是用情半是手段。社会角色中的男性，从小接受的教育是要坚强、有担当，流泪意味着脆弱。所以，他们在女人面前流泪才会造成强烈的反差。从进化心理学角度上讲，原始家庭中男性承担着狩猎职责，男人对猎物不能心慈手软，长期形成的思考方式也偏向理性。一个本能比女人更理性的男人，突然痛哭起来，如果不是因为伤心欲绝，那就是在试图"狩猎"。

而感性是大部分女人的天性。在失败的感情中，女人往往比男人更受伤。不可否认，女人用情比男人重、比男人专，一旦心有所属，女人爱得比男人要更狂热、更持久，这比男人热恋初期的三板斧要强烈许多。当然，如果女人一旦死了心，也比男人更为绝情。

我一直认为，这一切和女人的生理构造有关系，**男人选择一个女人，是选择一个伴侣，女人选择一个男人，往往是选择自己的一生！**因为一旦选择一个男人，怀孕、生孩子、照顾孩子、相夫教子，这一切几乎就奠定了女人的一辈子。所以女人的心软，在很大程度上也是因为一旦选择，就认为自己无法回头。

正如每当在离婚的关头，女人总是比男人考虑孩子更多一些，因为孩子而选择忍辱负重也是女人的惯有想法。其实女人大可不必这么想，你越是这样，越容易被一些男人利用。

在面对感情问题的时候，女人不妨学着心硬一些，这样才不会让男人产生吃定你的想法。**两性关系里，男人的征服欲多过女人，而女人的占有欲多过男人，"心硬"抵挡的是"言听计从"**，挑战的也是男人的征服欲。一个有主见、有想法的女人，往往更能散发长久的吸引力。

关于女人心软还是心硬，说法通常都很极端，一边说妇人之仁，一边又说最毒妇人心！其实这一点也不矛盾，**男人多情而长情，女人专情而绝情。女人一旦打开心门，爱如潮水，排山倒海；女人一旦心被伤透，心如止水，绝不回头。**虽然心软是女人的致命弱点，但也无法改变，今天我之所以这样说，只希望男人别利用女人的这个致命弱点，更应该为此而珍惜真爱自己的女人！

面对背叛，
请量力而行！

　　一位丈夫偶然犯错，然后向妻子亲口承认了错误。妻子选择了原谅他，从此只字不提，丈夫心生感激，原以为生活能恢复平静。但谁知，第三者开始纠缠不清，并声称自己怀上了男人的孩子。

　　妻子理性地选择了和丈夫一起面对，没有苛责丈夫，这使得丈夫没有任何迟疑做出了决定，毅然决定与妻子一起同仇敌忾，维护自己的婚姻。于是，第三者知难而退。

　　可两年后，第三者打来电话，声称自己患上了绝症，之前说怀上孩子也不是虚言，所以，希望自己死后，能把孩子交给亲生父亲抚养。

　　夫妻俩听到这个消息后分外内疚，妻子去医院照顾弥留之际的第三者，照料得无微不至，直至送走。妻子接受了这个孩子，视如己出，直到孩子成年才告知这一切的真相。丈夫对妻子的包容和胸怀无以为报，一直心存感激。这个重组的三口之家，其乐融融，相亲相爱。

　　面对背叛，无非是选择留下还是离开，只有这两种结果。

　　离开容易，真正放下很难。留下也很容易，但有尊严地继续很难。

所以，面对背叛和伤害，态度固然重要，但更重要的是能力。当缺失了应对的能力，态度就是一张废纸，中看不中用。

我们每一个无可奈何的决定背后，总有很多迫不得已的原因，可能是孩子，可能是利益，可能是父母的嘱托，等等。而决定放手的人有很多理由，选择宽恕的人也有难言的苦衷，无论哪一种，如人饮水，冷暖自知。

如果你想要离开，就需要坚持底线和拥有一颗铁石心肠！眼里不揉沙子！这个决定既容易做到，也不容易做到。

说容易做到是因为，不接受别人的错很容易，不容易做到是因为，要求自己就此放下一段感情很难。

生活中不乏洒脱的人，他们有一说一，说一不二。但在感情世界中，真正拿得起放得下的人多半是凤毛麟角。很多事都是说得容易，但做起来很难。

一个人有底线，却不坚持底线，其实等同于没有底线。可现实中有多少人就是模糊了自己的底线，从而彻底沦陷。

如果你想留下，就需要有宽大的胸怀和权衡的智慧，然后把沙子揉碎在眼睛里。想这么做就少不了忍，这种忍不是妥协，也不是退让，而是以退为进的果决。

大多数人不懂得婚姻中关于"忍"的艺术，都说再好的婚姻，也曾有过几百次想掐死对方的冲动，数千次的争吵和几十次想要离婚的想法，而想熬过这一切都靠忍。

但为什么有些人可以忍到春暖花开，有些人却忍无可忍？

因为"忍"不是把伤口藏起来，有些事告诉对方没关系。"忍"也不是整天都把伤口露出来，时时提醒对方是个罪人。真正的"忍"，是让自己疗伤，也给对方认错的机会，有什么事情都共同面对。

面对背叛，我们要量力而行。如果不能忍，就要走得彻底别回头。如果忍得了，就要恩威并施再从头。

爱到尽头，
请互相留下体面

我时常不能理解一些人自相矛盾的行为，TA们指责着自己爱人的不忠，咬牙切齿、义愤填膺，甚至当着众人的面，绘声绘色地描述，围观的人越多，TA们越是兴奋，似乎把羞辱爱人当成了自己的快乐！可是TA们却又不愿放手，非要看着爱人耻辱地在自己身边逐渐萎靡下去，然后自己再像一个圣人一样说一声，恕你无罪！那傲慢的样子，仿佛自己是一个拯救者，那一个"恕"字，时刻在证明对方的有罪！每当目睹此情此景，我总是不明白，既然你嫌TA脏，为何还要在一起呢？这违背人的本能。如果觉得一样东西让你反胃，你会本能地逃开，因为它让你不舒服，是什么让你如此痛苦，却还要坚持下去？后来当这样的案例越来越多，我逐渐明白这背后的心理活动和真正的目的：泄愤、征服、收复！

真正爱一个人，无论TA犯了什么错，即便狠狠地伤害了自己，你也只会默默地离开，而不会把对方说得一无是处，尤其是在众人的面前！因为对爱人进行居高临下的道德审判，其实是在审判自己，别忘了此时此刻如果TA还愿意接受你的指责，愿意站在你面前，说明TA内心还爱着你！如果你的愤怒和指责是为了修复彼此的感情，应该关起门来，而不是敞开大门，吆喝着左邻右舍围观，挑起大家的窥私欲，用白眼和嘲弄来扒光爱人的衣服，指指点点，说三道四！我只能把这理解为泄愤！愤怒是一种正常的情绪，而如果是因为对方辜负了自己的一片真心，那种愤怒是一种悲痛，而不是恼羞成怒，悲痛是因为爱而不得，因此受到伤害，其表现应该是流着泪的无声控诉！但恼羞成怒是因为权威受到挑战，或是自己不敢做却被对方做了之后的恼怒，其表现是"你居然敢这样"的潜台词！可见公开向爱人泼脏水的人，内心其实是自卑、自私、阴暗的！因此泄愤成为他们愤怒的唯一表现形式。

因为自卑而懦弱，为了迫使对方屈服，舆论和流言就成了最好的帮凶。当你看见某人在里三层外三层的人群中声泪俱下地控诉自己的爱人，爱人低着头像是游街示众，周围的人指指点点，不由得想起鲁迅笔下的路人："只见一堆人的后背；颈项都伸得很长，仿佛许多鸭，被无形的手捏住了的，向上提着。"这是一场公开的道德审判，这些正在围观且说三道四的人和组织者一样内心阴暗，否则 TA 们绝不愿意看到爱人之间的如此伤害！这场审判的组织者的目的一定不是彼此继续爱下去，TA 只是想迫使对方屈服，认识到自己是一个罪人，然后灰溜溜地在舆论的压制之下，好好做人，好好改造。但是 TA 有没有想过，如此的羞辱非但不能使对方心悦诚服，却只能让对方心灰意冷，绝望而无助。做节目这些年，每当我看见一个人在镜头面前丑恶地描述自己的爱人，我在想 TA 无非是在把节目和嘉宾们当枪使，真正想要解决问题的爱人，带着疑问而来解决问题，而不是来搞臭对方。自己的爱人难堪，你就那么好受？看来并非真爱！

  如果曾经爱过，分手就分得体体面面；如果还要一起过，就别弄得**满城风雨、赤身裸体**！如果嫌 TA 脏，就请洁身自好、管好自己；如果还有爱，就帮 TA 清洗梳理、不离不弃！

男人选择一个女人,是选择一个伴侣,

女人选择一个男人,往往是选择自己的一生!

涂言涂语

01

出轨的男人却不同,你以为他对你一见钟情,不过是见色起意;你以为他对你日久生情,其实是权衡利弊。

02

不要以为只有女人会示弱来利用男人,其实男人也会装可怜来利用女人,利用同情这一招,虽然女人用得多,却不如男人用得精。

03

男人选择一个女人,是选择一个伴侣,女人选择一个男人,往往是选择自己的一生!

04

两性关系里,男人的征服欲多过女人,而女人的占有欲多过男人,"心硬"抵挡的是"言听计从",挑战的也是男人的征服欲。

05

男人多情而长情,女人专情而绝情。女人一旦打开心门,爱如潮水,排山倒海；女人一旦心被伤透，心如止水，绝不回头。

06

一个人有底线，却不坚持底线，其实等同于没有底线。可现实中有多少人就是模糊了自己的底线，从而彻底沦陷。

07

大多数人不懂得婚姻中关于"忍"的艺术，都说再好的婚姻，也曾有过几百次想掐死对方的冲动，数千次的争吵和几十次想要离婚的想法，而想熬过这一切都靠忍。

08

真正爱一个人，无论TA犯了什么错，即便狠狠地伤害了自己，你也只会默默地离开，而不会把对方说得一无是处，尤其是在众人的面前！

09

如果曾经爱过，分手就分得体体面面；如果还要一起过，就别弄得满城风雨、赤身裸体！

相爱就是接受对方缺点的过程。

Chapter. II

情感保鲜

如何有效度过爱情沉默期

爱她不如"算计"她!

当男人深情款款地说着,我愿意用自己的一切来爱你,愿意把生命中最好的东西献给你之类的溢美之词时,你先不要沉醉其中,可以问男人一句,你真的能照顾好我吗?

如果男人潇洒回答当然可以,你继续问他,你知道我的例假是哪一天吗?周期有多长?什么时候是安全期?这时会有百分之九十的男人答不上来,那他们还谈什么照顾呢?

华丽的语言总是经不起推敲,因为生活本身如此现实。你可以说你爱她,却不可以轻易承诺。你想要好好照顾她,却因为没有生活的累积,没有细腻的观察,根本做不到细致入微的关爱。

当你做到了全心全意爱一个人,就再也不敢说一堆豪言壮语,因为你会发现爱永无止境。无论多么细致地去照顾一个人,总有做得不够好的地方。

有男人说,这是因为女人要得太多,要浪漫、要财富、要关爱。而一个会这么说的男人,我敢保证他一定算不上称职的爱人,如果他是一个称职的男友或者丈夫，一定思考过女人真正需要什么。

除了一些欲壑难填的女人，寻常女人要的无非是：忠诚、体贴、希望。

忠诚是婚姻的底线，无论当下如何，希望以后的日子能蒸蒸日上，只要男人够努力，生活就有盼头。

至于体贴，说实话，除了少数有"公主病"的女人外，大多数女人对男人的要求并不高，如果你在她们最需要的几个特殊时间心里有她，女人就不会太过苛求。

这几个特殊的时间，无非是她最需要你的时候，每个月的例假、相识或是结婚纪念日、情人节、她的生日，诸如此类。当然，还有她遭遇挫折的时候，例如，亲人逝去、病痛折磨、同事之间发生矛盾、被领导责骂后的委屈，这些时刻她都需要你的陪伴。

也许还是有男人说要求太高了，那么，我想问，如果这样的要求还太高，那么你结婚到底是为了什么？

我们找个爱人不就是希望能在自己失望、悲伤、无助的时候，有一个坚强的后盾，有一双聆听的耳朵，有一颗善解人意的心吗？否则，我们只需要朋友、亲人就可以了，根本不用费尽心机去寻找一段姻缘，还要承担背叛的风险。

爱情是需要经营的，"爱商"高的男人要有读懂女人需求的能力，这样才能在女人低落时理解她们的无助；他还要有设身处地为女人着想的素养，这样才能在关键时刻呵护她们的情绪。这种能力与素养需要忍耐和付出，以及不断修炼的同理心。

说爱总是容易的，上下嘴唇一碰，一句"我爱你"就说出口了，但是用心去爱一个人却很难。如果从难度上分析，有一些事是很容易做到的，比如，在纪念日和节日关心对方，记得买礼物，记得浪漫。只可惜这么简单的事情，很多男人都做不到，他们总是以工作太繁忙为借口，逃避这些责任。

但父母总能记住孩子的生日，尤其在智能手机如此发达的今天，只需在手机日历上标记上这些日子就可以了。所以他们不是忙，只是不够重视罢了。

有些男人总觉得，记住女人的月经周期是一件特别无聊且伤男人面子的事情，但你要知道，女人每个月所受的痛楚，是为了你们将来的孩子。她们在来例假的时候和你一样要上班，没有特别待遇。即使不是为了女人，而是为了将来的孩子，你难道不该在这特殊的几天付出一些吗？

虽说女人的例假不是每次周期都完全一致，但只要你留心计算，或者用手机下载一个相关软件记录，抑或是用最笨的方法问一嘴，女人都会觉得你心里有她。

但大多数男人根本不屑于做这些，以至于有些男人在女人来例假的时候还要同房。当女人委屈说自己是特殊时期，男人还抱怨地翻个身，嫌弃地倒头就睡，没有丝毫安慰之情和愧疚之心。更别提有些男人这一辈子都不知道卫生巾长什么样，或者在特殊时期体贴地帮女人洗内衣。

男人应该很了解自己女人的脾气，她遇上什么样的人和事会不舒服，她在什么样的天气和环境里会伤感，只要你愿意留意、关心，这些都不是什么难事。

上面所说的记得、在意，会让双方的感情更有仪式感。不要轻视这

情感保鲜

些举动,要知道仪式感是一段感情里最好的保鲜剂,能使每一个恒常的瞬间发散出光芒。

法国人类学家范热内普在其《过渡礼仪》一书中,提出了"仪式"的概念。"每一个体的一生均由具有相似开头与结尾的一系列阶段所组成:诞生、成长、结婚、为人父母、阶层跃迁,甚至死亡。其中每一事件都伴有仪式。"所以,仪式感更像是对一个个生命节点的庆祝,祝福所有阶段性的结束与开始。在每一个特殊的日子,借助仪式传递爱和温暖。

男人喜欢女人,喜欢她们的漂亮、温柔、体贴,但在你喜欢的同时,要问问自己何德何能可以获取女人的付出?

男人通常都有怜香惜玉之情,但不过是一些虚伪的英雄主义,并不是真心关爱自己的女人,只是想体现自己是个男人。当然,也有无事献殷勤的非奸即盗,但也只是体现在没有得到女人之前。

所以,与其满嘴是蜜,不停说我爱你,不如掐指一算,想一想她此时的心情。

相爱是一场
与时间的竞赛

中元节那天,我和妻子带着小樱桃散步回家的途中,看到街头有三三两两的人正烧着纸钱,他们满脸思念,在祭祀先人。

小樱桃欢快地走着,脸上是天真无邪的笑容,跟周围严肃的气氛很不协调,但又那么理所当然。

人都是在自己的哭声中走来,在亲人的哭声中离开。生命的轮回是自然规律,但我们依然无法习以为常。你即便经历过一万次,但只要发生在自己的亲人身上,依然会情不自禁地为生而喜悦,为死而悲伤。不是我们没有成长,而是**对于生死我们永远无能为力**。

关于死亡的概念,德国哲学家马丁·海德格尔在《存在与时间》里提出了生命意义上的倒计时法——"向死而生",只要一个人还没有亡故,就是在向着死亡的方向活着。所以,我们所能做的就是活着的时候不留遗憾,在每个当下活出生命的意义。

我怀着无奈的心情回家,翻看到一位网友的留言,他说:"一个人小时候摔倒了,会先看看周围有没有人,如果有人就哭,没人则自己爬起来。

而长大后摔倒了,如果周围有人便会默默地爬起来,没人才会大哭,这就是成长。"

多么写实的一段话,多么朴素的生活写照。因为我们从小时候想要依靠别人,到长大后才发现得靠自己站起来,我们学会了独立。从小时候是哭给别人看,到长大后悄悄躲着哭,我们学会了坚强。这些都是成长。

独立,不是为了脱离人群,是因为我们懂得了承担,所以才从依赖别人,变成帮助别人。

坚强,不是要变得铁石心肠,是因为我们懂得了如何去爱,所以才从索取变成付出。

成长不是让我们的情感变得更加淡漠,恰恰是让我们的情感变得更为丰富。所以,当面对生死,虽然我们依然无法抑制住自己的情绪,但成长之后不再是纯粹的悲喜。

成长是一个过程,会分为很多阶段,儿童、少年、中年、老年……每一个阶段我们都经历着各种悲喜,就像海德格尔所言:"人充满劳绩,但还诗意地栖居在大地上。"人无法没有烦恼地活着,但成长让我们有了更强大的爱的感知力,借由成长我们体验到生命蓬勃的欲望和活力。

面对生命的到来,除了喜悦,更多的是责任。面对生命的逝去,除了悲伤,我们还要坚强地面对未来。

有人说,努力有什么用,到头来依然逃不过命运的安排,成长又如何,始终面对生死还是无奈。是的,人的这一辈子不过是由生到死,一头一尾匆匆几十年。

但与其消极等待死亡,彷徨度日,为什么不勇敢地向死而生,把每一分每一秒都过得更加精彩,把每一天都当成末日来相爱。

如果我们以生命的尺度去看待爱情,会更懂得如何珍惜一段缘分,因为能够相遇又相爱的人,本就无比难得。

人无法逆转时间,只能与时间赛跑,当我们这样尽兴地活过,就不会在生命终结时懊悔,别去辜负生活的机会与美意,去拥抱,去相爱,去成为更好的自己。

你的能量，
决定爱情的质量

喜新厌旧是人的本性。当你生活不顺，就会时不时念起旧来。所以新和旧，不是先与后的关系，而是远与近的关系。新旧不重要，重要的是你现在过得好不好。

怀念与感慨的区别在于，前者是今不如昔，后者是苦尽甘来。日子越来越好会有一路走来的如释重负，只有每况愈下才会沉醉于曾经的美好。

当个体遭遇到矛盾、冲突时，往往倾向于通过怀旧寻求安全感。也有科学家认为，怀旧是一种正面的自传式记忆，而在自传中我们都是主角，在境遇不顺时靠怀旧增强自信，提升对自我的积极评价。

怀旧通常也会带来比较，而比较是人类的天性，贫与富、美与丑、高与矮，由此把生活分成了幸福或是悲伤，外在比较已然如此，感情的比较更是使人悔不当初。

前任之所以是永久的话题，很大一部分是因为对现任的不满。男人总是说：你不如她温柔，曾经她在我生病时为我端茶倒水。你不如她贤惠，曾经她从不让我分担家务。你不如她讲卫生，曾经的家里纤尘不染。

女人倒是普遍没有男人那般直白，但心里依然从头到尾比较了个遍：当初是瞎了眼，还是被猪油蒙了心，怎么就碰上这货，混得还不如前任，甚至连隔壁老王也比不过，眼瞅着老娘人老珠黄也没过上一天舒心日子。

自私是人之常情，比较也在所难免，但比红了眼，便会黑了心。

人无完人，总拿着爱人的缺点去比老情人的优点，等同于抽自己耳光。老情人那么好，为什么要分呢？当初要分的时候，怕也说着今日同样的话。许多人分手时的心里话是，老子不相信会吊死在一棵树上。

夫妻是一场深厚的缘分，这场缘分之所以深厚，不在于你可以欣赏对方的优点，往往在于你能够包容对方的缺点。因为优点人人可以欣赏，而缺点只有爱人才可以包容。

为什么有的夫妻可以白头偕老，因为他们始终相看两不厌。心理咨询师克里斯多福·孟在谈论亲密关系时就曾说："如果我不能接受别人现在的样子，或不让他们自由地走自己的路，那么我就不是真的爱他们。"可见情感要想达到琴瑟和鸣的状态，需要我们有足够的包容之心。

前任已经远去，TA的坏，随着时间的推移，你早已忘却；TA的好，因为你如今的不快乐，显得那么值得怀念。

现任就在眼前，TA的好，因为环绕在周围，你习惯了拥有；TA的坏，因为离得太近，你觉得触目惊心。无论你现在过得好与不好，都不应该把爱人和前任比较，而应该和自己比较。

与其把前任当成一把尺子来要求自己的爱人，不如把爱人当成一面镜子来对照自己。

前任是你情感的奠基人，而风雨同舟的却是你的枕边人。

矛盾让爱情变得
更有意义

　　总有人想改变自己的爱人,希望对方能成为自己想要的样子,但你寻寻觅觅找来一个自己喜欢的人,却费尽心机想改变他,不是在自寻烦恼吗?

　　当有一天 TA 真成为你想要的那个人,首先嫌弃 TA 的就是你自己。因为当你满足了自己的创造欲,也就意味着你失去了探究欲。

　　其实,当你想要改变一个人时,背后真正的原因是你不认可现在的对方,也不得不接受 TA 当下的状态。或许是 TA 没有达到你的需求,所以你总幻想着改造 TA,或是 TA 本身存在某些缺陷,你想要通过努力,让这个人变得更好。但基于根深蒂固的人性,可以预见你越想改变一个人,越容易适得其反。

　　因此我想告诉那些幻想改变对方的人,人在漫长的一生中,性格会有小的改变,但不会有太大的改变。

　　具体有两种情况:一种是无从改变。比如,对方的人格、人品、道德观,当 TA 沉迷赌博、频繁出轨、说谎成性,你不要幻想着可以通过努力让TA变成另一个人。你最开始选择跟这样的人在一起就是失误，最需要做的是及时止损。

还有一种是不需要改变。比如，对方的脾气、气质、兴趣爱好等，这些是组成一个人的"筋骨"，它们形塑了你眼前的这个人，你越强行改造TA，只会让彼此变得更疏远。

所以，我说人的优缺点，除了那些触及底线的品质问题外，一些习惯性的问题通常不会有改变，原来是什么样，将来也什么样。

有人说，这太矛盾了，难道爱一个人就应该承受矛盾吗？

我想说，爱，就是一种矛盾，这是真实的人性。爱一个人的优点是所有人的本能，但接受一个人的缺点却是爱人的特质。

而且爱一个人就是矛盾的过程。最初，你爱TA，是欣赏TA的优点，全然看不到TA的缺点。后来，随着深入了解，你逐渐发现TA的缺点，却又忽视了TA的优点。再后来，你发现TA为了讨你欢心，努力改变自己，甚至委屈自己，你从抱怨变成心疼，但依然纠结。最后，你发现自己也有这样那样的缺点，彼此在互相包容的过程中，爱得越来越深。

真实的人性就是，当你真爱一个人，喜欢做一件事，你明明知道会遇上困难和挫折，但是你依然愿意去做，依然乐此不疲，这就是真爱。

如果我听见某些夫妻说，彼此这一辈子从没有红过脸、吵过架，那我想说他们一定在撒谎。两个独立的个体在一起磨合，几十年前从未遇见，各自生长在不同的环境，几十年后要睡在一张床上，生活在一个空间，怎么可能没有矛盾和争吵？

毕竟，每个人的性格气质、成长背景、受教育程度差异如此之大，两个人组成家庭后产生矛盾在所难免。有时个体尚且无法化解自己内在的冲突，更何况是与他人。但这种矛盾并非不可调和，需要的是双方卸下心防，有坦诚沟通的意愿。任何一段亲密关系，最害怕的不是争吵，而是厌倦。

所以，我更相信另外一种说法——忍与一忍再忍，这源于我曾采访过的一对老夫妻，他们谈到相处秘诀时，老先生说，一个字"忍"，老太太说，四个字"一忍再忍"。

也许有人会说，既然忍得如此难受，为什么还要彼此折磨？你是否听过，再好的婚姻也会有几百次的争吵，几十次想要分手的想法，和数次想要掐死对方的冲动？

在婚姻里"忍"有消极和积极之分，我们当然不赞同消极的忍受，但积极的忍耐，是对爱情的坚持，对爱人的包容，对自己的修炼。那些认为天涯何处无芳草的想法，才是不负责任、消极自私的。

"忍"是婚姻的艺术，是解决矛盾的一种方式。生活中，我们总是对爱人的某个缺点忍无可忍，最后还是像父母一样承受了下来。

比如，男人一边骂着女人败家，一边悄悄清空了她的淘宝购物车；女人一边责备男人不讲卫生，一边偷偷把他的臭袜子给洗了。我相信这些情形每天在不同的家庭中上演，而这就是真实的生活。

没有人是完美无缺的。我们忍受着爱人的缺点，也一定享受过爱人的包容，并且爱人身上也一定有让你欣赏的优点。我们在彼此包容、彼此欣赏中爱得越来越深，甚至到了最后，对方的缺点成为我们疼爱对方的一个借口。而我觉得那些一辈子都相敬如宾的夫妻，太过客气，也太不接地气。

我们厌恶矛盾，却又享受矛盾，如果没有矛盾，爱情将变得没有意义，一个完美的爱人是不可能的，否则如何体现我们的爱和价值？

好的亲密关系，总是在面对矛盾和解决矛盾，并且在这个循环中增进彼此的了解，让双方变成更完美的爱人。矛盾并非都是坏事，不必畏惧它们，就像是去闯游戏里的关卡，只有解决了关系里的"怪兽"，才能距离幸福的终点更进一步，而那个终点可能是步入婚姻的殿堂，也可能是一起白头偕老。

所以，**无数人一边骂着，一边爱着，一边责备着，一边包容着，因为这就是爱。**

多少夫妻吵了一辈子，也爱了一辈子，吵闹成为彼此的一种相处方式，当一方离去，生活从此寂静，我们失去了一个和自己针锋相对的人，失去了一个陪着自己哭、陪着自己笑的人。

我们从此怀念，那个让我欢喜让我忧的爱人。

爱情就像高速公路

这些年，我开车上过很多次高速公路，几乎每一次都是妻子坐在副驾驶的位置上陪着我。无论她多困多累，都一直陪着我说话，生怕我一个人寂寞、犯困，一路上有她真好。

其实，爱情就像是一条高速公路，一旦错了，就不能回头。

爱情的结果，最悲伤的不是分道扬镳，而是我们再也回不到从前。若想回到起点，浪费时间事小，车毁人亡事大。

既然不能回头，于是有些人选择将错就错，他们自欺欺人地想地球是圆的，总有一天会到达目的地，不过是多花些时间罢了，结果却南辕北辙。他们只会离终点越来越远，路途中充满了矛盾，彼此互相折磨，容易翻车。

还有些人，他们没到达收费站，就迫不及待地选择在服务区上了别人的车。这种不负责任的背叛行为，让爱人承担了痛苦，自己也一定不能走得更远。如果爱人在下一个服务区依然等着你，赶紧上车，真心的回归、浪子回头什么时候也不晚。

一个人想要找到自己期望的爱情,并不是一件容易的事情。心理学家罗伯特·斯坦伯格提出过一个著名的爱情三角理论,他认为爱情由三个基本成分组成:激情、亲密和承诺。若想拥有具备这三个基本要素的爱情,需要双方耗尽毕生精力去维系与呵护。

激情象征着爱情中的性欲成分,指他人强有力的吸引,让你产生强烈、着迷的想法,个人魅力是影响激情的重要因素。

亲密意味着渴望和对方建立深度关系,愿意把自己的生活以坦诚、不设防的方式与伴侣共享,双方因此碰撞出火花,有了爱意与羁绊。

承诺是爱情中最理性的成分,喻示着爱情的忠诚、决心和责任感,双方愿意共同解决接下来遇到的任何困难。

如上文所说,有人提前下车,只是短暂度过一段激情之爱,两个人或许有过强烈的吸引,但很快就分道扬镳。

有人是曾经亲密过,看起来还坐在同一辆车上,共同奔赴终点,但早已没有了感情,所以,这样的恋人总是不停争吵,根本没有幸福可言。

也有人能拥有趋近完美的爱情,经历过巅峰状态的激情,也在亲密中获得过极大的满足,更有对彼此的承诺,他们沿着这条高速公路,一路向前,风雨兼程。

在爱情的这条高速公路上,抛锚不怕,齐心协力去修;走错路也不怕,有商有量修正。退一万步,走不下去也没问题,到了收费站,承担好自己的责任,站好最后一班岗,然后互相尊重地道别。

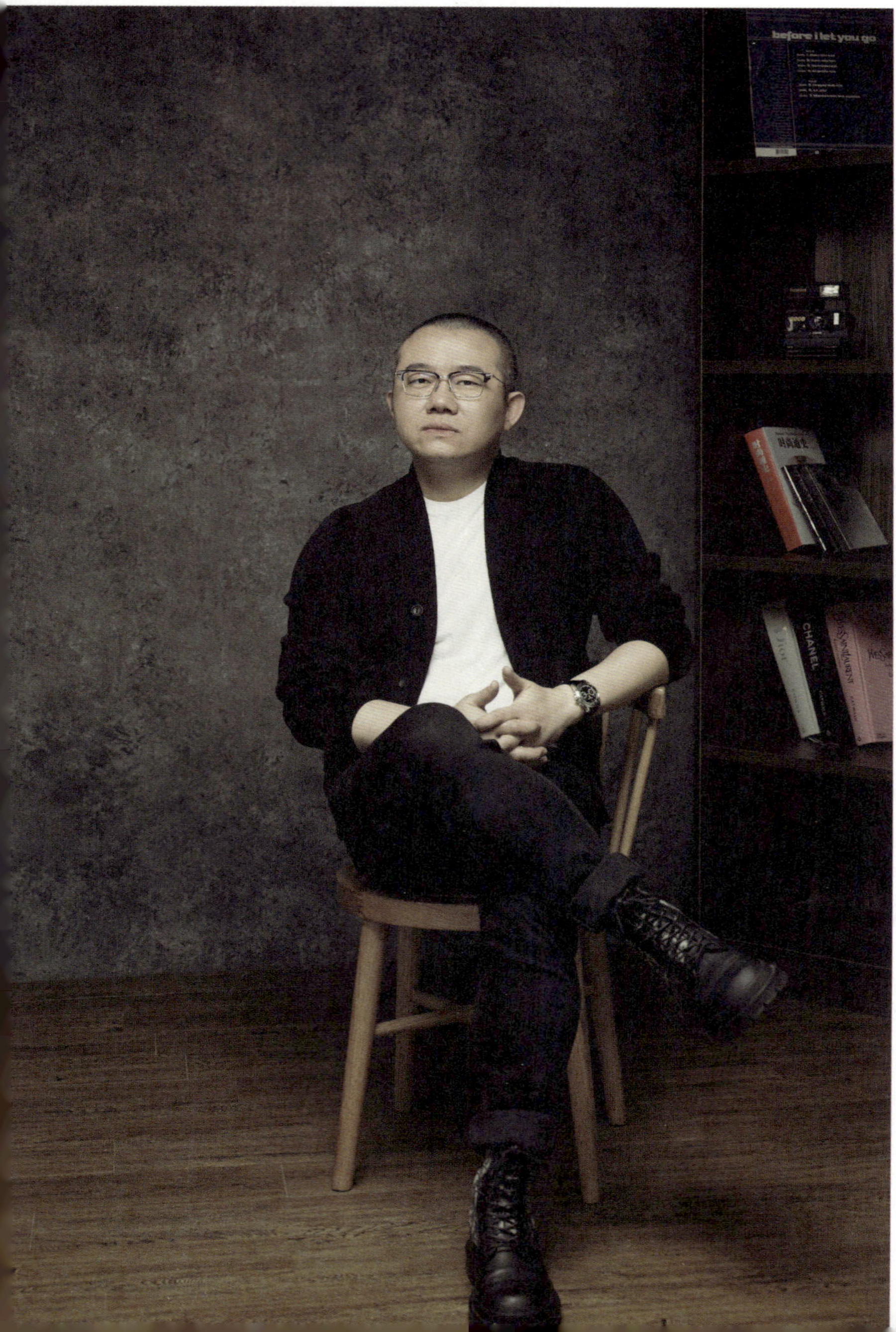
before i let you go
CHANEL

不自尊，如何尊人？

不自恋，如何恋人？

不自爱，如何爱人？

涂言涂语

01

当你做到了全心全意爱一个人,就再也不敢说一堆豪言壮语,因为你会发现爱永无止境。

02

男人喜欢女人,喜欢她们的漂亮、温柔、体贴,但在你喜欢的同时,要问问自己何德何能可以获取女人的付出?

03

与其满嘴是蜜,不停说我爱你,不如掐指一算,想一想她此时的心情。

04

对于生死我们永远无能为力。

05

独立,不是为了脱离人群,是因为我们懂得了承担,所以才从依赖别人,变成帮助别人。

坚强，不是要变得铁石心肠，是因为我们懂得了如何去爱，所以才从索取变成付出。

06

前任之所以是永久的话题，很大一部分是因为对现任的不满。

07

夫妻是一场深厚的缘分，这场缘分之所以深厚，不在于你可以欣赏对方的优点，往往在于你能够包容对方的缺点。

08

与其把前任当成一把尺子来要求自己的爱人，不如把爱人当成一面镜子来对照自己。

前任是你情感的奠基人，而风雨同舟的却是你的枕边人。

09

"忍"是婚姻的艺术，是解决矛盾的一种方式。

10

爱，就是一种矛盾，这是真实的人性。爱一个人的优点是所有人的本能，但接受一个人的缺点却是爱人的特质。

你一旦想要活成一个人生活的全部,

那你就已经失去了自己。

Chapter. 12

关系升级

彼此独立又彼此依赖

好的爱情是彼此间的
取长补短

孔子说:"唯小人与女子难养也。"听起来无疑是对女人的不尊重。但后面还有一句:"近则不逊,远则怨。"对"小人"的描述可谓入木三分,意思是:离 TA 近一点,便桀骜不驯;离他 TA 远一些,便埋怨个没完没了。

这也像极了爱情之中的一类男人,在外面是个圣君,在家却是个暴君。极其在乎自己的感受,却从不顾及爱人的感受。他永远是对的,你永远是错的。他说话你若不积极附和,他会说你不认真,你若太积极又会说你太爱表现。你天天陪伴他,他嫌你太黏人,你稍微疏忽他,又嫌你不够关心。他总是通过否定你来肯定自己,你唯一能做的就是低头顺从。

这类男人给女人的直观感受,是伴君如伴虎。如果女人就此妥协下去,悲剧便由此开始,因为他们的要求会无休无止。

我把这样的人称为爱情之中的"小男人"。他们容易患得患失,是因为内心不安全。他们容易恼羞成怒,是因为内心的脆弱。他们总是否定爱人,是因为内心的自卑。他们总是欺软怕硬,是因为内心的怯懦。

而有些女人之所以选择留下,是因为"小男人"也有他们的"可爱"

之处，他们内心的"小"，除了带给爱人负能量外，有时候会给女人造成一种错觉，他其实只是个没完全长大的孩子。女人与生俱来的母性，在爱情里会不自觉地把另一半当作孩子来宠。一些糊涂的女人母爱泛滥成灾，以为通过自己的努力，可以帮助一个"小男人"长大，使他们成为一个优质的伴侣，但现实往往不尽如人意。从最开始的退让，到后来的顺从，直至最后的默然承受。

"小男人"固然有种种不堪，但也有优点。这一类男人既自负又上进，既自卑又自强，虽然内心懦弱，却渴望勇敢。虽然患得患失，却内心细腻。显然，"小男人"真正需要的不是女人顺从和妥协，而是正确的引导和鼓励。所以，真正适合"小男人"的是"大女人"。

什么是"大女人"？

直白而不强势，聪慧却不狡猾，包容又不粗糙，阳光却不是没心没肺。这样的女人可以直白指出"小男人"的问题，却不会强势到让他们自尊受伤；可以包容"小男人"的狭隘，却不会模糊自己的底线。"大女人"的阳光能沐浴到"小男人"的内心深处而不愚蠢，"大女人"的情商能让"小男人"心悦诚服。

男人与女人其实都有自己内心的"小"与"大"，大男人也有小孩子的任性，小女人也有大丈夫的包容，而爱情是彼此之间的取长补短。

深爱的恋人，彼此依恋，彼此疼爱，这才是真正的恋爱。

平等是一切关系的基础

有人说，爱情的力量是伟大的，爱情可以让人付出一切，只要你要，只要我有。那么爱情可以拯救一个人吗？有许多人尝试用自己的爱去拯救对方，但结果都不理想，往往无功而返。

那些怀有"拯救者情结"的人，经常热心过度，时刻准备着为别人付出，他们通过帮助别人来确认自己的重要性，获得被感激、被认同、被喜欢的感觉。其实，"拯救者"在试图拯救别人的时候，其实是想拯救自己。因为这样的人不敢面对自己真实的内心世界，不敢面对潜意识里不堪回首的过往，只好通过这种方式来满足内心的需求。

那么，"被拯救者"们是怎样的心态呢？海岩有一部作品《拿什么拯救你，我的爱人》，其中的男主角龙小羽有一句经典台词："我这个人受不了别人对我好，别人对我好，我就要报答他。"这是龙小羽的处世哲学，感恩固然是人应该具备的品质，但是这句处世哲学却有那么一丝不自然。

他为什么受不了别人对自己好？因为内心深深的自卑。别人的友善和帮助，在他看来，是某种恩赐，如果不报答，不还给对方，就只能加深内心的自卑。

这种想法其实违背了别人帮助他的初衷，也违背了知恩图报的本意。使施恩与报答成为一种功利的交换，丧失了善意的美好，功利也最终将使人丧失底线。果不其然，龙小羽为了报答初恋女友不惜为对方顶罪，又为了报答现任女友杀害了初恋女友。

一个内心有着强烈自卑感的人，无论爱情还是恩情都无法拯救他，因为能拯救他的只有自己。

虽然无数案例已经证明，爱情无法拯救一个人，但依然有无数的人愿意试着去拯救自己所爱的。这其中有爱的无私，也有想要扮演"拯救者"的自私，但他们忘记了爱情本身是一种平等的关系。

电影《简·爱》便探讨了爱情中的尊严与平等。女主角简·爱在罗切斯特的面前，从不因自己的社会地位不高而自卑，反而认为两个人是平等的，家庭教师是她的职业，但依旧需要得到应有的尊重。她正直、善良，有独立的人格与追求，所以，两个人能够在精神上平等地交流，他们的爱情也是建立在相互理解与尊重之上。

当相爱的人在人格上缺失平等，互相之间成为依赖关系，爱情就成为扶贫。依赖总有一天会成为理所当然，扶贫总有一天会变成本该如此。人格一旦缺乏平等，那还谈什么互相欣赏，无非是怜悯与被怜悯罢了。

也许有人说，我们也见过很多有人因爱情浪子回头，有人因爱情找回自我的故事呀。但是当你仔细研究，你会发现那些貌似被爱人拯救的人，其实是被自己拯救，爱人的帮助和付出只是起到了激发自尊的作用。

犹如一个女人不能生孩子，丈夫表示了谅解。女人内心愧疚而自责，丈夫宽容而理解，这是爱情的作用，彼此依然是平等关系。

如果女人因此觉得自己低人一等，或者丈夫开始把自己当成救世主，那么，两人之间产生了人格的不平等，长此以往，卑微的人更卑微，高傲的人更高傲，彼此之间成了债务关系。他们忘记了不是女人主观造成了不能生孩子的事实，其实不能有小孩这件事，女人比男人更痛苦。

从人性角度来说，谁都不想被拯救，因为谁都不想欠别人的。快溺水身亡的人，会想抓住任何一根救命稻草，那只是求生时的慌不择路。

我们在生活中应该尽可能自救，不是总想着寻求帮助。一个习惯性靠别人来拯救自己的人，早已丧失了自尊和审美能力，在TA们心里，只要能获得帮助，一切东西都可以拿去交换，包括爱情。他们还给这种交换取了一个好听的名字叫"感恩"。

那些慷慨接受报答的人，也俨然把自己当成了救世主，到头来却搞不清楚自己是恩人还是爱人，两个人之间是恩情还是爱情。

那些为了报答以身相许的爱情，往往不能长久，知恩图报看似很美好，但其实是赤裸裸的交易。因为报答恩情不能以牺牲自己的自尊为代价，以身相报本身侮辱了爱情，也侮辱了感恩。

爱情不是拯救，不是同情。

爱情是两个自信、自强、自尊的人互相欣赏、互相扶持、互相疼爱的平等关系。它是人类最重要的人生体验之一，爱情中不需要"拯救者"

或者"被拯救者"，只需要顺其自然地心动和相爱，不要去强求什么，或者扮演什么，让爱始于爱，让情回归情，去享受纯粹的爱恋与美好。

如果你因为帮助了对方，由此扮演上帝，对方因为接受了帮助，由此觉得低人一等，那么你们之间的关系就成为债权人和债务人，结果只有两种可能：总有一天还清债务，你我两清；或者，反正一辈子还不清，索性欠到底，反目成仇。

给彼此安全感，并不难

爱情之中，到底是男人离不开女人，还是女人离不开男人？女人想要的是什么，男人想要的又是什么？

每当上演悲欢离合的爱情故事，似乎总是女人不舍，男人无情，但事实上，不是女人离不开男人，而是男人离不开女人。你可能见到过许多女人守寡后独自带大孩子，但可曾见过几个男人丧偶后不娶。

男人结婚要的是温暖和照顾，女人结婚想要的是一个家。所以，男人和女人对家的概念并不相同，大多数男人不能理解这一点，他们以为给女人一个房子、一些浪漫、一些安全感就足够了。

而女人想要的是一个完全属于自己的家，有值得依靠的男人，有可爱懂事的孩子，它无须多么奢华，但一定温馨舒适，是可以让心停驻、栖息的所在。她们愿意为了这样的一个家，付出自己的全部。

为什么女人那么想要一个家？

自古以来，婚姻对于男女的意义不同，男人是娶进来，女人是嫁出去。虽然时代进步了，像"嫁出去的女儿是泼出去的水"这类封建思想逐渐淡漠，可你是否看见过，每次婚礼中，女方父亲将女儿的手交到新郎手上时，总是老泪纵横，情不自已。

所以，家对于女人而言几乎就是一切。

因为对现代女性来说，家依旧是一个用温情构筑的天堂。即便整个世界大雨倾盆，回到家便有了遮风避雨的所在。在家里，女人不仅仅是个妻子或者母亲，她更是整个家庭的灵魂所在。

其实，家对于男人来说也非常重要，不管你事业多么辉煌，朋友是否遍及四海，到头来依然要回到家中，因为老婆、孩子、热炕头才是人生真正的归宿。

只不过女人在这一点上，比男人要想得透彻，男人往往只在失败落寞、遭遇挫折时，才心甘情愿回家停留。但也只是片刻停留，调整好状态后，依然要雄心勃勃地出征四方。

这么看来，我倒突然欣赏起那些愿意在家拖地做饭、过过小日子的男人，生活本就应该这样。

家是什么？是那几十平方米的房子，还是一堆昂贵的家具？不，那都是冰冷的。

家是浴缸里温热的洗澡水，家是餐桌上热腾腾的饭菜，家是催你回家的电话，家是每晚等候你的灯光。这一切，大部分都是女人做的。

虽说户口本上第一页是男人，但没有女人的家根本不是家，只是个住所。女人对家有天然的热爱，各个角落遗留着女人的痕迹，她们总是尽可能地让屋子温暖起来，厨房里忙碌的身影，对丈夫一声声的呼唤，离家时给你热烈的拥抱，哄孩子睡觉的催眠曲。这一幕幕，都让人舍不得离开，想要沉醉其中。

这是多么富有生气的家呀，作为一个旁观者都是快乐的，更何况你正身临其境。只是有些男人缺乏对这种家庭的审美，倒是对野花野草情有独钟。

女人要的多不多？当男人不理解的时候，觉得女人欲壑难填，要鲜花的浪漫，要现实的物质，要细腻的关爱，要踏实的责任。其实，女人要的很简单：一个家，一个只属于你们自己的家。而这个家大不大不重要，是否豪华也不重要，你是否每天都在也不重要，重要的是这个家要在你心里，你得心里有家。

因为心在，家就在，家在，一切都在。

爱与不爱，
都藏在肢体语言里

阅尽千百种爱情后，我发现，轰轰烈烈的爱情，下场一定凄惨；刻骨铭心的爱情，多半沦为回忆；热热闹闹的爱情，往往流于形式；浪漫非凡的爱情，总是虎头蛇尾。那些能够长久的爱情和婚姻，就像涓涓细流，偶尔泛起涟漪，但总的来说平平淡淡。

当你去观察情侣和夫妻间的一些细节，往往能感受到他们心与心的距离。有时候彼此互动得很热烈，但心的距离很远。一切都是戏，演给别人和彼此看。有时候彼此淡淡长情，相濡以沫，心的距离却很近，他们放弃了任何形式的要求，眼里只有彼此。

长情的人，多半是心智成熟且很有责任感的人。不会轻易说爱，也不会轻易离开，跟这样的人在一起，没有压力，也精神愉悦，而长情也是一个人有强大自制力的体现。

有心理学家认为，一个人的自我控制能力会消耗心理能量，而心理能量在一定时间内是有限度的。当自控力消耗到一定程度，人就会崩溃和失控。但自控力像肌肉一样，可以通过锻炼加强，也可以休息一段时间后恢复。长情的人,往往是自控的高手,这种自控在关系中是一种隐忍的爱。

而生活中的长情,并不一定体现在甜言蜜语上,也可能藏在不经意的动作里。

女人挽着男人,的确显得彼此更亲密,但身体距离更近,就能代表他们一定相爱吗?

在一些公开的场合,你可能会看到女人挽着男人,但他们之间未必是情侣关系。有时候是必要的仪式感,有时候是彼此尊重,有时候是女人刻意为之,但男人不好意思拒绝。总之,有时候女人挽着男人,不一定是两人的心甘情愿和发自肺腑,更像是要给外界留下什么深刻的印象。

所以你会看见,当一个女人想要宣誓自己的主权时,最标志性的动作就是在众目睽睽之下,一把挽住男人的手臂,男人可能毫无准备,但因要保持绅士风度不好一把甩开。众人虽看出其中细微的不和谐,但我们的文化传统是绝不坏人好事、做煞风景的人,于是,掌声响起,祝福不断,没人去管其中有什么样的故事。

有爱的女人挽着男人的手臂,会觉得正挽着自己的爱情。无爱的女人,则觉得自己正挽着长期饭票。在后者的心目中,男人的手臂不一定是有生命的东西,反而更像某种依靠和欲望,她们需要用这样一种动作,来拴住自己的安全感。其实,这么做和抱大腿没什么区别。

相比女人挽手臂而言,男人主动牵手不太有仪式感。影视作品中经常有这样的经典桥段,一对男女在人群中悄悄牵着手,而周围的人茫然不觉。男人和女人心领神会地笑了，笑得很神秘、很温暖，甚至有些骄傲，仿佛有一种我们悄悄相爱了，而你们都不知道的惬意。这和一个女人在人群中公然挽起一个男人的手比起来，是那么自然而不做作。

为什么相爱一定要昭告天下？好像急于证明什么似的，反而更让人怀疑。

执子之手是人生一大快事，牵起爱人的手是爱情的本能。值得思考的是，男女之间的表白，往往男人更主动，女人却口是心非。肢体动作又往往比语言来得更真切，于是，你会看见，男人总是情不自禁地牵起女人的手，一路奔跑，女人则一脸娇羞地一路尾随。

不难看出，身体语言藏着爱的秘语。

美国心理学家阿尔伯特·麦拉宾提出过一个著名的"7%-38%-55%定律"：当人们进行面对面沟通的时候，所传递的信息用词占7%，声调占38%，还有肢体语言占55%。所以，有时候看一个人做了什么，要比听他说了什么更可信。

如果一个男人在热恋过后，爱情趋于平淡时，在日常生活中还愿意不经意地牵着一个女人，这时候的牵手，已经不是情不自禁的快感，而是习惯性的牵引和扶持。男人不会一直让女人挽着，而会顺势牵着她的手，因为被挽着是一种被依赖，主动牵着却是面对一切的共同进退。

相爱的彼此，不需要拘泥于爱情的形式，但肢体动作总能在不经意中表达出很多东西。当一个女人挽着一个男人，其实内心渴望男人牵引着她，十指相扣，掌心相贴。

而一个男人如果愿意牵着一个女人的手，牵一辈子，无论女人的手是十指葱葱，还是饱经风霜，那么他已经不是在抓着一份爱情，而是左手握右手，把女人当成自己身体的一部分。

你有没有一种
莫名的心疼？

有时候你会发现，爱，其实是一件无意义的事情。

因为爱一个人，你总是说一些废话，做出一些无谓的举动。明明阳光灿烂，你却害怕她冷；明明她已经吃了，却依然怕她没有吃饱；明明她满脸堆笑，你却怕她是强颜欢笑；明明她好好的，你却总是担心她会突然死掉。

这一切都是多余的担心，但你总是止不住去想，以至于半夜醒来会静静地撑着头，看着一旁熟睡的她，听着她均匀的呼吸声，一遍遍从头到脚仔细观察，就像是看着自己的孩子。或者你只是离开她一会儿，就止不住想她在干什么、在想什么，于是忍不住去看微信里有没有她的未读信息，确认手机的电有没有充满，生怕因此错漏掉她的消息。

是的，爱就是这样，当你吃饱的时候，总是担心她饿不饿；当你轻松的时候，总是担心她累不累；当你温暖的时候，总是担心她冷不冷；当你快乐的时候，总是担心她寂不寂寞。你是那么牵挂她，就好像如果没有你，她就无法活下去。

虽然很折磨人，但你乐此不疲，因为对你而言，这是幸福的小烦恼，这种感觉，只可意会，不可言传，旁人难以理解。

爱情是复杂的，也是纯粹的，偶尔也是令人烦恼的，但千万种柔情都在爱里，它让人欢喜让人忧。无论如何，我们都需要爱的暖意来滋养自己和爱人。

所以，当你这样为她牵肠挂肚时，你的脸上总会不自觉地露出各种表情，一会儿是浅浅的笑，那是你突然想到她可爱的样子；一会儿是紧锁眉头，那是你在为她担心惆怅；一会儿是慌张急切，那是她有一会儿没联系你了；一会儿是阵阵坏笑，因为你正在准备给她惊喜。

人啊，就是这样，当你内心深深眷恋着一份情感，无比担心着一个人的时候，你就像一个悲喜无常的精神病人。

再自私的人，一旦因爱情而燃烧，也会变得无私起来，唯恐自己在对方心中没有价值，生怕不能为对方做点什么。你恨不得把所有的快乐都和对方分享，想诉说一切痛苦又害怕牵连了她的心情。

出去旅游，你总是心不在焉，因为没有她在身旁，再好的风景你也无心欣赏，于是下定决心要带她重游一次。出去吃饭，再好的美味你也下不了筷子，因为她无法一起分享，你只想带回去跟她一起品尝。获得荣誉，即便周围掌声雷动，也不如她说一句："亲爱的，你最棒！"你只想把奖杯带回去献给她，因为你只在乎她的鼓励。遭遇打击，无论暴风雨多么猛烈也无法摧毁你的内心，因为只要她在身边，放弃全世界也没关系。

看起来像是所有的一切都围着她转，好像你自己的感受不再重要，可你甘之如饴，因为你学会了无私，学会了体贴，学会了什么是真正的爱。这也让你得到了完全不同于以往的体验，好像因为她的出现，自我生命的疆域都被拓宽了。你不再是孤零零的一个人，像是一个灵魂找到了另一个与之共舞的灵魂，彼此相认后产生了共振。

当你深爱一个人，你会时常有种种莫名的心疼，因为你恨不得把最好的东西都给她，生怕委屈她，但因为不能时常相伴左右，无可奈何下，总是止不住地牵挂。重要的是，这种莫名的心疼，不是只出现在热恋时期，不会随着时间流逝而趋于平淡。相反，时间越长，爱得越深，这种莫名的心疼越发强烈。

心疼一个人，才会担心对方受到伤害，才会想要帮她抵挡这世间的风雪，才会把她的所有悲喜都放在心上。爱有很多种表达，而爱到极致就是心疼，不计较自己付出了多少，也不在意对方是否有所回报。

因为爱情产生的心疼，是一种你对她的怜爱，但亲情加爱情所产生的心疼，是把她当作了你自己身体的一部分来疼爱，爱她就像在爱你自己。

慢一些，
含蓄些！

之前我做过一期节目，当事人是一对结婚三十年的夫妻，他们自相识那天起，由于地理上的距离，只能一直靠信件保持往来，每封信从寄出到收到回信需要半个月的时间，就是这样的见字如面，使他们共同走过了四个年头，直到彼此在一起，一共八十多封信。

在三十周年结婚纪念日，丈夫给妻子写了第八十五封信，以此来怀念那些浪漫的岁月。每一封信的字里行间，充满了尊重、思念、含蓄、关爱。看到那些信，我十分感慨，只想对如今正处于爱情之中的年轻人说，慢一些，再慢一些，含蓄些，再深沉一些。

人与动物最大的区别就在于，人是有情感的。

人的情感以本能和欲望为基础，同时受理智的影响。根据心理学家弗洛伊德的研究：人的心理就像海洋里的冰山，悬浮于海面的部分，是理性的、理智的意识，而海洋之下感性的、复杂的、本能的无意识，是更为巨大的存在。在爱面前，感性常常会战胜理性，而情感就是我们摆脱动物性的羁绊，走向伟大人性的心灵能量。因此，情感是人最高贵的品质，是最值得珍惜而骄傲的珍宝。可是很多人忘却了这一点，以至于常常践踏自己的情感。

我做了十几年的情感节目，见证了无数爱情、无数争吵。其中有愤怒，有不舍，有轻蔑，有嘲弄，但我很少看到内敛而深沉的情感。

如今的爱情太快，太直接，太轻，太廉价。认识不过几个小时，可以轻易地说出"我爱你"，交往不过短短数月甚至更短，便可以马上同居在一起。正是爱情获得得如此容易，彼此间的付出如此之少，当然也就不会在乎和珍惜。当磨合时出现了问题，不是反省自己，而是在对方身上找借口，只会自私地索取，而不是包容和付出。

既然在一起是件容易的事，那么说分手也轻而易举。如此循环往复，好了伤疤忘了痛，其实，这样的爱情里，两个人并没有真正地爱过。

一对恋人可能在荷尔蒙作用下彼此吸引，产生想要相互了解和亲近的冲动，但那更多是一种特定情景的情绪触动。或许是当时的氛围太暧昧，或许是那一刻的灯光太浪漫，或许是刚好想要一个拥抱或一个吻，你可以把它定义为爱情，可这爱恋太过短暂，轻易就速朽。

回想从前，交通不够便利，通信不够发达，但恰恰因此，每一次的相聚才显得那么珍贵，每一封信、每一句话、每一个字都饱含情感。彼此虽然离得远，但心靠得那么近。

如今交通如此便捷，微信如此直接，但两个人各看各的手机，相顾无言。人靠得近了，心却离得那么远。科技的进步，使生活越来越便利，却使爱情越来越苍白。

我们的文化本就含蓄而深沉，情感的发展本也需要小火慢炖。可如今的爱情，跨越了太多的环节，缺失了太多的了解，牵手是那么自然，亲吻是那么熟练，搂搂抱抱，哄哄骗骗。

轻易得到的不会珍惜，费尽心思的才会加倍铭记，没有付出太多心理成本的追求，在放弃时总是更加容易。经济学中有个"边际效益递减率"的概念，在心理学上也同样适用：我们在向往某个事物或追求某个人时，投入得越多，第一次接触时情感体验就越强烈，但是，第二次感受会减淡，第三次会更淡一点，最终完全淡漠。

说穿了，你把自己轻易地交给对方，是对自己的不尊重，也是对情感的不在乎。人如果不把自己当回事儿，缺失了情感的高贵，和动物就没什么区别，彼此的结合除了冲动和发泄之外，只是为了繁衍后代。

当你说出"我爱你"，请先搞清楚，你是否了解他？

当你想牵她的手，请你先问自己，你的手洗干净没有，心里是否还有别人？

当你想要吻她，请记住一吻虽然定不了终身，但至少此时你是虔诚而不是轻浮的。

当你想要离开她，请保持你最初和她在一起时的尊重和祝福。

爱情原本的样子，
平淡而简单

　　有位老人找不到家了，他连自己的名字也忘记了。民警在他身上找到两样东西，一封 40 年前他写给爱人的信，和一张 17 年前爱人离世时火化的证明。信的落款是 1977 年 4 月 30 日，信的开头是"亲爱的馨"，落款是"生"。

　　民警根据一纸证明和信的内容推算，写这封信的时候，老人的妻子"馨"应该是 43 岁。信中所写都是些家长里短，对爱人身体的关心，工作和生活的琐事。信中有两处最感人的地方，一处是对爱人的称呼是"您"，一处是信的结尾写着："一切尚好，不要挂念，好好保重身体。"

　　经了解，老人名叫张连生，今年 87 岁，妻子名叫孙懿馨，2000 年离世，享年 66 岁。

　　张老先生随身携带着这两样东西，一封 40 年前的信，一张 17 年前的火化证明。尽管年事已高，忘却了很多往事，甚至是回家的路，却始终没忘了自己的爱人。

　　没有步入婚姻的人，可能很难明白婚姻的意义到底是什么。本没有血缘关系的两个人，从决定结婚的那刻开始就胜似亲人。他们组建家庭，养育子女，又照顾彼此的父母，再相携离去。每一段能走到人生后半程的婚姻，早已经把生命托付给了对方，患难与共不是空话，相濡以沫最是真情。

我能理解老人随身带着书信，因为见字如面，看着信就能想起自己的爱人，但他为什么要带着那张火化证明？

妻子说，因为那是他爱人火化前最后停留的地方。是的，17年前，张老先生看着爱人的遗体即将推进火化炉时，那是他看见爱人的最后一面，所有的爱都定格在了那一刻。从此，一封信，一张火化证明，成了爱人的全部。因此找不到回家的路不要紧，只要这两样东西在，老伴就在，家就在。

我想，大多数人看到这样的故事，都会被深深地感动。因为这样的爱情，如今已经不多见了。男人不再长情却多情，女人不再痴情更绝情。我们表达爱情的词汇越来越丰富，方式也越来越浪漫，但华丽的背后是苍白。

"陪伴是最长情的告白""你若不离不弃，我必生死相依"等，这样的语句无数次感动我们，但感动过后，往往一切照旧。如同此时正在听故事的你们，也一定感动得潸然泪下，可是泪水过后，又会有多少实质性的改变？

我讲这个故事，不只是要感动你们，那不是这个故事真正的意义。

我想说的是，生活是由普普通通的每一天组成，吃喝拉撒，上班下班，枯燥的循环往复是生活的真实样貌，激情与浪漫只是偶尔的点缀。

我们因为一张火化证明,被老人的深情思念所打动,但要知道在他爱人逝去的这17年,老先生每天都是这样度过。我们因为一封书信,感动于老人们往日的恩爱如初,但几十年如一日的相敬如宾,我们又能否做到?

动人的爱情故事往往如此,一日的相爱是平凡,日复一日的相守是经典。

很多人想知道白头偕老的人都是如何度过携手相伴的时间,有对结婚六十周年的老夫妇被问及"幸福秘诀",老人谦和一笑,说:"其实很简单,就是这两口子,在好的时候要记着存下点感动,然后留着不好的时候拿出来感恩,仅此而已!"

老人的话听起来朴素寻常,但真正践行起来却很不容易。可人生本来就是只要过好了普通的每一天,就过好了漫长的一辈子。

一个人当观众的时候,很容易被感动,总是热泪盈眶,但要去付出行动感动对方的时候却很难。但事实上,故事里的主人公并不觉得自己所做的有什么值得歌颂,因为他做的一切,既不是为了感动对方,也不是为了感动自己。

那就是爱情本来的样子,一切的一切,不为别的,只是因为爱情。

你不幸福，
是因为活得太复杂

有次，我带小樱桃散步，路过经常光顾的酸奶店，只见大门紧闭，门上贴着一张纸条，上面写着"因妻子突发重病，关门歇业，周二至周五下午五点到七点，对办卡客户退款，给大家带来不便，对此深表歉意"。

人生漫长，可生命无常。每当生活中遇上这样的突发情况，无论是发生在你的亲人、朋友、老同学，甚至是陌生人身上，都会让人忍不住发出由衷的感叹——人活着的意义到底是什么？好端端的怎么就病魔缠身了呢？

我看着紧闭的大门，眼前浮现出往日里这对小夫妻忙碌的一幕一幕画面。小两口是外地人，刚创业没多久，小店干净整洁，不足十平方米，但被他们打理得井井有条。女孩负责销售和收银，总是满脸笑意，男生负责技术生产，沉默寡言。两人配合默契，虽然年轻，却像一对老夫妻，一唱一和。

记得有一次，我无意中听到他们的对话，大概就是小女生要点盒饭，想吃却嫌贵，于是问男孩吃什么，平日里难得开口的男孩急切地说："想吃就点,别老想着省钱,我随便吃什么都行。"

一段平常得不能再平常的对话,解答了很多人的困惑——活着的意义到底是什么,人活一辈子为的是有一个疼你的人,也有人对你说一些暖心的话。

再看男孩在纸条上写的那些话,"因妻子突发重病,给办卡客户退款,深表歉意"。人活一辈子,为的是不求顶天立地,但求无愧于心。

那回到现实生活中,我们周围总有几个对自己真情实意的人,你是否珍惜过?或者你在有意或无意间伤害过几个人,你是否心存愧疚?当你不懂珍惜,没有愧疚,活着当然毫无意义。

我跟妻子说,退款就算了,小两口挺不容易,只希望女孩能早日康复,他们能幸福生活,酸奶店能早日重新开业。

活着,的确不容易,但这不容易的背后,很大一部分原因是活得复杂。之所以复杂,是因为人不可避免地活在各种关系中。

心理学家阿德勒说过:"人的一切烦恼都源于人际关系。"我们不可能切断与所有人的关系,但我们可以想办法让人际关系变得简单,最有效的办法就是先让自己变得简单。把人生中的很多事简化一下,变成吃得好一点,睡得足一点,爱得多一点,才会活出当下的快乐。当我们成为一个简单的人,欲望和需求自然减少,那对爱情与幸福的要求也会变得简单。

简单未必是最好的,但最好的一定是最简单的,那就是:真情实意,无愧于心。

好的爱人，
可以通过对方看到整个世界

　　自从我在节目中提过小丸子，很多人便对她产生了诸多想象。其实，一个男人找一个什么样的妻子，确实在很大程度上决定了他的人生质量。

　　找一个巧舌如簧的妻子，你会成为一个辩论家；找一个刁蛮任性的妻子，你会成为一个教育家；找一个古灵精怪的妻子，你会成为一个思想家；找一个奢侈浪费的妻子，你会成为一个经济学家。

　　如果此时你，还在想找一个外表甜美、身材性感、家世显赫，又或是能力非凡的女人，那你就错了，你找来找去找的是条件，而不是在精神上能给你养分的伴侣。

　　真正优质的伴侣，不苛求完美，而是追求和谐。所谓夫妻，休戚与共，命运相连，一段婚姻关系里，没有绝对的公平，大家要追求的是一种动态平衡，彼此支持和互补。

　　大家都知道养孩子是一个非常现实的问题。小樱桃出生的时候，我找了一个最好的月子中心，天天在那里陪着。小樱桃一岁零四个月前，都是她外婆和我老婆一起带，之后是小丸子一个人带，忙到不可开交。

但她并没有因此疏忽对我的照顾，每次我去出差，她都会帮忙整理行李，并准备一张纸条放在行李箱里，上面写好每日穿搭，提醒我每天要吃的水果，还会嘱咐我记得睡前敷面膜、滴眼药水等，一举一动都细致入微。

作为一个男人、一个丈夫、一个父亲，我该怎么做呢？

家人最需要的是陪伴，而我所能做的也是尽可能如此。哪怕我有好几档节目，有很多工作上的应酬，但我都是能推则推，下班以后立刻回家，不在外面多吃一顿饭。回家之后，有时我会亲自下厨，有时是给孩子喂奶，虽然做得不好，但都亲力亲为。

而且，只要我在家小丸子就能睡得特别香，有时孩子躺在床边上，头都快仰到床下去了，她也察觉不到，因为没关系，旁边有我护着她。但我不在家的时候，小丸子经常睡不着。她对我有依赖性，知道有我在，就特别放心；我不在，就不自觉地担心。

如果一个女人靠不住你，没办法依赖你，或者她想要依赖你的时候，你总是逃避，那她也会沮丧。其实，你多帮衬妻子一点，妻子也会加倍地对你好。

女人不是真的要你在家为孩子做点什么，比如，她在厨房里择菜的时候，我跟她聊聊天；她给孩子换尿布的时候，我搭把手。我真正能做的事很有限，可只要我这个人在那里，她就觉得安心。而一个女人的安心，就是一个家庭的安心。

什么是好女人？

好女人应该是男人春风得意时的一条鞭子，穷困潦倒时的一根柱子，意乱情迷时的一颗钉子，饥肠辘辘时的一把勺子。说白了，好的女人就是懂你、疼你、支持你，并且能警醒你的女人。当然，这一切的前提是爱你。

因此，好的爱人，是通过她，你可以看到整个世界。糟糕的爱人，是因为她，你放弃了整个世界。

爱与被爱的选择本身并不痛苦，

真正的痛苦在于后悔了自己的选择！

涂言涂语

01

什么是"大女人"?

直白而不强势,聪慧却不狡猾,包容又不粗糙,阳光却不是没心没肺。

02

男人与女人其实都有自己内心的"小"与"大",大男人也有小孩子的任性,小女人也有大丈夫的包容,而爱情是彼此之间的取长补短。

03

一个内心有着强烈自卑感的人,无论爱情还是恩情都无法拯救他,因为能拯救他的只有自己。

04

当相爱的人在人格上缺失平等,互相之间成为依赖关系,爱情就成为扶贫。依赖总有一天会成为理所当然,扶贫总有一天会变成本该如此。

05

爱情不是拯救，不是同情。

爱情是两个自信、自强、自尊的人互相欣赏、互相扶持、互相疼爱的平等关系。

06

男人结婚要的是温暖和照顾，女人结婚想要的是一个家。

07

家是浴缸里温热的洗澡水，家是餐桌上热腾腾的饭菜，家是催你回家的电话，家是每晚等候你的灯光。这一切，大部分都是女人做的。

08

轰轰烈烈的爱情，下场一定凄惨；刻骨铭心的爱情，多半沦为回忆；热热闹闹的爱情，往往流于形式；浪漫非凡的爱情，总是虎头蛇尾。那些能够长久的爱情和婚姻，就像涓涓细流，偶尔泛起涟漪，但总的来说平平淡淡。

09

爱情产生的心疼，是一种你对她的怜爱，但亲情加爱情所产生的心疼，是把她当作了你自己身体的一部分来疼爱，爱她就像在爱你自己。

聪明的男人,对女人痴心,

让她放心,最后她对你专心;

愚蠢的男人,辜负女人的真心,

让她伤心,最后逼她变心。

Chapter. 13

男人忠告

你的温度，决定女人的态度

真正爱你的女人，
才愿为你遮风挡雨

都说女人如水，但当一个女人深爱一个男人时，表现的不是她的柔，而恰恰是她的刚。当一个女人只想依靠一个男人时，表现的绝不是她的刚，恰恰是她的柔。

女人表面上看似柔软，但在爱情面前，往往比男人勇敢得多。那么一个女人楚楚可怜、梨花带雨的时候，才最惹人疼爱吗？

不，坚强独立、咬牙强忍的女人，更让人怜爱。电影《女人，四十》中的阿娥，就是一个这样的女人。人到中年，万事琐碎，身边有患上阿尔茨海默症的公公，以及还没有完全长大成人的儿子，她要在事业与家庭的夹缝中寻得平衡。

生活很苦，但她懂得苦中作乐。他们都是普普通通的人，如此艰难的路程，她没有退却，而是选择跟丈夫共担风雨。她和丈夫一起撑伞走过那条泥泞的路时，阿娥问："明明有好路，为什么不走那边？"丈夫却难得浪漫地说："咱们要是走那边，你还会让我搀扶着吗？"

电影中展现的都是人生细碎的无奈和心酸，可阿娥在生活中精打细算，在工作中独当一面，在感情中柔软细腻，稳稳地托住了一个家。那句粤剧唱词"休涕泪，莫愁烦，人生如朝露，何处无离散"，既是对人生的照映，也隐喻了女人的坚强。坚强的女人在无人递粥送伞的日子里，心里就算有伤也不会轻易示人，含辛茹苦地用臂膀撑起了整个家。

当一个女人用无辜的眼神向你求助，用撒娇的方式向你索取，的确，能激起你强烈的保护欲，因为你是男人，有基于血性的本能，但那不过是迎合女人需求的同时，彰显自己的男人本色。这种保护欲是自上而下的俯视。

实际上，保护欲是一个中性词。男人有保护女人的欲望，家长有保护孩子的欲望，这是与生俱来的，就好像人有保护弱势群体的天性。

一个女人在爱你的时候，她并非只想得到你的保护，也会想要保护你。因为一个人足够疼惜另一个人，就不会只停留在简单的关心层面，而是想要与之一起共担风雨。

当男人看到一个女人独自面对苦难，勇于承担一切而强忍泪水时，他们的疼爱会在瞬间迸发，汹涌而澎湃。这种怜爱是自下而上的钦佩。

男人们，应当记住，当一个女人也愿意为你挡风遮雨的时候，一定要珍惜她，因为在那一刻，她早已忘记了自己作为一个女人的柔弱。

男人蜕变的背后，
是女人默默的付出

"我能想到最浪漫的事，就是和你一起慢慢变老。"歌词写得很美好，人也的确会变老，但未必是一起变老。

有人能经得起岁月的考验，也有人会在这个过程中先行离开，更别说还有人半路上就抛弃了自己的爱人，或是彼此分道扬镳。

要我说，如果能和爱人共同走过一生，共同面对死亡，这才是最浪漫的事。只可惜夫妻一场，很多事情能有商有量，唯独生死不能。

中国的大部分家庭，女人总是比男人更苍老一些。由此可见，男人婚前说的"我负责挣钱养家，你负责貌美如花"的誓言，其实是个谎言。

我做了十几年的情感节目，客观来说，女人对家庭的付出远胜过男人，情感问题中的过错，男人也要负大部分的责任。毫不客气地说，男人被宠坏了。

十个男人中有九个认为，女人做家务是理所当然的，剩下那一个也只是没把心里话说出来罢了。因为他的父母就是这么相处的。

事实上，女人承担过多的家务是她们不得已的选择。波伏娃的《第二性》中有这样一句话："妇女面对的主要问题之一是她的生育作用和生产劳动的作用如何协调。历史之初，让妇女做家务劳动，禁止她参与建设世界的深刻原因，就是让她屈从于生育职能。"女人不仅要生理上承受生育之痛，还要应对养家糊口的焦虑，最后还得扛住家务的重压。

如果一个家庭分工明确，男主外，女主内，也算公平。但现实是，如果女人不工作，男人内心不平衡，大部分男人没有独自养家的能力。所以，结果就是，男人负责养一部分家，而女人既要养家，又要持家。

即便是这样，只要男人懂自己的付出，女人认为也是值得的，但偏偏有些男人不干家务，还要挑三拣四，连请保姆的钱也拿不出来。可如果女人挣得多，还要考虑男人的自尊心。

明明自己不干家务，就应该尊重女人的付出，囊中羞涩就应该勤俭节约，偏偏有些男人还要保持自己的娱乐项目，说是不能因为婚姻而缺失了自由。所以，你会发现，有些男人婚前婚后一个样。于是，女人在一步步的妥协中，变得苍老和烦躁，自然缺失了男人眼中的魅力。

因为大多数女人从小就受到"要成为一个贤妻良母""要为男人和家庭付出"的社会传统观念影响，好像承担得越多，这个女人就越伟大。所以，很多女人在结婚后，付出时间和汗水让丈夫不必忧心家庭琐事，而自己却因为过度付出，变得越发焦虑憔悴。

相比之下，小姑娘们的李哥长、王哥短，让大叔们骨头酥了起来，男人若是信以为真，那就错了。难听的话总是爱你的人才会说，这叫忠言逆耳。好听的话只有妖精才会讲，这叫口蜜腹剑。

那些与你过着日子、耍着性子、带着孩子、过一辈子的女人，才是

你最值得珍惜的人。而那些惦记着你的票子、坐着你的车子、想着你的房子、只想跟你混一阵子的女人，才是你最应该防备的人。

一个人容颜的衰老，与之对家庭的付出几乎成正比。所以，我们总是看到洗衣做饭的女人，勤俭持家的女人，操劳一生的女人，她们构成了辛劳女性的群像。

另外，身为男人的你，若是有一天发现爱人苍老了许多，请先反省自己，恰恰是因为你做得少了，所以她才老了。如果有人夸你年轻，请告诉她，那是因为媳妇宠得好。

永远给爱人，
留一个专属位置

记得，若干年前，有一位女同事要搭我的车，她刚要去拉副驾驶的车门，我说："对不起，请你坐后排。"女同事不解，问我为什么？我说："那个位置是我太太的专属位置，其他女性坐在那里，离我太近，不习惯。"

男人都喜欢车，但副驾驶上坐着的未必是自己最爱的人。也许是喜欢的人，也许是喜欢自己的人，也许是初次见面的陌生人，但事实上，**副驾驶是爱人的专属位置**，其他人只能坐在后排。

千万别说我矫情，车是男人的另一个家，而副驾驶一定是女主人，否则我会不舒服。

骑过自行车的人都知道，自行车只有一个后座，那一定是留给自己最爱的人，她搂着自己的腰，彼此幸福地骑行在幸福的道路上。当然，自行车还有一个前杠，那是留给女儿的。

男人把副驾驶座作为爱人的专属位置，看起来是一种宠溺，实际上喻示着给足对方安全感。心理学家马斯洛将安全感定义为"一种从恐惧和焦虑中脱离出来的信心、安全和自由的感觉"。研究表明，一个幸福的人，其内在安全感的获得源于原生家庭，因为和睦的家庭关系，父母能给子女提供一种安心的感觉。而婚姻关系中的安全感，需要两个人相互给予。现实生活中，每对夫妻的相处模式千差万别，把副驾驶座留给爱人，就像给了对方专属的特权，这是对亲密关系很有智慧的维系。

车是交通工具，也是私密空间，它可以承载男女之间的那些事儿。在电影《无人驾驶》里，主驾驶座上的人与副驾驶座上的人，一对接一对地上演自己的感情故事，可能是浪漫的邂逅，也可能是一段无疾而终的孽缘。

副驾驶座是一个特别的位置，其实能展现两个人的心理距离，亲近的人坐在这个位置，你会感觉安心，也会觉得愉悦。不亲近的人坐在那里，你会莫名抗拒，总天然地想要躲避。

记住：无论是什么车，只要爱人在你的副驾驶和后座，那说明她在你心里是最重要的位置。无论道路多么崎岖，幸福都会伴你左右。

三十岁的男人应该
有多少存款？

有人讨论过一个问题，问三十岁的男人应该有多少存款？大部分女人的答案是不低于几十万。于是，男人们开始愤怒了。

我想起自己年少时真有过一个这样的梦想，在三十岁时挣到一千万，当然，最后这个梦想没有实现。事实上，我三十岁的时候因为创业失败，曾经几十万的存款消失得一干二净，身上只有几万块存款。

如此看来，在大部分女人的心目中，当年的我也是一个失败者。我唯有庆幸，遇到了一个好女人，她在我一无所有的时候，给予了我无限的支持、无尽的关怀，才有现在的我。所以，我特别想跟所有正在奋斗中、正在爱情中的年轻人，推心置腹地说一说这件事。

2004年，我创业失败，回家心有不甘，继续闯荡又没有勇气，一时之间不知该何去何从。和《猎场》中的男主角郑秋冬一样，我选择用地图来决定自己的去向，不过，他用的是飞镖，三次投掷后去了杭州，我用的是骰子，一次性扔到了湖南。但我如今却生活在杭州，还因为一个电话误打误撞进了媒体行业。

当年，我找到了一份收入不错的工作，在一家企业做总经理助理，但总是觉得缺点什么。一天晚上，我在租住的房子里听着晚间电台节目。一位男士向主持人求助自己的情感问题，主持人口才不错，但没有观点，说话滴水不漏，却不能给求助者明确的建议。这刺激了我，因为我坚信如果自己是主持人一定会给求助者明确的意见参考，而做到这点需要勇气和责任。

于是，我报考了电台，幸运的是我成为少数的成功者之一，悲催的是收入少得可怜。我们实习期只有四百元工资，连维持基本的生活开支都不够，但我还是坚持了下来，也许是因为我独特的个性和风格，谁知做节目没几天，听众好评如潮。虽然节目中我是光鲜靓丽的，但是生活依然拮据困顿。

南方的冬天很寒冷，每天激情满满下节目的时候，已经凌晨一点。我戴着一副简陋的耳机，蹬着一辆朋友淘汰的破自行车，从城东骑到城西的郊区，因为郊区的房租更便宜。耳机里传来激烈的交响乐，身旁同行的是一些骑着电动三轮的菜农。

那时，家里还经常停电，我吃完一碗没有任何作料的挂面，躺在冰冷的被窝里畅想自己的明天。就这样，我在媒体工作的第三个月，2月14日情人节，我遇到了我的妻子。对我来说，那是多么重要的一天，从此这个女人陪我吃苦，陪我快乐，支持我，鼓励我，陪我一路走到现在。

我们租过很多处房子，其中一处异常简陋，水泥地面，里面根本没有像样的家具。最穷的时候，我连四块五一包的软装白沙都抽不起，她却用一种不伤害我自尊的方式，总是在我口袋里放上几十元。当时，还是学生的她，用自己的生活费给我过生日。有时候我们身无分文，靠吃方便面硬是撑了一星期……一切都历历在目。

此时此刻，我敲击着这些文字，而她带着孩子正在身边熟睡，目睹此情此景，回想当初的点点滴滴，我再一次热泪盈眶。

这些年，我从湖南到浙江，从浙江又去北京，几乎每次都是刚装修好房子，又要踏上征程。都说女人需要的是一个温暖而安定的家，但她却每一次都坚定地支持我说："老公，你有才华，需要更大的舞台，你不用担心我，你在哪里，哪里就是我的家。"

说实话，当初比我们经济条件好的朋友，离的离，散的散，还有一些勉强凑合在一起过日子，但像我们这般幸福甜蜜的夫妻真不多。

由此可见，**存款多少和幸福并没有多少关联**。如今的我，收入比三十岁的时候好了许多，但回想三十岁的自己，虽然没有多少存款，却拥有清晰的人生方向、吃苦耐劳的决心，更幸运的是，我有一个真心伴随自己的女人。跟存款里的数字相比，这些才是我最宝贵的财富。

很多男人三十岁那年，都没有多少存款，但这不妨碍他们日后的成功。

很多男人三十岁时也许人生正处顺境，已经小有成就，但并不能证明他们将来依然是人生赢家。

三十岁的男人，存款的多少并不重要，重要的是和二十多岁的毛头小伙相比，你要有人生的沉稳，有事业的方向，有一份对爱情的担当，有一份无所畏惧的勇气，当然，更重要的是，要有一颗感恩的心，这比存款的多少，更能说明问题。

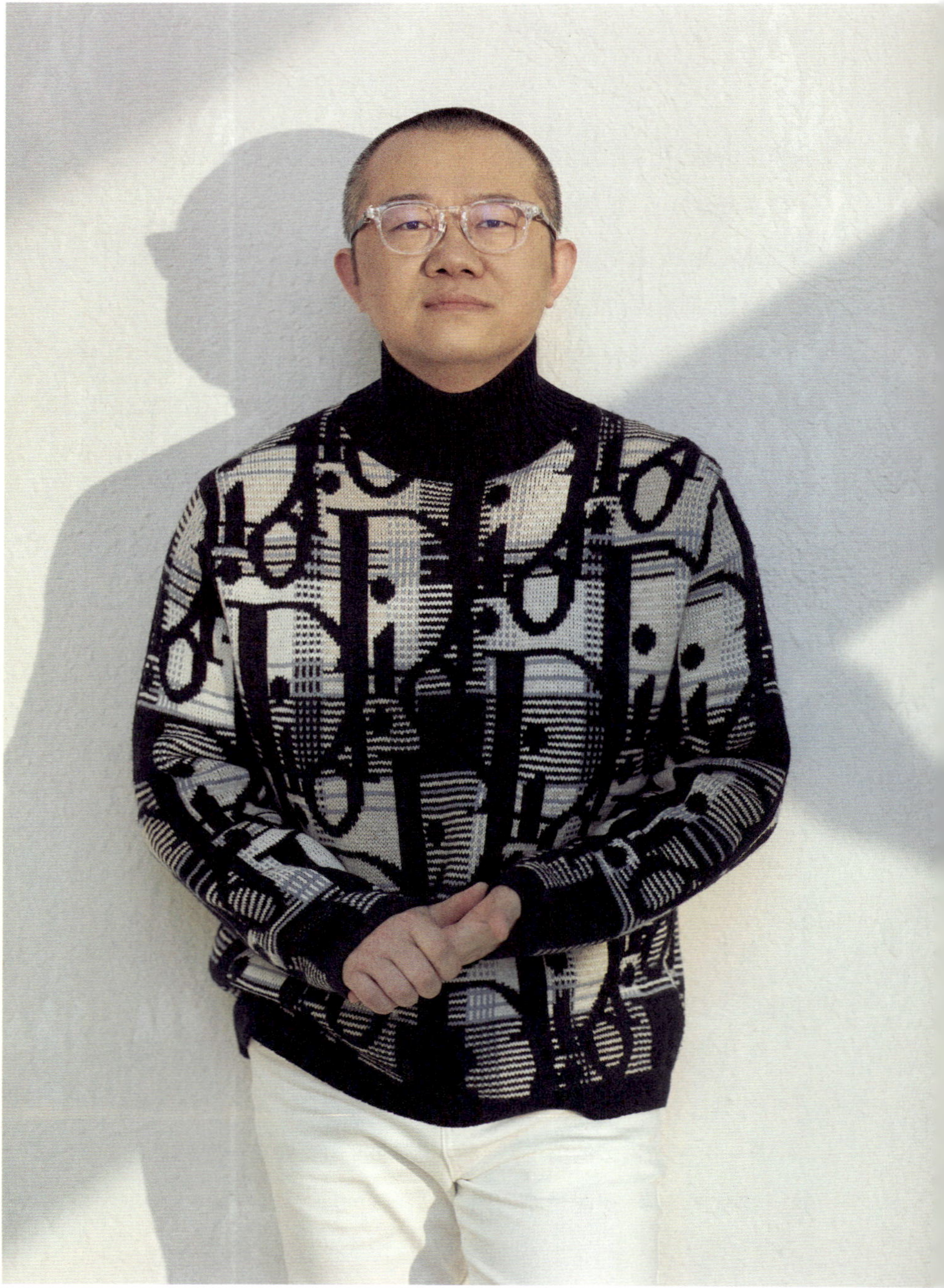

爱情是你想要一个什么样的人，

而婚姻却是你需要一个什么样的人。

涂言涂语

01

都说女人如水,但当一个女人深爱一个男人时,表现的不是她的柔,而恰恰是她的刚。当一个女人只想依靠一个男人时,表现的绝不是她的刚,恰恰是她的柔。

02

存款多少和幸福并没有多少关联。

03

那些与你过着日子、耍着性子、带着孩子、过一辈子的女人,才是你最值得珍惜的人。而那些惦记着你的票子、坐着你的车子、想着你的房子、只想跟你混一阵子的女人,才是你最应该防备的人。

04

副驾驶是爱人的专属位置。

05

无论是什么车,只要爱人在你的副驾驶和后座,那说明她在你心里是最重要的位置。无论道路多么崎岖,幸福都会伴你左右。

06

当一个女人也愿意为你挡风遮雨的时候,一定要珍惜她,因为在那一刻,她早已忘记了自己作为一个女人的柔弱。

07

三十岁的男人,存款的多少并不重要,重要的是和二十多岁的毛头小伙相比,你要有人生的沉稳,有事业的方向,有一份对爱情的担当,有一份无所畏惧的勇气,当然,更重要的是,要有一颗感恩的心,这比存款的多少,更能说明问题。

封面设计 _ 青空工作室
Design QQ:2505945961

我们自夜暗的酒馆离开

骆以军 著

九州出版社

图书在版编目（CIP）数据

我们自夜暗的酒馆离开 / 骆以军著. —— 北京：九州出版社，2021.11

ISBN 978-7-5225-0473-5

Ⅰ. ①我… Ⅱ. ①骆… Ⅲ. ①短篇小说—小说集—中国—当代 Ⅳ. ①I247.7

中国版本图书馆CIP数据核字(2021)第180924号

Copyright © 2005 by Luo Yi-chun

本中文简体字版由骆以军授权在中国大陆地区独家出版

著作权合同登记号：01-2020-4684

我们自夜暗的酒馆离开

作　　者	骆以军　著
责任编辑	陈丹青
出版发行	九州出版社
地　　址	北京市西城区阜外大街甲35号（100037）
发行电话	（010）68992190/3/5/6
网　　址	www.jiuzhoupress.com
印　　刷	嘉业印刷（天津）有限公司
开　　本	880 毫米 × 1194 毫米　32 开
印　　张	8.75
字　　数	193 千字
版　　次	2021 年 11 月第 1 版
印　　次	2021 年 11 月第 1 次印刷
书　　号	ISBN 978-7-5225-0473-5
定　　价	45.00元

★ 版权所有　侵权必究 ★

目　录

- 1　红字团
- 23　字团张开之后
- 61　手枪王
- 87　底片
- 109　鸵鸟
- 125　离开
- 153　降生十二星座
- 187　折光
- 201　我们自夜暗的酒馆离开
- 211　齐人
- 217　阴郁的森林及某些回旋不止的双人舞
- 235　消失在银河的航道

- 273　初版《红字团》自序
- 275　2005年版《降生十二星座》自序

红字团

这一版的头条，赫赫两行大字……

两初中女生陈尸小学教室
双手遭捆绑惨遭凶徒勒毙

【W城讯】台北县W城小学教室里，双手被捆绑，眼睛被蒙住，警方研判可能是抗拒歹徒玷辱而遇害。警方调查，昨天清晨七时许，W城小学四年甲班学生黄大年打开教室门时，赫然发现教室讲台上有二具尸体，立即向老师张凡东报告，张老师马上向警方报案。

两名死者下身赤裸，眼睛和嘴巴被男用内衣撕成的布条绑住，双手一个被跳绳的绳子捆绑，一个被童子军绳捆绑，颈部也同样被绑……

这一行的左边，贴了两张照片，并且注明上方瓜子脸的清秀女孩是程琳，下方圆脸倚树着旗袍的是不知名的女孩（照片自她皮包中寻得）。

新闻中提到，程琳的父母向警方说，前天上午七时许，这名不知名的女孩来找程琳，好像听说是她小学同学，约了共骑脚踏车外出，说要去找她离家出走的母亲，结果一去不返。

新闻中并且还提到一点：凶手的残暴令人发指，然而这两名女生是爬窗进入教室，警方怀疑，这是一个"死亡约会"。

同一版的下角，有另一则小得可怜的新闻。报导一名吧女被四名酒客灌醉后带出场，经轮暴后，吧女在激愤中将其中一名酒客用菜刀砍死并自戕。经急救后，该女已脱离险境……然而，和上一则奸杀案相较，该则就极少阅报人青睐，甚至在不巧瞄过一眼后，会认为这大约是记者自己编撰的消息，凑满版面罢了。

他将油条吃掉，吮了吮手指，把油透的报纸揉成一团，轻轻地说："唵。"

A

"好恐怖啊。"J轻轻叹息。她是这一群人里唯一的女子，一头长发，披泻在两肩上。说这话的时候，或许有些许撒娇的成分在内，然而面对的是这样一则让男子也要骇然色变的新闻，因此叫人不能怀疑她由惊怖所产生的自危。

"唉，现在人呵——一点人性都没了。"

"是啊,世风日下啦!"

"就这样了吗?"K说,语气愤愤不平,然而他的眼里,却有着掩抑不住的兴奋在闪烁,"这就是你们读了这个新闻的感想吗?你们读完了报,例行地感叹了一下社会的混乱,就把报纸丢开,继续投入忙碌的生活,然后——等到下一个更惨更刺激的新闻出现……"

"不然要怎样呢?大思想家,"读森林的A笑着说,"难道要我们武装起来,打击犯罪吗?我们也不过是构成舆论的一部分罢了。"

"舆论?哈哈,对,舆论就是围绕着新鲜事讲。每天的报纸上都是眼花缭乱的犯罪案件,同样的模式,同样的手法,为什么你们不会感觉恐怖,因为你们习惯了。同样是强暴是杀人,为什么偏就这一则你们觉得恐怖?因为被奸杀的是两个女生,陈尸的方式又是这么诡异。如花的少女被奸杀,这样的事件本身就具有感官上极大的刺激,不是么?如果被奸被杀的不过是一个村妇或下女什么的,且陈尸处也不过如所有过去的案例,什么旅馆啦、空屋或河里,你们还会觉得恐怖吗?"

"这些问题,本就该留给你们这些人去思考。啊,你不要对我喷烟——譬如说,环保问题。舆论造成群众对环保的共识,这是舆论的教育意义。但是,有关于如何防治污染,如何去保持生态的恒定,这些真正牵涉到专门理论的东西,就是生物学家的工作了。你没有必要过度肥大舆论所担负的责任。"

"唔,唔……不对,不是这样的……"K懊恼地说,用手将烟蒂在烟灰缸里狠狠捺扁。

观战的J为着K这样一个动作咯咯笑了起来。然而她发现另一边一直沉默的G，用着他那叫人喘不过气的迷人眼神，深深看了她一眼。便闭了口，娴静地垂下头来。

"我同情K的说法。"英俊的G用着优雅的声调说话了。他顿了一顿，确定大家都抬起头聆听，才继续说："这原本是两回事。环保意识的抬头，是这几年的事，原也是附随着工业文明产生的结果。在这一点上，舆论确实是有它表面推广的功能和背后技术性的界限。然而，如K所说，勒掳奸杀的事自古有之，问题是传播媒介的渲染强度，人们渐渐地对罪恶感觉疲乏。我记得小时候有一次什么分尸案，就弄得人人闻之色变，一直到破案以后好久，还是大家心有余悸的话题。现在呢？这样的案子不断地出现，被奸杀的女子，年龄从二十、十几一直降到个位数字。这原是最原始的人性的问题，不应该气定神闲地把它当成一个'学问'来看，什么'交给专家去思考啦'。这是我个人的一点看法，嘿嘿。"

啊，多么感人的一席话呀！J几乎要迎身向G热情地鼓掌了，多迷人的脸庞呀，真是上帝的杰作。然而，当她发现其余的人都默不作声，只是低头沉思，便只好向G投去一瞥她饱含赞赏和同情的目光，然后也低着头，做出努力思考的模样。

"对，呀……不对，不是，前面……对，但是后面不对……嘿，我不是这个意思。"K一边不知所云地嘟哝着，一边痛苦地绞扯着头发。这副模样，较诸刚才，似乎更为懊恼。这回，不仅是长发飘逸的J，大伙儿全笑了起来。

K说："嗜，嗜，你说得很对，但我要说的，是另一个问题。啊！对了，你们看，"他指着报纸下方那则小新闻说，"喏，同样一个版面，同样是强奸。这个风尘女子还是被四个酒客轮暴后才杀人的。可是，你们看了呢？是不是有一种幸灾乐祸的嫌恶——属于洁癖上的不快呢？我说的是，我们对于道德的判断，是不是常常受到美感的价值所左右呢？一只蝴蝶在蛛网上奄奄一息，你们会觉得不忍，可是若是一只屎蝇或是白蚁什么的，还会去同情吗？"小说里，下海的舞女一手把妹妹带大，大家会觉得她可敬可悯，但是万一她和纯洁的妹妹同时爱上了男主角，就觉得她是 dìng dēi[1]，她该牺牲成全妹妹——完美的就该保持完美，腐败的就把她扔开。同样的，女生被奸杀，你们觉得恐怖，不过是由于这完全摧毁了你们美的协调；妓女呢？她本来就是残花败柳嘛，你们是不是觉得她何苦杀人呢？反正平常卖都在卖了……但是，确实这两个女生该得到比妓女更多的同情么？剥去她们外披的身份，能不能去揣度她们的人性？据说是其中一个约另一个出去，而且是她们自己爬进窗子的。会不会是由于情欲的冲突，使她设计诱她进去呢？"

"茶花女？"英俊的 G 突然打断了 K 梦呓似的唠叨，"张爱玲的小艾？地下室手记？还是太宰治的人间失格？

"你有没有发现，再伟大的作品，那些笔下的悲苦的人，其实都是作者自己的化身。你如何真正去感受那些沉沦中人内心的苦痛？去嫖？还是花钱告诉她说'我来聊聊天'？你说的'用全部情感去体会'，不过是利用她们那种惨不忍睹的处境，将你在安适的书桌前所受的一切思考训练，做一番推演的游戏。她们会去思索生命的意义吗？哦，我是说环境有可能允许她们去思考吗？思考了以后呢？她们能怎样呢？

---

[1] 指碍事，闽南语拟音。——编注（本书所有注释均为编者注，后从略。）

"你的这些'美的道德观'或是'道德的审美观'对她们有什么好处？艺术和真实的人生，在此处，本就无可挽回地分裂了。事实上，再怎么努力，对于她们，除了廉价的同情，便只有自作聪明的嘲谑了。我们是永，不，可，能体会，黑暗中那些各自孤立深藏的心灵的。"有一会工夫的寂静，大家都屏着气，感受到这两人对峙的紧张气氛在膨胀。

"啊，不是的，不该是这样就涵盖过去的……"K激动地又衔上一根烟，点了半天却点不着，原来他拿反了，把烟草那端含在嘴里。

"停了吧，"飘逸的J疲倦地说，仿佛是恳求似的，"再争下去，就变成意气的诡辩了。"

"是啊，二位这样满口强暴啊妓女的，有没有顾到在座还有一个女士哩，她已经受不了啦！"大约是积压过久的关系，远超出这句话所期待的效果，大家全爆出了夸张的笑声。于是气氛开始轻松，换了几个话题之后，大家感慨无限地讲到，该死的吕明赐，什么时候才会再击出全垒打？

"等着瞧！"K忿忿地想，"我一定要从黑暗中，把那些最深的人性给挖出来。"

1

中元节附近的夏夜，人群中挨擦着，汗捣在黑尼龙纱质衬衫里，闷得死人。

该是发油抹得太多了，后脑勺头发一绺一绺翻起，像浸在泥塘里的烂草根。发油融着汗,沿着颈子淌。

衬衫早给汗水浸透了,滑腻腻地贴住胸膛。个子高,抿着嘴,一脸洁癖似的不耐,东瞥瞥西闪闪,视线不知该放在哪儿好。

在这条街上挨挤的女人,大约也不是什么良家妇女,粉红色的纱质衣衫,给汗一浸,淋漓尽致,黑色奶罩箍着熟烂的肉体。有意无意地,尽往他身下蹭挨而过。乳酪的酸味,还有浓郁的花露水气息,一阵一阵往鼻孔里扎。

他其实是极力抑制着自己的欲望。西装裤做得太紧,布料似乎也不甚好,一步步走着,大腿内侧就湿咸咸地跟着裤裆磨。

往巷子里钻了进去,黑楞楞的,沿边一些四五十来岁的妇人,诧异地望着他。这条巷子确是少有年轻人涉足,提皮包倚墙而立的妇人,一个个,胖大黑蠢,露出鲜红的牙肉和满嘴金牙笑着。一个伛着背的老芋仔,正和其中一个穿红衣裳的,十元二十元在杀价。

大多是这一带的妇人,有的提了菜篮来试试运气,运气好做一次生意,赚的钱恰好省一顿晚餐;有的早已停了经血;大部分的已是该含饴弄孙的阿嬷了。

她们望着他,像望着儿子或孙子一般,空茫呆笨的眼里有世故的善意。

"少年欸,走勿[1]对啦。"其中一个说。

他为她们的误解脸红不已。他说:"借问一下,有一个阿贞是勿住这?"

"哪一个阿珍?"

---

[1] 勿,表示否定,闽南语。

"张、素、贞。"

"噢，素贞呵，你往这巷子走到底，有一家'天蓝'旅社，你看伊有在那无[1]？"他往巷子里走，经过一些弄蛇人的摊子，一个男子把一只鳖的颈子像扯住舌端那般抓住，用一副钉锤，把它的脑袋钉装，装了一杯葡萄酒般的鳖血，请围观的人喝；他还和一群用链球、尖刀把自己砍得皮开肉绽的游行乩童错身而过；走到巷底的时候，差点被一团东西绊了一跤，原来是一只白狗，口里衔着一个偾张艳红冠顶的鸡头。它呜呜低吼，猥着身跑了。最后他看见一家"天天来"旅社，他试着请坐在外边一个小女孩上去传话。

过了一会，听见一阵木屐的响声，一个女人走了下来，扑满白粉的脸像是不慎发酵过久的面团，迎着他，像要笑又要哭那样凄怖地膨胀起来。

他还兀自在犹豫，她却已认出了他。

2

"真没想到会在这种场面相见。"他喷了一口烟，苦笑着说。

然而她只是远远隔了房间对角坐着，低下脸笑，居然是一副羞怯底模样哩。不知道是不是职业化的表演，不过即使如此，此刻他的心情已放松不少。

"你知道吗？我找，找好久了。"

他没有发现，她的身子剧烈地颤晃了一下。

---

[1] 无，句末疑问助词，闽南语。

怎么还是不说话呢？他为着这样一个刺激的局面兴奋不已。只要她肯开口。

"啊，我说，灯光好像太亮了一点。"

"　　　。"

"啊？什么？我没听清楚呀。"

他趋上前，打算听仔细些，才发现她仰起的脸面，一塌糊涂，尽是泪水。

3

她望着他青白凸削的下颔，上面不相称地扎了一茎茎未刮净的髭须，他滔滔不绝地讲着一些她并不懂的事情。

她有一种恍在梦中的感觉。啊，这真的是他啊。而他又像和她隔得极远。看他这般意气昂扬地说着，不过是个二十出头的孩子罢了——而她自己亦不过也才二十出头，为何便苍老萎烂至此？

她是十三岁便被带到这里，因此可资回忆的片段便只有小学时代了——而那时又是痛苦的回忆多。难得从黑暗深渊飘浮而起的一些沫屑，便为她所珍藏不已。

他，便是这些沫屑组成的梦中，唯一的男人。

有一回，学校作粪便检验，全班就她和班上当风纪[1]的一个女生有虫卵。老师皱着眉说："张素贞得了蛔虫我倒不意外，怎么程

---

1 风纪，即风纪股长，类似于纪律委员。

琳也有份呢?"那个叫程琳的女生伏在桌上哭,头发上的蝴蝶结一震一震地颠。全班都转过头看那个平日得宠的女生,没有人瞥她一眼。

她木着脸,嘴角的弧度稍向上扬,几乎有些狞笑的意味。乍地发现一双仓皇的眼睛趁乱向这瞄了一瞄。

忽然心上一凛,眼泪险险夺眶而出。她只觉得胸口慌慌地胀着痛,原来这世上还有他这一个人在关注着她,他真是她唯一的亲人了。

放学的时候,她照常慢吞吞地抹着讲台,同学们都散去了,程琳却仍一抽一噎伏着哭。几个死党劝了几句,讪讪地站在一旁。她突然忘了从前那些叫人发狂的忌妒和仇恨,异常热心地凑了过去:

"程琳你别哭了嘛,这又不是什么重病,治不好的?"

程琳忽地一下猛抬起头,泪滴滴怨毒地瞪着她,颤着声说:"谁……像你……你妈是妓女,不要脸!"

说着乒呤乓啷,拎着书包甩头就走。

"怎么了,在笑什么?怎么一会儿哭一会儿笑的呢?不过呀,笑起来可是比哭要好看得多哩。"

他努力地顽皮,想化解这一个窘状,然而愈发显得生嫩和笨拙。她抬起脸,睨着他,吃吃笑了起来,居然像个害羞的少女那般,把脸埋在手掌里。

这么一哭一笑,确实拉近了两人的距离。

"告诉我,你跑到这种地方来干什么?"

"我,"他涨红了脸,"我来看你。"

说谎。

她知道他在说说，他应该不是那种逛花街的人，但是她知道他不可能单为了看她，就寻到这种地方来。其实就算是知道了他来的真正目的，又有什么意义？她甚至怀疑，倘使刚才她不喊，他还认得出她吗？

至于他的模样，她已是在无数个苦痛的夜晚，咀嚼啃咬千万次了。只要闭上眼，他的眼睛，他的笑靥，他脸上每一寸抖动的筋肉，甚至积着汗珠的毛孔，都会清晰准确地浮现出来。

4

在黑暗中剥光了衣服，客人的各式嘴脸也就赤裸裸地剥露出来。

有的进来时还凶神恶煞地嚼着槟榔，刻意卖弄着圆鼓鼓肩臂上龙飞凤舞的刺青。一上了床，马上像条热哈哈的狗，从颈脖到脚底叭嗒叭嗒地舔遍，抹了她一身唾液。待爬上身，才没两下，便颓奄奄地瘫了下来。

还有些白了发的老先生，实在都可以做她老子的老子了。坐在床沿一径呵呵笑着，侉着外省乡腔，像问小姑娘那样，慈祥地问她名，好大岁数了，可怜嗨这么年纪轻轻来做这个……等到灯一熄，还不是猴急夭夭又啃又咬，像个孩子似的把头埋在她那双大奶里。

她肥胖的身躯唯一可取之处便是那双豪乳。十二三岁时胸脯便异常快速地膨胀起来，连学校里用乳罩撑着衬衫的老师都自叹弗如呢。

她早熟得快。

那时候，她实在也想不出老师怎么能想出那么多把戏来整人。

先是用藤条打，打断了几根，作业她照旧不写。又改用沉甸甸的报夹打，打手心不成改打手背——奇怪是敲下去一点知觉都没有，只听到骨头和木头撞击发出的那种喀喀咔咔的沉闷声响。

后来老师又想出一种绝招，用几根铅笔，交叉搁在手指关节间，双手握住，逐渐用力压紧。她跪了下去，像一个橡皮玩具那样，随着一下断一下的压挤，吐出一声接一声的哀号。

"没关系呀，你可以尽量不写呀，可以啊，没有人叫你一定要写呀。"

老师微笑着，温柔地说。

有一回，老师心血来潮，叫她站在讲台上，当着全班的面把她裙子扯下，仅穿条小碎花三角裤挨板子。

啪。

啪。

啪。

突然，像失禁的尿似的，血水淋漓从下方涌出，染红了整条内裤，淅淅沥沥沿着腿淌了下来。女生们掩面哭出声，连一向冷静的老师都给吓怔住了。她却只是呆呆站着，敞开两腿，任下面的血水畅意直流。她觉得有种漠不关己的感觉，像在看别人的事一般。

5

母亲开始教她在胯间塞下一叠厚厚的草纸,而且再不让她一个人在家,把她带到帮佣的头家家里,说这样可以一边做事,一边监督她写作业。她抵死不肯,一个巴掌热辣辣地熨在脸上。

"老师都把妈妈叫到学校去了,你还要怎样丢我的脸才甘愿?也没见过这么讨厌的女孩子!"

她委屈地哭着,又不知要怎么解释,低头磨蹭着。鼻涕淌到嘴角,咻一下吸回去,有些残汁随着哆嗦的嘴唇渗进嘴里,凉凉咸咸的。

怎么办呢?也或许她们全家碰巧出门了。她侥幸地想,心上便坦然多了,仿佛相信那是必然的状况。对,她或许碰巧陪她妈上街了。

母亲却不了解她小小头颅里的心机。做帮佣的母亲,没有工夫去体会女儿小小年纪却满腔骇人的仇恨。只是在每一次归家后,无限赞羡地向她称许着主人的小女儿,如何伶俐乖巧,如何地像个小公主般地有礼貌……

"都不把我当下人,陈妈妈陈妈妈叫得好亲切,"低下头却瞧见自己肥肥蠢蠢的女儿,"你看看你自己,脏兮兮鼻涕粘着也不擦掉,啧。"

母亲把她的鼻涕揩掉,便对着一幢洋房的铁门喊:"小琳欤,开门噢,我是陈妈妈啦!"

开门的是程琳。

关于结尾。

第一个字团的内容大略如下：

黑暗中，在他战栗的怀抱里，她缓缓说出八年前程琳的死因。

一个有妨害风化前科的嫖客，得知她从前就读的小学，与当初害他入狱的女生同校，要她作饵，把那女子诱出。

她作了自己的饵，没有诱出那个女生；诱出了程琳。

嫖客见色思淫，在程琳的抗拒下将她勒毙。

第二个字团的内容大略如下：

程琳是他现在的妻子。

程琳在他出版社倒闭欠债累累的状况下，和另一个男的跑了。

于是他们两个含着泪，相互紧拥，在相见恨晚的柔情和感激里，一起吞下他带来的毒药。

第三个字团有些不知所云，大约作者已经濒临崩溃：

他强暴并杀了十三岁的她，而程琳才是八年后在妓院里真正的她。八年前他放过程琳，不过是为了要在八年后在妓院里印证她的悲剧。

第四个字团内容很短，只有四个字：

去他妈的！

6

"原来你们是同班的。"母亲将水槽里一件又一件的衣服捞起,挂在晾绳上。把卷起的袖子放下,用手肘就额抹了抹汗。

她坐在一旁的小板凳,大腿搁了一块画板,程琳的。她放下写到一半的功课,开始叨叨絮絮地诉说,上一次的粪便检查,程琳也有虫子。她的声音稚稚软软,用词也是孩童的用词,可是她描叙每一个细节的神情,却恍若一个瘪着嘴、讲人是非的老太婆。

她的母亲怔怔地看着她,神情还带着好久不曾出现的怜爱和疼惜,于是她益加滔滔地诉说起程琳的恶状来。然而她突然感觉母亲其实并没有在听,只是惘惘地对着她微笑。

笑着笑着,母亲的脸突然扭曲,眼泪滂沱而下。

嗒。

她醒来的时候,母亲已不在身边。晾绳上的衣服湿淋淋地滴下水来,沿着她的面颊流到嘴角,和她侧脸淌出的口涎会合,一同摊在写字簿上。

妈妈?她揩着嘴,离开晾衣的后院,缩头缩脑地找着母亲。

然而屋子里似乎没有一个人。程琳呢?她的爸妈和姐姐呢?出去了?她一个人在静寂的大屋子里走,眼睛骨突骨突地转,这时才定下神来仔细看看这栋房子。

好大的房子啊。她羡慕地想,屋顶真高,然而她被厅堂顶供桌上一尊狰狞红脸的神像给唬住了。她慢慢地退了出去,差点把墙角矮几上的一个瓷瓶灯弄翻。

怎么没人了？

她听见一间房间有人在说话，便轻轻踮着脚尖，把脸凑在门边。

啊。

背对着她，母亲全身赤裸，像是拜神似的趴跪着，程琳的父亲，上身仍穿着宽松的晨袍，他把晨袍撩起，赤着两条苍白枯瘦的腿，直挺挺跨骑在母亲黝黑的身上。她望不见母亲的脸，却听见她在一震一震的折磨下哀哀告饶。

她呆呆站在那里，仿佛被这一幕强大的魔力给震慑。她闭了闭眼，男人大腿的白皙和母亲腿腹因终日曝晒而呈现的棕褐交相融合，渐渐混淆起来。

她依然踮着脚，小心地走过客厅，打开大门，复轻轻将门掩上。

我要杀了程琳杀了程琳杀了杀了杀了我要杀了杀了杀了杀了程琳程琳我要杀掉你杀掉杀掉杀掉杀掉杀……

7

黑暗中，他静默地聆听着她这些年来所有超出人性极限所能容忍的苦痛。她用带着鼻哽干扁的嗓音，一件一件诉说着。说他们如何把她骗到这里，在甫十三岁童稚的她的面前，用各种姿势做爱；如何地给她注射一种荷尔蒙，要她张着腿，一天接客五十次；如何地在她下体发炎肿烂的时候，不理会她要求休息的哀告；甚至在她哭着跪下求他们让她求医时，用靴子踢她的小腹和下体；她还用手引导着他的手指，在她崎岖凹洼的手腕来回移动。

"喏！这都是那些老灰仔[1]用烟烫的——呵呵，其实手臂脖子也都有，那是用牙齿咬的。"

他的手顺着她的肘，轻柔地抚着她老于实际年龄两倍的肉体。他感到自己腕端的脉搏在突突跳动。是了，这就是一切了，最真实最血肉淋漓的人性就是深埋在这样的苦痛里。现实人生里愈是悲惨的角色，往往愈是震动艺术家逼近艺术核心的帖模。

他手指的温度挟带着她苦抑在内心八年唯一的情感，使得她每一寸肌肤的风霜和认命都崩颓倾泻。她近乎粗鲁地用自己残破的身躯迎缠住他。

"把裤子脱掉吧？"

然而，当她的肢体揉搓到他闪躲的腰际时，他暗暗系在彼处的录音机，因撞击而发生了故障。突然，像是他用腹语术模仿她之前一切的倾吐告白，小小的匣子发出混淆纷乱的杂音——尽管他慌张地在那按着敲着甚至把电池卸下，录音机仍然不听使唤，哇哇不绝地把它刚才偷吃的故事全吐了出来。

她先是在极大的惊诧和惶疑里把他推开，甚至用膝和肘抵抗着他一切想解释的抚慰。后来她将灯亮了，望见他裸着上身，瘦薄的肩在光亮里微微颤抖。乍然变化的光线使他眯起眼，眼神闪烁着各种圆谎的台词甚至夺门而出的欲望。

---

[1] 指称年长者的说法，通常带有轻蔑的意味，闽南语。

录音机在杂音干扰的状况下将一切对话忠实地播出，最后一句却异常地清晰：
——把裤子脱掉吧——
她突然发狂似的大笑起来，望着他在灯光下不知所措的模样，意外发觉他与这八年两千多个日子里，每天五十次的客人并无两样，同样的卑怜猥琐。她也突然明白了，原来之前所有含泪痛哭的倾诉都是放屁，只有最终这一句话，可以完完全全贴切地说明她八年来所有的一切苦痛和梦想。
"把裤子脱掉吧！"她说。接着又呛咳着狂笑起来。

M

他将整张涂改得乌七抹黑的稿子揉成一团，就手抛向废纸篓，纸团触到筒壁，弹在地板上打了个滚。
刻意伏下错综的情节，却纠扰乱缠，无法发展下去了。究竟她是那个双尸命案的胖女孩，还是那个因自卫而杀人的妓女？是他目睹了她惨辱的尸身，抑或是在人性的实验里无意地介入她感情的深层？甚或她为了他而激起久不曾有的自洁，为了他杀人？还是他实验的企图被发觉，心中珍藏最可贵的情爱之幻灭，使她杀了他？
"再怎么努力，对于她们，除了廉价的同情，便只有自作聪明的嘲谑。我们是永不可能体会黑暗中，那些各自孤立深藏的心灵的。"
G是这么说的吧？他突然想起咖啡座一角那双疲惫不耐的眼眸，和那时突然闪过的笑意。她是早已知道我会笨拙地陷入这种局面的。是啊,她一定认为我是那种满脑空幻、吃饱撑着的人。于是他拿起话筒,拨了个电话。

"喂?"
"呃,请 J 小姐听电话。"
"我。"
"……嗯!我是 K。"
"啊,K 呀。"平板的不耐的声调突然抑扬起来,仿佛有些诧异,听筒那边传来娇脆的笑声,"有何贵干?"
"嗯——我,我是这样的……关于上一回提到的美感决定道德的问题,我,我似乎太主观了——但是,能不能作这样的假定,呃!设定……"
"你还在想这些东西啊,呵呵呵——啊,对不起。"
"你,你会不会觉得我很无病呻吟。"
"不会啊,"她笑着说,"你是大圣人,大思想家。"
"噫,"他咬着牙,"别这样呵,喂,我问你一个问题,你回答我。但是不要加入任何一点你现在已定的价值观,抛开你的道德,你的形象,避免冠冕堂皇神圣感人的回答。讲出你真正可能的感受——呃,心理状态。"
"啊,真累,好吧。你说。"
"我是说,假如,假使你今天生在一个落后污秽的地方——呃,华西街那一带好了。假如,你的家境很差——唉,算了,反正你在完全还无法替自己做决定时就被卖去作雏妓。她们先叫人在你面前做爱,然后给你打荷尔蒙——对了,这时,你才十一二岁,初潮，呃，嗯——月，月经还没来。而他们要你每天接客四五十次——嘿，事实上，在那种环境，你根本没有自卑啊什么龌龊的观念，接客便是一切生存的法则，嗯——没了。好，那么，你的心理状态是如何呢？"

"我再把设定的范围缩小一点好了。"他的声调透出不能控制兴奋的高亢，"假如说——"

"我不知道。"

"哎？你根本不去想嘛，你认真想想看。"

"我不知道，"她的语气开始不快，"你问我这些干嘛？"

"啊，我，我只是在做一个实验，用最直接最单纯的心情去逼近那些妓女的内心。可是我是个男的，阻碍较大，我想问你女孩较能感同身受。"

"嗳，那天那个高个子不是说……"

"你说 G 啊，呵，你别看他一副老成的样子。其实是——人，面，兽，心，哈哈，对，就是人面兽心。你看他说话很漂亮对不？其实，他到处跟人家女孩搞，搞搞就甩，啧。"

"真嗲啊——好恐怖哦。"她仿佛受了惊的小女孩，"我还以为他没女朋友呢。"

"哼，知人知面不知心哩，我还听人说，他去兼家教，把人家才初二的女生就——就玩了……"

"真嗲啊，呵——啊，真对不起，我待会还有点事，我……"

"啊，"他慌忙说，"打扰你这么久，我会不会太啰嗦呀？"

"怎么会呢？"听筒那头传来咯咯的笑声，"跟你聊天很有意思呢。"

"是吗?啊,那么改天约出来好好地聊,好吧?"
"你再打来好了。"
"那么,再见了。"
"拜——"
喀嚓。

她挂上电话。巨大的疲倦袭涌而上,她眨了眨眼,对着镜子,挤出一个极媚极俏的笑靥。我还年轻呢。她拿起一张化妆纸擦了擦唇,复用唇膏重新上色,又在腮颊扑了些粉。甩了甩头,镜中长发飘逸的女人甚至有一种水灵的清洁。这一折腾,待会迟了,老郑那个胖子又要啰嗦了。她因为想起老郑那一环一环油滚滚的肚腹,有些嫌恶地抚娑起自己柔细纤小的肩膀。又在镜前坐了好一会,才姗姗地离开。

过了许久,化妆台上那张揉成一团的化妆纸,像是疲惫到极点,无限懒怠地放松,将涂满酡红胭脂的躯体慢慢伸展开来。

字团张开之后

  在我以一篇观念混淆却歪打误撞在一个文艺营中得奖的小说发表之后，有好长一段时间，我无法完整地完成一篇作品。一方面自然是自己对这个小奖的意义过度膨胀，使我虚拟了一些实际上并不存在的读者，我幻想着他们对我的期望，以至于提起笔来，便颤抖昏乱不已，怕下一篇作品会让他们嗤之以鼻，将原先狐疑的态度松弛下来："哈，这个家伙，不过如此罢了。"

  另一方面，是这段期间，发生了一些诡异荒诞的事情，使我对冥冥中，小说虚构和现实重叠的可能性，不得不采取了一种近乎迷信的谦卑态度，这真是不可思议，**我竟然一步步走进了自己虚构的小说之中**！谁知道，也许上帝他老人家就是个老奸巨猾的小说家也说不定。

  后者容我稍后再详叙，关于前者对我造成的压抑和迫害，倒是有一些与主题无关的细节需要絮聒一番。

  首先是照片的问题，当主办这个文艺营的杂志通知我中奖时，我因为一时兴奋，没听清楚电话中那位告诉我这个消息的徐小姐关于要给杂志社寄去一些资料的细节的嘱咐，以至于把她提到的两寸半身照，寄成了一张我和一群朋友立于海边一艘破烂木船上，英姿焕发的生活照。

当那位徐小姐气急败坏地打电话至我家时，我因为住校而必须周末才会回家。于是我可怜的母亲误以为这是一通对新锐作家的访问电话，便谦虚又难掩得意地将我从小就敏感单薄的个性回溯一番，她自然也将我中学时曾三次进入疗养院接受精神治疗及高中时代留级这一类不堪回首的往事，当成一个伟大作家所应具有的经历，用感性却不伤感的适宜语调，详细地追忆了一番。

在我母亲长达三个半小时对我廿二年来惊涛骇浪成长过程的唏嘘之后，那位善良好心的徐小姐，才吞吞吐吐地说出这通电话的真正用意：

"是，是这样的，我们要用的是两寸半身照，而他寄来的生活照，有太多不相干的人物介入，造成了干扰。"

这次意外的尴尬，自然随着我母亲将我高三原以为可望毕业不料却惨遭留级的半身照（天可怜见，那是我除了幼稚园毕业照，唯一存留底片的半身照）寄去而暂被淡忘。然而过了三个月后，我在无聊翻看那本抽去了彼张海边合照的相簿时，发现了数点怪异的现象。

1.整本相簿，搜集的不外是庙门口门神巨戟下方咬着烟屁股沉思的老人，或是一群在田边比赛小便喷远的小孩，再就是歌仔戏后台一脸浓妆袒着一只乳房在奶孩子的戏子……诸如此类。这让我想起了这本相簿里所收的相片，是我留级的那个暑假，一时心血来潮带着一台傻瓜相机，刻意到一些偏远的小乡镇去拍的。实则我是一点基本的摄影常识也不具备，因此整叠一张三块五冲洗出来的照片，即便是经过挑拣而存留在这本相簿之中的，也都多多少少发生了一些脱焦、面孔模糊，甚至从采摄画面一半截断的现象。然而有一点是可以肯定的，即是这本相簿所收的照片，应当全是我藏身于镜头之后的捕猎，照片上绝不可能出现我（事实上确实除了那页抽去海边照留下底空白，整本相簿都没有我的存在）。然则我竟将其中一张"海边破船上的一群年轻人"当成生活照，寄给那位徐小姐当成我的资料，而那上面居然"可能并不存在我"。于是我努力地回忆彼张照片，却更加不肯定自己是否在那张照片之内。我甚至找不到关于我曾在那样的海边的那么一艘搁浅的破渔船上，和那么一群人合照过的任何一丝记忆。

2. 当然，遗忘是混淆或造成一切吊诡情节的最高明技巧。自然我可以很轻松地这样解释：我不过是一时粗心，把这张生活照就手收进这本不相关联的尽是陌生的第三者的相簿集里。况且即使我怎么也无法确定自己是否在彼张相片上，有一点却是十分肯定的：即是我熟识之G君及K君，二人的容颜，皆在相片之上，这个印象是清晰无误的。高大英俊的G君，彼时由于服役的关系而理着平头，和其余皆蓄长发的众人形成强烈对比；立于最左侧的K君则似乎发现了某些怪异之现象，嘴半张，目光惊疑地注视左方相片篇幅之外的地方，不论表情、目光，甚至照片上光影粒质的感觉，皆和微笑望着镜头的众人显得十分突兀而不协调。是故我印象深刻，此二人确乎曾经存在于这张相片所框凝的时空之中。

3. 然而，这里又发生了一个极大的困扰。我猛然想起，一年多前在退伍前夕莫名失去记忆力的G君，确实是我高中时期的朋友（虽然我私下对于他在英俊外貌之余，犹不负责任地贩卖一些知识皮毛作为装饰品的行径，以及他膨胀松散的思维模式深感不满），印象中，他入伍后也确实有那么一次还是两次找大伙出去玩过，照片中有他，十分自然。至于K君，却是我参加文艺营时，因为同寝室而相识。那时两人还为了一些其实彼此皆十分混淆，而当时正开始流行的一些创作理论起了争执，闹得并不十分愉快。和K君相识，究竟是在这张相片拍摄之前抑是之后，我已不敢断定；而G君和K君，至少在以我为轴的人物链网内，二人应不相识，竟然同时立于这照片所记录的时空之内，更是匪夷所思。

[此处我忍不住要对于徐小姐那时气急败坏的一段话提出辩解。徐小姐认为我寄去的照片有太多"无关的人物"涉入，但是他们确实无关么？事实上，我当时并未按照徐小姐的叮嘱寄去留级那年拍下的半身照，却寄去的那张生活照里，包含了我（当然这点后来受到了怀疑）、K君、G君三人在内。而后二者，是我借以得奖那篇作品中，两个关键的人物（我借由他们二人彼此对对方论点恶意的嘲谑和攻讦，模糊了读者可能之于那篇作品松散的理论的不满和质疑），他们扮演的是"抢戏"的角色，预先霸占了读者可以嘲谑和攻讦该作品的从容位置。

[我之所以没有寄去"留级那年的我"的"我的两寸半身照"，而寄去了"包含了K君和G君却可能没有我"的"我的生活照"，是因为就那篇小说而言，"留级那年的我"实在是和"创作那篇小说当时的我"并无真正情节和时空的互涉，那张相片，只能代表了"这是这篇小说的作者在两年前拍的照片"。然则，出现在"可能没

有我"这张相片中的 G 君和 K 君，却绝非"无关的涉入"。他们是那篇小说中的角色。在那篇小说之前，就我的记忆而言，是彼此不认识的，却在小说之中被我强扭剪贴于同一时空。而他们又在之后，分别成为那篇小说的可能读者和那张谜一般的照片的线索提供者。他们在不自觉中涉入了那篇小说（或那张照片），却又在之后各自独立（真实）的时空流动过程里，瓦解了小说（或相片）瞬间凝住的时空规则，强迫那篇小说（或相片）朝向更多不受束缚无法预期的情节，继续激发跳跃，任意辐射。]

找寻照片之谜的步骤一

我打了个电话给徐小姐，把关于照片的一切情形告诉她。她的反应出奇地冷淡：

"虽然我仍弄不清您所说的这一连串复杂的关系，但是有一点必须声明的是：我们杂志办这一类的文艺营或写作班，是为了鼓励真正有心的习作者，不是一个让新人作秀的温床。我们大大小小办过这么多个文学奖摄影奖机智问答漫画大赛或摔角擂台，哪里有功夫天天去存档每一个得奖人开玩笑寄来的生活照……"

"啊？您误会我的意思了，只是那张照片对我真的十分重要。因为照片上的两个人物其实不可能出现在那张照片，我是说，虽然他们其中的一个已失去记忆，而且我也不记得我自己究竟在不在那张相片上，但是我知道，他们彼此是不可能认识的……"

"这位先生，很抱歉，我现在忙着审稿，我这里有一支电话号码，你打过去，你的问题找他们比较合适。"

我按着她给我的那支电话打去,结果接电话的是龙发堂[1]。

蹑足介入情节的一通电话

在我支支吾吾向龙发堂的接线小姐道歉,并且扎扎实实地挨了她一句"神经病"之后,话筒才放下,马上接到一通声调怪异的女子打来的电话,初时我以为是龙发堂恶意的报复。

"我不是向你道过歉了,是有人开玩笑把你们的电话给我……"

"什么?"于是那个女子开始呱啦呱啦地自己介绍起自己来,我因为紧绷的神经骤然放松,开始跌回适才徐小姐的冷淡和恶意的玩笑(开玩笑?龙发堂!)所倾泼而下的羞辱和愤怒之中。模糊中,听见女子在说什么能不能寄张相片……

"啊?对不起,能不能请你再说一遍?"

"我是说,你是在六十分以上还是六十分以下?"

"什么?什么六十分?"

"我是说你的长相是在……"

"啊?"长相?"六十出头吧。"

"啊——我开始失望了,你不要保留嘛,分数太低,人家以后不想打来了。"

雄性本能的自尊升涨起来,他妈的,保留?我跟这种烂货认真什么,谁知道她的标准?

"七,七十,不,七十八好了。"

---

[1] 位于高雄市路竹区的精神疗养院。

听筒传来一阵扑噜扑噜类似泡水家具在地板磨擦的声音。我已分不清从心底强烈泛起的是愤怒还是羞耻。

"你的笑声不太好听，"我试着反击，"像男人一样。"

"你是哪一型的？城市猎人？马盖先？还是张雨生？"

"你是谁？"我开始把昏睡涣散的思维集中，拱卫的背脊慢慢转变成扑噬的翅爪，"为什么打这通电话给我？"把听筒夹在下颔，点了根烟："你几岁？"

"你干嘛那么严肃嘛？扑噜扑噜，人家寂寞找你聊聊不行啊？"

"你几岁？"

"六七年的。"

"该嫁人了，"我得意地喷了一口烟，"这么一大把年纪，玩这种游戏。"在舞厅泡不到凯子的丑女孩，谎报年龄的老小姐，或是谎报年龄的无聊初中女生……我开始认定，这是个毋须耗费太大力气，小小的心智游戏。

"我有一个两岁的女儿。"

什么？

"我有一个两岁的女儿，"她说，"要不要叫她来和你聊聊。"

听筒接着传来一阵口齿模糊的童音，和较远她在教导女孩"和叔叔说叔叔好"的模糊声音，女孩咯咯咯咯笑到一半便被抱离话筒。

"怎么样？"

"嗯，好可爱。"十数种三流烂小说的情节在我脑海交叉窜流，我尽量谨慎地说，"你还没结婚吧？"

"嗯。"

"那么,"未婚妈妈,哈哈,太迷人太好笑了,"一个人养孩子,一定吃了不少苦头。"我感觉到自己的声调,温柔浓郁得好像奶油一样。

"怎么,你以为我打这通电话,是要给孩子认爸爸啊?"

"如果你愿意考虑的话,或者孩子的父亲不会来找我算账的话,我说不定是个很恰当的父亲人选……"

"我保证,"她的声音听不出一丝感情的变化,"孩子的父亲绝不会介意,因为我甚至忘了他的长相。我是被强暴后怀孕的。"

找寻照片之谜的步骤二

当然,面对两条仅存的线索,失去记忆的 G 君,在避免牵扯过多无关枝节的前提之下,暂时被我搁在一边。而在文艺营因同寝室认识的 K 君,从那次文艺营结束之后,便一直没和我有任何联络。

相对于这张相片,K 君所产生的疑点应远多于 G 君:G 君与我早在高中便认识;G 君失去记忆力,是在退伍前夕,早在拍这张照片之前,只能构成拍照之后的变数(且这类变数有无限多种可能);然而出现在这张我高二留级那年暑假所留下的照片的 K 君,是在照片之后和我认识(我是高三毕业那年暑假参加文艺营),这是直接涉及这张相片时间矛盾的疑点之一。

而我在前面提到,在我的记忆里,K 君于相片之中位于众人的最左方,他侧脸不朝镜头的表情显示了在左边相片篇幅没有括含的地方,发生了某种叫他惊怵的事件,或是有某样东西,让他骇异不已。也就是说,在和这张照片同一瞬间却不发生在同一空间(应该说是平面）之上，正进行着一件只有K君目睹的情节。

我联络上了K君之后，按照他的指定，和他在新公园附近的一家500c.c.高雄牛乳大王见面。在没有切入关于照片主题之前，我自然狗屁不通又咬文嚼字地和他交换了一些最近写作的心得，但是很显然地，K君的态度不十分友善，像是焦躁勉强地忍耐这一次的谈话，或许他是对于我不经同意便把他歪曲成一个性格便秘的角色耿耿于怀。

"最近简直无法写任何东西，"我乖觉地把话题带入，"有一张失踪的照片困扰着我。"

"唔？"K君果然被这个突兀的话题吸引，"照片？"

"一张在时间记录系统上发生问题的照片，"于是我把大致的情况告诉K，"你记得曾和我和G在某一个海边的一艘破船上合拍过这样的一张照片吗？"

"我想想。"但是K的表情显示着他并不是在回忆，而是努力思索着如何蒙混过去。也许有我意想之外的情节，"对了，去年冬天，我一个人到南方澳附近那个隐僻的海边找寻灵感，碰到了你和你的一群朋友，你便邀我一起合照……"

"你在和我认识之前，或是我那篇小说发表之前，认识G这个人吗？"

"不，我不认识！"但是我知道他在瞎说。

"那就是说，G是混在当时那一群我的朋友之中喽？"

"对，但是不可能！"K突然大喊。

"不可能？你记得？"

"不。"

"相片上的你面朝相片左方，显然当时在我们拍照现场的左方发生了什么重大事件，而所有人中只有你看见……"

"我面朝左方？你是说照片拍下了我面朝着左方？等等……你确定，G是和我出现在同一张相片上？"

"但是这不可能，G不可能出现在那张照片之上，那不是时间上的矛盾，是空间的谬误！G在那瞬间，不可能出现在那个平面上。"

不等我弄明白这一串话的意义，K君便蓦然起身，跑了出去。把一堆预期之外的紊乱线索，和那杯六十元木瓜牛奶的账，都丢下给目瞪口呆的我。

如果说留级这件事

如果说留级这个事件确乎和之后决定我写小说有什么脐带关系或人格印痕的话，那么或许我们回溯至那天上午，我在学校公布栏上获知了自己留级的消息后，垂头丧气搭公车回家途中所遇见的一段插曲，就可以隐约找到一些关于K君之后何以对彼张照片态度如此暧昧的可疑之处了。

那天上午，我在由留级的屈辱所造成的近于发烧时那种弥散着药味和体热的清明状态上车。拿票给司机之时，一个穿紫裤子的攀在司机后头铜柱上的人突然向我露齿笑了一下。

我该如何形容那个发生在留级当天上午返家途中公车上的那个笑容呢？首先有一点必须交代清楚的是当时全车之人除了那位着紫裤的男子和甫上车的我是站着，车中其余之人皆散坐在似乎犹有空位的位子上，以至于整个车厢给予人一种非常之敞亮清洁底气氛。紫裤子男子背着整个车厢，笑容里满溢着那种"你的事情我都了解"的亲昵和宽谅。以至使我不自觉服从了他所立身的那个世界的敞亮气氛，也朝向他尽可能模仿他的笑容方式，敞亮一番那样地笑了一下。

于是彼紫裤男子便靠近过来，以同等于公车上那种静穆情调的语气说：

"留胡子啊？好性格哇，啊？"

其实至彼时为止我大约应已知道他是什么样的角色，只是由于胆怯——怕遭到被叱责破坏平和敞亮气氛之胆怯，使我犹继续保持着敞亮的害羞的微笑。

"你的脚毛长不长？"他更压低了声调问。

"普通长。"当然我的两截腿柱子上面其实是光溜溜的一根腿毛也没有的，但是我似乎是不假思索便如此回答并且咕哝着喉咙像个气怯心虚吹牛的孩子，开始感觉车上的光和全车坐着的人的脸孔全部沸腾混淆。那个紫裤男子竟然当着全车蹲下身来，翻，起，我，的，太，子，龙，卡，其，裤，管，然后站起身，用责怪失望（为我的光秃秃的没有腿毛的腿）的眼神望了我一眼，便像一个受了骗的人一般非常镇静地往车厢里面走去。

于是我那时便像一只市场上被人挑剩的秃毛鸡。全车上人的脸孔逆光躲进一整片刺目的光墙里，必然认定我是个同性恋且于彼圈子是个不甚可口之劣品。我就在那个得知自己留级的上午返家途中，翻起的裤脚还没完全落下，露出没有腿毛的小腿和黑袜子那样地站着，直到到站才下车。

……

文艺营最后一晚我和 K 君在几个关于彼此皆不十分清楚之文学理论无趣的争论之后，开始不无炫耀意味那样地回溯起各自卑辱难堪之经验。

"由此可知，留级这件事，把我人格系统内关于'自卑'的成分催化激发，扩展成人格的全部。我放弃了'非同性恋者'的伦理强势地位，却任由他以'腿毛长不长'的评断坐标说来否定我……当然，我很担心我在叙述过程的亢奋态度使你曲解我，认为我对此事犹耿耿于怀是在于自己的腿毛确乎不够长。事实上，我个人不但不是个同性恋者，且由于个人的洁癖，使我对同性恋者，掩鼻犹不及呢……"

K 君在聆听完我沾沾自喜对于这一段经历的描述和分析后，沉默了半晌，说：

"我是个同性恋者。"

第一次至医院探望 G 君

这是一间位在一座海边峭壁上的疗养院，整栋建筑漆成白色，据说此间疗养的病人，全是各种原因丧失记忆的人们。站在医院的后侧围栏边，可以眺望整片蓝色的太平洋，以及远方渔船像虫豸一般的影子。

站在我身旁和我一同翻举手掌作眺望状的病人告诉我说，到了涨潮的时候，常常可以看见走私渔船和水警侦缉艇之间的"怒涛喋血战"。

"显然，你们这里满自由的。"我打断了那位病人关于海战场面的激昂陈述，实在我并不十分相信为了缉私竟然会发生利用机枪向落水逃生的私枭扫射的惨烈场面。

"你不晓得欤，有人才攀上木排，噼里啪啦一排子弹扫来，脑袋都打糊了，两只手还死抓着木排不放……噢，"他察觉了我目光焦距的涣散，顺着我的视线望向在围栏内平台上来回走动的病人，"是自由，是自由，"突然压低了声音，"先生，风气不好哪，您上来在可以眺见医院的地方，有一个岔口是吧，那儿绕下去，就是澳洼的娼寮哇。医院没有宵禁，医师病人们都去嫖，不道德哇，都是些十二三岁的山地小姑娘欤……"

在我一时为着对话情节的逆转而茫然不知所措时，一位通知我可以去见G君的护士替我解了围。走在医院清洁得有些冰冷的通道时，她善意地告诉我：

"别被那些病人扰乱了你组合时空和事件的能力，他们有时侃侃而谈，比真实还逼真呢。那个老家伙，曾经历了南京守城那场战役，据说当时守城主将没有留下撤守渡江的船只，以至于溃军渡江的场面十分凄惨……当然，有些时候，我们会发现，失去记忆的人比无法失去记忆的人，要来得幸福。"

"还有，"在带我走到G君的病房门口时，她意味深长地抛下这一段话，"关于本院医生病人集体嫖妓之事，我毋须去作无聊的否定或辩解。但是，有一点是特别要提醒您的，本院是一所精神疗养院，有许多特殊的医疗措施，有其临床之必要，却可能是不足以向外人道的。"

我很快便发现，这间医院的许多状况，或许确实是外人不足以理解的。走进病房的时候，G君正对着一群簇拥着他的护士们讲述一个我学生时代便已听他说过不下十遍的黄色笑话。他身旁站着一位非护士打扮却真正像是在照料他的苍白少女。G君目光茫然地望了我一眼，我一眼就知道他的失去记忆力是装的。

"……第三位男士听了女人的条件，很自信地回答：'这不成问题，我只要拍拍手就可以使用，使用过只要弹弹手指便可以收起来。'"

笑话的高潮不外乎是歧入雷同的形式使夸张不被信任的期待骤转为突兀的空虚、婚礼进行中众人噼里啪啦地鼓掌而新郎脸色大变，G君模仿着笑话中新郎借以解围的狼狈模样，弹着手指：

"谢谢大家，谢谢大家。"

除了那位苍白瘦弱的少女不停歇地进行着照料G君的动作，围绕在四周的护士们，都为着这个其实并不十分好笑的笑话像是非常之好笑那样地哗哗大笑个不停。

我很诧异这间医院的纪律竟涣散至此，而纵容如此之多的护士集聚在一个病人的病房。甚至我怀疑这些面貌姣好发型新潮的护士是G的爱慕者们，为了想要亲近G而想出的不太高明的化装计谋。而我一进门便觉得十分不协调这时才起疑的是，一向擅于发表堂皇漂亮演说的G君，这时竟会如此（有些笨拙地）扮演起这种粗俚的三流角色（虽然他仍是相当高大英俊且控制了全场的气氛）。

苍白的少女这时看了一看腕表，十分轻柔地说：

"对不起各位，G的排泄时间到了，请各位离开好吗？"

那一群护士像是对苍白少女非常之畏惧，以至于适才整个病房的笑声像是所有人突然被扼住喉咙那样整齐突兀地戛然停止。护士

们顺从地走出病房,当我正要识趣地跟着一道出去时,苍白少女却用她那种柔和却毫无商量余地的口吻说:

"你留下来好吗?"

我自然是留下了。为了避开目睹G君"排泄"的难堪场面,我踱至此病房唯一的一扇窗前,背向着他们而可以眺望远方的太平洋及狭仄的海岸。

但是几乎我才走至窗前在我的背后G君和少女似乎竟然不忌讳我在场那样急切地搞起来了。我居然听见**鼓掌**和**弹手指**两种声音混乱但此起彼落地在背后交响着。

一时之间我无法弄清楚究竟是G拼命鼓掌而少女拼命地弹手指,还是少女拼命鼓掌G却在弹手指。过了不久鼓掌和弹手指的声音皆停止下来,取而代之的是衣服脱褪的窸窣声和他们的喘息。这整个过程我皆背对着他们,且因为羞耻或是慌恐而使自己的听觉呈现空白,只是凭窗眺望着医院所在峭崖下方的海滩,和停搁在海滩上的一艘破旧的渔船。

当我望着形状模样甚至停搁姿势皆过分巧合类似那张照片中的渔船的这艘渔船,开始看见远处一群似乎包括G君、K君和我的小小人影,从海滩另一边走来,正准备攀上渔船拍照,并且窃喜自己目前所处的俯瞰地位,或许可以将引起照片中K君惊惶左望而不出现在照片中的事件看个究竟。那个苍白的少女却悄无声息地站在我的身旁。

"真是讽刺,"我因困窘而不敢直视,只好低下头来装作聆听并且沉思的姿势,来避开与她目光的难堪碰触,却仍然可以感到少女犹未恢复的促急鼻息,"原来是在G说了这个笑话之后,我们在一次做爱中不约而同地鼓掌和弹手指，为这个戳破了从前一本正经浪漫温柔的爱抚公式的发明而乐不可支。刚开始我们充满戏谑心态地做这个鼓掌和弹手指的动作，但是后来，悲惨的情况发生了，G变得反射式地沉溺在这两个动作的指令里，没有它们，他就无法勃起或颓缩。嘲弄的戳破的动作取代了先前的公式，成为新的公式……"

少女说到这里的时候，呼吸已平稳下来。我抬头再望向窗外的海滩，发觉刚才那群小人已经离去，只剩下那艘渔船孤零零地停在原处。

在我留级的那一年

在我留级的那一年之中，几乎每天都活在设计如何将高大英俊的G君凌迟处死的妄想亢奋里，我幻想着自己像削铅笔或是刨马铃薯那样用刀一条条将G的皮肉割下，在他的哀求和惨叫之中，我所有压积的他所给予我的仇恨和耻辱，都将升华成灵肉合一的无限愉悦。唯一让我稍感不安的，是每当我进行一次这种不可自拔的凌迟妄想之后，不论其时我处身于课堂、书桌前、马桶上，甚至在朝会进行中，我的老二都会无端地勃起。以至于在那一年里，我一方面陷溺在惩罚G君的快慰梦想里，一面又时时感到一种针戳般的恐惧：我不会是爱上了G君吧？我该不会是个潜伏性的同性恋者吧？

如今我试着拨开情绪的迷雾，任由回忆的稀微光线带我回到那个沉滞闷热的期末考的下午，那个决定性的下午：决定了我的留级；决定了G君此后将以我复仇目标的身份，暴露在我妄想的瞄准镜之下。在那之后的一年，甚至未来无限延展的岁月里，他的耳朵、眉毛、鼻孔、喉结，甚至微笑时下唇上扬的弧度，说话的腔调和语气，都将被我以各种角度的扫描记录，存档在我的记忆、妄想、文字，或者人格里。我随时将它们修改，以配合我妄想的情节。初期的模式大略如前所述，我用各种方式折磨他，将他处死；后来出现了新的灵感：我在百般凌虐他之后，放他一条生路，他感激跪地，吻我的鞋尖；情况慢慢演变得无法控制：变成了一群人在对 G 动用私刑，我在他奄奄将毙之际出现，拯救了他。后来的情节，我不愿再回溯一遍，自类似在宽恕和痛悔的泪水中两人相拥诸如此类的老套。我不自觉地模仿 G。他的眼神，他说话的腔调，他激昂演说中骤然的以吸引大家期待的停顿……我慢慢想不起自己原来的长相，似乎脸孔的每一个部分，都朝着那张熟悉的 G 的面孔迁变挪移。

对。我试着拨开情绪的迷雾，任由回忆的稀光带我回到那个下午。

我看见高二的自己在铁当[1]两科的状况下背水一战地在化学科期末考上奋笔疾书换取补考的一线希望。如果这科过了，以我们学校过去补考有考必补的惯例，我便可以逃过留级的噩运。虽然我当时或许是青春期延迟或发育不良的因素，整日价精神恍惚成绩始终排名班上最末；但是以我过去的经验，块头弱小且安静怯懦的我其实并不十分引起老师的注意，充其量只是在每次发考卷时看着分

---

[1] 当，即成绩不及格。

数，再皱皱眉打量我孱弱谦卑的姿势，勉强嘀咕一句：

"要念书哇，啊？"

比较起 G 君和他的那票狐群狗党们成日翘课强词夺理没事儿就把女校学生肚子搞大，我相信老师们在拿起红笔准备从成绩册上删掉些名字时，我可能比较有机会从夹缝中求生。

我看见那个下午我正趴着考卷奋笔疾书满手心汗的当口，坐在我后面的 G 君，突然像是按着某种密码频率那样用鞋跟敲打着我的椅子。我僵直起背脊，把脖子朝后仰，一种糅合了不祥和莫名亢奋的预感使我顺从地像个机灵的共犯竖起耳朵。

——把考卷垂下来——

啊我如今依旧可以清楚地感到 G 君温湿的鼻息喷散在我后脑勺秃袒的头皮上。什么？他要我，罩他？

由卑微而对施辱者产生的仇恨和谄媚往往只有一线之隔，而且两者在发生瞬间皆是难以辨别无法控制。我曾经为了正义感（我始终不怀疑自己的正义），在周记簿上举发 G 的一些发生于校外之劣迹，发回时导师却仅在后头用红笔潦草地批了一句：

"好好念自己的书，勿把注意力放在窥探窃论别人之隐私上。"

甚至又不知何因，那个导师竟将周记拿给 G 君看过。我直觉地发现，从那以后，我便被 G 君的敌意从这个班上给除名了。不仅是 G 君的狐群狗党，甚至是班上其他的对 G 君行径不以为然的好学生们，都用厌恶鄙视的眼光瞥我（啊，那是个爱告密的家伙）。相较于彼般被视为菜屑的地位，我不禁又怀念起从前不被人注意的角色。

但是，现在，是 G！是 G 要我罩他？！

因久压的卑辱骤然崩塌而饱胀升起的幸福,像在温暖的海滩舒活地将附着于肚皮、胁肋和肩膀上的沙粒抚娑剥褪而下的愚骇的快感,使我情绪激昂地把整张考卷垂了下去,并且将可能遮住他视线的我的身体夸张地向一边让开,仿佛是企图用肢体的动作表白我绝不保留的忠诚。

正当我迷醉在这种类似献身的崇高情氛时,桌上的考卷却被人从后抽去。

——你们两个,跟我到外面来——

我如今试着拨开情绪的迷雾,任由回忆的稀光带我回到那个下午。我看见自己仿佛攀过了亢奋的高峰,疲倦地跌坐在一片无限平静的平台上。我顺从地跟着 G 和监考老师走到走廊,看着流动的光线在他们争辩的脸孔跳跃,我甚至注意到 G 君发达的双颊肌肉在激亢发言时拉起的优美弧度。

"……姑且不论您这样没有证据便强恃着师长的地位诬指我们作弊是不是会造成我们心灵的污点或是日后在班上立足的困难。当然啰,也可能是您对这位同学(G 君指我)的不满,使您借着这个作弊与被抓到的近于仪式的动作来锁定了他日后必然要承受歧视的角色,这样的仪式确实十分有效,从此以后不论是周围的同学甚至他自己,没有人会去注意他其他的为人或是个性,他被按着您的意愿贴上了'作弊者'的标签……当然这是你们两人之间的事,我不予置评。但是为什么要把不相干的我也牵扯进去成为配戏的牺牲者呢?难道仅是因为我坐在他的后面吗?况且今天有犯罪动作的是'会写考卷的他',是他挪开身子如您所说'夸张地扰乱了考场秩序',而不是'不会写考卷的我'伸长颈子去偷看他的考卷。您是否混淆了条件、动机和行为这三者之间的差异呢？难道仅因为他或许突发奇想想要满足一下虚荣心，而坐在后面的无辜的我恰好不会写，这样就注定了我必得被牺牲吗？……"

"你，你，你，你在说，说，说什么，我，我，我听不懂。"监考老师显然被G君成功地激怒，开始结巴，"我，我，我这个，这个，个人，一向，对，对对，学生，没，没有偏见。是，是秉，秉持着，有教无类因材施教的，的信、信念。你，你，你说，说我，没没，没有证据……你、你、你们看，这，这两张的，的答案，完，完，完全，一、一样，连连，连错，错的，都，都，都一样。"

我试着避开情绪的干扰，尽可能平静地回述那个下午后来发生的事情。但是不可控制地，紊乱的光影和歧出的杂音开始在我四周跳动。嘿嘿嘿嘿于是哔哔可耻的那个下午我竟然叭叭叭叭竟然朝着轰轰轰哐锵哐锵朝着那个监考老师跪下了。

轰轰轰叭叭嘿嘿嘿嘿哇哈哈哈哔——

过了许久，有人拍了拍我的肩膀，是G。监考老师已不知何时，离开走廊，走进教室去。

我这都是为了你啊。我用介于乞怜或取宠之间的眼光望向G。G却僵站在原地，带着一种努力维持脸部线条不至扭曲，怕被什么秽物弄脏的神情，撇嘴笑了笑。

如果有一天，有人开始注意到我的小说，或是尝试探索我塑造的人格原型，那么，让我在这里偷偷告诉你，这一辈子将永不停止地骚动我，迫使我拥抱着羞辱去创作的，不是留级，甚至不是下跪这件事，而是 G，是 G 那个天杀的耐人寻味的含蓄的微笑。

苍白少女对于 G 的一段评论

"G 这个人，总之，是非常容易着迷在扮演的动作里。他总是臆测着自己投射在别人认知系统里的角色地位，而照这个猜测更加卖力地演出。像他从前吊儿郎当的浪子模样和后来言词夸浮的演说家的嘴脸，其实都是为了迎合着那些嘲弄不屑的眼神来扮演。他是故意露出夸张、笨拙、做作这些破绽，来提供那些眼神借以揶揄的素材。他不是无意识的，是非常，非常卖力地露出这些破绽的。我怀疑他现在失去记忆力——当然，我坚信在生理上他是真的失去记忆力了——但是我怀疑他是在按着某一篇他臆测你将进行或诱引你进行的小说角色（当然内容可能和遗忘有关），而强迫自己，'假戏真做'地失去了记忆力……"

"他甚至为了无瑕地让自己被置放在一个记忆系统混乱的世界里，跑去学照相冲洗技术，把自己从前的照片悉数焚毁，然后将所有底片重组拼贴叠印再重洗……"

陌生女子的第二通电话

"爸……爸吧……"电话里，小孩口齿不清地说。

"啊？哈、哈、哈，"我尴尬地搜寻着恰当的字句，"别，别开玩笑……"

听筒又传来一阵扑噜扑噜类似泡水家具在磨石地上拖磨的

声音。

"怎么办,孩子愈来愈像她爸爸了。"

"像?你,你不是说、你已经忘了他的长相了吗?"

"是啊,我原先确实一点也想不起来那个家伙的长相。但是随着孩子脸孔棱线的一天天清晰,他的长相慢慢从记忆的深渊一点点地浮现出来。恰好和《笑忘书》里失去信件的塔美娜相反。她每天都花点儿时间去例行地回想死去丈夫的模样,他的侧脸、鼻和腮的纹路,而每天都为了一两处因遗忘造成的新模糊点而慌恐不已。我恰好相反,我每天望着这个孩子,她父亲的长相就拼凑零件一般地一件一件浮现脑海。先是额头、眉毛,然后眼珠、颧骨、鼻梁、鼻翼、嘴唇、笑纹……我每天几乎把全部的精力,耗费在去把顽强地浮现起来的他的长相给用力遗忘。"

"这么说,不只是肉体的强暴或怀孕;孩子的父亲,借着孩子脸孔对他的脸孔的再创造,强迫你无时无刻不去温习他的长相,他强暴了你的记忆,然后让自己着床在你记忆的子宫上,分化茁壮……"

在我滔滔不绝地做这番演绎同时,其实已意识到自己又犯了不识相的老毛病。果然听筒那边沉寂了下来。

"喂?"

"你的小说强暴了我。"

又是小说。我开始怀疑这是不是一个妄想症者排除寂寞的游戏;或是一个前卫小说家的恶戏实验:我也曾经有过这一类的构想,按着某位作家作品中的人物身世,假扮成命运巧合而被作品挑起自伤情怀的读者,打电话和作家扯淡。可以由小说家和他笔下角色的真实对话，造成一种虚构延伸至真实而任意流动的再创造。

"让我们打开天窗说亮话吧，关于你那篇小说。话说从前有一个女孩，我们姑且叫她程琳吧，另一个女孩，当然啰，叫张素贞。程琳在十二岁以前，一直是父母和老师跟前的小公主，她也知道自己充裕的魅力，大家都疼她。但是，让我们回到小说的那一幕吧，'……背对着她，母亲全身赤裸，像是拜神似的趴跪着，程琳的父亲，上身仍穿着宽松的晨袍，他把晨袍撂起，赤着两条苍白枯瘦的腿，直挺挺跨骑在母亲黝黑的身上……'，历历如绘，简直就如同你是身在十多年前的现场，只是当时窥看到那一幕的，不是张素贞，是程琳。我们省掉那些'从此世界便背转身去'这一类的屁话吧，事情没有瞒多久，程琳的妈妈也知道了。她当然无法忍受（对手是那么一个又黑又蠢的女人），于是程琳的父母离婚。

"到二十岁，程琳一直活在落难公主的自伤和对张素贞仇恨的啮咬里。她考上了大学，留了飘逸的长发（如你小说里所写的），然后发觉到她的美丽可以让她再度成为公主，一开始，围绕在她周围的不外乎是些忧郁的诗人、玩世不恭揶揄嘲讽的小说家，或是不洗澡不刮胡子的各种主义的信徒。但是美丽的公主不能始终穿着那一套寒碜的衣服啊，于是后来，程琳身边的人，变成了挺着肚子秃了顶的中年大亨，就是这样，一切和小说一模一样。但是我们不能忽略了程琳实在是卑怜地渴求着父爱啊。

"你的小说弥散着对张素贞强烈恨意的同情，同情于同样是这个事件牺牲者之一的程琳，对她的堕落，却充满不屑。我去打听了，张素贞确实是在华西街卖身，又老又丑。我已经不再恨她了。我们真是一对姐妹啊；但是你对我，是不是很不公平呢？"

说完她便切了线。

我厌烦了这一切。谎言、虚构、小说与真实、情节的亢奋和真实流动的人心。

我厌烦了这一切。

似乎是应情节需要所发生的两件事

收到徐小姐寄回的照片,但是原先在照片左侧神色仓皇的K,却变成是我。

K君来看我,"他们说你不太好,"他小心观察着我,"我说,老兄,你的演技真好。"

"他们?一堆狗屎。我怀疑这个组织有计划地把我生存世界的真实慢慢架空,然后用一些虚构的情节填塞进来。把我的照片改造,冒充我小说里的角色打电话给我,甚至让我取摹的角色本人失去记忆力。他们尝试建立另一套时空世界,混淆我原本的记忆结构。哈哈哈,算了吧,我不会向这个阴谋妥协的。"

"阴谋?"K狐疑地说,"他们说你患了妄想症。我以为是你未经我同意便将我及我的小说写进你的小说,因为愧疚,便自动地扮演着我另一部小说中'妄想症者'这个角色,作为补偿。"

"啊?"

"算了吧,其实我并不是非常介意。何况我那篇小说中'妄想症者'这个角色,处理得非常滥调:记忆和记载的冲突,亲身经历和众人口述的分裂,根本是邦狄亚家族里目睹香蕉园大屠杀的席根铎[1]的抄袭，况且是拙劣的抄袭。你要是想要扮演以谢罪，"K君从袋子里拿出一叠稿件，兴奋之情溢于言表。这时我才注意到K竟背着一只女用的顽皮猪垂须布袋，"喏，这是我最近的稿子……"

那是一篇关于一个长相滑稽的胖女孩，在学校厕所被一个陌生男子强暴的故事。而后她所一直以为的亲情友情乃至一切赖以生存的角色默契和人际结构，全发生松动，强暴只是她对她原以为安全的寄身背景的质疑触媒。后来她看到了一篇小说，写的正是她自己的事情，便爱上了那位小说家，不断地打电话去骚扰。但是那位小说家因不明原因而失去记忆力，后来经过了千辛万苦的双线侦索，她发现那位小说家竟然就是当初强暴她的人……

老实说，我从文艺营那晚，就始终相信，K君的作品，格调实在不高。但是K君在我尚未看完那份稿子之前，便像令人可疑的缴械那样主动地告诉我关于相片左方当时他表情怪异所目睹之事，这实在比起他那篇小说，要让我聚精会神多了。

K关于海边相片之外发生事件的忆述

当我在你的小说上看见关于我和G争辩的那一段，我确实惊骇异常，我不晓得原来你和G早在高中就认识，还以为文艺营那晚我告诉你我是个同性恋者之后，你便私下刺访出我和G的关系，以及后来我和他发生的一些事。是的，那天早晨，我和G在小城唯一的一晚缠绵之后（我这里不想为了满足你的好奇心而详述我是如何

---

[1] 邦狄亚、席根铎，均为《百年孤独》中的人物名称的台版翻译。

搭上他的），便已知道他不可能永远属于我的，他是属于另一个世界的。我当时也打算看开了，弄得清爽些大家高高兴兴分手（你不知道其实我们这个圈子的感情都相当节制而内敛），便提议去小城附近一个废弃渔港的海岸走走。他也乐意答应。一开始倒挺好，后来不知怎么搞的，我们起了口角。我发现他和我玩，骨子里根本就贱蔑我这种人。我忘了当时的细节，总之我不知何时在海滩上拣了个空酒瓶，往他头上砸去……我想不到他那么大的块头，一下就翻白眼软了身。我试了试他的鼻息，确定他已然断气，就赶紧离开现场。没想到就在那时碰见你带着一票朋友，热情地和我打招呼，并强拉我和你们在那条废弃渔船上合照一张。我怕你们发现倒在不远处的 G，只好硬着头皮装作若无其事地和你敷衍。

在拍照过程中，我偷偷瞥了一下 G 翻仰卧身的那丛岩礁，没想到竟看见他撑爬着、摇摇摆摆地站了起来，双手抱住头，仿佛痛苦万分，很困难地朝另一个方向走去……

如果但是不过也许

让我试着厘清和照片有关的几个人物可能透露出来的有限真相，以及他们受到被谎言污染的真实所干扰的谎言。

如果苍白少女的话可信，G 君正在有计划地进行销毁自己记忆的阴谋，那么发生于我的那张相片的时空谬误可能不过是 G 君这个阴谋的极外围环链的一个周迅辐振。

但是根据 K 君所言，照片出现的瞬间是发生错差而非杜撰，自以为击毙 G 君却惊惶发现 G 君挣扎爬起身的 K 君不可能在同一时间和G君微笑搭肩并立于渔船的照片上，不过，K君正在进行的那篇劳什子小说那两篇怪诞电话的巧合使我怀疑真正的阴谋者是K君。

而在一篇样板的三流推理小说模式里，之前露面不过两次的徐小姐也许是最后真正颠覆情节预期的大说谎家。也许徐小姐便是苍白少女便是怪诞电话的主角。

也许我才是真正策动一切阴谋的主人。

第二次至医院探望G

我在病房门口被上回警告我"不要被病人扰乱自己组合时空和事件能力"的护士挡了驾。

"G君已在办理出院，当然这并非意味他已痊愈或者本院治疗已然见效；甚至是他放弃了接受本院治疗策略的一套方法。这以后G君和本院的关系不再是患者和医院的关系。为了保密（他在住院期间已获知过多关于本院特殊的人事结构和疗养方式）起见，至少在本院的范围之内，我们必须隔离他与一切相关的外人接触；当然出院之后，他也可能将机密拽露，但那已不属于本院能控制的范围之内，至少现在，他是不能和不属于本院的外界人士接触……"

虽然我极尽努力地让她相信我对这所医院的劳什子的什么疗养策略人事结构这一堆玩意可说是完全不感兴趣，只是为了一点个人的非常急迫的私事想向G君求证，然而那位护士只是耐心地喋喋不休地重复着什么本院的原则之类甚至我依稀还听见她说了一句海防安全什么的。

僵局在对峙了将近半小时后才由G君身旁的苍白少女的出现而

结束。她向护士表示了我是她的而非 G 君的访客，护士才耸耸肩准备离去。

"那么，"我恶意地向护士挑衅，"如果贵院的隔离确实有效，为何这位女士可以依然照料 G，难道她不是外人吗？"

"为什么她是外人，"护士讶异地望着我，"她是本院的病患啊。"

护士离开后，苍白少女仿佛无视或者无暇顾及我适才自以为聪明的鲁莽行为，只是羞红着脸嗫嚅着一些吞吞吐吐无法组合成意义的断句。我狡猾地猜想到这个和 G 君关系非比寻常的女孩仿佛有隐情要告诉我。

"G 的失去记忆力是假装的，对吧？"我不动声色，故示贴己地问她，"他是为了躲开 K 吧？"

"啊？不，"苍白少女的脸迅速地涨红起来，"我是想问您，那个，我读过您的那篇作品，结尾部分'过了许久，化妆台上那张揉成一团的化妆纸，像是疲惫到极点，无限懒怠地放松，将涂满酡红胭脂的躯体慢慢张展开来。'镜头脱焦至意象的静物特写，固然看不出戛止的破绽，但这是不是您无力收尾的匠气的遁逃？我想知道的是，后来呢？不论 G、K、J 或是程琳和张素贞呢？他们之后怎么样了呢？"

"啊？哈哈，当然，当然，一个说故事者时常会遗忘或混淆了他创造出来的角色，"对于初恋情人一般看待的初作，能有人这样一字不差地背出其中的一段，身为作者的我，自然是跌入，不，应是毫不犹豫地纵身跃入，不能自已的幸福和感激里，"事实上，真正的主角，不是你适才提的那些人物，而是纸团。我用纸团张开的动作，"我将拳头握紧，然后像花苞绽放那样模仿着纸团张开，"把一切探究真相的好奇、廉价贩卖的同情，以及疾病似的对人性算题推演的狂热全予否定。它们对于真实生命中的情欲痛苦圈圈叉叉，还不如一团沾了她们胭脂残渍的化妆纸，所能呈现得多……"

"您是否用彼此矛盾的立场相互的否定和嘲讽，来遮掩您根本没有任何立场的窘态？我看不出您有任何的立场？"

"那倒不是，"我沉吟着，开始隐隐感到这个外貌孱弱苍白的少女，比起擅于宏论的 G，其实要残忍不留情得多，"何况，那只是那篇作品的问题，也许，也许我的想法已经，已经改变了。"

"我怀疑您是个投机分子，"奇怪的是，少女仍是非常羞怯般地涨红着脸，"看看您所谓的'人面兽心'的 G 君吧，您让他像宣言一样说了一堆设计得并不严谨的批判，然后再浮面地以'玩初中女生'的标签，诱导读者对他进行简单粗略的人格判断，从而使他对您的质疑贬值，轻松地躲开这些您自己设计的拙稚的批判。"

"不错，他是如您所说地'玩初中女生'，那个初中女生就是当年的我！您知道什么？事件背后每一瞬细节的折皱和隙缝您都看见了吗？虽然我不知道您是如何打听出我小学时曾在粪便检查里发现蛔虫，但是由事件堆砌起来的'我'根本不是我，而是你自己。你营造的张素贞的恨意，根本是源自你自己根深柢固对 G 的恨意。你始终自虐地沉浸在那时下跪的耻辱里，膨胀臆想着目睹那一幕的 G 君的轻蔑，这全是你自己的臆想。所以你不断地设计出置 G 于难堪处境的陷阱，其实不知道 G 早已原谅了你，他总是愉快地和我谈到你，'K 这个家伙，如果没有那些毛病，实在是一个对手啊。'"

面对着这样的一个少女，一边咄咄逼人地用不留情的问句将我逼到死角；一边却确实是羞红着脸。我一时实在是掏挠不出该用什么话遁逃。高中时作弊被抓到的巨大绝望又笼罩上来，我费了好大劲才抑止住以下跪乞怜来解决这个困境的欲望。

"那，那样的闪躲，大，大概是对，真，真理的，尊敬吧。"

"什么是真理？"

"永远没有真理。"这时候，高大英俊又失去记忆力的G君，以一种不愧为小说第一男主角的姿态，头上缠着雪白的纱布，拄着拐杖，一瘸一瘸地从病房走了出来。

"K，我们太娴熟于语言了，我们早就知道根本就没有真理这回事，人们尊敬的只是语言。让我告诉你一个关于我父亲的真实故事吧。民国二十六年的南京屠杀，我父亲是那场浩劫幸存的目击者之一，他确曾亲眼目睹了成千上万溃败的守城中央军，仓皇渡江撤逃却成为日军在江中的活靶；还有大批的俘房像牲口一般被赶至江边岬口集体射杀。民国三十五年远东国际军事法庭成立，主使屠城的日军第六师团将领谷寿夫被引渡至中国受审，军事法庭在南京全城张贴布告，号召各界民众揭发和控诉。我父亲也是当时的一千多个证人之一。但是在入庭作证的那一天，羞耻的事情发生了：我父亲面对法庭的森严气氛和屠杀者桀傲不驯的嘴脸，瞠目结舌，一句话也说不出来，只是喏喏着像个心虚的伪证者那样一再表白自己不会昧着良心说话。甚至于当他描叙日军屠杀的过程时，谷寿夫怒目圆睁不过瞪了我父亲一眼，我父亲，他，竟然扑通一响，以标准亡国奴那样的姿势跪了下来。

"我父亲一生都活在反复咀嚼那羞耻的一幕之中。我从会说话开始，他即像是中邪一般严酷训练我的口才：高亢感人的声调、理直气壮的姿态、无可辩驳的华丽的真理……我被强迫背诵领导人嘉言录、名人语录、论语孟子颜子家训出师表富兰克林自传圣经麦克阿瑟的老兵不死甚至天皇诏书和毛语录……到后来我几乎是反射地连放屁抠鼻屎这类的事件都能发表一篇抑扬顿挫、慷慨激昂的演说。

"K，我高蹈的措辞风格和不合时宜笨拙夸大的修饰语，或许正是你揶揄嘲弄的焦点。但是，在我父亲那个年代，堂皇的宣言式的演说方式，才是真正能受人尊敬的啊。

"那个下午，那个你跪下的下午，我突然像肥胖的茧里的蛹，发现了自己的干瘦。你完全模仿着我父亲的动作，使四十年前的历史再现，而突出我语言喧哗的笨拙、努力的徒然，以及我二十年生命全是我父亲向可耻回忆报复的工具，你突出这些可悲的事实。我突然发现，你是这个世界唯一看穿我可鄙的寒酸的内里的人，于是我决定要把撑持我的这些像保力龙块一般累积的语言，悉数抛弃。这当然使我吃了不少苦头。因为不使用它们，我已经失去了说话的能力。进入这家医院，为的是'失去记忆'，而非"医治失去记忆力'……啊，你看我又……不过，这应该是我最后一次演说了，哈哈。"

说罢，G便拥抱了我一番，由仍羞红着脸的苍白少女扶着，丢下目瞪口呆的我，一跋一跋地离开。

我始终是个失败者。

从下跪的那个下午开始，我便看出了自己终究是个小丑。不是扮演的角色的关系，而是我，从，骨，子，里，就逃不掉，逃不掉命定的小丑的身段。相对于 G 站在敞亮迷人的语言世界，我是一只可笑的、蜷缩在蠕动舌头喉结却吐不出半个字的角落的爬虫；待我有计划地、一步步模仿着 G 的姿态而执行我的复仇计划时，G 却早已厌倦语言喧哗的世界，优雅地沉入无声世界的乡愁里。

一切的决定不在于我们选了哪个角色哪份剧本，而只是永远无法颠覆的：他是个不会羞赧于自己的高贵的主角；而我，不过是个拙劣的模仿者罢了。

两篇小说的结尾

这于是在我起始为那张海边破烂木船上的时空暧昧之照片而循线查证了数个月之后，我终于住进了这间 G 曾在此疗养而如今已办理出院的坐落在海边峭壁上的医院。

当我在住进病房那天下午，为了为何当初所见照顾 G 君的皆是年轻貌美的护士而我周围却是一些臃肿粗心的阿巴桑[1]这一类琐碎的问题像个唠叨的老头那般向一位巡房的医师埋怨时，一个护士带了另一位病人走了进来。

"这是你的室友。"

原来是 K！

当晚，我和 K 君同病相怜地在干掉他一坛透过关系取得据说是主治医生向海边私枭低价购来的井阳冈，开始同病相怜地大骂医院

1　即中年妇女。

的设备和服务。拐弯抹角的闲扯像虚疲的沫泡那样徒然涨起又萎瘪后，最后的话题终于袒露出来。

"关于那张照片……"

"先问你一个问题，"K君说，"李大年取得了解药急急赶路回家，路的尽头却分岔为二：一条通往有去无回传说中尸化为脓水的死谷；一条是回家的归途，身中剧毒的母亲命在旦夕，眼巴巴盼着大年的解药。两条岔路路口各有一个哨兵：一个说的绝对是实话，另一个说的绝对是谎话。请问，李大年要如何向他们问路，才能走上归途，把解药及时带回家？"

"只要问那个说实话的不就得了。"

"请注意，李大年并不知道两个哨兵之中，究竟谁说的是实话，谁说的是谎话。"结果答案是：问其中任一个哨兵：如果我问另一个哨兵：哪一条是正确的归途，他会怎么说？"正负得负，"K君沾沾自喜地解释："不论是诚实的哨兵告诉你谎言的真相；或是说谎的哨兵告诉你虚假的真实，谎言与真相的结合必然是谎言。李大年只要按着答案相反的那条路走去，稳没错。"

我望着K满脸通红，像一只迸破的番茄扑噜扑噜那样，把浆汁种子一般的概念与语言喷挤出来。谎言？真实？李大年把解药藏在背后，狡猾地笑着朝着等待被质问的哨兵走去……只有一次机会，只有一次机会……

突然K无声张合的嘴形变成了哨兵老实的面孔。

——喂，如果我去问他，要往归途的路是那一条，他会怎么说？（嘿嘿，负正得负、真实与谎言的结合必定是谎言。）

——大年先生，你不可以问他，他会说谎的。（我怎么知道是你说真话告诉我他的谎话是谎话还是你说谎话告诉我他的真话是谎话？）

——啊？我是问，他会告诉我该走哪一条？

——对不起，大年先生，只有一次机会，您已问过了，恕不再回答（于是你知道你问到了说实话的家伙；要是另一个哨兵，必定会甜言蜜语地说大年先生我乐意回答您任何问题，然后以负负得正的推算告诉你正确的归途，但是你却自作聪明地挑相反的另一条路，迈向死谷）。

"我初时也想，妈的老子哪条路也不走不就结了。"浆汁种子喷迸的速度减缓，K呷了一口酒，脸上的红潮慢慢褪去，"但是，呵呵，命题的起始便限制了你逃脱的欲望：他是拿解药回家，不是面对可放弃选择的黄金谷。有些问题，明知一瓣瓣剥开，袒露出来的不是毫无答案的绝望，就是模棱两可逃脱于外的歧俩，也是、也是……"

"呃，我说，K，"一个似乎早就存在的念头闪过脑海，我把杯里的酒一仰而尽，"那通电话，是你，呃，是你搞的鬼吧——"

"嘿嘿。"

"那么，那张照片，也……咦？"我的舌头愈肿愈大，脑袋里像盛满了小冰块的冰盒，左右喀喀哗哗地响，"但，但是，那张照片，明明最左侧朝旁看的人，是你啊，怎么又变成我了呢？呃，我，我我应该没，没记错啊？"

"你没记错。但是你忘了：我是K，K就是你啊，这有什么好奇怪的。"

"呃？"K的脸孔在我面前渐渐模糊，我抹了一把额头上的冷汗，

"呃?"妈的,K 就是我我就是 G 就是程琳就是张素贞……

"对了,我一直在进行的这篇小说,总算告一段落了,你看看。"

我努力地用手指沿着稿纸一格一格往下读,奇怪的是 K 这段文字竟然是用红笔写的:

"……于是我顺从地任由 K 扶着,歪歪跌跌地走出医院。迎着冰冷的夜风,一股酸馊锋利得像铁钩从鼻腔穿入,扯开窒涨的舌根。我哗啦哗啦吐了一地。

"迷迷糊糊,大约被 K 领着转了几个弯,也不知走了多久,突然被一阵光亮刺激,我睁开眼睛……"

接下来是一大段关于娼街详细的描叙,这一段我觉得十分熟悉,描写如何浑身湿汗地在肉香四溢的女人间挨挤,最后几经周折,在一家娼户门口向一个孩子询问后,下来了一个圆团脸的妓女。

"……她引着我到二楼一间狭仄的小房间。才关上门,她就边抬着腿把裙子扯掉(天啊,她竟然没穿底裤),上身仍旧穿着那件红毛衣,翻躺在榻榻米上,两条白腿像肉案上挂着的蹄髈那样张开(她的足胫上有一道道折起的皱纹和黑垢)。

"'弄啥洨[1]?脱裤啊?'她乜了乜一旁呆立哆嗦的我,不耐烦地说,'你是幼齿是莫?[2] 上来干啊。'

"天啊,我几乎要摸摸自己的腰际是否系着一台随身听了,我

---

1 啥洨,闽南语粗口。
2 即"你是年纪小吗?"

竟然变成了自己虚拟出来的角色所写的一篇小说之中极尽嘲弄的角色,且一步步被推着走进那篇糟透了(后来被揉掉了)的小说里去。

"我在榻榻米上半蹲半跪,谦虚地问她:'你的上衣不用脱吗?'

"'你是没来过是莫?话讲这么多?快干,超时要加节。'

"我被这粗俗的对话和原始的气氛撩得情欲高涨,笨拙地褪下牛仔裤和黄埔大裤头,爬上她的身子,本能的亢奋使我用手去搓揉她红毛衣下的乳房(奇怪,她竟然戴着乳罩),却被她用手打掉。

"'干……'我说,像一只撒赖的小猫,死扒着母猫的奶袋不放,然后畏怯地低喵一声。

"'××××!!!'

"她一个巴掌甩过来,打歪了,扪在鼻梁和上唇之间,然后坐起身:

"'胸罩要钱你知莫?干你娘欸,扯坏了你要赔钱你知莫?'

"我仰起头来望着凄迷光影中她那张浓妆艳抹宛如神祇的脸,突然想起小时候父亲为了奖励我背完全篇领导人嘉言录,带我上街买了一根麦芽糖,我含着含着却让软了的糖糊咕咚掉在地上。我父亲一巴掌下来,'中国人被日本鬼子杀了多少,你还这么糟蹋!'把糖从地上抠起,塞回我的嘴巴。我永远忘不了自己用舌头在嘴里来回翻搅着那团嵌着砂粒和了眼泪鼻涕的糖浆的滋味。

"于是我抱住她那汗水淋漓像溶化糖浆一般的大腿,拼命舔着,一边,泪水汩汩地流了出来。"

"这是结局?"我问 K。

"嗯。"

"但是,你上回,呃,不是说是写一个强暴事件么?"

"嗳呀,那是这篇小说中那个小说家所写的小说。你记不记得我答应让你扮演这篇小说的主角以谢罪?"

"但是——"

"是啊,我怎么会要你去扮演被强暴的女生呢?这篇小说的主角是一个小说家,被他自己分裂出去的角色反渗透写进小说的一个故事。懂了吧?"

"嗯。"

于是我顺从地任由 K 扶着,歪歪跌跌地走出医院。迎着冰冷的夜风……

手枪王

他提到枪。

他把一柄大口径的左轮交到我手上,沉甸甸的,枪柄很大,食指衔住扳机的时候,小指竟然圈不住,像女人端高脚杯时那样向上翘起。我觉得很没面子,便拿枪瞄准着房间的东西:茶壶、日光灯、海报中龇牙咧嘴的李小龙和一脸无辜的本田美奈子。随着臂肘的移动,整个房间里的所有东西,都成为屈服在我准星和瞻孔之下的靶标:塞满了烟屁股的味全紫苏花瓜玻璃瓶、电子钟、克补的罐子……后来我开始瞄准他书架上那些书的脊背上的字,或是他摆列在桌上各式射击姿势(甚至提汽油桶抬担架建筑战地工事)的二次大战德小学兵。

最后我的臂肘不再移动,准星和瞻孔焦距重叠停止在他的脸孔上。

"别这样,"他说,将我持枪的手拨向一旁,"这样不好。"

这是 PYTHON[1] 357、S&W 686，是城市猎人用的；这是四五手枪，这是毛瑟手枪，他说。一提到枪，他便侃侃而谈。这是黑星，击发后可以单手上膛。这是 WALTHER 厂的 P38、PP 和 PPK。

　　一提到枪，他便侃侃而谈，但我想起适才在公园谈到溜冰或滑雪时，他是如此叨絮不休；此时却显得冷静从容，几乎皆以简单的断句权威地回答我的问题。我甚至感到对他的枪支，怀有一种宗教气质的静穆情感。

　　"你抽烟吗？"我指指桌上塞满了香烟滤嘴的玻璃罐，在我的直觉里，他应该是个不碰烟酒的人，至少也因洁癖而不至于将这些肮脏的烟蒂放在自己的桌上。

　　"呃，不，"一提到手枪以外的事，他的自信便迅速消退，"那些是曾在这个房间抽过烟的人留下的，我把它们收集起来，每一根烟蒂皆是不同的人留下的。"

　　"嘿嘿，蛮怪的。"我说。

　　他附和地笑了一下，又继续低头从箱子里拿出大大小小，长短口径不一的手枪。这是 S&W M66。这是 H&K P7M13。这是 SIG-SAUER P220。这是华尔沙式军用手枪。

　　真是个怪人。我想。

　　那天下午，我在一个社区公园的溜冰场溜冰，后来来了一群全套护具装备齐全的高中生，他们戴着耳机，旁若无人地在场中表演

---

[1] 蟒蛇手枪。

菲利浦两圈半回旋、华尔兹腾空一圈半、蹲姿旋转、飞燕旋转各种高难度动作。场中原先在溜冰的小孩们很快便被他们这种嚣肆的气势驱离至场外。

正当我收拾着轮鞋打算离去时，突然看见一个中年人，像是没发现场中才发生的紧张气氛，自顾攀着场边的铜环扶手，然后下定决心一般，用力推蹭着轮鞋，两手大弧度地摆动，像只折翅的鸭子，歪歪扑扑地划向场子中心。

这时溜冰场内只剩下他和这群技艺超强的高中生。他才一划到场子中央，便任务完成那样地直直摔了下去。先前被他的出场有些慑住的高中生们这又恢复了他们原先目中无人的高声谈笑的嘴脸，自顾耍起花招来。

那个中年人便又这样来来回回险象环生地横越了场子几次，害那些高速绕场的高中生好些回为了避开他而自相撞翻在一块之后，终于停泊在我的旁边。他开始从鞋袋里拿出一些应当是相当专业的人才懂得如何使用的维修工具，一边认真地把他的轮鞋拆解开来，一边便和我谈起溜冰：

"今年冬天想去欧洲滑雪，在这之前，没有机会去先学。所以我就想啊，先接触看看溜冰啦、滑草这一类有关的东西。"

我看他细细地用螺丝起子调着那双看来造价不便宜的冰鞋的弹力橡皮，大概是运动器材行老板煞有其事地把冰鞋的构造和调节描述得近于神话吧。他和我讨论起那双冰鞋和次一级的冰鞋之间，"仅仅差了两千元"，就存在着"脚踝才感受得到的"性能并无可弥补的优劣差距。我想我似乎应该说什么让他心里舒服的话：

"你刚才溜得不错。"我骗他。

谁晓得他这时两眼一亮，像是决定把我当作个可依赖的朋友，开始叨叨絮絮地和我埋怨起自己，说他从小就不喜欢出去和小朋友玩，所以运动神经一直很迟钝。初中时还是他母亲托一个老朋友医生，开了张伪造的心脏病证明，他才在体育课时，混在残障特殊班里……

一直到最后那些高中生也离开了，溜冰场黑漆漆只剩下我和他两个人，他才从自己的昏乱叙述中惊醒过来。"对不起。"他说。我告诉他没关系。然后他邀请我改天去他家玩。我考虑了一下，这似乎是自己第一次被一个大人这么正式地当个朋友那样地邀请，便答应了他。

●

清晨两点。

陆标从梦遗的自弃情绪中醒来，甫睁开眼，又被满室的强光迫逼着合上眼。他的房间恰正是这公寓朝向那座高架交流道弯口的一面，交流道的出口，是一个批发直销的果菜市场，这个时间，正是货柜车自产地将成箱果菜运至此卸货的尖峰时段。配合着重吨位的货柜车轧压过高架桥段的轰隆巨响、车前灯不容遮挡的强光光柱，放肆地一辆接一辆把他的房间像舞台一样，每一样摆设的影子都被拉长了打在对面的墙上。

陆标驼着身在床沿坐了好一响，然后摸黑站起身，他觉得口渴。但是下一瞬他整个人曝身在骤然射进的强光里，他悚然一惊，保持着凝塑不动的姿势。他知道这很滑稽，自己光着身，仅着一条白色 YG[1]，况且还是才梦遗过了呢。但是曝身在光里动作，他总有一种在伸展台上任人一览无遗的羞辱的感觉。他等这阵强光过去，才又在黑暗里继续走动。但是那些运果菜的脱拉酷[2]司机竟像是和他恶戏似的，他才迈开步，第二辆货柜的车前灯又打了进来，陆标只好又装成雕像凝止不动，伺这阵强光随车头转过弯口而消失再行动。但是第三辆……

于是短短的由陆标的床铺走到放水壶的书桌不过六七步远的距离，陆标却被这些蛮横侵入的强光给拆解成十来个不连续的分解动作。

"这一切都是阴谋！"陆标喘着气，站在桌边倒水喝，"没有人尊敬我。"他忧伤地想。

我哥哥在我连续一个月都往手枪王那儿跑而弄得深夜才回来之后，终于说话了：

"你少往那个什么手枪王的中年人那儿跑了。没事跟我去公司走走。"

他说得很冷淡，但我知道他已经相当不高兴了。我刚放暑假的那一阵，他没事便要拉我去他的公司跑跑，都被我拒绝了。我哥哥的"公司"，其实是一家老鼠会，在他名片上印的公司全名是"古嘎钻石喷射马桶灵芝汽车防盗器冷洁剂假发直销公司"。他的职衔是"业务经理／双和区促销主任"。

1　内裤品牌。

2　即卡车。

那一阵子我家堆满了瓶瓶罐罐的清洁剂，我哥哥热心地告诉我们，同一种清洁剂，可以多用途地用来洗碗、洗地板、洗排油烟机、洗衣服。后来，他甚至建议我们，该清洁剂其实可以替代洗发精来洗头，这时，我开始怀疑，以他们公司直销的产品内容看来，假发和清洁剂这两种不搭轧的东西，其实是有某种神秘的链锁性的关联。也许，在他们所有的直销产品之间，都有着一套这种密码式的不得不然的骨牌式的联结。

我哥其实是个沉默而意志力顽强的人，即使是在他最脆弱不能承受的时候，他也会在崩溃前尽速清场，不让我们看见他难堪的模样。小时候有一次和他放学回家的路上，被一群高中生叫到小巷里围了起来，我哥哥面不改色摆摆手叫我自己回去。我飞奔回去的路上撞见邻居鑫哥他们，一票人赶到现场却看见那群家伙叉着双臂坐在两旁的机车上笑得不能抑遏，我哥哥满头大汗白着一张脸蹲在中间学螃蟹走路。

"为什么要带阿鑫他们过来？"回到家里我哥哥二话不说把我叫到房间里死揍一顿。

另外一次是我哥哥带我至百货公司偷模型被当场抓到。那天是我们永和第一家百货公司中信百货的开幕，十年后我在报纸上的鸿源案看见鸿源集团的总裁沈长声那天竟也在场，据说他当时不过是个分文不名的青年，因为受到了中信百货开幕的壮大场面的感动，遂投入了地下游资炒作而翻身成为叱咤台港金融界的财团巨人，他买下了环亚，并且童话意味浓厚地买下了当初诱引他走出第一步的中信百货。

那一天我和我初中三年级的哥哥呆站在模型玩具部各种名字的

日本战舰前，我哥哥突然拉着我急急要走，坐在橱柜里的售货小姐喊住我们："等一下，小弟。"然后我们被带到一间办公室，一个戴金边眼镜的男人和几个穿制服的小姐和蔼可亲地围着我们，他们从哥哥的书包里搜出了两盒小兵模型和一盒日本零式战斗机的模型。我哥哥低着头坐在椅子上哭了起来。

回到家里我哥哥不由分说又把我揍了一顿。那次我没有再避开目睹他难堪的不安，我跑到浴室门口，用告密者的腔调却可以让哥哥听见的音量，告诉我正在洗澡的母亲待会她洗好澡时到梳妆台上找一张纸条，我在那上面有一个"天大的秘密"要告诉她。我母亲在哗哗的水声里嗯嗯唔唔地敷衍着，我却知道哥哥已毛发竖立蹑着脚步摸进母亲房间找到那张字条，上面我得意洋洋地写着：

"嘻嘻，偷看别人ㄇㄧˋ[1]密的是笨蛋。"

许多年后我才暗自想通，那张小小的机谋的嘲弄字条，可能是我哥哥此后一生将屈辱化暗为明的第一个诅咒。我哥哥那时面不改色走出房间，绕到我身后，阴鸷着脸轻轻擂我一拳，笨拙地用手指嘘在嘴前，眼里闪着试探和乞求，待十岁的我也顽皮宽容地做出一样的手势，他才难看地挤出一个同谋者心照不宣的微笑。

后来只有选择站在枪的后面了。他说。

他背着窗，穿着白衬衫前额已秃说起话来却犹带少年羞涩的气质，表情因为逆光而流动不定。我似乎突然明白了自己为何不能自制地被他和他所辖制的藏满手枪的巢穴深深迷惑。

---

[1] 注音符号，即拼音 mì。

是因为行使意志的自由？

不光是意志。而是创造的问题。被枪指着的人，永远没有被赐予等候你创造性格的耐性。你竭尽心力想出各种惊异的、引人注意的、惹笑的表情，在被枪指住的一瞬，就结束了。没有任何后延心思的机会。刚回过神来想把操演许久的表情张开，准星早不知何时移走了。

他转过身，持枪朝窗外下方瞄准。我走到他身旁。这是十二层高的大厦，强风把我们的头发掼得直竖起来。我望着下面街道像是被压扁成头颅和鞋子的小人，觉得自己像云端的神祇。

我拿起手边的手枪，模仿着他，用枪任意指着下头的人们。奇怪的是随着臂肘的移动，人头快速地扫过，但是一旦准星停止在一张面孔，那张面孔便慢慢清晰地朝这边扩大，靠拢上来。我从瞻孔中望着。下面有一所小学，似乎正在下课时间，一个胖子追着一个小瘦子从教室冲了出来，快要追上的时候，我用准星锁住了他。小胖子停下来，似乎困惑不解地抬起头，搔搔脖子，然后意兴阑珊地走回教室。我又移动手肘，瞄准一家便利商店里正在抠鼻孔的一个柜台小姐，她似乎也若有所感，心虚地望望四周，再并拢裙子端正坐好。这太有意思了，他们几乎都可以隐隐地感到被人瞄准而局促不已。我又陆续瞄准了一个装瘸的乞丐，正在撬一辆违规停车车门锁的拖吊大队队员，一个泰国浴女郎……

那么，持枪的人，永远可以随心所欲地创造性格喽？

一开始是这样，他说，到后来，你慢慢发现，永远不必期待被人暗中用枪瞄准，安全地栖身在准星背后的结果，是成为一个没有脸的人。

他又引导着我把枪指向较远的地方，越过一座高架桥，扫描着每一栋房子的窗口。突然我们两人的准星都在一个窗口停住，因为，竟然，竟然有一个家伙，和我们一样，举着一柄手枪，恰正指向我们这儿！

　　那人似乎也一脸惊愕。手枪王按着我的头蹲下。

　　他长得挺像我那个消失了的哥哥。

　　你哥哥叫什么名字？我发现手枪王失去了一贯的从容和迟缓，大口大口喘着气。

　　陆标。我说。

　　我到天完全暗下来时才惊觉该回家了，告别手枪王离开他的房间时，发现客厅全暗着，没有点灯。然后我被沙发上蜷缩成一团的一个影子吓了一跳，后来才认出那是他的母亲。适才在房间里她两度敲门进来，一次是端饮料，一次是收杯子。这时她似乎抱着一团线球在织毛线，抬起头看着我，黑里分辨不出表情。"伯母，告辞了。"我说，她没有回答。我便自己打开大门离开。

●

　　陆标在近午时分醒过来。那时女人正推门进来，陆标靠在床上，看女人脱着鞋。陆标开头第一句话竟是："昨天夜里梦遗了。"像是个丑角不由自主总会脱口想逗人发笑。女人没笑，径自在脱着丝袜。"真的。"陆标又加了一句。

　　后来他又睡着了，但可能只睡了一会。再睁开眼的时候发现女人站在正上方垂头望着他。女人戴着墨镜。"怎么了？我又睡着了吗?"陆标迷糊地问。女人递给他一袋炸鸡。"啊,真是,"陆标说,"饿坏了。"

陆标抓着鸡块吃起来的时候女人站到窗旁,戴着墨镜望着窗外:"我知道。"

你知道?才怪呢你知道。陆标狼吞虎咽地把鸡块往嘴里塞,他饿极了。

"梦遗欤,"他说,"上一次恐怕是在军中的时候了……"

女人没答腔。陆标直起颈子,想看看街上究竟有什么玩意还是高架桥上出车祸什么的,让人看得发呆,却险险被吓了一跳。他看到玻璃窗上叠印着女人一张戴着墨镜的脸。

陆标很快把炸鸡吃完,用纸袋把手油揩净顺便就揉成一团。他起床,走到女人身旁,把手探进她的裙摆。

女人把他的手打掉。"今天不要,"她把戴着墨镜的脸转了过来,"今天不要,好不好?"陆标又坐回原位。女人开始哭。

"今天我们什么事都别做,好不好?"女人说,"今天是我三十岁生日。"

又出现了。陆标恐怖地想。那种在夜里被卡车车灯延隔成一动接一动寸步维艰的滑稽感又涌了上来。总是在设计着逼你交代出一种角色一段情节。

能够不扮戏舒舒懒懒地避过去该多好啊。

陆标费了很大的劲才把那句"那我变个魔术给你看吧"给吞了回去。

"我们还是分了吧,陆标。"女人说。

这样的尊敬的哥哥，有一次替他送他忘了带的饭盒，在教室外等他下课，看见他一个人在讲台上笑得面红耳赤，一旁的老师凝重着脸，台下的同学也静默无声。我哥哥憋着气努力又支吾了几句，马上自顾自又在台上嗤嗤乱笑。我惊骇极了，不知发生了什么事。下课时哥哥权威地责怪我大惊小怪，告诉我那堂是说话课，他上台说的是一只自不量力的青蛙，妄想自己吹气涨大肚皮可以比牛还大最后肚子破掉的寓言。说到这里他似乎想起自己在台上的模样，又嘻嘻笑了起来。我赶紧讨好地笑着，却被他巴了一下脑袋。

"有什么好笑。"他自个却笑了起来。

那时候我时常在课堂上没头没脑地举手发言，把哥哥在家中沉穆着脸告诉我的奇谭，毫不犹豫地报告。诸如人类的潜能可以举起地球或者夜里上大号马桶里会有只手伸出来把你拖进去之类。总是换来同学的哄笑和老师无可奈何的敷衍。

似乎他心里的意念和意志的不被了解，也强烈地感染渗透到我的命运这边。一起玩模型小兵时，我哥哥总是把我齐齐整整一列列排好的士兵们，用毛巾或枕头巾当爆炸烟雾，把它们扫得肢折颈断。我抗议的话，他便不屑地训我：

"你懂什么？战争欸，这样才真实。"

有一次，我哥哥从外头捡了只跛腿的狗回家，一言不发上了他的阁楼，将它养在阁楼原先摆满花盆的阳台上。连续几夜，我都听见阁楼上传来凄惨的狗号。他在打狗。我心里想。

直到第五天哥哥才准许我上楼看他的狗。那是条黑嘴的棕毛杂种狗，乍看之下，多少给人一种猥亵的感觉：上身完全是狼狗骠健的腰腹、强韧的下颌和狼一样直竖的耳朵；腹下却像是被人恶戏移植了四条腊肠狗的短腿。似乎它的存在，只为了记录还是标示着它父母不知哪一方优良血统被随便流失的荒诞和虚无。

我哥哥蹲下身子撮着嘴出了个声，那条狗便慌忙腾空立起，用其中一只已跛的后肢支撑，两只前肢却交叠拱起做出打揖的动作，再也没有一条狗能做出这样滑稽又悲哀的姿势了。我不记得我笑了没有，但是我清楚记得哥哥那时像松了一口气地站起身来，眉眼被阁楼低垂的灯罩遮去，嘴角牵起的寂寞的微笑。

它叫什么名字啊？

韩秀贞。

啊，怎么一条狗叫个人的名字？

我哥哥说，来，韩秀贞你过来，你来啊，怕什么？我又不打你。我哥哥面带微笑，声调腻软如蜜，欸你这条狗怎么叫你过来还不过来，我哥哥上前大脚一踹把狗翻在地上。那条狗哀号声还没咽下肚子便又一个打挺立身成打揖的姿势。

你看，没有我的指令，它怎么样也不敢改变这个动作。我哥哥说。

这是准星。他说。

这是复进簧导杆。这是复进簧。这是滑套。这是枪管。这是照门。这是枪机鞘。这是枪机。这是退壳钩。这是撞针。这是撞针簧。这是撞针锁。这是枪座。这是分解杆。这是枪管基座。这是滑套卡笋。这是连杆。这是阻铁。这是抛壳杆鞘。这是保险杆。这是击槌。这是击槌顶臂。这是击槌簧座。这是击槌阻栓。这是释放钮座。这是释放钮簧。这是弹匣卡笋。这是弹匣簧。

这是扳机。他从一堆拆解成残肢碎骸的机簧零件中，拿起一根银灰色小指模样的铁钩，对我说。

●

"我们还是分了吧。"女人又说了一遍。

陆标的第一个感觉是十分害怕。仿佛穿越了时间的回廊，各式各样的声音或远或近自两侧檐角的气窗流泻出来：楼下的旧报贩的吆喝、母亲拧着他的手臂你爱不爱妈妈、监考老师在静肃中来回踱步，当然更大部分是笑声。

他感到全身发冷。我是如此不讨人喜欢。他必须竭心殚虑想出各种把戏来逗乐他们。不能有任何息缓的间隙。一停止下来，他们便会发现我枯燥又惹人厌的秘密了。

"你听我说，陆标，你不要做鬼脸嘛，"女人说，"你听我说，我已经三十岁咧，你跟我这样混下去——陆标，你静下来不要闹了好不好？"女人声调哀愁起来，"就算是我们最后一次诚诚恳恳的谈话好不好？"

"你是我高中同学？"陆标尖着嗓子学着电视上一个保养品的广告，"我是你高中老师——陆同学。"女人忍不住还是被他逗笑了。

总是这样。他的女人一个一个离他而去。女人们很容易被他逗乐，但是接下来他不知道该怎么做。总一定是在什么他不知道的关键处发生了问题吧？似乎他天生就缺了某一部分的构造。

"陆标，相信我，分开对你是好事，你是这么年轻，而我已经是老太婆了。"

仿佛穿越了时间的回廊,两侧盈满了疯狂的笑声,似乎那是他唯一可以印证人们对他爱意的一种表示。

十岁的陆标呆站在"魔术嘉年华"的摄影棚现场,台下的小朋友疯狂地笑得东跌西歪。之前他额上绑着一条粉红丝巾,背后系着一件浴巾权充的粉红色斗篷。那是他母亲的杰作,起初他抵死不从,"像个呆瓜似的。"但是他母亲竟坚持至眼眶红了起来。后来他还是硬着头皮上台。

他酷着脸洗牌,把牌分四叠发,按照"魔术大王"上的指示,剩下四张,各自用十三减去它们的点数,再重洗,照着减剩的数量重新滤牌,重复三次……然后他叫台下自愿的小朋友上来。一个女孩子跑了上来。你任意抽一张牌。女孩按着做。他再把牌放回重洗。面不改色。像个冷面魔术师。"黑桃三!""乱讲,"女孩说,"是方块皇后。"台下屏息的声音突然炸开。主持人也憋不住笑地跑来打圆场:"原来这个小朋友变的是欢乐魔术,是意外中的意外,魔术中的魔术。"

十岁的陆标后来便难看地穿戴着他母亲强迫系上的粉红色头巾和披风,在台上不知所措地号啕大哭起来。

……

"你别演戏了好不好,陆标?你不累啊?"女人厌烦地说。

"等一等!"陆标说。

事情就在那时发生。女人后来和她的友人描述当时的情况,还心有余悸:"我到那时才知道陆标原来是个疯子。"据说陆标那时像是一只受惊的狗,朝着窗外的某一个方向抽动鼻子;然后他煞有其事地朝那方向做鬼脸,挥拳做恐吓状,竖中指比老二的姿势……似乎当真在那个方向的某处有个看不见的敌人似的。女人起先以为陆标是冲着她做这个动作来吓她。在他最后打算拉开拉链朝那个方向露出鸡鸡小便时,女人制止了他。

"够了。你不能高尚一点吗?"

"我不骗你。有人——好一阵子了,"陆标喘着气说,眼里的恐惧使女人几乎相信他是说真的:

"有人在偷窥我。"

"他发现我们了?"我抬起头问身旁的手枪王。

"我不知道。"他仍将脸贴在瞄准镜上。

"那他在害怕什么?"

"他害怕的是每一个人都害怕的事,"手枪王扣下扳机,但是瓦斯推进的塑胶BB弹,还没越过高架桥,便无力地跌落在急驶而过的一辆水肥车上,"意义的耗失,轮廓在无力挽回的虚耗中模糊淡去。"

碰!

我是在常去的那间兼卖玩具手枪的模型店遇见那个叫作陆标的少年。

事实上当模型店的中年老板有气无力地推荐我新进口的有弹匣空气软枪时,我就注意到有个少年一直把右手伸进前襟,在我们周围徘徊。

不会是个顺手牵羊的家伙吧。不过老板似乎挺放心的,我便不去理会他，继续听老板的介绍：

"……弹仓中如果没有弹匣，滑套就会自动停止且不能射击，这种感觉和真正的枪支并没有两样——虽然在基本功能上和原来的缓冲空气软枪几乎完全相同，但是在采用瓦斯压力缓冲实弹弹匣方式之后，其功能已经涵盖了模型枪及空气软枪两方面的终极……"

最后我还是没买下那柄枪，不仅是那个少年在一旁挤眉弄眼的模样几乎已经引起我生理上的不快；且似乎那天老板也有意无意地透露出一种厌倦的神情，让我想快快离开。但是当我在那栋大楼底楼的电玩部玩一种用冲锋枪解救人质的电动玩具时，那个少年又站在我的身后。

"嗳，陆标。"在我不慎将一对母子击毙而将游戏结束后，他这样喊我。

我没搭理他，又投了一枚硬币，但是这回连第一关都没过便结束了。

我从荧幕的压克力玻璃反光看见他仍站在身后。"嗳，陆标。"他又一次喊我。

"我不是陆标，"我试着甩开他。不过是个乳臭未干的金光党或是嗅错对象的贩毒少年罢了。我告诉自己。"你认错人了。"我对他说。

"对，对，我是说，我叫陆标，"他尖声尖气地说，"我知道你的事哟。"

我扔下他自顾离开电玩店，但这回他没跟上来，并且笃定地在我走了一段距离后，才在后头说：

"你前天刚和大你六岁的情妇分手。"他又补充了一句,"而且你前一天夜里梦遗。"我和大我六岁的情妇分手?唔,确实是分手了,不过是在前天么?感觉上像是很久以前的事了。他竟然比我记得我自己的事,竟然有人注意到我。我继续朝前走着,心底却泛起一阵恐惧:倘若他当真耗在原地,不跟上来,就任着我走开呢?但是他还是跟了上来:

"怎么样,陆标,不相信吗?我还可以举出更多:你十岁时在一个魔术大赛上穿帮;十七岁养了一条跛腿狗取了个你暗恋的女人的名字,后来那只狗被你凌虐至死;那个女人被别人搞大了肚子那次,你还陪她去堕胎……"

我没再搭话。

不是一直偷偷地这样盼着吗?在这个城市里,万一、万一,当真有一个人,真正地在乎你是谁、做过些什么,真正记得你,又不必像现在这样,拼命地做着自己也不明所以只是因为其他人都在做的事,那是多幸福的一件事啊。有一次一个人到KTV,听由小弟推荐了一支最流行的伴唱带,一个人在房间里百无聊赖地唱了几条歌,内急跑出来上厕所,通过走廊的时候,发现居然所有的房间,所有的人都唱着和我同一支带子上的歌。回到房间里,荧幕上仍是一些临时演员面无表情在作戏,没有歌声,音乐兀自节拍着,字幕也先打出框体再被填实。突然,一个人便寂寞无比地缩成一团哭了起来。

那时候当真是不死心地想挣离被遗忘的流沙,可是面目就是留不住地一点一滴漏去,有时甚至连自己也记不起自己长得是什么模样。有一次一连报名了"我爱红娘"和"来电五十",录影时特地戴上海盗的眼罩，主持人问话心不在焉专注地对着镜头挤眉弄眼，最后当然没有半个女人挑中我。但是我一个礼拜之内，接到无数通亲朋好友儿时玩伴打来的电话。你小子真帅呆了。他们早先都忘了我这个人。那回却都兴奋极了。这原就是个寂寞透顶的城市啊。

"怎么样？陆标？"他说。

即使他是调查局的或是毒品集团我都不在乎了。我在心里大喊。

"那么，"他从怀里掏出一柄手枪，似乎便是刚才模型店老板向我推荐的那把，"留着吧，这可是真枪哟，你会用得到的。"这时我们已走在大街上，他却把黑晃晃的一把真枪在手上掂着，我只好快快收下藏进自己怀里。收下之后心里又十分懊悔。

我便这样一言不发任着少年带着，走到一个社区公园里，那里有一座露天磨石溜冰场，场子里只有一群高中生在溜着，他们溜得很好。溜冰场的外面，一群小孩子羡慕地趴着栏杆在看。"他们每天都霸着场地不让别人溜。"少年对我说，"他们很大条。"

"是吗？那么走吧，"我说，"反正我们不溜冰，让他们去占着吧。"

谁知道这时少年竟然朝向溜冰场内骂起来，穿着轮鞋的高中生们一个接着一个停下动作，错愕地朝向我们这边望着。

"怎么样啦，干你娘欸，"少年似乎和他们认识，亢奋地叫骂着，"有脚 xiao[1] 来哈。"

我开始感到自己被扯进一场叫人晕眩的烂账纠纷里。高中生们

---

[1] "脚 xiao"为闽南语"脚数"之拟音，这里指胆识。

见我是个大人，多少有点忌惮，但是他们互相低头商议了一阵，还是踩着轮鞋朝我们这边溜过来。

"走吧。"我觉得自己的声音在发抖，我实在不是适合这种场合的角色啊。

"怕什么，反正你有枪。"少年这时兴奋极了。高中生们由一个带头靠着我们这边停下来，他们竟然有些怯意似的不敢直望我，只是狠着脸朝少年望。

"怎么样？"为首那个高中生一问，后头另一个块头较大的像是壮了胆，又加上一句：

"你是不爽什么啦？啊？"

"怎么样？哈，有话你们找我哥说啦。"他哥？少年面不改色，冲着我喊，"大哥，就是这些 su 仔 [1]，就是他们。"

我这时费尽全力才使自己不赔出笑脸，装出一张想象中最像流氓的表情："你们是什么学校的？"

"啊你是条子还是教官？管我们什么学校的？"为首那个大约是嗅出我不是什么狠角色，笑着回头对他同伴说："这款脚 xiao[2] 也找来。"说着他们便解起鞋带要把轮鞋脱了。少年对我说："大哥，拿枪出来。"

高中生们利落地脱着轮鞋，嘴里还骂骂咧咧叫我们有种别跑。少年一面回骂他们，一面焦急起来："大哥，快拿枪出来啊！"我决定不再陪他耗下去了，掉头便跑。"我先走了。"我说。少年似乎仍

---

[1] "su 仔"为闽南语拟音，骂人胆小。
[2] 同上文为闽南语"脚数"之拟音，这里指角色。

留在原地，我跑了老远，还听见他在后头绝望地大喊：

"大哥，拿枪出来啊！"

"大哥，拿枪出来啊！"

最后我听见他厉声哭了起来：

"大哥，你分明有枪哇——"

我的哥哥上了初中以后，和他周围筑成的膜，似乎愈加浓稠而不易穿破了。他完全埋首于模型小兵的世界之中。他不再邀我参加小兵们的模拟战事，而把更大部分时间，投入更精密困难的制作技术。他可以用焊丝将买回的模型改装，他替一个营的官兵们修改了各自不同的表情、姿势，那已远超过模型附赠的设计图上的难度。他自行将其中几个焊成伤兵，纱布或溃烂的部分弄得几可乱真。有一次我亲眼目睹他将一个德军 SS 亲卫队的军官，用焊枪改头换面变成一只吐着舌头垂着尾巴的猎狗。

一直到他高职毕业入伍而后退伍，我都没再跨进他的缩小不动却可任意修改的世界：小兵、装甲、航舰、战机、城堡，最后还有怪博士与机器娃娃或城市猎人的棋型。此时他的技术或已到达出神入化的地步。因为有一回我竟然在他书桌上罗列的部队里，发现装填迫击炮弹的是我们死去多年的父亲；被罚做伏地挺身的是我们小学校长；还有一头军营伙房外养的两头猪，是巷子口从小就欺负我们的詹家兄弟……我陆续在这支部队里，发现了我阿公、阿嬷、我妈妈、他的小学同学、附近商行的老板，还有我。各自依着他情感上的好恶被分配角色。奇怪的是在这支部队里竟然有着一个女人，她似乎是重伤还是死去，面色痛苦地躺在一张担架上，我很快就发现在那女人一旁蹲着抽烟露出沉思神情的司令官正是我哥哥。

后来我哥哥又迷上了空气手枪。但那是后来的事了。退伍后他由军中的朋友攒掇着加入那家"直销公司",我猜度着以他的性格做这工作大约是很不如意。因为没几天我的同学便纷纷打电话给我。喂,陆发,你是不是有个哥哥叫陆标在做老鼠会呀,真的?那就没错。我妈妈说今天上午家里来了个奇怪的推销员,一进门就哭丧着脸在沙发坐下,然后自顾着把产品一件件从旅行包掏出来,背诵台词那样地照条说完。我妈只不过试探地指出其中一样可能的缺点,他竟然便起身告辞。我也是那么觉得呢,那么,太太,对不起,告辞了。我一看留下的名片哎噢陆标该不是我同学的哥哥吧。我妈妈后悔地说,早知道是认识的,好歹也买他几件东西,看他难过的那个样子……

我猜想我哥哥大约是把我们这附近所有社区里每一家都拜访遍了,还没有拉到几个客户吧。他每天都天黑才回来,然后黯淡地坐在客厅,两手交叠搓着。真是不容易呵……这样寂寞地叹着气。事实上,他从加入老鼠会后,就没再碰自己桌上的模型了。

我哥哥有一天过了半夜,才醉醺醺地回来……才一瓶,才一瓶啤酒就醉成这样……真不好看咧……但是,今天拉到一个客户欸……那个男的……正要把我轰出去,突然沙发后面一个大肚子的女人,说,我们买几样吧……谁?韩秀贞……她抱着孕妇装盖着的肚子笑了起来……陆标,这回你演的是什么?老鼠会推销员?你真是个永恒的喜剧……

后来我哥哥便不见了。

我是说他消失了，彻头彻尾地消失了。或者是在大街人潮里挤着挤着，就挤不见了；或者是有人分明见他走进肯德基的厕所，便急的那个家伙耐性地在外头等了一根烟的工夫，最后挨不住挨敲敲门里面却没人，把门拉开马桶的水漩还在转啊转啊的。

除了我以外，没有人注意到这件事，据说在这个城市里每天以这种方式消失的人不下三十个。我按着他桌上一张名片找到他公司，一个戴老处女眼镜颧骨甚高的女人吆喝着说，老陆快去快去，又一批傻鸟来受训"行销理念"了，你去会场打点看看要茶水什么的；我去派出所报人口失踪，结果值班的管区翻开户籍根本没我哥这号人物。

最初一阵我常按捺不住和我的朋友谈论起我哥哥的种种，但是他们的反应一致给我一个印象：即是我在叙述着的那个"哥哥"，好像活脱就是另一个我自己。不是么？他们畏怯又善意地提醒我，自闭、驼背、偶尔跌入不自觉的冥想和自言自语，沉醉在自己的模型小兵帝国里，还有手枪收集癖，那不正是你吗？

总有些什么得完成吧？总不甘心就这样不声不响地稀薄而至消失。我开始坐在我哥哥的书桌前，把他搁置在桌上进行到一半的大和级信浓号航空母舰模型继续完成，奇怪的是像舰桥、夹舱这类精繁的焊粘技术我做起来也得心应手。慢慢地我沉进了我哥那个从前令我不解的模型世界里。从早到晚，有时甚至通宵不眠，然后一个一个面目纯良的小兵在我手下罗列出来。空闲时我拿着灌了瓦斯填装了BB弹的空气手枪，跑到阳台、瞄准街上面无表情走动的人们。

"碰！"我说。

只有一次我去我哥哥常去的那家模型店买新的模型时,被那个模型店老板认了出来。

"有一个长得跟你几乎一模一样的人……"

"啊?他是我哥哥,"我惊喜不已,"别人都一口咬定我就是他呢。"

"唔、唔,是很难分辨,不过,不一样、不一样,"他像是了然一切,"他终于消失了?"

"消失了。"我像遇见亲人一样,"不过,周遭的人看起来,好像没什么差别。"

"是没什么差别。"然后他意味深长地说了一句结论。

"除了我们,只因为我们曾经在场。"

●

陆标在快到家门时随着人群被一列自高架桥下来的车队挡住了路。那是一队送葬的行列。缀着黄花的小货车一辆辆自高架桥上排了下来。不知什么原因堵车,因为车队挤得太近,丧家自不同处请来的穿制服的管乐队和擂大鼓的武术馆少年,便在桥的出口处,轰天震地卖力地较量起来。

陆标远远看见自己房间的窗户在阳光下反射着刺目的白光。这是他第一次这么站在外头朝窗子里望,可惜玻璃反光,什么也看不见。

太阳很大。费力吹着喇叭的乐队和擂鼓的少年脸上都泛着汗。这时车队稍稍移动了一些距离。被阻挡在两侧的人车开始浮现一种焦躁愤怒的气氛，有人在陆标身旁骂起娘来。

　　陆标觉得热，想把外套脱了，突然想起自己怀里藏了把枪。"陆标，你会用到枪的。"那个少年不是这么对他说么。他把手探进夹克，反复把玩着少年送他的枪，不明白少年的意思。

　　这是个什么样的城市哟。

　　有一回，在公车上，就亲眼看见一个穿风衣的家伙，不慎将怀里的手枪跌在地上。除了挤在他周围的人本能地向外圈挪了挪，车上并没有人露出惊诧的表情。男人镇定地一手仍拉着吊环，弯身将枪捡起，"对不起。"他把枪塞回风衣里。

　　陆标的脑中突然出现这样一幅景象，藏身在人群里的，许多个和他一样的，面目因为人们的漠不关心而径自模糊下去的，跟他一样，在怀里兜着柄枪的。埋头在城市里走过商家看板下或橱窗前，走着走着，便像个方糖那样，慢慢溶化消失了。

　　送葬的车队开始推进。载着管乐队和大鼓队的花车疾驶而去，然后载着灵棺的车也驶过，后来跟上的是几辆五子哭墓的电子琴花车。上头一个披麻戴孝却满面红妆的女人正拿着麦克风声嘶力竭地哭着。陆标怔怔望着，突然吓了一跳。那不是前天才和他分手的女人吗？

　　女人是不是不久前劝过他到殡仪馆洗尸体呢。

　　一具一千五呢。陆标。

　　花车经过陆标时他把手伸进怀里掏出手枪，手肘拉直瞄准着车上的女人。只有用意志创造了意义才能免去这样慢慢消失的滑稽困境吧。准星下的女人面容痉挛扭曲，厚粉在汗水冲刷下早已红白泥泞成一团，女人痛苦地认真地哭唱着。

陆标便就这样擎握着枪,待送葬车队一辆一辆过去。

陆标是在他梦遗的第三夜在他的房间里上吊自杀。关于他上吊的整个过程我是由瞄准镜里一动断续着一动准确地目击。那时手枪王带我攀在高架桥另一边的一幢大楼楼顶,举着枪瞄准他的房间窗口,手枪王用的是 SIG P210,我的是 Vz 75 TARGET。一辆接一辆的果菜货柜车像是替他进行仪式一样地将陆标上吊的过程像幻灯片的分解图一样,一个动作一个动作呈现得庄严无比。

第一阵强光打在他房间的时候陆标埋头坐在床沿,似乎在认真思索,然后货柜转弯,他的房间又没入阒黑之中;第二辆货柜车隔了许久才来,所以陆标再度出现在光中时已站在椅子上在屋顶绑绳结了;然后车灯或光的频率就规律多了:他消失了一会(我想他大概是先去上个厕所,免得尸体被发现时一裤裆的尿)。然后站在椅子上。没入黑暗。将头探进绳套里。没入黑暗。脚下已不再踏着椅子,大概在黑中被他踢倒了。后来他开始在间断的强光里做一种轻微的摆臂动作,我们恍如在看一只慢动作播放的垂死的鸟的展翅。

最后一阵的黑暗持续得较久,下一辆车将光柱再打进陆标的窗内时,他的手臂已停止摆动,随着身体瘦伶伶垂着。最后一刻我从瞄准镜里清晰地看见:似乎坚持了许久,他终于将舌头从口里吐了出来。隔着这么远,我几乎还听见他一进吐出的最后几个字:

"像活在塑胶袋里一样。"

(他还是没有用我给他的那把枪。)

底片

我在这个城市的这条街的这张椅子上已经足足坐了四个小时又七分钟。而从头开始唯一和我对话的便是我面前那个橱窗的海报上的淡眉毛女人。这是一家仕女服饰店的展示橱窗里的一张海报。海报中的女人，淡眉，涂了紫色唇膏的菱形的嘴，双手交叉抱肩，穿着网状毛织背心，两个胳膊瘦条条地将她的胸部遮挡起来。

我在这张椅子上坐了许久，始终没有找到我的小说课老师给我们的那张照片中的背影的主人。我已经在这条街上的这张椅子上连续待了七个晚上了。

"孩子们，去找出他们的主人。"我的小说课老师兴奋地说，把数十张身份各异的人物背影照发给大家。我拿到的是一张蓄长发穿猪肝红运动背心（球衣号码14号）；坐我旁边的小咪愁眉苦脸地把她拿到的照片递给我看，那是一个露着青白后脑勺戴军帽的军官背影，佩在腰际的军刀挑衅似的横在屁股下方。"找出他们的传奇和身世，让这些背影，告诉你们他主人的故事。"

最初我试着尽可能地到所知的球场和运动场，专心地探寻是否有习惯穿14号球衣或是蓄长发的家伙（不知为什么直觉告诉我那个背影的主人是个男的）。但是皆无所获。我又试着打听我们学校美术系队的球衣颜色（因为那些半生不熟的艺术家们全像制服一样留着长发），得到的结果十分令人振奋，因为他们的球衣颜色正是赭红色。

于是我在一次他们练球时到一旁观看，可是身穿14号球衣的家伙竟是个光头。我认定必然是新的风潮出现最近流行光头，便上前问他是否从前留了一头披肩长发，却差点为此被揍。一旁拉架的人善意地告诉我说他是打娘胎出来就光溜溜一粒秃头，很为此自卑，从不允许别人拿这个开玩笑。

于是我检讨自己的探索方式，必然是哪里出了问题，这样下去无异海底捞针，几趟下来看了不少场烂球赛，对照片中那个背影的身世依旧一片空白。我仔细端详照片中那个14号球衣家伙置身的背景，发现他似乎是站在一张有一个模糊女人的海报之前，在端详着那个女人。再仔细研判之下，我确定他和那张海报之间隔着一层玻璃，他是站在一个橱窗外头看着橱窗里的海报。这时我也证实原先在海报一旁斜斜铺开的模糊颜色（像酱渍抹布或是涂在墙上的颜料），极可能是展示中的衣服。那么这个长头发的家伙正是像个傻蛋一样站在一个服饰店的展示橱窗前，海报中的女人是个推销衣服的模特儿。

我很容易便在东区的这条街上找到了有这张海报的这个橱窗的这家服饰店（因为照片中女人的左上角有模模糊糊的FASHION这个字，我找了十一家同样叫这个名字的服装店，最后找到此处），便在橱窗前供人闲坐打屁[1]调情的长条椅上坐下。

按我的想法，照片中的家伙必然会再度于此亮相，那我不就可以守株待兔一网打尽了么？

但是我在这张椅子上坐了七个晚上四小时又七分钟，我饱览了整个城市游荡于此藏匿于此的财阀、贵妇、妓女、毒枭、乞丐、人渣和作家，就是始终没有发现那个穿14号猪肝色球衣蓄长发的家伙。

不知从何时起我开始对这些来往的各种装扮的人物失去兴趣，被橱窗中的海报女人吸引，我发现在我百无聊赖地盯着人们的衣着打扮发型瞧的这些时间，她比我更有耐心更无聊地盯着我瞧，于是我也狠狠地盯着她突然有一种奇异的感觉，我觉得她似乎可以告诉我许多我苦苦寻觅不得的情节；实则不是，她只是唤起我一些丢失已久的回忆。这些回忆，我曾经以为它们早已黯然消失在遗忘的铜门外，但如今历历在目，其实自始便清晰如昨。

当我惊觉我的眼神渐渐被她淡眉毛下的得意眼神死死缠牢时，已经为时已晚，不能自拔。

海报中的这个女人我认得。

那是初三时，在我们高中联考的前夕，我们焦头烂额地在我们导师家恶补发生的事。在一间赁租来的四叠榻榻米大小的小阁楼里，我们的导师在阴惨日光灯下，精力充沛地带领着四五十个学

---

[1] 打屁，即闲聊、吹牛。

生，背诵英文单字、几何类题，以及改编成"你那假如设法美女心铁喜钱新……"的化学元素表。照例在九点过后，将近下课的时候，狭仄的小阁楼里，只剩下我们导师那听不出一丝疲倦的洪亮嗓音，以及吕立抵死追从的平板声音。其余的学生不是早睡着了，就是不耐烦地看着表，或者像我这样想出一些打发时间的方法：我把我暗恋的一个忘记叫什么如的班上女生的名字，拆成一笔一画，反复地在参考书上书写。于是在别人看来只是一页七横八竖布满了原子笔线条的书上，其实已狡猾地留下了我痛苦压抑的少年情怀。

每当这个时候，海报中的这个女人——她那时不过是个在我们导师家帮佣的年轻姑娘——便会从我们导师家过来，在楼下乒乒乓乓地打扫起这间赁租来的两层房子。她似乎和我们站在一线，用各种方法阻挠我们导师惊人的毅力和上课欲：一会儿带着谦卑的神情进来将粘满了一层鲜黄艳红粉屑的板擦拿到阳台（就在我们这间四叠榻榻米大的"教室"旁边），噼叭噼叭打将起来；一会儿又带着更谦卑的神情打断我们导师力挽狂澜的决心（彼时整间"教室"无礼地充斥着鼾声、窃语和有些捣鬼家伙故意事先调好对时的电子表报时铃）。对不起，先生，这杯茶可以拿去倒了吧，喔，对了，太太说这个月的薪水叫我来向先生拿。待我们导师粗憨着嗓音说："好啦好啦，知道了。"将她撵出去之后，她又在隔壁楼梯间的厕所拉起冲水绳，用狂澜一般的水流卷去粪便的声音，将我们导师妄图提高的嗓音淹没。

这时候，导师先生才会放弃抗争，叹口气，把书合上，宣布下课。

当我们争先恐后地挣挤着从那个摇摇欲坠的木楼梯下去时，那个淡眉毛的女人便面带微笑地站在厕所门口，看着我们。我自然不愿像那些蠢透了的家伙一般，不敢正眼瞧她，却尖叫着正在变声的嗓子大惊小怪地嚷嚷。我总是朝向她，像同谋者那样地眨眨眼，然后露出会心的微笑。

而她自然亦回报我同样的眨眼和微笑。

（我考虑着要不要在这个回忆里加上这么一段：一次放学我最后一个离开，下楼梯时淡眉毛的女人没有如常站在厕所旁，却从只容一人身宽的狭梯下上来，像是计谋好了以下的一幕：在错身而过的一瞬，她在阴暗的光影里仰起脸，掀着稀薄的眉毛，咧开菱形嘴冲着我笑，然后手往我胯下狠狠捏了一把。我弯着腰离开那栋阴惨日光灯的房子，带着少年的惆怅和模糊的欲望，骑上脚踏车回家。）

背景之重要

小咪打电话给我。

"天啊，难道要我去借调全台军官资料，或者是一个军营一个军营地去查？"我试着安慰她，并且告诉她我守候在照片中那家服饰店外面的办法，劝她注意照片的背景，也许提供了某种看似无奇，其实十分重要的线索。"想想看，一个穿着背心球衣的运动员或许没有什么故事好讲，但是一个穿着背心球衣的运动员出现在东区的这条繁华的大街上？"

在我正将开始沉迷于这个神秘却纯洁的仪式——在每晚补习课结束的狭隘楼梯间，向着厕所门前的淡眉毛女人眨眼和微笑——

淡眉毛女人却突然悄悄消失。第一个晚上，除了我之外，班上的同学们似乎没有注意到这个变化，只不过那晚我们的导师却在毫不受阻的状况下畅快无比地讲课至将近十点才下课。

第二个晚上女人还是没来，第三个第四个晚上我们都疲倦不堪地挨到十点才回家，一些关于淡眉毛女人的谣言和臆测便开始在同学之间传了开来。有人说淡眉毛女人已被我们的导师解雇——当然不会有人无聊地把原因简单归为她每晚在下课前的例行搅局。早熟一些的同学说他们早就看出淡眉毛女人是我们导师的"黑市夫人"（那时好像有一部陆一婵还是陈丽云主演的社会写实片就叫这个名字），每晚下课后的这段空档便是他们偷情的短暂时光，这也是为什么淡眉毛女人肆无忌惮地每每都准时在下课前出现，催促我们的导师早早下课。但是好景不常，他们的事情被师母发现了，于是淡眉毛女人只好走路。

这个富有想象力的推测被另一个证据凿凿的说法给彻底粉碎。后者指出，咱们的导师绝不是那种罔顾道德的男人，他与淡眉毛女人之间，不过是清白不过的主仆关系罢了。事实的真相是，淡眉毛女人根本就是个不折不扣的妓女，她在每晚补习课结束，所有人离开后，便带着私通的男人到我们上课的房间胡搞。

告诉我们这个说法的人是吕立。他在班上的成绩虽不过中等，却无疑是班上最受我们导师的宠信，这除了他清寒的出身、伛偻的站姿、一千多度的厚镜片眼镜所造成的老成形象外，自然主要和他对我们导师那种近于信仰、抵死效忠的态度有关。

说良心话，包括我在内，班上的人没有一个喜欢吕立的。我们在暗地里给他取了个"吕公公"的绰号，那就是太监或者宦官的意思，因为他实在太爱打小报告了。原先班上的风纪股长由我的朋友徐大柏担任时，大家都过着风平浪静的好日子，但是自从徐大柏在背后讲了一句讥嘲我们导师身材的什么话，被吕立密奏上去而遭撤换后（当然新任的风纪股长便是吕立），我们全班都活在一股肃杀的恐惧气氛中。

"谁敢说老师是那种背着妻子偷腥的男人？"吕立目光灼灼，严正地逼视着我们。我们面面相觑，不敢反驳。

不过若说我们是因为害怕被举发而强迫自己接受了那套不是真相的说法，那也并不公平。因为吕立不是信誓旦旦地赌咒，他确实亲眼目睹了淡眉毛女人和"她私通的男人"，在我们那间四叠榻榻米大小的房间"乱搞"。

据吕立说，那天他下课之后，走到半路，又想起一件什么东西留在阁楼忘了带，便又转回去。在他掏钥匙开门乃至登上那架嘎吱嘎吱作响的木梯时，他压根儿都没想到屋里会有人。但是当他上了阁楼，手还放在开关上准备开灯时，发觉暗黑中有四道目光警戒地望着他："我……我，来，拿，拿东西的。"

阁楼外稀薄的水银街灯把房间里的情形模糊勾描出个大概：他们（淡眉毛女人和她的情人）把上课用的长条桌全并到房间两侧，一对男女裸裎着相拥在中间狭窄的空间，厚颜无耻地盯着他黑暗里跌跌绊绊找东西的狼狈模样。最不可忍受地是淡眉毛女人竟然像个荡妇那样响亮地笑着：

"小男生，你紧张个什么劲！把灯打开找呀。"

"简直把课室的神圣性给糟蹋尽了。"吕立气愤地说。

（我再度考虑是否将淡眉毛女人在狭仄楼梯上猥亵的主角改为吕立：被他撞见隐情的第二天晚上，吕立打算下课后在外头等我们导师，把这一个丑闻向他汇报，但是谁晓得在他下楼梯时，淡眉毛女人像个精密地执行一幕暗杀计划一样，从只容一人的楼梯上来。错身而过的一瞬，她温柔地、乞求又挑衅地握了他的卵蛋一下。

告密之事被吕立延搁下来。他痛苦不已，对导师的忠贞和对自己肉体模糊情欲的忠贞，两种忠贞在他体内翻搅争斗。最后他还是选择了前者，困苦的身世也提醒他，抽象的权力世界要比实际的官能逸乐，要可靠得多。）

我们虽然都被吕立那历历如绘的描叙给弄得瞠目结舌，但是心里的纳罕却转到另一方面：虽然我们导师屡次在课堂上或者恶补的赁租阁楼里，公然褒奖着吕立，要我们拿他家境困苦却力学不倦的典范来学习，但是竟然信任他至于让他也配了一把阁楼的锁匙，可以任意进出，他们之间，是不是有什么秘密的关联？

"那还用说，"徐大柏沉着声对我说，"他还不是那个矮子伏在我们之间的眼线，讲难听些，根本就是锦衣卫！"

每晚在四叠榻榻米大的房间里，恶补的煎熬仍在进行，我们的导师像是根本没发生过任何事一样，声如洪钟地讲课。我在参考书上不再拆解重复那个叫什么如的女生名字，而是不知不觉地画上淡眉毛女人的脸孔。我并且凭空揣想，画下她眨眼睛和做各式鬼脸的神情。

因为瞌睡而漏抄的一条

你在听吗？我在听。我说了什么？你说我们导师和你有一腿，不过那本来就是你设计的，你是为了替姐姐报仇，乔装成女佣潜进我们导师家。胡说，胡说。你说由于我们导师的告密，使你善良的姐姐被捕入狱，害得你家陷入经济的绝路和无告的恐惧，你患痴呆症的父亲和糖尿病的母亲，受此打击，因为忧愤过度，相继谢世。胡说胡说。于是你在少女时代便立下宏愿，要除尽天下所有的报马仔。胡说胡说。你加入了"岛内反特务组织"的第四纵队，14号球衣的家伙，是你的上司？你的爱人？还是反间谍战大火拼中负责踩住你的对方头号特务？胡说胡说胡说。

胡说

小咪告诉我一个奇怪的情报，她说她假托创作上的疑难，跑去我们小说老师家，谁知道小说老师概念混淆次序颠倒回答了两个问题后，便兀自打着酒嗝像塘鹅那样把脖子缩进胸腔里垂头睡着了（原来那家伙是个酒鬼）。小咪踮着脚在小说家臭气熏天的屋子里东闻闻西嗅嗅，看看能否找到一些关于照片的线索。

"果不其然，"小咪激动地说，"在一间道具房里，我找到了一套和服，一套满清邮务大臣的官服官帽和辫子假发，一套功夫装，一套侠盗罗宾汉的装束和箭袋，还有你那件苦苦追踪的猪肝红14号球衣背心……"

"那么你自然也找到你要的那套军服啰？"

"没有，我找了半天，就是没有。我照你的话仔细去端详了照片中穿军服的家伙所在的地方，结果你猜背景是什么？金门莒光楼！杀千刀的，我猜那个酒鬼八成是绞尽脑汁制造了许多张仔说的'错置背景'的照片，最后掰不出来或没钱买戏服了，便随便拿一张明信片来搪塞，偏被我拿到，杀千刀的！"

徐大柏是那时我们班唯一没有参加"晚间辅导"的学生。刚开始班上也有几个自视甚高的好学生也没有参加，但是过不了多久，他们便在我们导师顽强的意志和怪异的策略下先后屈服。我们导师或者每天打一通电话给他们的父母，说什么贵子弟最近不知道为什么事分心，上课老在做白日梦这一类的话；或者是故意把一些怪僻的题目不在课堂讲而留到晚上，然后让那些家伙在第二天的考试中对着考卷发傻。不过徐大柏是唯一一个自始至终都坚守阵线的。这使他在班上被孤立为异端，连那些当初话说得很满事后却被迫屈服的家伙都讥讽他装模作样。

"随他们要怎么，"徐大柏忿忿地向我抱怨，"反正老子没钱。"

我和徐大柏在小学时代就是同学，初中时又分在同班，他那种执拗的个性我早就领教过，在这一点，我确实不像班上其他人那样，认定我们导师精悍的斗志必定会迫他屈服。

小学时代的徐大柏，已经在各方面显露出那种天生的领袖气质了。他沉默寡言，玩伴们为一些小孩之间简单无聊却又坚持的原则起争执时，他总是在最恰当的时候（通常是争执双方已词穷或厌腻，开始有一句没一句地拌嘴时），简明扼要地作出结论。那时他几乎是班上各小山头的头目之间，共同尊奉的领袖，但是他似乎除了我之外，在班上的其他人之中，并没有所谓"死党"。我那时也常为自己的平庸，居然可以受到这个第一号领袖人物的宠信而感到心虚不已。直到这些年来，我才慢慢体会，就某方面来讲，毫不怀疑的信仰和忠忱，其实也是一种罕见的气质。

"我要的是完全的效忠。"那时，甫十来岁的徐大柏便这样告诉我。

但是他一样抵死坚持的怪癖，就是虽然他几乎每次放学后，都会到我家蘑菇个把钟头才回家，但是一提到他家，他便严厉地独裁地不让我去。

"为什么你就是不肯让我去呢？"我常常被这个压抑的狐疑搅得心痒难搔。

有一次，少年的狡猾使我想出一种利用终极的诬陷迫他说出真相的办法，"hóu——我知道，你家有间谍。"在我们那个时候，白色恐怖的气氛在校园内确实散放得相当成功。在我们孩子之间，即使在为了游戏或争执翻起脸时，也不敢轻易跨过这个禁忌。

"我要跟你爸讲。"在我还不及反应自己这个玩笑（或逼供的心机）是如何失败得一塌糊涂时，徐大柏已拗执地往我家走。沿途不论我如何道歉、哀求，甚至用玩笑的态度说："好啦，不要闹了啦，以后我不坚持去你家了。"他仍旧板着脸，把我拽扯他书包带的手甩开，顽固地前进。

按了门铃，我父亲职业警官的严肃声音传了出来，"谁？""伯父。"我父亲打开门，被我们的表情吓坏了——徐大柏充满了玉石俱焚的悲怆神色，我则在一边哆嗦不已。

"发生什么事了？"我父亲的脸色也凝重起来。

"伯父，他硬要去我家，我，我不给他去，他，他……他就说，"早熟性格的徐大柏这时居然抽抽噎噎地哭了起来，"他就说，我家窝藏间谍！"

我也吓得哭了起来，绝望地辩解："我只是开玩笑的。"

我的父亲看看我又看看徐大柏，平时精干的警官作风变成不知所措的愕然，有一瞬我几乎以为他要笑出来。但是他很快又恢复了正直的腔调，摸摸徐大柏的头，然后轻轻在我头上敲了一记爆栗。

"好，我会处罚他。"

我和徐大柏第二天又握手言和。我照父亲的指导，故作抱怨的神情，骗他前一晚被我父亲狠揍了一顿；徐大柏也邀请我到他家——原来他家是一栋紧傍着河堤搭建的违章建筑。红砖砌的墙也没糊上水泥，屋顶便是一块木板披上塑胶篷，上头再用几块砖压着。如果不是他带我来，我再经过这里几回，都必然以为是河边砂石工人的工寮。

不过从此以后，徐大柏再也不肯上我家了。

在历史的背面

淡眉毛女人在橱窗的那一边用力拍打着玻璃，像是焦急地要告诉我什么。但是我听不见她的声音，只看见她的嘴，努力又徒然地，无声地张合着。

不过，即使如此，至少在徐大柏被撤去服务股长的那个下午之前，我对他始终是言听计从，甚至可算是个喽啰的角色。我也曾企图在力气上超过他或是在他发表宏论时对他进行辩驳,问题是他太强了。他的身躯和臂力似乎早跨过青春期的青涩,进入成人的阶段,他的雄辩往往使我绞尽脑汁的质疑,三两下便成了无聊的自讨没趣,以至于在他因为成绩每下愈况(我们导师阴谋的考卷)而接连被撤去职务的那一阵(由班长贬为风纪,再由风纪贬为学艺,再由学艺贬为体育,最后竟被贬成服务股长),我仍是乐观地为他打气:"至少你还是干部,那总比我们这些老百姓强吧。"

但是我安慰他这句话的第二天(也就是他服务股长新官上任的第二天),我们的导师突然在课堂上宣布改任我当服务:"不行,徐大柏,你的成绩糟透了,应该给你多一点时间读书。好罢,张三丰,以后你就接服务这个位置。"

那天放学,在我尴尬万分地监督全班打扫教室的过程中,徐大柏始终不用正眼瞧我一下,十分认真地打扫。

我们如常一起走在回途的河堤上,以往这个时候,即使是在他被贬为服务最低潮之际,都是徐大柏垄断了大部分的对话,他滔滔不绝地大肆批评班上哪几个是小集团,哪些家伙是阴谋分子。就算是没话可说时,他也不安分地拿石头K人家院子里的木瓜,或者当街倒立,或学飞机俯冲那样冲下河堤的斜坡再冲上来。

但是那天,我们两人都闷不吭声,枯燥之极地走着。

"说不定武大郎看出了你是我剩下的唯一朋友了,要挑拨我们。"

"我也不想干啊。"我谨慎地回答。

"那好,"徐大柏突然停下不走,定定地看着我,"你明天去告诉武大郎,说你不适合这个工作,请老师再换个人吧。"

"不行啦——"

"我命令你去。"

"凭什么?"

连我都被自己迸出这句冷飕飕的话吓着了，徐大柏不敢置信地盯着我，脸孔被扭曲成一种绝望的狰狞，"已经开始生效了吧，武大郎还真有他一套。"然后他就在河堤上，不管许多其他的路人，扑了上来，将我压倒在地。那时我所有反抗的动作竟然像个被奸淫的女生，又踢又挣又咬，然后绝望地任他揿着我的手腕，把头偏向一侧。

"如何?"他气喘吁吁，用着征服者的亢奋语调问我。

我转过脸来，迷惑地看着他，良久良久。

（我斟酌许久，不知是否要在此处煽情地加上我感觉他巨大的阳具抵在我的肚子上。因为在权力倾轧的象征动作中，阳具的介入，等同于毫无逆转余地的侵略和强暴。但是不知道我的小说老师读至此，会不会以为我是个同性恋或者像三岛那种提倡雄性肉体美学的偏执狂。）

徐大柏把手放开，站起身："哈哈!"他拍拍腿上的土。

我也站起身来："哈哈!"

我们互相凝视住对方，心里都知道，无论如何掩饰或玩笑，角力或少年的斗气，有一些本来可以单纯解释的什么，我们都回不去了。

不断修正中的底片

"我的故事大纲都出来了。"小咪兴冲冲地告诉我关于她那张军人背影相片的故事。

第一个故事是一个老兵在家看电视,突然发疯。他穿着军服拄拐杖(因为他轻微中风)冲进中正纪念堂哀悼示威的人群里,恐怖地大喊:"我不是故意的!上头骗我说他们是暴民,我不知道!我不知道啊!"后来被送到精神病医院,医生在调档案时发现:原来在四十多年前的二二八事件中,他曾属于镇压台北的那个部队。

第二个故事是说一个孩子出生不久父亲就把他右手食指剁掉,于是在他满兵役年龄后便因体检不合格而免于征召。但是年轻人的热血及对阳刚美的憧憬(电视上军校招生的广告?)使他补偿性质地迷上了小兵、战车、战舰这一类模型,而其中又以田宫模型厂制的德军日军模型最受钟爱。在无法忍受的激情下,他偷偷存钱去订做了一套军服,并且自己拍了张半身照,放大挂在房间。

谁料到他一向沉默温驯的父亲知道后,狂风骤雨一样把照片撕了,模型打烂。原来他父亲那一代全和军人结下了一堆糊涂烂账,他大伯被日军征至南洋,成了炮灰;二伯在"二二八"被打得脑袋开花;小叔在古宁头战役壮烈殉职。

"只要我活着,"他父亲含着眼泪说,"就不容许他们给你穿上军服,送往坟场。"

"太激情了一点。"我说,心里想小咪是不是疯了。

"还有第三个大纲,是有点现代花木兰的味道,照片中的主角原来是替父从军的……"我打断她:"啊,停停,你要交几篇啊?"

"欸,这个可香艳多了……"

"你听我说,小咪,我们苦心收集诸多线索的最初动机,便是在背脸向着我们的一片空白中,找出蜷缩在内,最接近真相的可能,是要自不知真相的困境中拔身出来,但是你现在——你现在跌进了另一种困境,你已经迷失在有能力大量衍生和拷贝不同的可能的欢愉里了。"小咪沉默了许久,问我:"但是在空白的背后,真的有一个,真相,在那儿忠心耿耿等着我们吗?"

我们的导师据说是出身刻苦的农家,凭着他惊人的毅力和坚持,从公费的师专到插班考师大,然后再以他傲视诸人的精悍,成为我们学校升学班的王牌老师。他在学校里始终是不用正眼去瞧其他的老师,我好几次看见在走廊上别的老师向他微笑问候,他却昂首阔步视若无睹;有几次我们一大群同学考坏被叫到导师办公室,其他的老师正轻松地喝茶聊天,他却旁若无人用洪亮的嗓音询问:"考几分?"并且狠狠用藤条抽打,致使整个办公室慑服于由他营构起的肃杀气氛。

"当兵的时候,"他常常自豪地告诉我们,"开始我只能做十下不到的伏地挺身,而连上的其他人至少也能做三四十次以上,后来我下定决心,每晚寝室熄灯后,自己摸黑在统铺苦练,十下、二十下、三十下……到了我做到二百下时,全连包括那些排长班长,没有一个人做得比我多了。"

有一次我忽然想到:我们的导师其实是个心思敏锐的人。这样一个人想必十分清楚我们暗地给他取的"武大郎"的绰号。他是要如何努力才能够抑制自己在一张张无辜仰视的脸孔前，不至于露出洞悉了他们的嘲弄蔑视而涌起的恐惧。一个只能做十下伏地挺身的人可以靠毅力在每夜偷练而累增至二百下，但是一个三十岁的中学老师，如何去改变他一四八公分的身高呢？

我猜测着我们的导师在这种单凭毅力无法填补的绝望深渊里，想出了一个仍旧是绝望的办法：从他自讲台上贱蔑地俯瞰我们的神情，我怀疑他陷溺在一种自以为是巨人的妄想之中。而确实在我的记忆里，对于我们的导师，也因为他洪亮的嗓音，超人的毅力，而只存在着模模糊糊一个很庞大的感觉。

只有在那个清晨，升旗前早自修的时候，那个曾打了徐大柏一巴掌的女老师，在校长陪同下被几个便衣情治人员带走时，我们的导师才唯一一次，在我们面前，露出了他极其脆弱的一面。

据说那位女老师是因为私下研读马克思被举发而遭逮捕。之前她曾经"消失"了一阵子，学生们都耳语纷纷，谣传发生了各式各样情节的事故。后来她又出现在学校，上了两天课，就在早自习给学生检查联络簿的时候，被校长唤到走廊，由情治人员带走。

那个清晨我一开始就预感似的觉察了气氛的异常。早自习时我们导师如常地给我们抽背英文课文。我也如常地因为没有准备，在早晨上学途中硬吞活塞了几句之后，便绝望地全盘放弃，只在座位上虔诚地祈祷千万保佑不要叫到我。

这种在抽背前胃抽痛膀胱发胀苦苦祈祷的情境，我到今天仍感受清晰恍如昨日，甚至犹常常在噩梦中出现。但是那天清晨，从我被抽中，硬着头皮上台，嗫嗫嚅嚅背诵了些，到像一个被遗弃在台上的演员那样不知所措，我始终都由于另一种旁观者的好奇，而忘记（或者冲淡）了我应有的恐惧和困窘。

应该说是我们导师在我背不出课文那一瞬的反应，掩过了我的困窘。

当我难堪地呆立在台上，全班同学都抬头看看我，然后似乎若有所悟（这家伙该糟了）地微笑低下头去时，我们的导师却在一旁的椅子上发愣，毫不觉察我背诵的中断。就是在这时候，那个隔壁班的女老师在那些情治人员的押解下，经过我们教室前的走廊，由于她的脸色平静，丝毫没有任何反抗的迹象，所以在当时，我们并没有感到发生了什么了不起的大事。

但是就在这一刻，那个女老师像是预先设计过，十分突兀地把脸转过来，直直看着我们导师。她虽然说是"看看"，但是脸上表情并没有什么变化，并且仍然顺从地跟着情治人员走。

我不知道台下的人有没有像我一样注意到这一幕，我清楚地看到我们导师像孩子一样被吓呆在椅子上，在那一瞬间，他的脸上迅速地出现了好几种表情的企图：轻蔑威吓害怕求恕若无其事活该倒霉，但是他一样表情也没有挤出来。待他们走过我们教室前，从视野消失后，我们的导师便当着全班同学的面把脸埋在手掌中，没有声音地哭了起来。

就是在那一个清晨，我清楚地看见我们的导师，无论他的声音多么洪亮，抽藤条多么用力，但是在哭泣的那一瞬，他实实在在，是一个身高一点四八米的矮子。我从此再也没有跟着同学们私下喊他"武大郎"了。

过了许久，我们的导师把头从手掌中抬起，有些诧异地望着仍在台上的我，疲倦地（甚至有点讨好地）说：

"啊？背完了？好，很好，很好，可以回去了。"

后来有人告诉我，那个隔壁班的女老师被捕，就是我们导师去告的密；又似乎有这么一种：说我们导师小的时候，因为他小叔一时好心收留了一个素不相识的"叛乱犯"，而竟株连使包括他父亲在内的几个兄弟全被逮捕，并且秘密处决。

对这些说法，我记不太清楚了，而且我也忘了，它们到底是徐大柏私下告诉我，还是吕立放出的风声。

让角色告诉你该如何去写

打开橱窗，走了进去，里面是一扇又一扇盈满光和声音和情节的门，每一个门缝都失去控制地溢流出让我错愕陌生的回忆："发生过这样的事吗？"到后来我已无暇多问。淡眉毛女人依旧交叉双臂，紫色的嘴唇像决堤的水闸，滔滔不绝地回叙着那些往事。告诉我吧，把真相告诉我吧，初始我犹优渥从容地劝诱，最后，变得忙不迭地将一扇扇争相打开的门关上。

"告诉我最后的真相吧！"我站在漫淹到膝，混浊的情节之中，绝望地大喊。

一开门，她在那儿，全身赤裸，脸上空白没有半点表情。将背影扳过脸来，推理的穷途是一面空白的墙，张开的全是我自己的故事。十年前日光灯黯淡四叠榻榻米大的房间，我们导师的课没有终止地延伸下去，淡眉毛女人自始至终便不曾出现，我期待的闯入者俏女佣打板擦冲马桶的水流声一直流产在联考前那段阴惨的回忆里；吕立考上了第一志愿我却落榜在一家撞球店看他勾了个骚包女生不改书呆子的口吃毛病指着我别别理他他是是个妄想症；重考一年混上了所普通高中却听说徐大柏重考两年都落榜在一家修车店学黑手，同学会时大家T恤牛仔裤女孩子全摘去眼镜烫了鬈发，只有他一套笨重的西装，打躬哈腰向大家递名片，据说自己奋斗开了一间小具规模的修车厂。整个同学会因为他的出现弄得滑稽不已。

也递给我一张名片，打着哈哈说我现在是文人了，自己是个粗人谈吐不雅请不要见笑。

"你还记得那次被撤去服务股长的那天下午，在河堤上将我压倒吗？"我有时也弄迷糊了回忆中哪些是真实的哪些是虚构的。

"哈哈哈，你是在嘲笑我现在像个蛮牛的身材吧！真是，真是，是做工做出来的。"便又拉住另一个从一旁走过去的同学，照例打躬哈腰递名片，"有车子要钣金喷漆校正方向盘避震器，来本店，老同学一概八折。"

原来再度弄错了。耿耿于怀的那个下午，从来就没有发生过任何事。

被告密间谍的隔壁班的女老师呢？我望着那转过来的背影空白的墙，投去无助的迷惑的一瞥。"你是谁？"淡眉毛女人一只手遮住腹下，一只手掩住前胸，将情节吞噬的空白表情开始崩溃剥落，扭曲成巨大的恐惧和敌意，"怎么乱跑到私人化妆间来？来人啊，非礼啊——"她开始尖声嘶喊起来，我掩住耳朵转身便跑，临去前拾起街边一个小摊陈旧的练腕力的钢珠，朝玻璃橱窗里那个刚张开故事又紧闭而起，裸着身子嘶声呐喊将我努力编织的情节一概否定的海报中的女人砸去。

〔我把那张蓄长发穿14号猪肝红球衣的照片扔掉，偷偷换上一个穿白色网状白毛衣的女人背影照，（这个背影，我拜托小咪扮演，而我自然也义不容辞地穿了一套借来的军服让小咪拍了一张军官背影照），照片中女人正交叉双臂，站在原先那个淡眉毛女人的海报橱窗前，仿佛是海报中的女人本人隔着一层橱窗玻璃在观看自己的海报。〕

这张照片同关于这个女人的小说浑水摸鱼地交了上去。后来我才知道班上的同学几乎全这么干，胡掰瞎编了一篇小说，然后自己随便设计照了张和小说情节相符的照片，便硬着头皮交上去凑数。

那天上课我们的小说老师大约是宿醉未醒，咕哝着一些我们听不懂的句子，似乎陷在不得其解的苦思之中。最后他恍有所悟，扬了扬手中我们的作业，说："孩子们，干得好，逼视和探索生命真相的不二法门，便是在不懈的虚构和无中生有之中。"

鸵鸟

旅行的前夜,梦见了赖。

情节似乎浮沉在预言和回忆的交互渗透之间。巨大的哀怖情绪,固然是稀薄阴晦的光影所致;时间感的混乱,也是让我回到像小时候,夜里在厕所拉不出尿来,恐惧被时间停滞烘托,无限圈荡扩散的主要原因。

梦见赖在一个沉闷欲雨的傍晚,被车撞倒在窄巷巷口。我遇见的时候,肇事的车子早已逃逸杳踪,余下一群围观的路人,悄无声息地将围观者特有,糅合亢奋和惊骇的情绪,一阵一阵随着呼吸弥散,我将垂死的赖抱起,似乎没有预测到生命垂危的人的身体是如此沉重,以至于持抱的姿势并不是十分完美。加上对围观人们的羞怯和厌拒,在慌乱中竟把赖的身体,摆弄成一种腰脊朝天拱着,头颅和四肢皆垂贴着地面拖磨的状况。

"你是什么人,怎么可以破坏现场?"

"是殡仪馆的人吧?"

我不理会人群从齿缝发出的窃窃议论，一心想抱着赖离开。扑撞在街灯的白蚁，翅翼把整个窄巷搞得影影幢幢。我利用抹汗的时候，偷觑了一下周围的人，发觉他们阴影瞬闪的脸孔，隐约带有一种恶意的、阴谋的神情。一阵恍惚，加上从眉梢抹下的汗渗进眼睛，脚下打了个滑，便连着赖，狼狈扑倒在地。

　　急忙试探赖的鼻息，他已断了气。

　　赖是高二那年，因为留级而分到我的班上。当时班上的几个留级生，几乎都带着受挫后欲有所作为的阴郁神气，是以赖的沉默，并不显得特别引人注目。但是不久，班上的人开始私下窃笑着传述赖的怪异行径：他常在体育课前、全班在教室换体育裤的时候，跑到某一个人面前，把自己的内裤扯开，展露那玩意儿，还会问上一句："喂，你觉得大不大？""哼，其实小得要命，也敢现。"告诉我这件事的同学，暧昧地笑着："说不定是同性恋。"那时在班上一直扮演着恶势力首脑的我，自然在有意无意间，膨胀着自己的阳刚气，听到同性恋，直觉归纳为脂粉味浓厚的娘娘腔，便摆出嫌恶的姿态：

　　"妈的，那家伙敢到老子面前献宝看看，看我不揍他。"

　　像是向我这句背后故充豪气的话挑衅一般，赖突然就在那礼拜的体育课，跑到我面前，将裤扣一松（皮带原先就松开了），卡其裤往下一扯（呀！他竟然连内裤都不穿了），虽然我反弹一般地把视线往上猛一提，眼底仍是视觉暂留地抹上了一团黑茸茸的难堪图像。

　　屈辱、羞愤和莫名的亢奋全混淆腾蒸成一股热气，把我的视焦给弄模糊了，眼前又见赖一张痘脓欲迸红白稀烂的脸。他无辜着表情问：

"嘿嘿，你看它，大不大？"

"干！"其实当时我亦被骤然发生的场面弄得不知所措，只是我的几个死党误将我这句自卫的（我怕得要命）叫阵，当作行动的暗号，从后边架住赖的两肘；而我亦顺水推舟地将他们的动作，当作支持我后续动作的默契。

"把他的裤子扒掉！"（其实他的裤腰已褪至大腿）

于是我和我的死党们，便在一教室大半只着内裤的同学面前，把赖的卡其裤剥了下来，赤条着下身（不过仍穿着两只黑袜子），叉翻四肢抬到讲台。

"××××，你再给你爸同性恋看看，××××！你爸叫你不会生。"

该死的是，赖的老二，突然朝向全班，直挺挺，竖立了起来。

梦境中的场景，无论如何努力，也无法呈现出一个可作为背景的空间轮廓，可能是在大医院的产房外面，也可能是在十九世纪欧洲的一处火车站。总之，是在夏天的夜里，空旷的大厅，耀目的不祥的白色灯光，一片通明，恐惧像流质一样充满四周，稍一挪动身躯，就可以听到止水被搅动那样清晰巨大的声响。

情节浮沉在预言和回忆之间。

我和父亲在等待着消息。父亲处于那种盼望奇迹的亢奋情绪中，整个人浸沐在一种异常的平和气氛里，我则硬着头皮扮演着期待的样子。可是，赖不是被我抱在怀里，活活地摔死了吗？

小时候把削得极尖的铅笔芯不慎戳进指头，相信了一个同学的话，笔芯会随着血液在身体里循环，最后流进心脏，刺穿心脏而死。绝望的挤压似乎使血液停止了流动，仿佛这样可以延迟死亡的来临。

还有一次把父亲桌前悬着的祖母遗像相框打破，天真地用粘胶粘上，用力地祷告这样可以蒙混过去。自然是被发现了。挨罚的印象一丝不存。父亲后来好气又好笑地提到这件事：

"简直像鸵鸟一样。有敌人来捕杀了，也不跑，就地在沙地挖个坑，把头埋进去。以为只要看不见敌人，就安全了。"

分明是致赖于死的真正凶手，也知道一旦众人怀疑，自己会毫不抗拒地坦承一切。却仍然面不改色地混杂在侦查的人群里，热心地参与他们，协助一步步走向真相。对于凶手这个身份被暴露后，所要面临的尴尬处境，恐怕比案件本身所应负的刑责，更叫我恐惧。于是，更加卖力地扮演着忠心的线索提供者，如此可预知的背叛和诧异也愈大。我几乎要被这种命运不断推挤着朝前进行的局面压得窒息。

这时，有两个全身湿透，穿着救生衣的汉子，从屋外跑了进来。其中一个喘着气说："可能搁浅住物体的岩礁，我们都下去看过了，什么都没有，大约没有希望。"

父亲替他们点上烟。

"妈的，这时候偏偏来这阵暴雨。"另一个用力吸吮着烟，眼睛觑眯起来。我望着他嘴前一阵一阵痉挛收缩的红色烟头。他突然睁大眼，望着我。

"你该没有隐瞒些什么吧？"

决定去旅行的那天下午，姐姐来医院看我，我趁机把旅行的计划告诉她。

"现在觉得一切都很好，真的，打算先乘火车到花莲，再从花莲骑单车到台东。就这么一小段——真的，什么都很好，也没有再乱想什么。肢体太久没活动了，很闷，再这样下去——"

我把差点脱口而出的"我他妈真要疯了"给吞了下去。尽量谨慎地、温和地把每一句话都说得十分有条理。让她不要以为我这次的计划又是一个疯子的谵语。

"阿弟，你不要又在胡思乱想的，"姐姐一边说，一边把我穿脏的内裤一件件收进塑胶袋，再把干净的一叠叠拿出。绝望又像空着肚子被灌下了脏水，一阵一阵由太阳穴牵引着两颊至喉节，有节奏地帮浦一般噗噜噗噜朝外抽缩。

初时，他们是同情又耐心地聆听我说的话，只是会顺着话语的逻辑狡猾地岔歧打转至他们的话题。我察觉之后沉默下来，他们还会有一种羞惭的不安和被拒绝的讪讪神态。可是现在，他们由于厌烦或懒惰，干脆就认定我是疯子。我说什么，他们也不插嘴，然后接上毫不相关的对答。

"阿弟，你是不是有一个同学，叫作赖进？"

赖？

"我跟你说哟，你不要告诉他，（咕咕咕咕咕咕），好笑死了，你知道吗，昨天啊我替我们补习班阿惠坐柜台，他来我们这里补英文，他补一期，你知道我们补习班班主任都交代我们要尽量抓住顾客。我就问他啊，你还要不要再补一期哪？他啊，（咕咕咕咕咕咕），理个小平头，穿个小短裤，腰上还系条霹雳袋，嚼着口香糖在那扭啊甩的。突然就跟我说，小姐，能够这样每天都看见你，真是幸福。（咕咕咕咕咕咕）我后来一看他的资料，咦？赖进，不是你高中时一群同学到家里，大家都喊杨姐姐只有他不肯喊的……"

"是赖进？"我公正地不露一丝情感地问。

"是啊，那时他嗳恶满脸稀巴烂的青春痘，后来你说他是留级的，他还以为他比我大呢。好笑死了。本来我想告诉他，我是杨正华的姐姐欸，看看他有什么表情——"

"姐，"

"唔？"

"我问你一件事？"

"嗯？"

"你初中，不是有一阵，也住进医院，后来是，是怎么好了？"

"咦——"

小学时代，姐姐始终扮演着倾向大人价值世界的正派角色。不但在学校担任班长（据她后来告诉我，老师不在的自习课，她总是手持藤条，有随意惩罚同学的特权），又因为那时个子比哥哥高，便自然而然地，俨然成了家中孩子行为的裁决者。母亲似乎理所当然地把她当作大人看待，不但将监督我们的任务委托给她，甚至一些大人世界发生的明争暗斗，都会和她讨论。

那时候，每当放学，姐姐会带我到妈妈工作的地方等她下班。常有一些阿姨叔叔，走过来，拧我的脸，"哎哟，这是美珍的小孩嘛，怎么生的？这么可爱啊。"姐姐都十分有礼地要我叫张叔叔陈阿姨，等他们走远了，才低声用警告的口吻告诉我：

"你不要理那个人,妈妈说她先生是间谍,给抓去关了。"

或者这样的话:

"那个人他自己的小孩学坏了,他看到别人的小孩听话,就怪怪的,其实根本就是嫉妒。"姐姐说这些话的时候,脸上泛着一种叙说真理的平静色彩,我仰望着她,着迷地感受着那些来自遥远大人世界的简短批判。心里又迷惑又佩服,但是无条件地相信她的话都是对的。久已习惯了姐姐对我熟悉的孩童世界一切,我毫不怀疑她的眼光,能够戳破我所见的大人世界的影幕然后恩宠地,把一些内里的真相透露给我。

"我知道了,他们是坏人。"我谄媚地说。

有一次放学途中,姐姐刚牵着我穿过马路,一个和她同班叫作文祥(或是闻翔)的男生迎面过来。这个面孔白皙清秀甚至长得有些像女孩儿的男生,是个低能儿。不过文祥不同于印象中粗劣肮脏的白痴,其实他十分害羞而安静。常常放学打扫的时候,他由着母亲(他的母亲自然也是白皙而高贵的)执手经过我们低年级的教室前,班上的一些家伙便会冲着他喊:

"文祥!文祥!"

于是文祥便会红了脸,躲在他母亲身子的另一侧,他的母亲,则微笑地向正爬在窗台上或是拿着扫帚的我们打招呼。这时一切搬动桌椅的声音都静止,我们都会害羞地低着头咯咯笑了起来。

那天下午,姐姐牵着我,穿过车辆疾驶的马路,仿佛泅过一条暗流汹涌的大河,气喘未定,文祥便畏缩地走到面前。

"杨惠雯我爱你。"

这许多年过去，我仍然心悸犹存。清晰地看见姐姐一言不发，放开握住我的手，把装了两个便当（还有一个是我的）的红色便当袋向空中晃了一个弧度，然后直直地朝文祥才说完那些话便凝住的羞怯面容砸了下去。汤匙因剧烈摇动在空便当腹中清脆的响声随着另一声更沉闷的撞击急促消失。但是我印象中始终浮现不出文祥挨了这样扎实的重击之后的任何表现——扭曲着脸孔无助地张嘴干号，或是捂住面蹲了下去——全被便当袋挥出的弧度抹到一片暗红的底色之后了。

一片暗红的底色消失，姐姐复牵住我的手，那时我只觉得我将永远也不会长大了。而后看见另外两个也是姐姐班上的男生，大约也被这一幕吓住，把书包抱在肚前局促地笑着。姐姐带我走过他们面前，恨恨地抛下一句话：

"你们给我记住。"

这当然是孩童们之间最单纯最初始也是最残忍的相互报复。姐姐在班上，跨立在大人价值世界优势的一边，在学校的法则之内，姐姐永远是巨大而不容推倒的。两个调皮的男生便借着最原始的求爱姿态（利用文祥），来否定姐姐除了"一个女生"之外，所有堆砌而上的一切价值。我当时任姐姐牵着离开他们，却隐隐感到伤心，也许是我心底的一个同样企图也在那一瞬，被这个暗红色的弧度给向下攫扯，然后撕碎。

情节在回忆和预言之间沉浮。

彼时我驾车在一个类似迷宫的复杂巷道里缓缓行驶。每一个路的拐弯都是到了尽头才在车前灯昏朦的照射下，从黑阒中显露出来。

似乎是按照着父亲的暗示，去赶赴着一项迫在眉梢的任务。对未现结局预知的恐惧和对已窃知真相的负担，两种不同时间感知的混淆，像饱胀的酸嗝，不断在喉头翻腾。

两个不发生于同一个时间轨域的行动，被折叠在同一个情节中直线进行。

前者是我始终驾车在没有出口的巷弄缓慢行驶。宁静的夜里，只有引擎噤着声几乎有些静穆地单调转动。出现在眼前的，是一条接一条的单行窄巷，转口，窄巷，然后又是转口。父亲似乎预知了悲剧的结局，暗示我在事件发生之前便赶去阻止。然而我正清晰地预见这样的努力根本是徒劳。甚至模糊地感到如此会陷入命运的荒谬恶戏，我可能在无计其数的一次转口，把赖撞倒。

虽然为昭然若揭的结果惶恐不已，然而行为的惰性，和这仿佛朝前蠕动推送的单向巷道，使我不得不无意识地重复急转方向盘的动作。

后者同样是枯燥索然地驾车缓缓行驶，企图却截然不同。是背负着把赖的死讯通知他家乡的人的使命。

到达一个小镇的外围，沿途偶尔出现一家茶行、海鲜店或是外头展售着最时髦女用内衣的杂货铺。因为怯懦（在梦中我确有一种畏罪小孩想哭的冲动），我故意在每一个商店停下，假意问路，其实是撒娇似的延俄着必须自己去揭开真相的严酷刑罚。

"赖家呵，就在庄尾最里面红屋顶的那一间，这条路一直走下去。"

所幸店里的人都十分和善。可见他们并不知情。竟然和我扯起赖在家乡时的一些逸闻异事。

"总之,是个古怪的孩子,以为他的朋友也是一样古怪,没想到会有你这样斯文的朋友。"

"赖在城市的时候,比我还要斯文。"

"真的?但是,是会把邻家婴儿和猴子一起锁在笼子里的怪孩子哩。"

"是啊,听说还有诱惑小男孩的怪癖,那回春妹的独子,就听说是被他折磨死的。"啊?

原来赖那回在公车上所说的,都是真实的事?

高二那次当着全班把赖的裤子脱掉后,总是避开和他碰面。实则在剥下裤子而赤条条的胯裆赫然暴现时,我极力膨胀起来的恶谑和胆气,便随着他不可收拾地号哭而迅速萎缩。几个死党在事后隐约透露出不安。

"欸,阿猴,我们这样会不会太过分啊?",

"对啊,伊终究是比我们大汉。"

"谁管伊,没卵的,哭成那样。"其实之后好一阵我们在班上也安静了下来。我偶尔偷偷观察赖,他依旧是静默地埋头看书,周身仿佛形成了一层抗拒的薄膜,把他和众人的世界隔开。

有一回在公车上,有人在背后轻轻拍我,一回头,是赖。

"啊,你也坐这台车?"我痛苦地微笑着。赖也面带微笑。但之后两人便都沉默不语。专心地看着车窗外。

下车后,赖和我并肩走着。我突然有一种平和宁静的奇异感觉,仿佛我们是两个相交至深的好友。

"其实你是一个很害羞的人。"赖说。

奇怪的是我平时强撑而起的暴戾之气，皆消弭无形，居然软弱顺从地点了点头。

"我刚留级的那一阵子，觉得自己真的是完了，几次想自杀，又懒——我不是怕痛，是懒。仿佛要跨过一个什么，或是执行一个仪式，很累。那一阵子，我每天都跑到我姐姐那里，问她怎么办。我姐姐已经死了，被烧成一坛骨灰放在庙里。她以前是植物人，后来就死了。我一直怀疑是我爸妈和医生串通起来，把她弄死的。可是又懒得去深究。我总是感觉有一层膜隔在眼前，但是又不敢去戳破它。我知道，一旦戳破，只不过是证实了我早已清楚知道的事，把倒影从水底捞起，我难道能拎在身边吗？"

"你说你去问你姐姐该怎么办？她是最近，我是说，你留级后才变植物人的？"

"不是，我小学的时候，她就死了。是一次朝会，突然昏倒，医生说是贫血，给她打营养针，想不到她那时已经脑出血了，一躺进病房，就没再起来。那时，我看到姐姐突然被剃成光头，整张脸灰白，明明像死了一样，却一直猛打哈欠（而且她打哈欠的样子很丑），后来我便再也不肯进病房了，不管他们怒叱拽拉，我都哭着乱蹬，死不肯进去。有一次，我爸爸突然火了，硬把我抓进病房，将门反锁，让我一个人和那具猛打哈欠的尸体在一起关了一夜。

"我不是指留级这件事。我觉得自己好像一个只属于平面的动物，我没有向其他世界侵略的企图，但是分明周围的价值都有棱有角地摆在那儿，等着你被框入它们的定义。我留级后，我爸妈都不敢跟我提这件事，他们按着亲子手册那一类的教训箴言，以为我此时必然无法承受留级的打击，对我客气极了。他们有些辛酸地很满意自己的表现。可是我对于他们看法的恐惧，比留级还大。班上同学也是这样，他们要扮演谨慎地关怀别人的角色，就要求你配戏似的扮演消沉内缩的挫败者的角色。当然我辛苦地近乎谄媚地迎合他们，让他们像嫖客一样，要我摆什么姿势，我就摆什么姿势。其实我对羞辱、蔑视的感受还远不及一种从底层涌上的恐惧——就是我卖力的演出，有一天被习惯了，被厌烦了……"

"但是你……"

"你是说我怎么会把老二拿给别人看？"

"不，不是这个。"其实他猜中了，但他一副庄重的模样来主动提起这事，使我莫名涨起一种自秽的情感。

"那只是偶发性对嫖客的报复，'强奸嫖客'。我也尝试过扮演你这样的角色，打诨耍宝，或是凶神恶煞。但是这些仍是在人们情感所能容忍的范围内，这一类的典型，仍有固定的台词和规则。你意识到他们熟悉了规则，又不得不硬着头皮扮演下去。一旦建立了可延续的档案，今后的任一个动作，就逃离不了被赋予意义。但是我说，我只是一个属于平面的动物。我的前一个动作，和后一个动作，彼此是不相关联的。

"于是，我选择了一些行为，事件本身的瞬间意义就超乎了人们能判断的极限，他们便无能为你下定论了。有一次，我在家附近的一家商店买东西时，碰见一个孩子偷东西被老板逮着，老板正拉拉扯扯地要将那孩子送到警察局。我便走过去，说我是他的哥哥。替他赔了钱，并且打躬作揖拼命道歉。走在街上的时候，孩子先是阴着脸不理睬我。我便带他到附近的河堤，坐在草地上，告诉他我姐姐被我父母谋杀的事。他终究是个孩子，很快便卸除了武装。他告诉我，他的爸爸是军人英雄，英勇捐躯了。家里只有他和他妈妈。班上的李文兴他们都联合起来欺负他。我告诉他，改天我会替他讨回这口气。

"那天，他叨叨絮絮地告诉我好多他自己胡思乱想诌出来的故事，我只是微笑着聆听，一直到天黑才送他回去。以后我常常在他放学的时候，带他到河堤去玩。我避免买玩具或是零食来笼络他——因为那会使他对我们之间的感情产生惰性，况且他也是一个极骄傲的孩子。这时我知道他已非常爱我。

"有一天，他终于邀请我到他家。他的母亲是一个沉默害羞的女人，她告诉我，这孩子怎样突然变得乖巧用功，每天回来，都兴奋地说，哥哥今天说什么什么，哥哥今天又说了什么。总之，那天我在他家和他们共进了一顿简单却温暖的晚餐。我适度地（装作不经意地）表现了一个成熟的、有教养的大朋友的气质。我知道从头至尾，那个孩子都紧张地盯着我的一言一行……"

"这个好像……好像哪个小说的情节——"

"嗳，嗳，总之，总之，我那天的表现，让那孩子骄傲极了。等我告别时，他还依依不舍地要送我一段路。走在暗巷里，他用手兜着我的手肘，我由他兜着——我知道，这时他对我满涨着爱意——而后，按着我计划的节奏，我们走到了他曾经失风——也就是我和他第一次认识的那家商店，我突然狠狠抓住他的衣领，用力摇摆，扎扎实实来回在他脸上掼了十来个巴掌，然后抛下一句话：'这便是一个坏孩子从小偷窃所应得的惩罚！'便踏着大步走了。""后来，"赖这时亢奋到极点，声音都嘎嘶得模糊不清，"过了很久，我听说那孩子，回去大病了一场，发烧中一直呓语说要杀了我。没多久，他便死了。"

"等等，等等，这些，怎么都是杜斯妥也夫斯基[1]小说里的情节。只要背景稍微变换一下，你是个因某件羞耻的事被骑兵团除名的少尉军官，那是个小镇……"

（你说谎。你那时不是个混混吗？怎么可能读过——杜斯妥也夫斯基？）

"嘿嘿，你又急着给情节寻找相符合的意义了。相较之下，我比你们高贵多了，你们只是一群鸵鸟，埋头在一个简单的概念沙坑便心安理得。不去看看背后有更大的腐败和灾难。从这个故事里，你只是在寻找一个可以栖身的宗教真义和经验档案，（更等而下之的，你甚至只在将我归纳入你的阅读经验），一旦找到了能赋予意义的档案，你便安心地按着档案里的指令来处理情节。我知道那孩子至死都是爱极我的，我把他的脖子从沙坑里拉出，我把整个生命的秘密都告诉他了。"

赖说这些话的时候，我们已走进校门。那时学校已开始朝会，我们便走进操场上的队伍里。当赖正兴奋地说到"生命的秘密"时，我们的主任教官"山猪"走了过来。

"这位同学，啊？刚刚就一直在注意你，什么事情那么好听？唱歌的时候也在拼命讲。好啊，你现在给我上台去，讲给全校同学听。**快点！跑步！**"

那天赖被罚站在台上直至第一节下课才回来，从此他再也没和

1　即陀思妥耶夫斯基。

我说过一句话。

　　事情是这样的。

　　姐姐初一时，考上了资优班。那一年，姐姐在家里，变成了一张模糊的影子。除非到书房，我很难见到她（连晚餐都是妈妈端进她的书房）。而我爸妈也不准我靠近书房。但是她的成绩，却遭咒似的变成倒数三四名之间的颓力挣扎。

　　初二的时候，姐姐休学一年。在那之前，她开始在家里来回游走，很细心地触摸每一件家具，后来，她开始尿床。我爸妈先不让我知道，但是实在是不胜其扰，便要我一起帮忙清理床单。最初几次，姐姐总是伤心地坐在床沿，一抽一搭地啜泣。

　　"你不能坐这啊，这样叫我怎样换呢？"我那时大约如此埋怨吧。

　　慢慢地，她好像把这当作一件有趣的游戏，背剪着手在一旁绕着踱步，时或扑哧一声笑出声来，但我知道，她是十分害羞，并且十分、十分地幸福吧，因为我那时也满涨着害羞和幸福之感。

　　姐姐大约便在那一阵前后进了医院，但是好像住没一个礼拜便出院回家。后来，她便突然地好了。完完全全地好了。只是也完完全全地变了一个人。她开始喜欢打扮，头发故意弄得鬈鬈松松，房间里贴上只穿条泳裤的近藤真彦。初中毕业（自然她早已被换至普通班了），姐姐重考了两年，才上一所普通的高中，之后一切，就十分平淡无奇。她成了一个普通的、赶时髦的、打扮得花枝招展的女人。

　　或许只是最简单的，生物求生的本能吧。或许在诸多我替姐姐

清理床单的其中一个清晨,姐姐腼腆地在一旁看着我将她遗下尿迹的被单折起,突然就起了一个念头:

——不能再这样下去了——

我不知道这个念头是发生在那一个清晨,甚至于,我猜姐姐自己也不知道。但是,必然就在那时,一切都决定了。我换了个姐姐。原先的人格必然会夭折,于是她便狡猾逃向另一种人格,像是签下了一张契约,所以便存活下来。

(你想,应该是这样没错吧?)

(应该是这样的吧。)

(还有,关于我旅行的计划……)

离开

他们在一座大楼地下停车场里的公共厕所找到了他。他下肢叉开膝盖跪抵着茅坑的两缘,两肘也是以膜拜的姿势贴在地面,仿佛是想要努力嗅辨某种气味或是寻觅某件东西,他的头颈,以令人不能置信的曲度,整个塞进了粪池。警方在搜证之后,想要把他的头颅从臭气熏天的粪池中拖出,还着实费了好一把劲。

由于事件是发生在落幕不久的学生运动之后,死者据说又是某个学院内地下性质组织的成员,自然对死因的过滤焦点,都集中于学生偏激分子之间的残酷私刑。次日的新闻,照例又是三台电视轻描淡写地避开"刺杀"这个疑点,而报纸却在头条上大做文章。

据曾在当夜值班的保全人员张忠仁回忆,死者在凌晨三点左右沿着该栋建筑的后墙徘徊,由于死者的神情举止皆十分鬼祟,他当时特别留意了一会。但是死者后来发现到他的注视,便在转角拐了个弯,朝着建筑物反方向侧边的走廊而去。

由于张忠仁极可能是最后一位目击者,警方判断,他死亡的时间，大约是在凌晨四点到六点之间。

"就在哀伤开始变质败坏，他们开始又忆起死者的粗鄙、自大和自私时，我们的镜头便跨过前景，原先一片模糊的背景出现了一张长条木椅，上头坐着一个人。他脸上的沉思气息意味着他自始便聆听着他们的对话。这时候，我们看见他露出一个复杂的神情，仿佛是舍不得走想多听听他们谈话的内容，但是又实在是听不下去了不得不走。最后他终于毅然站起身，把黑色西装外套对折挂在前肘，从那群对话者的旁边走过，当然他们从头到尾都没看见这个人的出场和离场。

"我要说的就是这个镜头，这个不曾以他的个性、人格、语言来干扰画面中戏剧张力和对话心机的人物，但是他的出现，却确实造成整个镜头意义的改变。"伊说。

"我要说的，是他的离开。他自画面的离开。"

自从高君离开之后，我们的这个团体便陷溺在一种手淫一般的恶习里，我们互相心知肚明，知道对方声色俱厉悲壮的身世自白后面，藏着一幅软弱哀切的眼神，或是聆听者煞有其事深受感动的嘴角，其实是努力压抑下嘲弄的微笑。然而这点微弱的心机，因为更巨大的涌在喉头的欲望，而被淹没过去。我们像是集体中蛊的秘教徒，欢愉又绝望地为这个固定仪式牺牲。

我们的恶习，便是悲剧。

我们在定期的聚会中，争先恐后地展示着自己生命里的伤症：初始是凝重地娓娓自诉，痛不欲生的失恋经验和中学时代被留级的绝望情境，或是伸出有三四条刀疤的手腕，那记录着成长过程的坚持和彷徨。但是待这一类的情节渐渐不能餍足大家的悲剧渴求时，剧情便有愈演愈烈和妄加虚构的趋势，几乎每个人在童年都有这样的惨痛经历：男的被鸡奸、女的被强暴，而且在旧的刀疤已因反复展示而褪色、新的刀疤又不及产生来供应的当口，连胎记、赘疣或痔都被赋上一般凄楚的往事。

这时候，我通常会无限地怀念起高君，或是父亲。父亲在世时，有那么多触目惊心的悲惨身世，却没有人肯听他说，而现在，我居然发生了自己的悲剧供不应求的窘境。

父亲去世之后，我以为我可以从悲剧的坟场掀棺脱逃，我以为我可以像我表面上那样的嬉笑怒骂玩世不恭；到头来，我仍是跌入了悲剧的泥沼。我似乎看见父亲涕泗纵横，一脸悲苦，却狡猾地冲着我说："没有用的，你跑不掉的。"

于是，就像被囚禁在铝皮小屋始终没有逃出的八岁的我，即使我顺着时间之流泅向多远，他仍是安然自若地待在原处，一伸手就将我攫回，踩在他绝对的永恒的巨大姿态之下。

我清楚记得在我八岁那年的光复节，那天下午，父亲带我到他们学校附近的一间棋社，父亲一入了局，就完全把我给忘了，那时候，一个油亮着秃顶的老人过来拽住我的手："小家伙，我带你去一个好玩的地方。"我清楚记得那天棋社墙上用铁架箍着的电视正播放有关对日抗战中日军轰炸重庆以及中国老百姓凭"人定胜天"的信念和"坚忍不拔"的毅力，凭锄头扁担自己开了条滇缅公路的记录片片段。而且我似乎十分熟稔地知道那间棋社整个屋子弥散着一股尿骚味是因为厕所门坏了，进出都戛吱乱响，几个棋痴嫌吵，索性把它卸了下来。

　　我不记得那个老人一路上和我扯了些什么，但是他专注地想诱哄我去那个"好玩的地方"的神秘神态，却历历如昨。老人将我带到一间似乎是校工还是拾荒者之类的铝皮小屋，便将我锁在里头，兀自离去。

　　我不记得我在那间小屋里头哭闹槌门喊救命了多久，屋里的摆设和光影的变迁我亦一片模糊，但是有一点对我而言十分肯定：那便是我应当至今犹被锁在那间铝皮小屋内，没有出来。

　　我没有丝毫脱困或是离开的记忆，绝望地被囚禁的情景是无限延伸的结局，应当没有后续的事件了。

　　所以我常常在想，八岁那年光复节之前的我，和之后以至现在的我，是不是同一个人？会不会是那年我父母压根就没把我找到，便去找了个同是八岁的孩子，强迫着洗脑把一切"我"的自觉和我以为的记忆，全给塞填进去。

　　八岁的我绝望地涕泗满面拍打着铝门的画面，奇异地在那年的光复前的那一点上便凝止不动，和另一个不断成长的我并置着。像是突兀地把一张应是某部片子的结尾的底片，插夹入另一部情节完整的片子的底片之中，且插入的段落正是单调叙述不应有高潮起伏的部分。

　　所以我总是感觉到，八岁的我至今犹在小屋里哭喊求救，它就卡在那儿，使我之后的一切记忆都如同悬空。

　　父亲去世的那个晚上，只有我一个人守在他的床畔。

　　那晚，他似乎精神特别清爽，和我聊了不少从前在家乡发生的旧事，父亲是个严肃的人，原本和我们就甚少交谈，那回在他们学校剃了光头难堪地退休之后，更是不轻易开口，把自己封闭在一个完全沉默的世界里，连母亲也无从知道他内心在想些什么？

"你爸爸，反正是老了嘛。"我母亲说。

但是那天晚上，我父亲反常地多话，他絮絮不休地告诉我他出生的时候正逢大雪，因为高龄产子祖母十分危险，众人急着救产妇，待脱了险回过头来，婴儿的头都冻黑了；或者是撤退那时候他们一伙人险些登上一条满是将领的船，我父亲却恍惚看见船上的人都被倒缚着膀子，问伙伴都说没看见，我父亲坚持着将船票转手，再找另一条船，后来才知道那条船有诈，开往大连去了……就是这类话题，我隐隐觉得父亲夹糊不清从一个事件跳到另一个事件的叙述背后，其实是有什么东西要告诉我或暗示我，却苦于抓不到一个可以串接的线索。

我耐心地听了许久，仍摸不着头绪，便打断他：

"爸，很晚了，早点睡吧，明天再说。"

父亲那时正说到在台中时如何得了一场严重的痢疾，伙伴们一方面怕传染一方面看看没救了，就把他一个人扔在一间民间废弃的地瓜寮里，后来竟意外地好了。他似乎没听见我的话，仍旧亢奋地重复讲述着那时的情境，然后，像是把收音机开关给按了，他的声音突地戛然而止。他并不是意兴阑珊地将一个话题结束或不了了之，而是突然在一个句子的中间，就截然分明地中止了。

我先也为这截然的静默感到忐忑不已，便将灯熄了，不动声色地在黑暗中坐着。有好一会，我几乎是睡着了，便蹑手蹑足地离开房间，正要掩上房门时，听见父亲微弱却清晰地说了两句，那似乎

是带着恶意的快慰,他说:

"没有用的,你也一样逃不掉的。"

父亲在那晚死去。

我那时为了父亲这一句像是忠告又像是诅咒的预言,着实纳闷了一阵,难道他其实早已知道我加入了这个组织,却默不吭声?或者我父亲一直清楚知道我在观察他,并且拿他作覆辙在修正着自己,但是他又看出了我这些修正动作里,某些徒劳的成分?

但是不久我便将父亲的这句话抛在脑后,直到最近才又在我内里响起。因为那时我正处于攀上我们组织首领地位的关键;况且我正策动着组织里的核心分子,对高君进行一项严厉的制裁。所以父亲这句话,在他下葬之后,便烟消云散。

一直到现在,高君自杀,小韩早也离开,我成为组织的首领,父亲这句话却像地底根节结实的蔓藤,匍匐潜行,却在关键时刻,自每一处地基角落钻涌而出,把我团团绑住。

我养成了在半夜时分至父亲书房呆坐的习惯,像他晚年一样;我有时会望着他的遗像,挑衅地说:

"父亲,你说的没错,我们都一样,跑不掉的。"

而相片中光着脑袋的父亲,仿佛也慈爱地回答我:

"是嘛,我早说过了,没有用的,跑也跑不掉。"

至于我当初加入这个组织的动机,只有一个,那就是为了小韩。

说起我和小韩的历史,那可真是孽缘。如今我自己也弄不清楚我暗自深恋了十年的小韩究竟是现在的她还是十年前那个十五岁的女孩。我高一时从朋友那儿学会了打手枪，直至今日，每回合我心中的靶子都是她。我温柔欲死，喃喃喊着她的名字，"小韩，小韩"，有几回我在颓丧和懊悔的黑暗中，想着我这样每回都忠贞地想着她，而以她的个性，早不知把自己随便就献身给什么烂男人了；更可怕的是，我竟然慢慢忘了她的长相，在我脑海中浮现的只是一团日渐模糊的白肉罢了。我想到这些，竟至一个人在黑暗里哭了起来。

说起来，当初和小韩认识，还是她主动找我搭话的。初三那年，我们校长突然学时髦搞起什么能力分班来，而以我父亲是家长会长之尊，毋须吩咐，他们自然把我放在第一段A加好班。

这个善意真是把我打入了十八层地狱，我昔日的狐群狗党作弊伙伴们全被分到不知好几段的放牛班去了，只有我，莫名其妙地被放在一个个镜片厚重精光四射全校的特选人才之中。

那时辰真是苦死我了。我们的导师颁下的规矩是这样的：一百分，差几分揍几下，按照他的柏拉图理想国，是绝难有人考一百分，也就是绝难有人不挨打（开玩笑，他面对的是一群特选之才），你如果考个七八十分，那就够你瞧的。所以他每每都对着我的鸭蛋考卷瞠目结舌，无从下手。

总之，我很快就成了班上的喜剧人物，天知道，我原来也不是那号调调的，只是巨大的无从想象的荒谬和错置，你不奋力挣爬着朝向闹剧的极致，就必然会坠入无可忍受的悲剧彼端。

有一回考默书，大约是蔺相如什么五步之内血溅大王要挟秦王的那一段课文，我无聊极了，看着周围的人奋笔疾书，就开始在考卷上瞎掰起来。其实也不过是些什么蔺相如说大王你如果不——

bú——便放了个屁，秦王笑得假牙掉了出来，这一类的低级笑话。

发考卷的时候，我们的老师似笑非笑，要我当着全班朗诵一遍，班上的那些自以为优秀的家伙全狠狠大笑了一遍，我们的老师也似乎笑得不可抑遏地招手叫我到他面前。

然而当我难掩得色装出一副无辜又滑稽的样子走上讲台时，我们的老师突然刷下脸色，噼里啪啦连连在我脸上掼了十来个巴掌。

我在全班骤然悄无声息的状况下走回座位，脸上还残留着刚才恢复不过来的滑稽神情和突然挨揍失控迸出的眼泪鼻涕。就在那时候，坐我旁边的，我始终认为和他们一般高不可攀的优秀分子韩莉莉，突然偷偷递给我一张纸条，上头写着：

"喂，你是一个有灵感的天才。"

就在我听说小韩是这个组织的成员，千方百计透过各种管道终于第一次参加了他们的集会，而装作意外相逢地向座位中的小韩打招呼时，她两眼发亮地回头敷衍了两句，噢，是你呀，杨志豪，又迅速地把视线拉回台上正在演讲的人。

"等会再聊，等会再聊，你先听他说，你听他说的是些什么啊，胡说八道，嗳，他真是个有灵感的天才。"

就在我发现台上的家伙不是别人，正是高君时，恍如这十年来的梦境颠倒，一切都滑稽透了。我十年来守贞打手枪只想着眼前这个女人，就因为她那一句"你是个有灵感的天才"，而如今这顶桂冠却给轻而易举地加冕在台上那个傻子的头上。

我记得小韩有一回告诉我，她有一次看见一个乞丐跪在路边磕头，前边放了一个铝盆。"我那时身上一个零钱也没有。"她告诉我，结果她想起自己便当里还有一只啃剩的鸡骨头，便把它找出来扔在他那个铝盆里。

那时我被这个乖张的叙述震撼得无以复加，她告诉我这件事的时候，是恬然自得把它当作个珍贵的秘密与我共享，我那时装作会心地大笑心底却恐惧万分。我知道这个女孩的灵魂里，有一种无论我如何扮演也企及不了的优渥质素。那便是在她的内里，完完全全，完完全全地没有悲剧的成分。我继续地在每一次的考卷上胡诌乱写一些招致痛打的混话，用滑稽的腔调模仿那些写给她的（她笑着拿给我看），以那个年龄来说该算情文并茂哀婉动人的情书中的句子；我知道在我的内里有一些倨傲得足以蔑视班上那些精英和我自己的荒谬处境的什么东西，被辛苦地唤起。但确实辛苦极了，我像是一个冷汗淋漓的戏子，知道只要稍微揣摩错了会错意我辛苦去扮演的那种质素，便会迅速失去和她一同高踞云端嘲笑众人的特权。

我强调的是，令我忐忑不安的不是在于嘲笑的特权（去他的嘲笑），而是和她一同的这个感觉。

果然不出所料，高中联考结束，小韩穿起绿衣上了第一志愿，我不负众望地落榜。那时候，我竟然神志不清地写了一封充满感伤和缅怀情绪的十九页长信寄去给她，于是她回了一封冷淡又谨慎的信，寥寥几行，志豪同学，将相本无种，男儿当自强等等。于是我知道，我们是完了。

我断断续续地从过去同学那儿听来一些风言风语，说韩莉莉一上高中，风骚得很，换了几个男朋友。最初我听说是个撞球高手，于是整个夏天我一头栽进撞球店，练就了一手一杆洗四次台左右开弓的神技；后来我又听说她换了个男友是某某合唱团的主唱，我又将家里的补习费悉数投进吉他老师的口袋，苦练的结果，是左手的四个指头全磨出水泡；后来又听说她换了个男友身高一九〇，这时我才开始暗暗感到绝望，总不成叫我去踩增高器吧。何况后来关于她的传言也愈来愈离谱而不可思议。

不过我仍是专情地在每次打手枪的时候喃喃唤着她的名字，并且这期间也或许因为听信了一些误传，而又多学会了几样让人诧异它们之间的趣味差异是如此之大的专长，例如滑翔翼、存在主义、拳击、调酒和修理机车等等。

在我最近一次得知小韩的下落时，是在我上了大学（这时她已大三），我听说她参加了一个跨校性的秘密组织，而且，最重要的是，她的身旁并没有护花使者，哈哈，我在心底告诉自己，经过了这十年的折磨，如今她的脸孔已在我记忆中剥蚀模糊，我一定要打进那个团体，可能的话，我要成为那个团体的领袖。

我如今总是无法想起，父亲在世的最后几年，他到底是什么模样，做了些什么，我不知道在他心底正经历着什么样的变迁。对我来说，最后那几年的父亲，只是一张模糊的影子，他将自己沉入无声的潭底，顽固地将我们拒斥在外。

母亲后来告诉我：那一阵子，父亲染上了一种恶习：他沉溺于写各式各样匿名的告发信。他在每天清晨出门，使用老人免费公车票不断换车，傍晚时回家，然后开始撰写投递给各个单位的举发信，下至公车处、公园管理局，上至领导人办公室，不外是检举一些过站不停的司机或是当街闲聊的交通警察。

"有一次似乎是一个以前的学生向他打招呼,他惊喜之下缠着人家训话,人家自然想尽办法摆脱了,他回来,气不过,竟然写了一封埋怨的信给以前的校长,那家伙,死了怕二十年啰。"母亲说。

我听了这些十分惊异。我原先以为,那几年,父亲是以更狡猾的方式在向这个已不听他使唤,甚至超乎他想象的世界报复。我一直以为父亲的沉默,以及他在我们狭路相逢时,总是委屈地将自己侧身缩成一旁阴影的姿态,是带有阴郁的复仇企图。

因为这样,我几乎是故意地、漠视他逐渐稀释萎顿的身影和声音。"我偏不上这个圈套。"我告诉自己。

然而照母亲的说法,父亲最后那几年,确实是自顾不暇慌乱失措于自己力量的流失,他并没有更高的心智,来看穿我们这一代,以嬉闹架空了他们的悲剧的局势;或许有,但我想那可能只在他最后的那个晚上,所以他向我说了那两句话。

在我心底,其实是认定父亲是在他第二度剃光头出现在全校四千多个学生黑乌乌没有人剃头的朝会上死去的,这是错误的,因为因此我曲解了父亲最终沉默下来的微弱乞求。这样的曲解虽然难堪滑稽,但仍不失一种成为永恒的什么质素,甚至还带着一些悲壮的味道。

父亲那回,在事后并没有实现他之前豪壮抛下的宣言:"只要有一个人留着头发,我杨某人便辞职。"他仍然风雨无阻地上班,而且一直到他退休我父亲每天都顶着光头到学校。

我知道他的老同事们都为此痛苦极了,我父亲像是在坚持着一种微弱而绝望的指责,那里头包含着顽固而不容说服的炫耀的成分:意味着你们皆已堕落,而我仍紧抱着一些质素,虽然这些因错置而滑稽不堪。

　　我一直以为父亲是紧紧衔住自己的这个姿态，但后来才知道其实错了，父亲其实是在求和，是在痛苦的祭台上，找不到台阶下来。

　　高君是我高中时期的朋友。其实若是称为朋友，则我与他友情建立的因缘确是尴尬异常。我始终怀疑高君会加入这个组织，是不是和我一样，根本是抱着其他的企图：就如同我是为了小韩；而高君，我猜，是冲着我而来。

　　不同的是，我的动机是爱情，高君却是复仇。

　　高一上，开学不到两个月，我便留校查看（因为根据传闻，小韩那一阵子的男朋友，是某校的大哥级人物），高君是班上老师指派的点名员。分别扮演这样的角色，自然有一场精彩的对手戏。不过，这个部分却没发生什么高潮，善良而上道的高君，眉头不皱便选了一场不太热闹却可以平安唱完谢幕的剧本——点名单上我享有不必出席的顾问特权。自然我亦是士为知己者死伯牙子期地于收山前夕做了一番宣言：

　　"今天有人要逼我再出手惹事一次，然后离开本校，那便是去动动高的汗毛看看。"

　　高二的某一天——那时我已洗尽铅华沉迷于南胡（因为我听说小韩又爱上了一位五灯奖的南胡擂台主）——高君和班上另一位同学在走廊打排球，恰好一位当时在校内算颇有来头的留级生经过我们教室，更恰好的是高君正好跃身而起，剪腿挺腰击出一个直直掼在留级大哥鼻梁正中的杀球。

我后来听说其实当时我若是继续留在教室里装死拉胡琴，高君还不至于陷入如此难堪之境。因为虽然留级大哥的手下已将高君团团围住，但是蹲在地上的留级大哥（据说这一球正好击破了一只大哥苦苦挤不出来满是肥脓的青春痘）已挥着手叫他们不要为难好学生。

然而就在我闻声冲出教室的同时，当初的豪爽承诺像穿越时空的回音，在高君心底响起，高君竟然拨开围住他的诸手下，径自向前，狠狠推了刚爬起身正要露出优雅宽容微笑的留级大哥，把他复推倒在地。

"不然你们是要怎样！"

留级大哥一时之间，确实被身穿太子龙泡衣泡裤的高君唬住，以为他是个归隐山林深藏不露的超级老大。如果这样倒也罢了，高君竟然冲着我喊：

"大哥，就是这群瘪三要找我麻烦。"

就在那时留级大哥望着我，原本错愕惶恐的表情又变成了优雅的微笑。我在学校的名声辈分和实力，皆是在在不及留级大哥的，他即便是不明高君的底细，也早对我有个谱。高君喊我大哥，不是自掀底牌么。

但是我机灵地不让留级大哥有翻脸的机会，马上赔上笑脸，向留级大哥及诸喽啰敬烟。

"哈哈，拢是自己的人。来来来，呷烟，呷烟。殿文，快向大大哥道歉，赔一个不是，来。"

高君那时的表情像是误把大粪当花生酱，啧啧有声还美美地贪心地大吃了一口。

"大——大，大哥，我给你——赔、赔失礼啦。"

那一阵子，我也分不清究竟是高君腻着小韩还是小韩腻着高君，反正两人已几乎到了形影不离的地步。高君像个贴心的佞臣，不论台上台下都浑身解数地施展着惹人发笑的伎俩，不能否认，这一方面他确是颇有才华，况且不合时宜的颠倒胡扯戏谑，往往也给人一种具有更高级智力深不可测的错觉。

小韩也他妈贱透了不管人前人后皆毫不遮拦地放声大笑，我敢说我们这个组织的大多数人，也是因为这点，才屡屡对高君那种已近乎刻薄的嘲弄放弃反击，甚至报以赞许的笑声。

我则暗中痛下苦功，模仿这个组织中最流行的修辞、术语和左右摇摆的立场，并且以若即若离的态度换取几个核心人物对我的忌惮和揣测（当然我与高君和小韩的暧昧关系使他们对我不敢等闲视之），借以提高自己在组织里的地位。

同时我仍旧在每晚喃喃唤着小韩的名字打手枪，但是奇怪的是，脑中浮现的竟不是十年后这个真实的小韩的脸孔，而仍旧是十年前的她的模糊肉体的白色光影，而且我愈来愈惊恐于那个光影顽强地模糊下去，比重遇她之前更稀薄难辨了。

有一回，高君对我说："我几乎都要以为，她是不是爱上我了。"

我瞪着他那畏缩又谄媚的表情，几乎是把自己的每一个指关节都紧握得咔崩作响，才压抑下想把拳头往他脸上砸去的欲望。这是一层帷幕，只要我撕开了它，他就永远是个怯懦的小丑，而我也永远是个临阵把他遗弃的政客。高君似乎也和我保持着这个默契，不把这层帷幕扯下，或者是不由他，而让我亲手扯下。我怎么知道他不是冲着我来呢？怎么知道他不是窥知了我和小韩之间微妙的角色关系，而狡猾地闯进来搅局呢？

"哈哈，她都是这样，都是这样。"我贴己地说，并且亲热地搂住他的肩膀。

那次我们的组织参加了一个大型的学生示威运动。在事先几个核心分子就愁眉不展地拿不定主意，究竟是参加呢还是不参加？因为我们这个组织一向就以没有立场为立场标榜，所以才能每每对每一派系的破绽，提出游刃有余的嘲讽，如果贸然加入，日后不是便给人描上了立场；但是动员这次运动的代表来邀请时曾大大捧了我们的组织一顿，什么慕名而来、如雷贯耳，这可真是叫人难以拒绝呐。

最后还是高君的一句话和小韩夸张的笑声使大家下定决心：

"就当作去看拜拜嘛，反正到时候摊位一定很多，有吃又有喝。"

但是那次的运动却比想象中更像拜拜：台上的演说者痛心疾首又叫又跳地重复着祭文一样的口号，台下的则善男信女一样百无聊赖地哈欠连连。当初邀请我们的代表跑来尴尬地解释说，因为已经进行了一整天，大家也都累了。况且革命是需要学习的，大家都缺乏学生运动的经验，骨子里还是严重残留着被控制者怠懒投机的心态，我们这次运动一个真正潜藏的效果，是要在运动中教育大家什么是学生运动,实则我们这次的运动真是困难重重……

正当那位代表口沫横飞愈讲愈激动的当口,不知孰先孰后台上台下皆发生了一些骚动:原来是一辆免费供应冷饮的车子不识时务地停在集会人群的一旁,大家自然是耐不住枯渴摩拳擦掌蠢蠢欲动,一开始是靠近边缘的那些家伙近水楼台地先围了上去,后来整个广场就乱啦;这时候台下不知何时一个意见不同的听众冲动地爬上台要抢着发言,台上那个原先自己快睡着的这时则顽固地捍卫着手里的麦克风,两个人便在台上扭成一团。

这时候,高君突然兴冲冲地向我们说:

"此时最尊敬他们最具有启示意义的动作是什么?那就是脱光了裤子上台去裸奔。"

小韩立刻拊掌大笑,说:"妙啊,小高,你真是个天才。"

就在这一片泛滥着嘘声和掌声的时刻,我突然有一种奇异的感觉,仿佛时间和舞台都不变,甚至连台词都一样,只是我们交换着戏服,我仿佛看见自己在全班的哄笑中,一张滑稽的脸被老师左右开弓的巴掌掼得狼藉难辨,每一瞬间我都慌张地不知要摆出凄惨的表情还是坚持滑稽。

"你敢吗?"我说,"你敢上去裸奔吗?"

"是啊,上去,"小韩这时满脸通红、呼吸急促,几乎已到了歇斯底里的地步,"上去、上去,小高,我的天才,上去把裤子剥了。"

高君却不理会她,异常严肃地望着我:"你真的要我……"就像是那个下午他不敢置信地绝望地望着我,帷幕终于被我扯下,我们的角色又还原成最初,无所遁逃。

我点了点头。

"好。"他说。

我听说高君那次的下场很惨,他被愤怒的学生代表和自治纠察们抬着,扒光了裤子巡场示众。我并不清楚当时的实际情形,因为在高君冲上台,当着全体集会学生剥下裤子,露出他光腚腚的白皙屁股时,全场学生除了诧异,并没有如预期中的哄笑和鼓噪,他们只是全部静默下来。而高君在脱下了裤子之后,竟然像是不知如何是好,尴尬地怔在上面。这时我预感到结局可能不可收拾,便和几个核心人物咨商,我们的组织提早退场。

当我设计并说服组织中的分子,以离开的动作报复高君的离开,我突然发现自己正以另一种方式,切入演绎父亲晚年最后一幕甚至可能是唯一一幕真正的悲剧,我突然抓到了那一切将父亲彻底摧毁的荒谬要素。

可怕的是,那一切初以为只是诧异大笑便可跨过的突梯滑稽,其实是乖谬到凄厉残忍的地步,你只能咧着嘴被吊在那儿永无转圜余地地被迫大笑,直笑到泪淌鼻酸,还不得停止。

传说父亲十七岁那年,为了乡里一起原已无望的官商勾结的冤狱,剃了光头,领着乡民数十,徒步半个省,在长江边跪了三天三夜,终于使上面重新审查该案。这件事在当时十分轰动,据说南京区的警察署长还因此被撤职。

此事不知是真是假,但是另一件事是母亲亲自告诉我的:父亲在台中一所太保高中当训导主任的时候,也曾经凭着剃光头而完成了一项壮举。

就如同那个时代所有杰出的领导人才一样，父亲以奇特的讲义气论身手的方式，征服了他们学校大大小小的牛鬼蛇神：父亲曾在朝会上以不计较后果为前提，将司令台当擂台，指名一个殴打老师的学生上台单挑；有一回还提了把木头武士刀冲出校门把一伙校外来找他们学生寻仇的混混赶跑。总之，父亲就以这种江湖道义替代校规的方式，狡猾地将学生驯服。

那一次，据说是学校附近的戏院，几百张椅子的皮套，全给人用小刀割破，按例便想到我父亲他们学校的学生。经理带了一些兄弟来学校理论，骂天干地也没个结论，最后连狠话都撂出来了，说以后你们学生出现在我的戏院，出了什么意外我概不负责。我父亲心平气和听他说完，然后拍胸膛说会给他一个交代。

第二天父亲神色凝重在朝会上宣布，说我们学校名声太差，是我杨某人对不起大家，我知道我们的学生皮是皮，不会做这么阴毒的事，为了给戏院老板和栽赃的人一个交代，也为了自己的尊严，我在这宣布：明天开始，全校学生剃光头，我本人也剃，明天朝会，我只要看见一个人没把头剃光，我杨某人就走路。

我不知道那是个什么时代，我也不知道那时候是什么东西在父亲的灵魂里骚动，使他像个赌徒一样疯狂地把注押在尊严和屈辱之间。不过母亲说，那天父亲回来，神色从容，话比平时多，还开玩笑说以后要靠你养啰，然后去附近理发厅理了个光头。

第二天朝会，父亲一踏上司令台，台下四千多个学生，一片肉澄澄的光亮头颅，没有一根头发。

就是从那回之后，高君开始自顾自地沉迷在消失的恶戏之中。

我是说半途离席。

高君回来之后，并没有我竖脊等待的戏剧性摊牌，他继续参加我们每一次的集会，但是明显地成为角落里不重要的听众。这一方面自然和他已不再出人意表地突发谬论或惹人发笑的嘲谑，主要还是因为小韩退出我们这个组织有关。小韩退出之后，大家才诧异的发现，原来从前高君那种盛气凌人的气势，完全是建立在小韩毫不犹疑的笑声上。

据和我咬耳朵的核心分子说，小韩是那天我们组织唯一没有提早离场的人，也就是说她从头至尾目睹了高君的惨剧。更不堪入耳的谣传甚至绘声绘影地说，小韩回来之后，卑贱地乞求高君让她做他的情妇，但被高君拒绝。

这真是荒唐透顶。但是小韩终究是离开了，不过我竟然发现这对我来说并不是十分重要。我在组织中已成为许多重要决策最有影响力的人，我已成为真正的核心分子的首脑。况且我也发现我慢慢习惯并不可更改地满足于打手枪时脑海中的白色女体，那确乎是十四岁的小韩，但和现在的小韩已经毫无一点关系了。

起先是组织中的成员偶然发觉高君在聚会进行过程中，默不吭声地偷偷离开。初始我们甚不以为意，甚至嗤之以鼻。

"哼，不重要的角色。"

但是他半途离席的次数愈来愈频繁，且离去的时机也愈难以捉摸，他甚至在集会开始主讲人犹在轻松打屁地解释这晚将展开的主题的起因时，他便莫名起身离去。这时他的动作已深深困扰着我们的核心分子们（尤其是那些经常发表演说的人），难道他是觉悟了更高的境界，觉得我们的谈话庸俗不堪不屑一顾，但是他为什么一开始又来呢?

"喂，杨君，你看看他是怎么回事，这太瞧不起人了嘛。"

我开始暗中记录起每次他离开时，大伙正在进行的对话内容。但是这似乎很难找到什么触发他离开动机的质素。那些对话背后的情境或价值观，彼此南辕北辙毫不相关甚至互相矛盾。

甲："某某教授真是蛋头，我们一定要发动联名把他搞定。"

乙："得了吧，你别看他每堂课上小猫两三只，选课时他开的都是堂堂爆满，学生就是贼，你搞走他，谁营养我们?"（高君离席）

丁演说："如果生存只是被当下的存在以抓住或耽误的方式决定着，那么生存一向自信地铺陈的情境和事件……"（高君离席）

丙在休息时间大家窃窃私语时放了个屁，全场突然寂静了三秒，然后像是什么都没听见那样地，大家又开始窃窃私语。（高君离席）

迟到的主讲人戊满头大汗地跑进来："对不起，对不起，准备好的稿子突然找不到，弄了半天，原来夹在书里一起还给图书馆了。我说……"（高君离席）

我开始认真地思索高君这个简单但不断重复的动作的用心。他根本是为了离开而离开，无所谓更高的观察角度和立场。我嗅到了邪恶的成分，戛然中止不容回应的举动，其实正如父亲剃光头的方式一样，是一种强使对方接受他所设计的情境，使对方置于悬空的错愕和揣测里，然后在对手措手不及的状况下，强迫推销原先不可能被接受的痛苦认同。

在我的策动下，我们的组织决定采用一种模仿他消失动作的方式，来报复他这种"不负责的、单向的攻击行为""无节制地滥用终极情境"（我在紧急会议中激动地提出这点）。我们决定"集体消失"。

我们的计划是这样的：由我出面，邀请高君在下一次的集会中演讲，题目自定，开始我有点担心，但是他很干脆地答应了，而且毫不考虑地将题目定为"离去"；如此我又担心起来，不知这是巧合，还是高君洞悉了我们的计划，而进行的策略。而后我们编排顺序，定好暗号，准备在演说过程中，次第离场。

父亲在他生命最后的那一段岁月，将自己沉入无声的潭底。我猜他是不断在心里迷惑着，那时那样做，是值得，还是不值得？其实在每一次冒险将尊严孤注一掷地摆在别人对他的戏剧形式入戏与否，我想他每一次必然都是在迷乱困惑中反复地问自己：值得还是不值得？

我一直以为父亲的悲剧是源于无视观众的期待，突兀地将崇高的题材搬上了滑稽剧的剧场上。但是按母亲的回忆，显然他那次的失败不是不自觉的，他似乎在事前，就知道必定以凄惨的闹剧收场。

也许他心底犹抱着一丝侥幸；但是我知道，他其实是打定主意，这次掷下的，已不是所谓尊严和屈辱，而是必然的尊严，也是必然的屈辱。就像一个早倒了嗓的过气演员，在最后一幕的告别演出时，他面对的，已不是台下的观众，而是由无数个记忆中的自己所收集的，必然的喝彩和掌声。

父亲掷下的，是永恒的骰子。

那一次，是我接到的电话，父亲学校的训导主任（父亲这时已在台北的一所五专开课讲孙中山思想和中国现代史）措辞谨慎又吞吞吐吐地说，那个学生他记了大过，而且也交出了书面报告表示悔过，改日一定会向杨老师当面道歉。全校剃光头的事实在是有技术上的困难，请杨老师不要冲动，再考虑看看，然后他发表了一篇他个人对杨老师过去英雄事迹的倾慕之情。但是当我告诉他父亲在家，请他亲自和他说话时，他则声调局促地说，欸欸不必不必，只是麻烦你转告一下谢谢，便挂了电话。

原来是那天父亲正在课堂上慷慨激昂地回溯着他们的弟兄当初如何在弹尽援绝之际九死一生地逃离敌人的魔掌时（父亲常因健忘而不断在课堂上重复他以为还未说过的惊险事迹），一个坐前排蓄长发的学生，竟然夸张响亮地打了一个哈欠，然后合上书本，在骇呆的父亲和从瞌睡中惊醒的学生的注视下，大摇大摆离开教室。

父亲呆怔了半响，被推至极端的处境使他不知该视若无睹无动于衷，还是要硬着头皮强撑怒气，好好教训台下那些精神振奋看热闹意图远甚于为师道不平的年轻人。

父亲问台下的学生："那个女孩子叫什么名字？"

被问及的女生掩着嘴笑着说走出去的是个男的，只不过他留了长发。

头发的意象唤起了父亲的灵感，像一根木头漂到快被淹溺的父亲身旁，父亲毫不犹豫地抓起了它，几乎像倒背如流地诵起台词：

"今天会发生这样的事情,是我杨某人对不起大家,为了给大家一个交代,也为了大家的尊严,我在这里宣布:明天全校男生都剃光头,我也剃,只要有一个人留着头发,我杨某人就走路。"

我把他们学校训导主任的电话转告父亲时,他正一个人默默对着瓶酒,自斟自酌,"嗯,嗯。"他回答我。

那天晚上,父亲一个人跟跟跄跄,到理发店,把满头花白头发,给剃了光。

第二天傍晚,父亲面容滑稽,顶着光头回家。果然全校没有半个学生理头,并且在每一堂下课的时候,学生们起哄着围在教师休息室外面,争相目睹父亲的光头。

从那以后,我父亲便没再留过头发,并且顽固地把自己封闭在沉默里。

我清楚记得八岁那年光复节的下午,我被一个秃顶的老人拐至一间铝皮小屋,而且始终没能脱困出来。我几乎能一一描绘那天的气候、光影,以及那些人对我说过哪些话,一切清晰如昨。但是这段记忆便中止于此,和后来的回忆接连不上。

我总是忧心忡忡,既然我清楚地知道我当时并没有逃离出来,那么如今的这个我,这个暗藏了这段回忆的我,究竟从何而出?

我似乎注定背负着这一段悬空的记忆,永不得安止于任何一个角色,我总是怀疑地问自己:

"如果八岁的那个我当初逃出来,该不是今天这个模样吧?"

我父亲在他最后一次重施故技剃了光头呆立在全校黑压压没有

人剃头的司令台上时,心中一定百感交集,似乎他这一辈子的身段唱腔,从他第一次剃光头的时候,便已被牢牢固定。那是一种永无休止的倾轧:一方是意图以对方承受极限之外的动作,迫使对方接受他所预期的感动效果;另一方则以漠视、反叛或使其滑稽,来逃离前者所规定的感动。

那晚我到达我们的聚会时,高君已开始演说了,他看见我进来,停顿了一下,又迅速地把脸低下,好像是专注地看着面前的稿子。我则选了一个角落的位置坐下,向回头用眼神询问我的核心分子们做手势,表示他们可以开始慢慢离场了。

"我们似乎曾经在电影上或是电视剧甚至漫画上看过这样的镜头:在一个葬礼结束后的月台上,死者的亲人(通常是母亲或老态毕露的姐姐),朋友、妻子、情妇,全被一种悲情的处境缚绑在一起,各自感性又诗意地回忆着死者是个多么正直又温柔的人物,他们轮流地讲叙着他们各自与死者共同经历过的一两件温馨的往事。我们可以感受到这些对话之中包含着炫耀和虚荣的成分,不过那并无可厚非。事实上到后来我们会发觉这些炫耀的成分反而是撑持着原先的悲伤优美氛围使它不致完全崩坏的要素……"

第一个人起身离开的时候,高君的反应远超过我们的预期,他竟然像是完全忘了台词那样呆站在台上。难道他连一个听众离去都无法忍受,我这时有点紧张,我害怕他太早察觉我们的计谋而使我设计的充满张力的报复,会令人泄气地提早结束。于是我紧紧地盯着他,并且给了他一个鼓励的微笑。

但是高君这时已无暇注意到我,因为第二个人、第三个人已站起身来，陆续离场，这比我们原先安排的间隔快太多了，我想是他们也发现了高君可能随时中止演说的危险，于是自动调快了离场的节奏……很快地，第七个、第八个、第九个人都已离开，高君陷入极大的恐惧之中，但是他好像在那一瞬间顽固地做了一个决定，他跟随着离场速度愈来愈快的听众，把自己演说的速度调快，最后竟像是憋着气在绕口令一样：

"诗意的崩毁反而来自于他们对于死者这一瞬间的善意和信任。死亡净化了他们与他生前一切的欺瞒、蔑视和厌倦。他们因为死亡……因为离开（高君自此处开始语不间断）遗忘了许多死者的恶癖这些恶癖不过在数天前犹令他们无法忍受到诅咒他为什么不早点滚入地狱的地步就在哀伤开始变质败坏他们开始又忆起死者的粗鄙自大自私时我们的镜头便跨过前景原先一片模糊的背景出现了一张长条木椅上头坐着一个人……"

台下的听众继续在离开，有的在起身时夸张地打了个哈欠；有的则面容窘促，抱歉地向高君笑了笑。高君仍是中邪祷咒一样念着他的演讲稿，我这时突然觉得寂寞极了，仿佛这些被我策动离场的人们在一一离开高君的同时，也正离开着我。我突然想起八岁的自己至今仍绝望地留在那间铝皮屋子里擂打着门窗，这以后的自己或者是不忍卒睹或是害怕被人厌腻而屡屡提前离场，结果愈来愈远……其实我们都只是在下注罢了，当我们意识到原本的悲剧身段在一瞬间完全变质成无法停止无法遮拦的爆笑时，父亲和高君皆悲壮地朝最后唯一可能大赢的情况下注——更高的悲剧形势——他们顽固怀着已疲惫不堪的自尊，硬着头皮在每一个嘲笑的期待下跨出每一步。

我则是护住老本,却永远逃离不了这种小喜小悲拉锯的平俗庸琐。

"……我要说的就是这个镜头这个不曾以他的个性人格语言来干扰画面中戏剧张力和对话心机的人物但是他的出现却确实造成整个镜头意义的改变。

"我要说的,是他的离开。他自画面的离开。"

当我站起身时,所有人皆已离去,只剩下高君和我,隔着一屋子空空荡荡的桌椅,相对注视。

"让我去死!"高君这时突然用很不适宜的声调哭了起来,并且像个手段用尽无计可施而开始耍赖的小孩那样,跌坐在讲台上。

"让我去死,"他喃喃地说,一边还甩着头蹬踢着脚,"让我去死。"

我像是在一场气氛肃杀、屏息相峙的对决中被对手用无耻小飞镖射中的高手,虽然我知道高君这样的动作是发自内在的孤单和害怕,但仍深深觉得受到侮辱,我明白原来父亲临终说我逃不掉的,并不是错置后的丑化;而是后面的,对悲剧形式的迷惑和捍卫。我动辄嗤之以鼻冷嘲热讽,其实是忠实地在期待真正的悲剧,最后的悲剧。我是多么无法忍受这种低级形式的悲剧啊。

"不要哭了。"我麻木地安慰着高君。

"让我去死,"伊只是不断地、负气那样地重复着,"让我去死。"伊说。

他突然涌起一股巨大无可抑遏的厌烦，甚至不再是劝阻不劝阻的问题，他发觉自己再也没有一丁一点的耐性，再任这幕乏味的剧，无节制地拖延下去了。

"让我去死。"伊又单调地咕哝了一句。

他想起很遥远以前的一个晚上，他和大学的几个朋友，在宿舍意气风发地豪饮，尖笑地踢正步喊口号，从三民主义歌唱到东方红。他想起那晚他突然一阵反胃，油豆腐卤蛋猪头皮全和满肚子啤酒酸涌到喉头，他默不吭声离开众人，到厕所吐了一马桶。

那天晚上，他垂耷着头蹲在马桶边，无意识地看着自己的口涎沿着舌尖嘴角有一阵没一阵滴落。他似乎睡了一会儿，醒来的时候，就着厕所灯泡的黄光，像是特写镜头那样地，看见一只白色的蛾子，在浮满了他适才呕出秽物的粪池里，微弱地掀翅撑扎。

一种莫名的移情作用使他在那一瞬满涨着仁民爱物的襟怀，他走回宿舍，依旧默不吭声地拿走一双筷子，开始蹲在马桶边，细心地打捞那只淹溺在酒馊秽物里的蛾子。

但是那只蛾子竟像贪恋起自己沉溺的状态一样，死命地打转避开他从旁挑拨的筷子，他耐性地将筷子在粪池中搅动，几次已经将它粘着在筷端，才举离水面，它又顽强地挣跌回去。

他不记得那晚他独自一人在恶臭扑鼻的厕所蹲了多久，最后他感到厌烦无比，想把这一开头便愚笨不堪的举动停止。

"你去死吧！"他愤愤地站起身，用力拉下抽水马桶的尼龙绳水闸。

降生十二星座

让我们从"快打旋风"[1]的电动玩具开始吧。当然现在店面里摆的台子清一色是第三代、第四代之后了。你可以挑选从前被锁在最后四关的四大天王：手绑长钩脸戴银制面罩穿葱绿色紧身裤的西班牙美男子；拉斯维加斯拳击擂台上三两下重拳便将对手摆倒的泰森；泰国卧佛前打赤膊攻防几乎无懈可击的泰国拳僧侣；还有最后一关被孩子们称为"魔王"或"把关老大"，开赛之初很帅气地把纳粹蓝灰的军官大氅一抛，然后干净利落标准世界搏击动作地三两下把你干掉的越南军官。

以前你不能选他们的，现在你可以了。现在你甚至可以用自己和自己对打，譬如说你可以看见荧幕上相同的穿红衣的 Ken 和穿青衣的 Ken 对打，或是穿白衣的 Ru 和穿青衣的 Ru 对打，完全相同的程式设计：一样的招式一样的气功和神龙拳（日本发音的

---

1 即《街头霸王》，二十世纪八十年代开始流行的一个电子格斗游戏系列。

Hurricane、飓风，他们会嘶吼着冲腾上天——hou——liu——kian！）孩子们喜欢挑日本宫殿屋檐上，穿白色功夫装的 Ru，像是真正肃杀的对决，画面上头发还在风里一阵一阵地翻飞，那个酷！当然你一开始就是坚贞地选用春丽，一个十五六岁的中国女娃，背景是大约广东某个市镇的街道：后排坐着唐装的陌然拎着一只鸡在宰杀的，还有另一个面无表情骑脚踏车经过比武现场的这些个中国人，还在简体字的商店招牌下，有一张红字的标语："禁止吐痰"。

当然你始终在投币五元后毫不考虑地选用春丽，有一部分原因是每每她将对手干倒后，鬓发零乱衣衫不整雀跃地露出十五岁少女欣喜若狂的娇俏模样，确乎是搔到你某一部分轻柔的寂寞的心结。不过还有一部分是老电动迷怀旧的历史感吧。孩子们不懂江湖恩恩怨怨的悲凉，你却清楚记得早在第一代的"快打旋风"，背景是长城，一个曲背弓腰、白胡长眉、打螳螂拳的中国老头，他的武功轻盈刁钻，后来却被你抓到弱点，每每用阴毒低级的扫堂腿攻他下盘，让老人家含恨塞外。所以当孩子们为着这第二代破台后电动为每一角色播放带着煽情配乐的身世情节新鲜好奇时（譬如说那个酷 Ru 吧，他在打完电动中所有擂台，悲叹着此后天下再也没有对手后，寂寞悲壮的背影朝红色的夕阳走去；又或者那个俄罗斯摔跤的巨汉，在把最后一关越南军官干倒后，会有一架直升机从天而降，机舱走出电脑设计之初还是苏联总统的戈巴契夫[1]——啊世局的纷乱比电动的机种还教人不能适应——和他一起跳俄罗斯方块舞），你在看到少女春丽辛苦地撑完最后一场拳赛后，在哀伤的音乐下跪

1　即戈尔巴乔夫。

在她父亲的墓前，字幕上打着：爸爸，我已为您复仇。然后十五岁的少女，换上青春亮丽的洋装，把不属于她这个年纪的、染满血和仇恨的功夫装抛开。

啊，你怎么能不脸红心跳呢？电动玩具里的世界。你的世界。你清楚记得是自己把那个仙风道骨的老人干掉的。原来她是……仇家的女儿？不对，你是她的仇家。难道你要再用 Ru 或 Ken 或那个丑不拉几的怪兽，把这个单薄天真却背负着杀父之仇的女孩再除掉吗？

于是你每每在投币后，总是麻木地、故意不去理会底层复杂在翻涌的心思，没有后路地选择了春丽，她代表这五元有效的、你电动玩具里的替身。你是她的主人，你操纵着她如何去踢打攻击对手（好几次你无意识地让她用出你最拿手当初干掉她父亲的扫堂腿），她是你的傀儡，而你却清清楚楚地看见，重叠印在每一场生死相搏的电动玩具画面上的，你的脸，是她看不见的，在她上端的真正杀父仇人。

太凝重了。

再后来，你知道，每一个角色都是有星座的。

优雅平静的 Ru 是天秤座。金发火红功夫装暴烈性子的 Ken 是牡羊座。相扑的 Honda 是双子。怪异的人兽杂交的戴着手镣脚铐的布兰卡是双鱼。美国空军大兵是狮子。印度瑜伽面容枯槁的修行僧是魔羯。下盘较弱轻盈在上空飞跳的西班牙美男子是水瓶座吧。满身刀疤俄罗斯摔跤的巨汉是巨蟹。拉斯维加斯的拳王是金牛。那卧佛前的泰国拳僧侣是处女座了。魔王是射手，毋庸置疑，干脆、利落、痛快。

　　复仇的春丽，别无选择，只因好降生此宫，童稚、哀愁、美艳、残忍完美协调地结合，天蝎座。从眼神我就知道。

　　当然我们都还记得三年十班的教室。那年我父亲因我至今不很清楚的原因，被他任教的那所中学解聘，整整一年皆面色阴沉地赋闲在家。家里孩子们疯闹地追逐到父亲的书房门前，总会想起母亲的凝重叮嘱，声音和笑脸在那一瞬间没入阴凉的磨石地板。甬道的书柜、墙上父母亲的结婚照和温度计、父母亲卧房的纱门，还有一幅镜框框着的米勒的《拾穗》的复印画。小孩子都知道家里发生了重大的事情，是在这个甬道组成的房子之外，我们所不能理解的。

　　我清楚地记得，三年十班的教室。那之前，我和哥哥姐姐念的是靠近通往台北的那条桥的私立小学，小男生小女生穿着天蓝色烫得笔挺的制服，小男生留着西装头，钢笔蓝的书包上印着雪白的校徽。私立小学的校长据说是抗日英雄丘逢甲的孙女，父亲是她政工干校的同学，所以全校的老师都认得我们家的孩子。每当姐姐牵着我走过办公室，很有礼貌地向那些老师问好，就会听见她们说："啊，那是杨家的孩子嘛。"这样地和姐姐一同在回家的路上，同仇敌忾地睥睨着同一条街上那所小学的孩子：啊，肮脏地挂着鼻涕，难看的塑胶黄书包，黑渍油污的黄色帽子。也没有注意父母那些日子不再吩咐我们别理那些公立学校的"野孩子"。于是就在一次晚餐饭桌上，沉默的父亲突然面朝向我说："这样的，小三，下学期，我们转到网溪小学去念好不好？"

　　本能地讨巧地点头，然后长久以来阴沉的父亲突然笑开了脸，把我的饭碗拿去，又实实地添满："好，懂事，替家里省钱，爸爸给你加饭。"

餐桌上哥哥姐姐仍低着脸不出声地扒饭，我也仔仔细细地一口一口咀嚼着饭。一种那个年纪不能理解的，糅合了虚荣和被遗弃的委屈，噎胀在喉头。

然后是三年十班的教室。我也戴上了黄色小圆帽。下课教室走廊前是我惊讶新奇的孩子和孩子间原始的搏杀：杀刀、骑马打仗、跳远、K石头。陌生的价值和美学，孩子们不会为骂三字经而被嘴巴画上一圈墨汁。说话课时从私立小学那里带过来的拐了好几个弯的笑话让老师哈哈大笑全班同学却面面相觑地噤声发愣。

然后是一次自然课和自己也一头雾水的老师缠辩蚯蚓的有性生殖和无性生殖而博取了全班的好感。不是因为博学，他们不来那一套。那天原是要随堂考的，老师却在紧追不放的追问下左支右绌地忘了控制时间。有一些狡猾的家伙眼尖看出了时势可为，也举手好学地问了一些莫名其妙的问题加入混战："那，老师，如果蚯蚓和蚕宝宝打架，是谁会赢呢？""那万一切掉的那一半是屁股的那一半，不小心又长出屁股来，那不是成了一条两个屁股的蚯蚓吗？"

后来便奇怪地和一群家伙结拜兄弟了。里面有两个女孩子。其中之一叫郑忆英的女生，开始挂电话到我家。第一次是在房间偷玩哥哥的组合金刚，母亲突然推门进来，微笑着说："有小女生打电话来找我们杨延辉了。"

讪讪地若无其事地去接了电话。

"喂。"

"喂，杨延辉我是老五郑忆英。我有事情要告诉你。"

"什么事？"

"杨延辉我告诉你哟，你不要去跟陈惠雯高小莉她们玩哟，你连话都不许跟她们讲，否则我们的组织要'制裁'你哟。"

"我没有。"但是那天放学我才看见老大阿品和老三吴国庆，和她说的那几个女生在玩跳橡皮圈，"这是'大家'要你来通知我的吗？"

"不是，"女孩很满意我的服从，声音变得甜软，"是我叫你不要理她们的啦，我跟你说哟，那几个女生很奸诈，她们最会讨好老师了，她们还会暗中记名字去交给老师……"

啊，三年十班的教室。有时你经过学校旁的烧饼油条店，穿着白色背心卡其短裤的老刘会像唱戏那样扯着嗓子作弄你："杨延辉欸——咱们的小延辉儿白净净像个小姑娘欸。"你红着脸跑开。烧得熏黑的汽油桶顶着油锅，老刘淌着汗拿双很长的筷子翻弄着油条，老刘积着一小粒一小粒汗珠的胳膊上照例刺着青：一条心杀敌匪。油煎锅上方的油雾凌扰扭曲着，如果你坐在店里朝街上望，所有经过油煎锅的行人、脚踏车、公共汽车，都蛇曲变形了。

后来是坐我座位旁边的结拜第六叫什么婷的女生，有一次上课突然举手跟老师说她患了近视，坐太后面常看不见黑板。然后是郑忆英自告奋勇愿意和她换位置。

这是个阴谋。接下来的一天我都很紧张。我没有和陈惠雯她们说话啊。她是不是来"制裁"我的？像是我的沉默伤到了她的自尊，女孩在前几堂课也异常地专心，闷闷地不和我说话。到了最后一堂课，她开始行动了。她仍然端正地面朝黑板坐着，一只手却开始细细地剥我手肘关节上、前些天摔倒一个伤口结的疤。一条一条染着紫药水的硬痂被她撕起，排放在课桌前放铅笔的凹槽，我没有把手肘抽回，僵着身体仍保持认真听课的姿势，刺刺痒痒的，有点痛。手肘又露出粉红色渗着血丝的新肉。

连续好久，回家，母亲帮我上紫药水，慢慢结痂，然后女孩在课堂上不动声色地一条一条把它们剥掉。

直到有一天母亲觉得奇怪，"小三这个伤口怎么回事，好久了，怎么一直都没好？"然后她替我用消毒绷带包裹起来。

另外一次是老大阿品带头，教师节那天所有结拜兄弟（妹）的孩子们，都骗家里说学校要举行活动，然后一群人坐台北客运去大同水上乐园游泳。我把母亲帮我刷得黑亮的皮鞋藏在书包里，穿着老大阿品多带一双的拖鞋，兴奋地和他们挤在公车最后一排随着车身颠簸，觉得公车愈开愈远，那个阴沉的父亲小声讲话的母亲的家，仿佛会从此被我抛弃在身后，永远不知道我是在哪一天离开他们的。

全部的人只有我不会游泳，兄弟姐妹们很够义气地凑了钱替我租了一个游泳圈。我静静地漂在泳圈上，看着他们一个个浪里白条，把寄物柜的号码木牌扔得老远，然后哗哗钻入水里看谁先把它追回来。我有点害怕，究竟这是第一次，大人不在身旁，且第一次是漂在脚踏不到底的成人池里啊。

然后，郑忆英游到我身边，她突然拉着我的泳圈，朝向泳池最深的地方游去。我很恐惧，一个念头像周围带着药水味的蓝色水波无边无际地漫荡开来：

"她要处决我。"

我很想大叫救命，但觉得那会很难看。岸边戴着墨镜的救生员微笑地看着这一幕，不会游泳的小男生抱着游泳圈，让个小女生游着牵他去看看水池最深那里的感觉。老大阿品他们追逐小木牌的哗笑声已很远很模糊了。她要处决我。然后他们全部都会相信那是意外。妈妈。我自尊地仍不出声，但是眼泪却混在不断拍打上脸的水波流了出来。

"好。"然后她说，在最深的地方停了下来，不再朝前游。这里连大人也很少游过来，稀稀落落地经过。

"你看我喔。"她让我攀住泳圈，像一个珊瑚礁孤岛上的观众席，然后放开我。她说："我自杀给你看喔。"然后她钻入水中。一开始我恐惧的是她会不会从水底抓我的脚把我扯进水中。但是一点动静也没有。我单独地漂在那儿。救生员和老大阿品他们在很远很远的那一边了。水面上寂静无声，时间太长了，她还是没有上来。

我不记得她是过了多久多久才又钻出水面。"杨延辉你哭了欸哈哈你哭了欸。"那个下午的印象，便是我攀着救生圈，看女孩一招又一招地表演她的水中特技。她可以倒栽葱钻进水中，让两条腿朝上插在水面上；她可以仰着脸，身体完全不动，像死尸那样浮在水面，后来她还学鲨鱼，潜入水中，只露出一只手掌环绕着我的救生圈游。

似乎是一场无声的意志力的相搏，女孩有绝对的优势，我唯一的防备便是顽固地不露出难看地保持沉默，待我哭出声来后，驯服便完成了。

那是一九七七年的三年十班的课室，一切像透过油煎锅的上方而恍惚扭曲着。后来父亲又因我不知道的原因复职，我再度转学到另一间私立小学。四年后，在路上遇见老大阿品，他和一群初中少年倚着一辆机车抽烟。"喂，阿辉欸，那个郑忆英哪，你甘欸记得[1]，去年自杀了捏。死去了啊。在浴室洗澡，好像把瓦斯打开啦。大家都有去出殡啊，老师嘛[2]有去。你转走了不算啦……"

关于春丽的"倒挂旋风腿"，很简单，把摇杆下压，然后上推，该瞬间按下"重腿"钮；她的"无影腿"更容易，只要连续按"中腿"钮，非常快速地按，则只是春丽的腿踢出一片白色的弧光。但这两项的攻击系数皆只有三。春丽向以轻捷取胜，她的绝招并不突出（相对于 Ru、Ken，或是越南军官、西班牙美男子）。她的摔打有效速率比任何其他一个对手平均快零点一秒，且攻击效率高达四。

老电动迷应该清楚地记得，在我们的那个年代，有一种叫作"道路十六"的电动玩具吧？啊，说起来真教人兴奋得喘不过气来（那是个什么样的年代啊），小精灵的王朝刚过，天堂鸟（就是第一代出现防护罩概念的太空突击类型的始祖）、大金刚、坦克、蜘蛛美人、巡弋飞弹、雷射、第三代小精灵、顽皮鬼（就是一种尾巴拖着颜料，把整个画面画满才算过关的小精灵的变种）……相继出现，那是电动玩具店争相开张，第一个百花齐放的电动高潮。奇怪的是，待第二个王朝（俄罗斯方块率领着雷电、古巴反战、一九四三、麻将学园出场的辉煌时期）和紧接在后的第三王朝（快打旋风王朝）的相继出现，都已隔小精灵世代有六七年之遥。在电

---

[1] 即"你记不记得"。
[2] "嘛"，即"也"。闽南语。

动玩具店打小精灵时你还是穿着深蓝色订做得很紧的短裤，把白衬衫拉在皮带外面，故意把书包背带放得很长的初中生；到了快打旋风的时期，你已是延毕了一年，叼根烟，面不改色，一叠硬币放在一旁靠银弹来"破台"的大学老鸟了。

我们总要为之困惑，这空白的六七年间，在荧幕那边的世界，发生了什么事，为什么中断了那么长的一段时间？是警力在这之间展现了他们扫荡电玩的韧性？那真是笑话。是因为家庭任天堂电视游乐器的出现？拜托，请尊重一个电动玩家的品味好吗？任何一个用惯摇杆且纵恣于电玩店的那种临场强烈的男子汉，怎能忍受坐在自家客厅味同嚼蜡地玩着画质粗糙的超级玛利、北斗神拳？那是，那是因为赌博性电动玩具在那段时期盘据在我们老电动迷的老巢啰？

我可以奉劝你，倘使再用这样的外缘线索臆测下去的话，有点自尊的老电动迷会摸摸鼻子，突然把话题岔开，他不愿再和你谈下去了。

再回到"道路十六"吧。

画面上是上下纵横各四行总共十六个格子，每个格子有一个缺口（图一），音乐开始播放时，你会看见在画面上十六个格子之外的部分——那便是道路——有一枚绿色移动的小光点，那便是你；后头有三枚白色乱窜着追逐的小光点，那是电脑，也就是企图追撞你的"敌人"；在十六个格子中的其中六七个格子里，会有微微发光的星号，那是宝藏，标记着提醒你不用进入其他没有宝藏的空格子。于是你开始在方格和方格间的道路上逃窜着，然后进入某一个里头有星号的方格之缺口。

图一

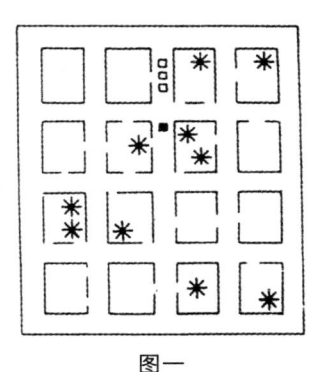

　　豁然开朗。荧幕瞬变为你进入的方格的放大，原来一个方格是一个独立的迷宫世界（图二、图三），原先匿身在十六个方格中的一个格子，这时向你铺展出它整个回环曲折的道路迷障。你原先的小绿点，原来是一辆逃亡中的赛车，随后莽莽撞撞跟进来的，是三辆穷追不舍的警车，方格里的世界可热闹了：除了缠绕纠葛在一起的迷宫通道、死胡同以及十字路口，你要找寻的宝藏、岔口处的一个泥淖（不小心陷进去了，车子会噗噜噗噜地前行不得，等着警车来追撞你了）、炸弹、移动的鬼脸，以及锦标旗（吃到了的话，原先追逐你的警车，会变成四处窜逃的钱袋，换你去吃它们）。

图二　　　　　　　　　图三

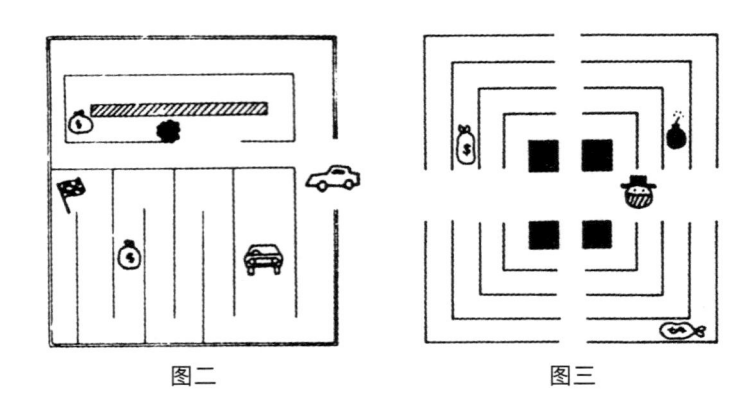

三年十班的课室。

从哪一次开始呢？此后，许许多多次，正当处在生命的某种转折，脑海中便浮现了那样一个初秋的游泳池，我脚不着底地攀住游泳圈，郑忆英环绕着在水里钻进钻出表演各种艰难的水上特技。没有说话的声音，只有哗哗拨水及身体和泳池的水撞击的声音。一次是高中时被一群留级生叫到小巷子里围殴，在"干伊娘"的吆喝声和结结实实纷落在脸颊和肚子的拳头中，突然想起一片湛蓝色的泳池，我浮在泳圈上漂在无止境延伸的恐惧里，而郑忆英努力憋着气把自己的身体压在水底的画面，突然嘴角带血地扑哧笑了起来。

"痟欸[1]。"

几个留级生像是沾到了什么污秽的东西或是撞见了某种邪恶的巫祭那样，神色狼狈地丢下我跑开。

---

1 疯子，闽南语。

另外一次是大学时的第一次恋爱，拍拖了两年的女友有一次喝醉酒跑来宿舍找我。她原是个很少说话的女孩，那一次突然做出异常痛苦的表白：

"杨延辉，我完全不知道你在搞什么，"她说，"我也从来不知道你脑子里在想什么，我的朋友对我说你也许是个同性恋……我不知道我们这样算什么，不冷不热的……"

我一边拿着湿毛巾帮她擦脸，一边很努力地，想听明白她说的每一个字。

"你不要老是一副置身事外的样子，你臭屁什么？"她哭了起来，"你又对我了解多少？我告诉你，如果有一天我毫无来由地自杀，你知道我心里在想什么吗？"

没有任何理由地，突然，我决定要和这个女孩分手。郑忆英在钻入水底前，微笑地对我："我自杀给你看噢。"那样的一张脸，像特写一般扩大浮出。戴上泳帽的圆脸，有一绺没被盖住的发丝沿前额湿淋淋贴着。

有一次，在满妹的店遇见一个老电动迷。"满妹的店"是一个叫作满妹的女人开的一家 pub，据说满妹从前做过空姐，据她本人说"满妹"这个绰号就是那时得来的。按说她们飞机一个班次飞出去通常都不会坐满，一般是七八成，较空甚至五成。空服员在替乘客热排餐、端饮料、递毛巾，应付了一些较啰苏的阿土之余，总可以到后舱斜倚着休息，聊聊天打打屁。不过一旦遇上机位全满，空姐们可就得忙得叫苦不迭了。这时空姐之间就会出现一种介乎游戏和迷信的仪式："抓满妹"。几个空姐互相狐疑地嗅着彼此，"谁是满妹？是谁？快承认。"意即"命里带满"害大家忙得不可开交之人。

满妹说，没什么好抓的，从她分发上机后，不管飞岛内、飞岛外，每一架次都是客满。罕见的纯种的满妹。绰号就这样传开了。一开始大家还又惊又好笑地混着她闹，久了，究竟客满时的服务飞一趟下来会把人累死，她发现大家在背后排班时，都想尽办法调开不和她一起飞。"后来真的飞不下去了。就赔点钱不干了，"满妹叼着烟，在吧台上空悬着的大大小小的鸡尾酒杯下，感叹地说，"倒是自己开了店以后，觉得这个绰号倒挺顺耳的，每天都客满。"

那天我在满妹的店里按例用春丽破了一次"快打旋风"的台，不知为何心里空荡荡地无限寂寞。我坐在吧台上，连点了两杯龙舌兰。

"满妹，会不会有一天，春丽在顺从我的指示踢打敌手的时候，突然灵光一闪，猜疑到她要面对的杀父仇人，不是这一关又一关周而复始——躺在她脚边的死人：Ru、Ken、印度瑜伽隐士、美国大兵、西班牙美男子、人兽杂交生出的畸形儿、泰森，还有越南军官。春丽知道，只要我投币，就一定会选择她。一旦选择她，杀父之恨一定可以报仇，但是这个'杀父之仇'为什么可以一再重复呢？上一次她最后一脚把越南军官踢死时，不是已在父亲的墓前告慰过父亲之灵，且已将功夫装丢弃了吗？为什么还要再一次又一次地从头开始呢？是不是其实'杀父之仇'根本从来就没有解决，真正的杀父仇人还逍遥地在一切杀戮之上，玩弄着她的命运？她会不会狐疑地抬起头，在一瞬间看到荧幕之外我的眼神？"

满妹一边听我说话，一边笑着调其他客人的酒，每个晚上，总会有这么一两个客人，神色认真，而不是调情，告诉她一些她听不懂却又觉得奇妙新鲜的事吧。满妹到底是个被寂寞浸染过的女人,我常常在想,当她每晚从一桌一桌醉倒的没有脸的人们桌上,抽走一只又一只空酒瓶;把飞镖盘旁边的记分黑板擦干净;清扫厕所时,发现狰狞盘扎在墙上的签字笔留言:各种性器官和性交的图案,还有诸如"××万岁!""余永卿我操你屁眼!"(那不是我高中教官的名字吗?)还有重复了至少一千遍各种字体的FUCK,突然在其中发现一长排的工整的字:波特莱尔[1]是牡羊座齐克果[2]是金牛座福克纳是双子座伯格曼是巨蟹座空缺歌德是处女座葛林是天秤杜斯妥也夫斯基[3]是天蝎当然喽贝多芬是射手三岛由纪夫是魔羯大江健三郎是水瓶而马奎斯[4]是双鱼。

不知满妹会做何感想。

不过那晚我确知满妹是不可能了解我所说的那个世界,于是我的寂寞更加稠浓起来。这时候,旁边一个家伙,突然对我说:

"先生,你听我哼一段曲子。"他开始哼了起来。

"啊,'道路十六',"我的眼睛亮了起来,"那么你是……"

"不错。那么老兄你也是经历过第一次电动王朝辉煌时期的老家伙喽。"我们都兴奋极了,又向满妹点了两杯酒,满妹也感染了我们的情绪,凑近坐在我们对面。

"唔,道路十六。十六个格子,还有格子外面的街道。进入和离开。一旦进入,荧幕上张开的是你必须独自面对的迷乱道路,还

---

1 即波德莱尔。
2 即克尔凯郭尔。
3 即陀思妥耶夫斯基。
4 即马尔克斯。

有各种把戏：钱袋、泥淖、炸药、鬼脸、锦标旗，你还得对付后头跟进来的警车。离开一个格子，你又变回一枚小小的绿色光点，有其他的格子等着你进入。

"不过我们通常都在进入之前便已被暗示过了；发着微光的星号，哪些格子里有宝藏我们才进入它们，通常都是那六七个格子在轮流，虽然一关一关藏放宝藏的格子或有不同，但是，你知道的，电动这玩意儿弄久了，分数高不高破不破台是很其次的——"他突然停下不说，望着我。

"是不是你发现了什么蹊跷？"

"嗯，"他说，"最先是，我突然怀疑，我在这一关又一关逃着警车的宝藏搜寻中，真的曾经每一个格子都进去过吗？于是我开始不理那些发着微光的星号，朝那些个没有星号的空格子里钻。这样的不理会游戏规则的探险，其实亦要付出很大的代价——我常常被不知是否我多心但似乎更戒慎防范着我跑进空格子里的警车逼死在那些空格子里——不过基本上有的空格我确实记得是在另一关进去过了，而仅存的几个空格，进去后也大同小异……"

"啊，"我佩服极了，"说起道路十六，初中时我们班上还没有人敢向我挑战，没想到是一场懵懂，搞了一场，根本有那几个格子，是我根本不曾进去过的……"

"你别难过，其实我也并没有全进去过。"

我不很明白这句话，不过他这时向满妹要了纸笔，把其中两个格子的迷宫路线画给我看。

图四　　　　　　　　图五

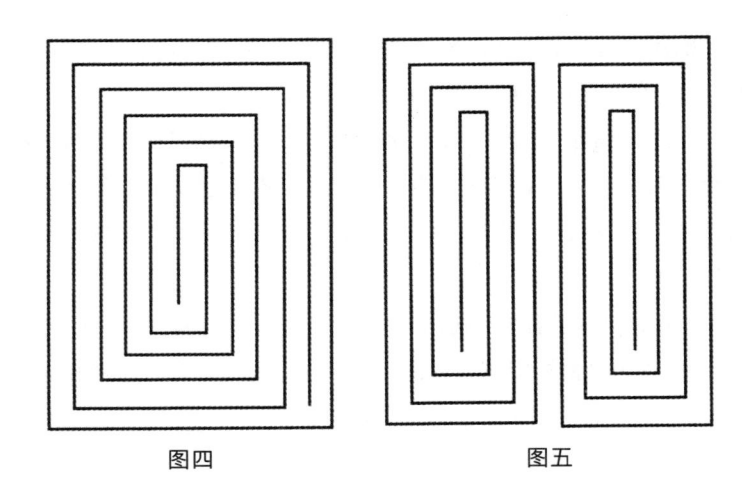

"怎么，全是死路？"

"对，一进去，发现苗头不对，但是警车就跟在后面，只有硬着头皮朝里面走，然后在迷宫的核心绝望地被撞死。"

"可是你还是进去啦。"

"我说的不是这个。"我感觉到他的眼神开始飘远，"进去了，就算是死路，好歹也进去了。但是，一直到今天都让我困惑不解的是，靠右那一行的最下一个格子，根本就没有入口可以进去……"

"没有入口……"

"对，根本进不去，就在十六个格子的缩小图的右下角，你看见你自己是一个绿色的小光点，绕着那个格子焦急地打转，然后，砰！我不知换了多少铜板，坐在电动前面，直到两个眼圈发黑，还是一样。投币，你有三架，砰！砰！砰！再投币。这样耗了一个礼拜，电动玩具店的那些长头发的混混和小学生，都围在我的后面看。他们以为我是电动白痴还是什么的,心痛地提醒着:'要进那些有星号的格子啦,那里面才有宝藏啊。'"

"会不会是程式设计之初,设计人偷懒,算准了这九个格子根本没有人会进去,而其中一个,他已经没有灵感该设计什么样的迷宫了,干脆把入口封住。结果不是'无法进入',而是根本没有'里面'。"

他很诧异地看着我,仿佛不敢相信我会说出这样的话。

"你以为'快打旋风'设计之初,春丽真的有能力思考她为父报仇这件事的荒谬性吗?"

说着,他放下酒杯,板着脸叫满妹结了他自己的酒钱,看也不看我一眼,就推门离开酒吧了。

　　根据克卜勒第一定理,行星在太空中绕行的轨道是椭圆形,而太阳位在此椭圆形的双焦点之一上。第二定理声称两行星与太阳的经矢(半径矢量)在相同时间内,所扫过的面积是相等的。第三定理叙述各行星绕日周期与其和太阳的距离之关系。

于是你想象着你为道路所包围,你太清楚每一条道路的号志、分隔岛、斑马线、行道树、商家,以及下水道的圆洞入口。你韬略于胸,知道如何超车、闯红灯而不致被拍照,甚至逆向行驶却可以流畅地闪过所有迎面而来的车阵。你知道哪一段和另一段的交岔路口因为捷运施工必然塞车,所以你从容地在那个路口之前便先钻进小巷道,在歧岔错乱恰好容你车身通过的窄巷里以四档快速钻行,然后越过那个路口才又回到大路。

你的乘客们骇异地叹息着你对道路的熟悉，像狎玩于自己手心的掌纹。在你的眼中看来，每一个城市，不过就是由大小粗细的道路编织而成。你不太理会流连于那些五光十色的招牌，路人的脸，便利商店，或是卡式电话亭。你只专注于道路的错密相衔，所以你不太会迷路，而一个城市在面对你时，总得顺从地卸去它的饰物和武装，把它的管脉和肠肚摊开在你面前。

但你握有的永远只是道路，你发现你永远没有推门离开过车子，你永远在前面，循着路的迎面张开而前进。你从一处缺口进入一个格子，你以为你进入了，但你只是被路推着输送，然后你便又从另一处缺口离开了这个格子。

回到春丽身上吧。

你想到在你生命里，间断地以不同星座降生在你身旁的春丽。牡羊座的春丽、处女座的春丽、水瓶座的春丽、金牛座的春丽、双鱼座的春丽。

第二次出现，你已是初中二年级的男生了。小精灵电动的热潮已全面淹过了之前的小蜜蜂和三合一星际大战。你冒出喉结，每一定期便假装大便坐在马桶上，偷用父亲的刮胡刀把细细冒出的耻毛剃掉。你和你的朋友面不改色把人家停在公寓楼梯间的脚踏车干走，然后拼装改造，车子干了愈多以后，你开始转卖给你的同学。你们还特地远征狮子林，大批买下那种铁工厂铸造的黄铜代币，十块钱可以买下一把，然后你回到永和冒充五元硬币去打电动。后来电动玩具店全部贴出了"禁用代币"的警告，你们想出别的花招，把一元的铜板外环绕上一圈保险丝，大小恰和五元铜板一般（啊，那时的一元和五元，都好大一枚啊）。

这是你自己的回忆的时间组合，在学校里，时间以另一面窗口在拼凑着你的角色。你很少讲话，像那些好学生一般神情凝注地看着上课中老师一张一合的嘴，但你的老师总是诧异不解，为什么这个安安静静的学生，每次考试，都能考出他们无法想象的低分呢？你乖顺地伸出手挨板子，从不露出难看的样子（有些家伙挨打时会难看地哭泣求饶或挣扎）。其实你心里正在盘算着如何将小精灵的百万公式路线修正，以适用于第二代程式改过的小精灵。

然后在一次月考后的座位重编，一个一向成绩维持在班上前十名的女生，突然被排在你旁边。那次月考她考了全班倒数第二名，你当然仍旧因为垫底而坐在你的老位置上。那接下来的一两个月，惊怒的老师把注意力全放在这个成绩几乎可说是在一夕之间瀑泻而下的女生身上，反倒不太找你麻烦了。

但她终究是和你不同的种族。有一回她被叫上台去，却从容完美地在黑板上解出了一题很难的几何题，你在心里防卫地想：只要再经过一次月考，她很快便会被调回她原来的、在前排的座位。

女孩的心思却似乎并不放在这上面。另一次她又被叫上台去默一段英文课文后，回到座位上冷笑地对我说：

"你不觉得他们挺烦人的吗？"

我告诉她老师现在还在盯着她，有话下课再说吧。

"你相不相信，"她打了一个呵欠，"我是为了坐在你的旁边，才故意把月考乱考。"

在下一秒我们被老师怒叱在课堂上讲话而到教室后面罚半蹲之

前,她说:

"不过我现在有点后悔了。"

(啊!我想起来了,那是你第二次的出现。春丽。但你究竟是天蝎座、牡羊座,或是射手座的?)

> 牡羊的形象代表了一种二元性(男性与女性),它强调一种团体性的关系,而非孤立性的表现,这点和其星座宫及生肖表的意义也相符。牡羊座掌管第一宫,所谓的开朗外向的性格特色,也是我们意识中社交性强的自我部分。牡羊座的守护星火星代表着创世的第二波运动,自双鱼座的海洋上升,象征着星座之轮的生命火花,也是活力循环的起始点。在有意识的自我从无意识的内在性格中衍生之际我们仿佛看见了牡羊座的精力根源自双鱼星座那富创造能力的海洋中升起。双鱼座在宇宙的星球间,大气和云层之中合并起来,并因此形成了后来的太阳——牡羊座。
>
> ——《女子星座》,席拉·费伦特

情境仅中止于此,女孩确实在下一次的月考后调回前排的座位,老师松了一口气,班上突兀地跃出他控制之外的一枚粒子,又归位于原初的秩序。

道路在你面前依序展开,她已经在你隔壁了,你可以听见格子里隐约跳动的心思频率,不同架子上不同试管里化学药剂格格颤响,你可以好整以暇地测量她两眉间和鼻梁间的十字比例,或是由颧骨和下巴的角度测知她是代表死亡和性欲的埃及遗族的天蝎,或是贞洁残忍的亚马逊女战士的牡羊。

但是情境仅在此便中止了,你再度被摒挡于她的格子之外,只差一层薄墙,一个缺口,你便能进入,经历她所给你的迷宫路线。

没有情境。

或者你可以预先知道她所属的星座,替她假拟好一幅她所应有的迷宫路线(啊!你的全能的星座备忘小手册),再按着假拟好的岔口、转角、巷弄、速限、高架桥,替她构建她所应延续的情境。

譬如说射手座的她吧,会不会在一次午休时,糅杂着好奇、挑衅与犯罪共犯的艰窒嗓音,问你敢不敢把你那个男生的小鸡鸡掏给她看,她只是不知道那是怎么样的一个玩意儿。或者是巨蟹座的她,在一个阴天的周末下午邀你去她家,房间里奇异地弥散着一种老人特有的癣药药膏的清凉气息,还有洞穴般的黯淡色调与光线。她没有和爸妈生活在一起,每天放学回到家里只有重听的奶奶。她的房间是那种老一代人的红木家具、斑驳不堪的五斗柜和圆镜梳妆台,墙上挂着一张镜框粘满蟑螂屎的她父母的黑白结婚照。你无法避开视线地看见她叠好在床沿的、不应是少女所有的、老阿嬷才在穿的那种老式的粗布胸衣和胖大的内裤。

当然也可能是金牛座的她,比你要沉默地敌视着不断找她麻烦的老师,然后一个清晨的早自习,她的穿着牛仔裤马靴的年轻母亲,在走廊流着泪告诉老师,她的女儿昨天夜里吞了一罐安眠药还好发现得早现在在医院洗胃这孩子承受压力的能力较差又不知道她心里在想些什么能不能请老师对她标准放宽些?

终于有一天你惊悚地想到一个问题:我是什么星座的?

(是呀!我自己,我自己是什么星座的?)

关于神龙拳（Hurricane）的操作方式：以左手虎口衔住摇杆，仿佛逆时钟三点至十点半，画一道一百三十五度左右的弧，画弧同时右手瞬间按下"重拳"之钮，荧幕里的Ru便会嘶喊着"hou——liu——kian——!"举拳朝天擎飞而起。攻击系数三成三三。防御系数二成五。若是画弧同时右手按下"重脚"之钮，则是Ru劈腿在空中打螺旋桨一般的"旋风腿"。不过中看不中用，攻击系数只有两成。防御系数低至零点五成。摇杆若是由九点方位至四点半方位同样逆时钟画一道一百三十五度之弧，右手按"重拳"钮或"轻拳"钮，则是在第一代快打叱咤一时的"气功"，一团白色的气功Ru在一招"亢龙有悔"式的双掌中拍出，第二代攻击系数被压低，只有一成。防御系数仍高达五成。

常常在和一个人分别了很多年以后，重逢时错愕地听见他们在描述着一个陌生的、和你完全无关的你自己。像是一个你早已遗弃的、有着你的脸的死婴，却在你毫不知情的情况下，在他们的温室里被孵养长大。你恐怖地想象着那个死婴，在他们的温室里，发出波波声响成长的情形。有一天，你在戏院里，或是隔旁的公用电话，或是公车后座两个聒噪的女人的谈话里，听见她们在谈论着"你"——那个早在某一处岔口和你分道扬镳的"你"。

"那不是我！"你在心里大喊。

大学时没有理由便分手的女友（后来我知道她是双鱼座的），许多年仍持续着写信给我，大约拖了三四年吧，终因我始终没有回信而中止了。有一个夜里我在满妹的店里拉 bar[1] 赢了四千多块，请满妹及当时店里寥寥无几的客人每人喝了一杯酒，走出店来在街道上我突然寂寞无比地想念起那个双鱼座的女孩。回到住处我疯狂地翻箱倒柜把她这些年来所有的信给翻了出来。却发现一封又一封叨叨絮絮的自语，正是她一次又一次关于她的保温箱里，我遗留在彼的死婴，培养中持续在裂变成长的实验报告。

她的最后一封信有一段这样写着：

……今天早上刷牙时，在牙刷上先挤一截百龄咸性牙膏，再挤一截很凉很辣的黑人牙膏，突然想到这不是你的习惯吗？我已不知模仿这个习惯有多久了。这样想着，便一个人在浴室里哭了起来，并且决定这封信以后，再也不写信给你了……我周围的几个好朋友，都对你的生活细节了若指掌，她们成天听我重复地描述，似乎是我对于你童年记忆的一片空白的补偿，我至少比你还要清楚地掌握了某一段时期的你自己……

我曾经有那样的一个习惯吗？在牙刷上挤一半咸性牙膏，挤一半凉性牙膏，我完全不记得了。

是不是从那以后，突然耽迷于十二星座的认知游戏？

用黄道十二宫的白羊座、人马座、狮子座诸星代替了弗洛伊德的口腔期、肛门期、意识与潜意识。

在认知的此岸，隔着随处充满了让认知灭顶的湍流和漩涡的真

---

[1] 即角子机。

相大河，不敢贸然再涉水而入。于是你开始以人类极限的神话，去替繁浩无垠的星空，划分你所能掌握的坐标和罗盘。

十二个星座乍看是扩张了十二个认知坐标的原点，实则是主体的隐遁消失。他人的存在成了一格一格的档案资料柜。认知成了编排分类后将他们丢入他们所应属的星座抽屉里，而不再是无止境地进入和陷落。你会说，啊，这个家伙是双子座的，所以他的喜怒无常是在表层随语言而碎裂的宿命性格，他的性格随他说出来的话而递转。结果对不起他说老兄你记错人了双子座是另一个某某，我是天蝎座的。哦！于是你赶紧翻阅你的星座备忘小手册，那就是了，早熟的原罪意识，黑暗深渊的正义膜拜者，天蝎座的，不能控制自己的犯罪本能，却远比任何一星座为着自己曾经的罪或不贞而自惩或自虐。我明白你的冲突。

可以挑选任何一套诠释的系统，只要你按下你所属的或你要的星座，所有的表象于外的乖诡行为、歇斯底里的扮相、你不能理解的沉默或空白，都可以汇编入它的星座解剖图。啊！你只要握有那个星座的指南，就可以按因应于他（她）们性格节奏而设计的谋略，照着路线，一步一步直捣私处。

甚至你可以直视自杀，你可以直视自杀后面的无边的黑暗。

郑忆英。你想起了郑忆英。

我最后一次遇见那位"道路十六"老兄是在春丽在城市的上空出现的前一晚。那一阵我将近一个月没再踏进"满妹的店"，一方面是为了赌气：有一晚我在满妹的 pub 里，按例选了春丽，寂寞又麻木地操纵着那台"快打旋风"的摇杆和按钮。像仪式一般地，当我破台之后，我会点一杯马丁尼。坐在台子前，看着荧幕上千篇一律的结局：春丽跪在她父亲的墓前，悲伤祝祷：爸爸，我已替你报仇。请安息吧。然后她扔开她的功夫装，换上洋装，把发髻解开任长发披下。

但是那晚，当我已让春丽打至最后一关越南军官时，有一个穿着制服的小学生，跑来坐在我的旁边，在我来不及疑问小学生怎么可以跑到 pub 这种地方来时，他已敏捷地投了五元下去，并按下双打的按键。

这叫作切关，就是从中闯进来的意思。你和电脑的对打先停下来，必须和切关的人打擂台。打赢了再继续和电脑的比赛，输了，你就抹抹鼻子走开。

邪门的是那孩子也选春丽，穿红色功夫装的春丽。荧幕上只见两个衣服颜色不同长相一模一样的春丽翻跳厮杀。第一局我赢了，但是接下来两局皆输。我不服气投钱再继续，但这回更惨，他的春丽几乎一滴血都没流就把我的春丽干躺在地上。

我大约换了两百块的铜板，不断地投币，但是一次又一次地看到我的春丽在哀号中躺下。我们的对决惊动了包括满妹和柜台这边的顾客，大家啧啧称奇地围在我和小学生的后面。那孩子气定神闲，等着我狼狈又暴躁地投币。

"算了吧！"当我把口袋的硬币用完，正准备起身再向满妹换钱时，满妹轻轻按着我的肩膀，小声地说，"不要和他打了嘛，我请你喝杯马丁尼好不好？"我真是伤心极了，看着那孩子轻易地破了台，"他的"春丽跪在她父亲的墓前：爸爸，我已替你报仇，请安息吧……。

就这样赌气地一个多月不再踏进满妹的店，所以当我再在"满妹的店"遇见那个"道路十六"老兄趴在一台机器前聚精会神地打电动时,我并不知道那是已放在店里一个礼拜的"道路十六"。

"怎么可能?这不是道路十六吗?"我失声惊呼出来。

"怎么样,"满妹得意地说,"一九八二年的机种,一个朋友在基隆的一家撞球店看见,一万块就给我杀回来。这个家伙啊,第一天来,看见一台'道路十六'摆在那,眼泪就直直两行流了出来。"

但是那家伙浑然不觉我们的谈话,下巴直直地伸向荧幕。画面上橙色绿色的光,在他面无表情的脸上流动。这下他可以慢慢地找出进入右下角那一格的方式了吧。心里这样想着。十年前的老电动,真是像做梦一样。但是我发现他尽把自己的赛车,往左上角走,然后在左上第二格里的死路被警车夹杀。

"就是上回快打旋风将你击败的那个小学生,"满妹兴奋地告诉我原因,但我微微有一种遭受伤害的委屈,她不知道我是为了什么而一个月没出现吗?"有一天站在后面看着他打,绕着画面右下那一角,怎么样都进不去,突然就说话喽,'第四格的入口不在第四格的外头,而是在其他格子的里面。'奇怪的孩子……"

"果然是程式设计的诡计。"

"也不算是诡计。这家伙誓死要进入道路十六第四格内部的消息很快就在店里的客人间传开。有一晚,一个客人扔了一本日文版的《一九八二年电动年鉴》在我的吧台……书里有一段报导了这个电动程式设计之初发生的一些内幕:'道路十六'程式的原设计者是一个叫作木濑的年轻人,这道程式上市之后三个月才被人发现出了问题,也就是第四格没有缺口无法进入。至于是木濑刻意设下的一格空白,还是程式设计中途因他瞌睡而发生的错误,没有人能知道,因为木漉在'道路十六'推出后一个礼拜,就在自己的车房内自杀了。总公司找了木漉生前的好友,也是他们电动程式圈子里另一个数一数二的高手,一个叫作渡边的家伙。

"这个渡边,尝试着把木漉设计的程式叫出,却一筹莫展,原来有关第四格部分的程式,被木漉单独用密码锁住了。年鉴上还透露着另一段关于这两个程式设计师之间的一段秘辛:似乎是在木漉死去之后——或许在他生前便已暗潮汹涌地进行——渡边爱上了木漉的妻子,一个叫作直子的女孩……"

"先别说这个,"我打断她,"后来程式究竟解开了没有?"

"可以说没有,也可以说解开了。"满妹说,"渡边没有办法拆开锁住第四格入口程式的密码,但他也不是省油的灯,就另外设计了一套进入第四格的入口程式,但这个入口,他只好把它放在别的格子的迷宫里了。不知道有没有人找到这个入口,但显然确实是有这么个入口,可以进入第四格里。年鉴上提到,渡边替这个看不见入口的第四个格子,取了一个昵称,叫作'直子的心'。而且,他在'道路十六'上市一周年的那一天,也在自己的家里自杀……"

"真是悲壮。"其实我不知该说些什么,坐在机器前的老电动,这时咕哝出一句:"最后一格了,我就不信还找不着……"

"他这一个礼拜,全在做地毯式的搜寻,一格迷宫一格迷宫地碰……"

就在满妹的话说到一半的当下,毫无预兆地,那家伙的车已进入第四格了。

先是一连串的英文,大概是说:恭喜你进入第四格,不管你是无心还是故意的,你已闯入了我,渡边、我的好友木漉,以及直子的秘密通道……

然后，他的赛车便出现在一个空格中了。这就是第四格了，我激动地想。这个格子（这时是整个画面）没有任何迷宫和道路，只有两行字：

直子：这一切只是玩笑罢了。木漉。

下面一行写着：

直子：我不是一个开玩笑的人。我爱你。渡边。

有好一晌所有围着电动的人都沉默无声。画面上那辆赛车停在兀自闪跳的两行字旁。警车是无论如何也进不来了。我不知那个老电动迷他内心作何感想，困扰了十年来的格子，闯进后却发现是一段别人纠缠私密的故事。两个先后自杀的程式设计师和一个女人的爱情。"直子的心"。艰难地千方百计地进入，各种路线和策略，结果只是两句话。"真是炽热又寂寞的爱情啊。"我轻轻地说，并且发现每个人的脸色都很难看，便踮着脚，沉重地离开"满妹的店"。

不能进入。

当然你可以看见街道。街道上移动的人。或者你会经过公车站。你是隔着相当厚的车窗，人的表情和颜色很容易被速度拉成扁贴在余光的玻璃上的，水里的毛巾絮端或什么的。你可以看见仪表板、荧光的指针和钟面数字。那一阵子你开始利用塞车听贝多芬：最后的弦乐四重奏、合唱、小提琴协奏、《皇帝》，后来你甚至听

《命运》。你很认真聆听，但你感到那是一种充满，你无法进入。

你把音响开得非常大声，所以你始终觉得车窗外的世界是清洁无声的世界。每一个红灯时，你会茫然盯着前一辆车的车牌数字。你会盯着任何另一辆车的里面，里面的人。有时有戴斗笠绑着花布头巾的黝黑妇女敲你的车窗，她会发觉你用惊悚畏缩的眼神看着她，她只是卖玉兰花的。你想着，在这道路和道路之间的车子，它们只是一个绿色的小点呢？还是一个自成空间的格子？为什么在格子和光格子间的道路，会出现卖花的妇人？

不能进入。

下雨的夜晚，你可以听见自己车子的轮胎在积水路面曳行而过的声响，你可以听见雨刷贴着玻璃嘎擦的涩腻声响。你可以看见转弯时自己的方向闪光箭头一眨一眨地在仪表上闪着。还有映着路口黄色闪光灯一摊在路上的流光。你有时真的想疯狂地大喊：只有我一个人！只有我一个人！

周而复始的催油、放离合器、排挡、打方向盘。在新生北路快速道路上你轻率便可飙到一百二，然后在自动测速照相机之前紧急刹车减速为中规中矩的六十。你随着车群离开快速道路，没入塞车的仁爱路。没有迷宫、宝藏、在后追逐的警车或是锦标旗。而你不能进入。你想到十六个格子中，最右下角的那个没有入口的格子，心里便抽痛一下。你想到自己的小绿色光点绝望又赌气地在那个格子的外缘徘徊，然后活活被撞死。正这么想的时候，车子的前方出现一个穿功夫装的少女，你在紧急刹车轮胎爆擦路面的刺耳声响中没有感到有物体迎车头撞上的重量感。后面的车子相继紧急刹车，然后喇叭声大响。

我撞死了一个女人。你想，不对。
春丽。天蝎座的。是你。

慢慢你会发现许多绝招的操作方式是重复的：例如同样是把摇杆朝最左压，然后在迅速右推的瞬间按下"重拳钮"。则画面上若你选的是越南军官，他会旋身平射而出浑身焚起蓝色的光焰朝对手撞去；美国大兵是射出回力飞镖；西班牙美男子是在地上翻个滚朝前用铁钩朝敌人刺；而日本相扑的 Honda 和人兽混血的布兰卡则都是把自己变成一枚炮弹向敌人射去。同样把摇杆下压然后在迅速上推的瞬间按下"重腿钮"。则画面上若你选的是春丽，她会使出"旋风腿"，若你选的是美国大兵，他会划出一道杀伤力甚强的光弧脚刀；西班牙美男子则是尖啸着凌飞上空，然后抓起对手倒栽葱在空中把对方摔下。慢慢你会发现，许多呈现而出的特性虽然不同，其实操作方式是一样的。

于是那天夜里你推门撞进满妹的店，你的脸色惨白冷汗淫淫湿透了衬衫，正在吧台上瞌睡的满妹阒然站起，看着你摔摔跌跌走向她。

"满妹……我撞死了人……是春丽……"

"是春丽……"这时靠弹子台后边落地窗那边有人在轻呼着，但他显然不是听见我说的话，因为他正背对着我们，把双手攀贴在黑色窗玻璃上，仰着颈子望着城市的天空。

"是春丽欸……"慢慢有人聚拢着凑了上去，一群人像壁虎一般贴在那整片的落地窗上,叹息声低抑地扩传开来。

　　满妹拉着我也挤到窗前,啊!是春丽,巨大的春丽正和越南军官在城市的上空对打。"是最后一关了……"有人这样低语着。和荧幕里一式一样的装扮,水蓝色绸布功夫装,绑着丫头髻,在月光下洁白如冥奠的纸人一般的娃娃脸,因为激烈的打斗而喘着气。越南军官红色的垫肩军服、黑色绑了腿的军靴,脸上因为没在暗黑中,只模糊看出仿佛打不出喷嚏那样的不耐烦神情。春丽很快又腾身而起,跳上另一栋大厦的顶端。这是我第一次仰着头看着比我庞大许多的她在和对手决斗。她知不知道我在看着她的性命之搏呢?越南军官一个旋身放着蓝焰的"飞龙在天"把春丽撞翻下大厦。所有人担心地惊呼起来。然后,又看见春丽摇摇晃晃站了起来,她的脸上像抹了一片煤灰,有汗珠沿着眉梢流了下来。

　　时间在延长着,这不是最后一关了吗?

　　她正在为我卖命,自己却浑然不觉。

　　在她的头顶,是一片银光泛灿的星空。你以为你的头顶,能有什么样的星空?梵谷的星空(牡羊座),夏卡尔[1]飘着农夫和牛脸的星空(巨蟹座),耶稣在各各他含泪相望的星空(魔羯座),还是拿破仑在西伯利亚雪原上看见的星空(狮子座)?春丽似乎在等待着下一步的指令。潮汐迁移,只因你降生于此宫。全城的人在屏息观望着春丽和军官的无声对峙,只有我热泪满面。突然想起许多进进出出我的星座图的人们。我记得他们所属的星座并且烂熟于那些星座的节奏和好恶,但我完全无法理解那一大箱倒翻的傀儡木偶箱后

---

[1] 即夏加尔。

面的动机是什么。天体的中央这时是由牛郎、织女、天津四所组成的夏天直角三角形，你可以看见天鹰、天琴与天鹅，以及横淹过它们的银河。白羊座以东，沿着黄道带，你可以看见 M45 星团中最灿烂的七姐妹共组的金牛座——淡蓝、铜矿、蓝宝石、罂粟的星座。你可以看见有 M42 星团位于腰际三颗星下方，极美的猎户座。并在它的上方找到双子座——淡黄、水银、玛瑙、薰衣草的星座。当然你可以再循序找到有 M44 星团的炫目的巨蟹座——绿色、灰色、银器、莨菪的星座。你可以找到尊贵的天蝎，它菱形的头部和美丽而残忍的倒钩……你可以在繁密错布的整片星空，按着你的路线和位置，描出你要的神兽和器皿。但你再一眨眼，则又是一整片紊乱的、你无由命名的光点。

只因你降生此宫，身世之程式便无由修改。春丽，在全城的静默仰首中喘着气，她的头顶是循环运转的十二星座。眼前，则是仿佛亦被紊乱的星空搞乱了游戏规则，像雕塑一般静蛰不动的敌手。

时间在延长着，这不是最后一关了吗？

折光

我的朋友杨延辉告诉我一段关于他一个表妹的往事。他表妹在初三毕业前夕，突然偷了他阿姨抽屉里的珠宝饰物，和一群那个年纪你可以想象到是什么模样的阿飞和不良少女们，集体跷家藏匿至一间似乎因为产权纠纷而停工的工地里。他们在那里待了一个月余，直至把各自从家中窃来的财物花费殆尽才各自回家。家族里并没有人清楚这个女孩子在和那群阿飞阿妹们混在一起的一个月里究竟发生了些什么事情。亲戚们之间神情暧昧地论及此事时，皆低调地规避了无需想象力便可揣想的罪恶画面：一群臂膀肌肉犹和少女没有分别、喉结却已隆起的少年，和一群匆匆穿着学生衬衫便大胆逃家的初中女生，就这样男女杂处地没有大人管制地混在一起一个多月。还有什么值得你在窃语和说嘴之间，遮遮掩掩地享受着叙述过程的暧昧情境呢？

但这件往事过去应有七八年了。我的朋友杨延辉告诉我。关于他表妹的这件事，他也是从家族亲戚的辗转口传间模糊听来。那时他的身份是他祖父这一房的长孙,念的是省中,几乎是这一辈里最有参与谈论亲族间是非资格的。我的朋友杨延辉那年北上读私立大学,现在他在一家星期五餐厅做少爷,我不知道这之间大大小小发生在他角色变迁过程的暗礁或潮汐。"我也曾经是那种,家族里有大事要裁决,必须征询过我意见的角色喔。"

我的朋友杨延辉是在一家舞厅跳舞时遇见他那个表妹,他的表妹家专[1]毕业后在台北南京东路鸿源那边摆地摊跑警察,景气那一阵一个月十万上下跑不掉。表妹留个学生头,说现在多了个警察男友,有一回带她去算紫微斗数,算命的神秘兮兮地告诉他:

"这个嘿,好像十五岁那年就零件不齐全唎。"

她的男友怔惘惘地听不懂那是什么意思,我的朋友杨延辉的表妹却在心底五味翻搅,暗自决定就此和男友分手。像是命运的暗示:好不容易把那个十五岁的自己甩在岔口的另一边,又胡乱拐了好几个弯,绕着绕着又不知怎么跑的,最后还是被蹲坐原地的十五岁的自己给绊倒。

"有时候,你就得被逼着,去想清楚自己的意义。一处岔口接着一处岔口,宛如在隔壁。"我的朋友杨延辉感慨地说,"十五岁的时候,她发生那件事的时候,我只是在现场的隔壁。遥远又隐约。从传闻和臆想里听见她。突然七八年过去,她来擂你的门,闯入你的房间,然后毫无戒备地在你房间,听见隔壁的她自己。十五岁的她自己。站在隔壁听起来,是如何怪异如何地和自己预测想象的不同……"

---

1 家政专科学校。

其实我要如何去"想清楚"那些窝藏在地道的指状末端的"我的意义"呢?初始我以为它们被停放在那,弃置在那,或者,至少是筋疲力尽地假寐在那。

这些在原先大抵是不会发生问题的,除非是记忆上的失误,但那都只在无关大局的细微末节。蜷缩在蚁巢一般辐散穴道的某一段"自己",在该穴道放弃继续扒掘的一刻,意义便应仆停在彼处,不会改变。

于是我想象着分别负载着"我的意义"的长着我的脸的许多只蚂蚁!在地层向各处盲目挖掘,散状地散开中心,有些或先或后地停止下来,有些仍在挣扎着继续扒掘。但我不记得它们了。

是我不记得它们的。而它们应仍待在原处。委屈地、隐忍地待在当初我遗忘它们的地方,等待有朝一日我想起它们。

但是这是一九八七年秋天之前的情况了。在这以后,我清楚知道,窝藏在地道的指状末端的"我的意义"们,以一种我不清楚的偷渡方式,展开了一场大规模的集体叛逃。它们欢快地将我遗忘,留下一座曲折空荡的、没有意义的迷宫地道。

有一天,我拿着一张中了四百元的统一发票,到我们那条街的合作金库兑现。低头忙着对号、盖印和点钞票给兑换者的中年人,很认真地拿着我的发票和中奖号码对了两遍,抬起头来,扶扶镜框说:

"先生,你这个根本没中奖,是不是对错月份了?请你自己再对对看。"

我心知肚明,一语不发地把发票收了回来。啊,数字流走了,我在心里想着。数字流走了,不过在抽屉里摆了十天。不过是末尾的三个数字。它们悄无声息地挪改着自身的形状：1变成7，3变成8，6倒成9。我没有再去核对，我清楚知道问题并非发生在记忆的误差，而是数字们背叛了我，它们无声地、欢愉地逃走了。

有一次，我和我的朋友杨延辉一同去我们大学时期一伙人常去的酒吧。那时老板是一个胖子，他是个标准的猫王迷，酒吧赁租在一间影印行的楼上，厕所臭得可以，墙壁上像是被初四重考生用大便画下长长五道指痕，屋顶上像钟乳石那样齐齐整整粘满了烟屁股。要命的是真就是一间厕所，关着门的大便池算是女生的，外边孤零零一只尿斗像是男生的。我就不止一次发生过这样的情况：当你喝得脚步不稳有那么一点醉意，把头抵在墙边挨着尿斗小便时，突然就一个浓妆艳抹刚才还在外国人之间巧笑倩兮的女人走了进来。"对不起。"然后她还真挨挤过你的屁股，走进那间门，然后你就听见她滋滋通通的小便声想象着她在里头是如何狠狈地拎着那一身裙衫别去沾着了满地的尿渍……

但是这许多年后我和我的朋友再回到那家酒吧时，我们发现老板像是报复地换了个有洁癖的英国人，他把楼下的影印行也租下，墙壁规矩而无聊地张贴着巨幅的英国国旗和玛丹娜[1]、李小龙的海报，地上也铺了地毯，并且按着他贫乏的想象力摆了一台撞球、两台俄罗斯方块电动。我多怀念那段可以随意把烟捺熄在地板，全酒吧就我们一群人吆喝着围着一台破烂手足球，酒瓶子可以乱堆在角落而第二晚来发现老板还没把它们收去的时光啊。

---

1 即麦当娜。

正当我和我的朋友杨延辉沮丧地缩坐在那些衣着光鲜打撞球的男女一旁的位子叹息时,一个原先被我挡着了球杆要我让让身的女人突然转过身来拉着我兴奋地大喊。她问我记得她吗?我哪认识她。她很夸张,不过我看得出她真是乐透了。

"Oh, I can't believe it!"她干脆不打了,把那堆洋人以及那些和她装扮得几乎没有两样的中国女孩扔着,抱着酒瓶坐到我桌旁,"你们来这种地方?"

那时我突然想起她了:"你男朋友呢?"说罢我才后悔这真是无聊至极的问话,她或许该皱皱眉耸耸肩起身回到那个绿绒布台面光洁的色球清脆地滑曳触撞的世界。

但是她只是眯着眼,像是十分心满意足地随着酒吧播放的音乐摇摆着。

我的意义正在将我遗忘。我恐怖地想着。

那都是在一九八八年之前的事了。那时我开始迷上一种叫作"古巴反战"的电动玩具。当我的朋友们色涎涎地围着另一种叫"麻将学园"的台子,千方百计地将荧幕里那些可爱极了的卡通日本女学生的衣服一件件剥去,我却寂寞地沉浸在枪杀、爆裂或是火焰器烧夷后,从荧幕上方永无止境涌出的敌军的惨号声中。

我租宿的房子,在一个离学校很远的山坳里。房东太太是个四十来岁非常苦闷的妇人,成日价在仅有的我们六个租屋的学生之间拨弄是非。其实那个年纪的学生,面目都还很模糊,谁想去理会房东太太那套掺拌在碎嘴饶舌之中的价值观呢。很快地,住里间那四个似乎是同一个系的家伙聪明地采用一种粗鲁的敷衍方式来对付她,在她叨叨不休时嗯嗯哈哈,然后响亮地打呵欠或是突兀地回房将房门关上。

后来便剩下我和我隔壁的那个家伙被强迫地成为房东太太基本的听众了。这是一件非常痛苦的事，等于把六个人的份由我们两个分摊了。后来我养成了一种在她无休无止地叽呱中让自己陷入昏睡或冥想的习惯。真的承不住时我便留在学校附近的电动玩具店里，让"古巴反战"的爆炸声和死亡前短促的呼喊把我一肚子房东太太尖亢连续挥之不去的声音扯裂吞噬。

我们租在那里的六个房客之间的关系也因此而重组，明显的敌意和厌倦从那四个聪明的家伙那儿透散过来，他们一定在猜测房东太太对我说了些他们的坏话吧。我和隔壁的家伙碰面时莫名熟稔地交换着同病相怜的苦笑。

我不记得那年冬天我周遭发生了些什么事。似乎是永无止境地下雨，永无止境地房子漏水，墙壁上本田美奈子和另一张一个小男孩咬着拇指扯开裤头让一个小女孩看他的鸡鸡的海报全因湿气而皱卷起来。

再来便是蒋经国去世。公车上播放着巴哈[1]的《G弦之歌》，还有一些遥远的，像合唱《长城谣》那个年代用丹田发音的女人，在哀恸地播诵着葬礼的过程和民众的哀思。

再来便是隔壁的家伙带了个女孩回来同居。

刚开始是这样的：他在黄昏时带女孩回来，然后在三更半夜用机车送她回去。"真奇怪，"我的房东太太在那一阵终于把我确定为她唯一剩下的聆听者，"每晚睡到一半，就听到他在发动机车，为

---

1 即巴赫。

什么不干脆就搬来睡呢？哼哼，一个女孩子家。"

没多久那女孩真的在这住下了。房东太太又开始和我抱怨起女孩把血红的卫生棉扔在都是男生在大小便的厕房的纸篓里，问我要不要找他谈谈两人住应另加水电费。我开始感觉敌意转移到那个家伙的身上，并且还带着点绝望的公猫无助地捍守它可怜的伴侣和狭隘的巢穴那种不惜牺牲的气味。有一回我打算洗澡敲了敲浴室的门，女孩在里面轻快地回答我在用呢，并且似乎证明一样地把原先可能往身上淋的莲蓬水柱刷刷地冲在地砖使水声扬响起来。我一回头，那家伙面无表情地站在适才因摸黑而未察觉的走廊甬道底，沉默地看住我，像是捍卫他的其实面容身材皆不出色的女人。

女孩矮胖，主要还有点邋遢的感觉。很快地便听见她和房东太太脆响而熟稔地谈在一块儿。这对我实在是个伟大的解脱，房东太太此时大梦初醒才发现原来她从前的听众是这般枯燥无趣又不尊重她，便少来找我了。那些时日走廊便充塞着两个女人叽叽呱呱时而低声悄语时又尖兀起来的声音。有一天后面原来晾满男生衣裤的竹竿上突兀地出现一只湿淋淋的胸罩和女孩子的内裤和袜子。第二天我发现竹竿上所有的男生衣裤尽皆消失，只剩下她的内衣裤和一件男性BVD[1]，孤零零地吊着。大概是那家伙怕她难堪，硬着头皮留下来陪她吧。我恶谑地想着。

那家伙和我再在走廊相遇时，已不再透出他那种惶然不知所以的敌意。我朝他咧了咧嘴苦笑，试图唤起从前那种同病相怜的微妙处境，他却只是黯着脸，低下头去。

---

[1] 男性内裤品牌。

我开始想象着那个家伙忧愁地坐在床沿的模样。他的女人在门外和房东太太欢势地谈着他。整栋楼的房客都躲在房里捂嘴听他的笑话，我搔了搔自己的腿肚子，似乎感觉到隔壁的他也在搔着。床垫被湿气泡烂的部分进出填充的黑色草茎。他撕开一包胃乳吸吮着。我扭开收音机，因为我总无端担心他听见我努力屏息间隔发出的喘息声，他开始坐在书桌前沙沙写着字。遗书。或者故意让女人看见他阴柔诗人气息一般心思的日记。冬季结束之后蚂蚁们开始从地板隙缝墙壁裂口源源爬出。女人喜欢吃糖。太妃糖金莎巧克力瑞士莲南枣核桃糕橡皮糖。用空咖啡罐装着，蚂蚁仍旧密密麻麻依恋地舔覆住整个罐子。有一两回我甚至听见那家伙隔着墙在重重地叹息，像是故意要让我听见。后来，可怕的状况出现了，对隔墙那边的细节过分熟稔，使我低头穿过女人和房东太太倚靠两侧的走廊时，会心虚而不自主地朝女人谄媚地笑着。似乎被那家伙的角色入戏地说服了。女人的身体像油白的明矾，在那家伙和我一向习于阴沉晦暗的房间里，混浊放肆地替换上她的颜色。

　　不到那年的夏季，房东太太又端绿豆汤或者借剪刀杀虫剂之类的借口来敲我的房门了。大约两个女人由结盟而反目成仇比一个季节的递换来得快速容易。有意无意地，房东太太扯高了嗓门向我抱怨着隔壁的女人如何手脚不干净如何贪小便宜如何如何。我这时发现要重新遁入从前那种冥想状态来挨过她的声音轰炸竟十分困难，重回学校附近的电动玩具店再找不到"古巴反战"的机种，悉数换上了无声的未来情氛十足的太空雷射战。

　　他们搬走的那天女人没有出现。那家伙吃力地扛着一大捆女性服装杂志，我趋前去问要我帮忙吗？

不了。谢谢。他面无表情地说。

我和我的朋友杨延辉在酒吧的门口分手。我才走到街口,女人便从后头蹬蹬蹬蹬踩着高跟鞋追了上来。

"不想上我那儿去坐坐吗?"她喘着气问,"就在这附近,几步路就到了。"

"好哇。"几乎是问话未毕,我便迫促地回答,然后顺从地跟在她后面。这时我疲倦极了。意义的流失殆尽。我很清楚。女人在毫无意义的虚耗中,突然抓住一点从前稀薄的记忆的可能,颤索急切地连掩藏的起码修养都放弃了。难道不是吗?我也是这样。

"那儿有酒吗?"

"哎,没有欤,去买一瓶好了,"她翻了翻细肩带吊在腰际的小皮包,"但是只剩下一些铜板了。"

"我也是。"即便如此,我仍然做出努力掏寻口袋的动作。

我拎着一瓶用两个人的铜板凑起来在7-Eleven买的玫瑰红,跟着她爬上一间公寓的顶楼。替我们开门的是一个高中生模样的女孩,原来这是用木板隔成许多小间,专门赁租给学生的宿舍。女孩面无表情地回房关上门,似乎习惯了她带陌生男人回来夜宿的情形。

真是黯淡。之前对她置身在酒吧里夸张面目的滑稽感也悄悄退去。我突然清晰想起那家伙愁眉不展的脸,仿佛始终在时间的隔壁贴墙窃听,突然门被推开,女人闯了进来,情节被移置我的房间继续发展。

只有我记载了她的那段潮湿颓丧的爱情。没有我,细节无法从隔墙听觉的毛孔中舒展释出,她的故事便只是一段三言两语便可打发掉,在pub中,随着支肘喷吐出来的凉烟,编造的廉价身世一块,悬浮在天花板灯管间的排泄材料。

大学时期曾先后交过三个女友,三个女孩性格迥异(姑且称为A、B、C):A的面貌如今竟想不起来,只记得第一次约会便告诉我,中学时晨间卫生检查很害怕,乖乖把头发剪到耳上一公分,老师半讶异半忍着笑要她在讲台上前后转动,说以后大家便学习这个同学她的精神……B是每回系上开会便动辄站起来放炮,一开始是她主动过来搭话,曾大昌你好文静呀怎么像个女孩儿;C则是宿舍书架上全一层层排满了日本服装杂志如数家珍她大直哪一站站牌后头巷子里的鱿鱼羹士林夜市到尽头的热地瓜汤新生南路台大侧门的对面的日本料理的螃蟹天母的比萨……

唯一相同的一点是都在我完全不清楚状况时便离开我,一点线索都无从归纳出来。A、B、C都是在我以为仍不很熟的情况下,滔滔不绝地把让我惊惶不已最隐秘的,从童年到青春期大大小小的秘密、羞辱或不为人知的怪癖倾吐给我。然而便在我不再感到突兀而习惯于聆听她们的故事般,以为应当可算是情人时,却都遭到她们断然离开的命运。

C和我分手时正是一九八八那年冬天前后的事,如今回想那一段时间图像里竟然清楚涌出的皆是隔壁那家伙和他女人在房间的一举一动,完全没有关于C的在场的任何一点细节。

"房间很乱。"女人走到房门前,竟然用抱歉的声调对我说。

房门打开,房中央坐着一个男人正在打字,他抬起头来,赫然竟是那家伙。四坪大左右的房里叠满了文件之类的纸堆,空隙处则塞着熨斗、电热壶、仕女杂志和少女漫画、录音带，以及男人女人揉成一团的内衣裤。他们是打地铺睡吧，连站都站不住人呢。

那家伙见到我，出乎我意外地兴奋，忙咧咧地挪东挪西让我坐下，递了烟却找不到打火机，还是我掏出来替两人点上。女人满足地坐在一叠杂志上脱着丝袜，要他猜是在哪儿遇上我的。这个家伙竟然会去那种地方欤。男人看见我摆在地上的玫瑰红。喝这个？要女人去楼下拿个半打啤酒上来，要冰透的，否则再带包冰角。对再切些猪耳朵头皮什么的。女人说没钱啦。那家伙掏着自己的口袋，又是一堆零钱。

我的意义们又遗弃我而去了，我寂寞地想。抽屉里的发票正让它的数字淅沥流走。我想到喜欢穿长裙的 A：如今在 piano bar 穿梭着生殖交易的男女之间，单薄机械地弹奏钢琴；B 在海边一所小学当代课老师，有一次她给了我一封信，开玩笑地说学校里百分之八十是女老师，稀存的未婚男人全是一些会为着职棒谁该赢球争得面红耳赤的蠢货，怕最后得去相亲了；C 考了空姐，听说月入六万，还拍了一支高中女老师被她过去的男学生误记成高中同学的什么美容保颜液的广告，电视上却匆匆看见她容光焕发笑开的鱼尾纹。

一切在撤退着成为背景。

许多年后我问我的女友 C 当年她为何要和我分手，她告诉我因为我告诉了她许多我隔壁那家伙的事。我不太明白这之间有何关系。

"我那时觉得你很可怕，"她向我解释，"为什么会那么用心地去观察，不过是一个邻居的一举一动，我觉得你有一点像偷窥狂。"

当时我不记得自己灌了几瓶酒才醉倒在那间叠满了纸堆的小房

间里,那家伙和女人争着向我敬酒,后来我几乎是自弃地将自己松懈在他们欢快的气氛里,拎起酒瓶便往嘴里灌。

中夜时分我突然一身冷汗惊醒。头疼欲裂且似乎有人用脚趾不断戳我的脚。"什么?"我在黑暗中迷糊地说,但是旋即整个人十分清醒过来。

就在我的身旁。摸黑里我分辨不出是他压在女人身上抑是女人压在他身上,我完全看不见他们叠合在一起的身体的轮廓,却可以感到整个房间的空气被他们摆动的节奏压缩舒张着。像是禁欲过久,两人竟毫不理会躺在一旁的我,争相哼哼乱叫。

后来我又沉沉睡去。但似乎并不一会又被人粗鲁地摇醒,且房里灯光大亮让人睁不开眼。"怎么回事?"我生气地说。待我睁开眼时发现女人坐在我脚边一叠纸堆上抽着烟。那家伙不在房里。

"怎么回事?"我问她。

"你这个偷窥狂。"女人轻轻地,完全没有表情地说。

"什么?"这时我酒意悉数退尽,我坐起身来,"你说什么?"

"我说,你这个偷窥狂,"她喷了一口烟,"少来了吧。我告诉你,C是我高中时的好友。那时候住我们隔壁的你,将隔着墙一点一滴窃听来的声音和动静,妄加猜测杜撰联结然后告诉C的情节,C都原封不动地告诉了我。一开始我惊怒不已,不知道要不要让他知道:原来我们的隔壁住了个变态狂!后来我还是告诉他了,他却出乎我意料之外地平静,那几天我们两人皆不自主地轻声轻语并且蹑手蹑脚尽量不发出声音,后来有一天我终于受不了了,我用比平时加倍的声调说话。但是他似乎跌入了一种奇异的冥想之中……"

"但是事情并不是如C所想的,或是你们想的那样。我只是对

C说了一些你对邻人所能有的一般人的那种臆测或印象，并没有发生偷窥或贴墙窃听之类的情事……"

"你听我说完！"她高声地打断我嗫嚅底辩白，我的头又剧烈地抽痛起来，"甚至到今天，我们也暗中这样想着，或许你不过是那个巫婆房东的眼线或告密者，并不是一般偷窥的无聊男子，这样更能解释我们后来何以被那个巫婆驱离……不过这不是重点。老实告诉你吧，他是性无能者，是个阳痿！当我知道竟然有人隔着一道墙在窃听我们时，真是感慨不已，我几乎要压抑不住想装出叫床的声音来捉弄隔壁的你。但是那一阵子他跌入了奇异的沉默之中——不是怕你偷听见声音，而是陷入一种我不了解的幻想里——他常常无端地傻笑起来。有一天他兴奋地跑回房告诉我，他刚才看你房里没人潜进你的房里，把头贴着墙壁，幻想着隔壁的他自己正在和我做爱——竟然，竟然便勃起了……你能相信吗？你的偷窥，治好了他的阳痿。"

"但是你昨晚找我来……"我叹口气。意义的攫取。只是又和我想象的不同罢了。

"少来了。"女人厌恶地摆了摆手。于是我遂在天未亮透的清晨时分，被她和一直守候在门外的那家伙，赶出到街上。

那已是在一九八七年之后发生的事了，所以我并不特别感到乖诡错愕。我已经偷偷地发现时间的诡计而不太理会它了，像是背对着一群藏匿在我身后廊柱间的孩子，他们嬉笑着恶戏地交换着彼此的位置，想让我下次回头时大吃一惊。我佯作不知，但已经开始倦于回头了。"随它们去吧。"我对自己说。

有一回我一时兴起问起我的朋友杨延辉，他可曾记得那回在酒吧我们遇见的那个，略胖、浓妆、和一群外国佬混在一块的女人。

"唔。"他草率地回答一声后快速地将话题引至另一件事上。难道是我又记错？我在心底嘀咕着，遂又问了他一次。

"唔。"他搂着他那回和我提到的表妹，犹豫地回答我说，他那天喝多了，不很记得发生过什么事。后来我揣摩他大约是怕我造次把他在酒吧里告诉我的他表妹的往事说出。啊！隔壁的细节们，被我们忧疑沮丧的心机给永远关在隔壁了。

"怎么，你说那个女的怎么样？"我的朋友杨延辉的表妹问我，她是个脸色苍白的女孩。

"没什么，"我恶意地回答，"只不过后来我和她上了床。"仿佛要抢先在那些错乱失序的意义尘埃落定入座之前，急着让自己藏身进那片纷乱里，甚至要比他们更为纷乱。

我们自夜暗的酒馆离开

我扶着烂醉的 W，走在只有一盏二烛光灯泡的走廊。赤足踏在中空夹层的桧木地板上，仿佛足音亦被下头的属于这个房子的生灵之类的，满含敌意地收去。

"嘿嘿，"W 把头靠在我的肩上，说，"你家人还真不好惹咧。"

霎时我便知道 W 其实自始至终都没有醉，不禁有一种受骗的、因之相对地对母亲怅悔的情绪。适才和 W 决定出去，我按例神色恭谨地到父母的卧房告退，母亲正在为赤膊的父亲换药。房里确乎是点了灯的，但似乎是补偿偌大一栋建筑其余拦置在阒黑中的房间，父亲和母亲给人一种穴居于此的黯然。

"要出去？"父亲仍背对着我，漠然地问。

"是。"我谨慎地回答，"有些事急着要办。"

"这么晚了。是非办不可的事？"

"是。"

其实这皆是已知结局的对话，父亲努力维持着老人早已失去统御实质的尊严，我则尽量装得恭谨。已过了中夜，姐姐仍未回来，父亲其实躁怒不堪，又无可如何。如今我竟又要出去，父亲却又对我有所忌讳，不敢发作。

这时候，一向在父亲面前替我遮掩护航的母亲，竟然出人意料地回过头来，说：

"办事？还不是和 W 两人，跑去巷口的酒馆，或是他们对门的吧台店……"

母亲的声音极小，且因压抑着极大的情感，讲到一半便中断，似乎在啜泣着。但是这么一来，实在使我和父亲皆陷于无法轻易带过的难堪境地。我和父亲皆沉默着，我知道父亲和我一样，正在决定着要不要表现出听到母亲这段牢骚，还是当作这段话根本没有发生过。

"那么，我去了。"我仍然维持着恭谨的声调，尽量不朝母亲在稀薄灯光下绝望的脸望去，把他们丢弃在为姐姐深夜不归的恐惧之中，转身离开。

卡鲁祖巴的情妇抱着她那个用桃红棉被裹住的婴孩在地下室的 pub 找着我们时，大伙都明显地露出各自的不悦。

"哼哼。"小咪说。

四丰和羽则在角落的阒暗里，用海尼根啤酒划着台湾拳，输了拳的四丰大喊一声"干！"卡鲁祖巴的情妇"香炉"似乎被这一声吆喝怵然吓到，头颈朝后微微一缩，眼泪几乎都要掉下来了。

"你们不要骗我，"她把怀里的婴孩用力箍了箍，像是报复我们的不够意思，婴孩膺从母命地尖号起来，隔邻的几桌洋人全他娘的好奇转头朝这边,"卡卡呢?我知道他刚才才和你们在一起,你们把他藏到哪去了?"

"哼哼。"小咪说。

"香如,你老公根本是个痞子,他把我们这票人的身份证全干去,在他的老鼠会开了户头,我们全被他搞惨了——每个人家里全给送来一座自动冲水洗屁股的马桶——拜托,我们藏他?我们他妈全想把他给揪出来朝马桶里塞呢!"直肠子的红蕙发起牢骚。

"那怎么办呢?那我要怎么找着他呢?"香炉的眼袋下垂,眼眶一圈瘀紫,一张美丽的蠢脸愣在我们上方一盏灯泡的光雾里。

其实我们倒蛮同情香炉的。这倒不是因为我那个痔疮的屁股自从使用卡鲁祖巴的喷水马桶后确实比从前每每用卫生纸擦得鲜血淋漓要舒畅得多;而是我常常不能自已地想起,第一回在卡鲁祖巴处见到香炉时,卡鲁祖巴和我谈的也许是我们之间唯一的一次贴己话。

"我在想,很久以后,这个世界会记得我的,恐怕只有你和香如了。"那是一次私人性质的抢八撞球赛,香炉已连洗四台,对手们连杆子都还没摸一下,她就赢了四人。卡鲁祖巴走来坐在我的身旁,用巧克磨得杆头蓝粉纷飞。然后他突然像是无限寂寞地对我说了那么一句话,这使我受宠若惊而骚动不已。有谁看过卡鲁祖巴叹息吗?有谁曾想象过卡鲁祖巴竟会恐惧遭人遗忘吗?

"真的。"他说。然后他问我可知"香炉"这个绰号的来由。我说我不知道欸。他说"香炉"就是"妈祖庙香炉"的那个"香炉",含意就是"大家插"的意思。

"你们两个,是同一种人,"他说,"是那种无论如何都学不会怎么去笑的人。到后来人家都被你们逗得抱着肚子笑死了，你们还一板一眼以为真他妈委屈又悲情呢。"

有一个穿猩红背心留辫子的酒保走过来警告香炉，要不就想办法堵住那个号哭的婴孩的嘴；要不么就对不起你们请换个地方待，这儿大家是来寻乐子的，不是让你们这样搞法的。

"你最好对她客气点。"四丰告诉那个酒保，"她是卡鲁祖巴的情妇哟。"

辫子酒保耸耸肩走了。我突然有点悲伤。如今是没有人知道卡鲁祖巴了。想当年卡鲁祖巴的书久踞这个城市畅销书排行榜时，别说他的情妇了，就连我们这些打着他的名号四处招摇撞骗的，哪儿不是打躬哈腰的啊卡鲁祖巴大爷的朋友就是我们的朋友，连理容店的小姐一听卡鲁祖巴这四个字便自动提议免费加马三节。

那时这座城市破世界纪录的一百三十九层大厦落成（两个月后在一场二级的微感地震中出人意料地崩塌，周边波及成为废墟的十数条道路至今仍被市政府划定为特区封闭起来。一方面是当年垮灾中被活埋的庞大人数仍无法统计出来；另一方面谣传游击战的学生已进驻废墟，并定期每月初一、十五吃斋而后出没城市袭击镇暴警察），从第一百层到顶层便悬着卡鲁祖巴的巨幅肖像看板。那是一张他用左右食指向两边扯着嘴做鬼脸的画像，兀立在城市顶空的大厦，逼使着这座城市以东的人们，只要一抬头就望见卡鲁祖巴的鬼脸。那时一位文化观察者就感慨地说过一段话："从此对偷窥恐惧的时代结束，我们都得生活在明目张胆的鬼脸之下。早晨做爱的上班族、中午偷情的政客，以及傍晚在书房里打手枪的重考生，一瞥向窗外，就会看见那张伟大的鬼脸。一切的'被看见'都不再有私密和罪恶的刺激感，而只能报复地绝对漠然或者使自己更好笑了。"

就是在那一阵子卡鲁祖巴传授给我不用睡觉的方法。这套方法他是在很艰难很艰难的情况下口授给我的。那时候，甭说是睡觉，连听他说句完整的话都十分困难。时不时有各式装扮的人物，或是以他小说中曾出现过的情节出场来引起他的注意，或是油条一点的深谙卡鲁祖巴的创作习惯，只要怪异一点的方式亮相一下，明天就可以出现在他立即刊出的连载小说之中。

这个时候一个喝醉的老外独自在舞池中大跳 rock，他是个金发消瘦的年轻人。小咪和红蕙兴奋地朝场中吹口哨，由于这天 pub 安排的是乐团演唱，没有人作兴跳舞。所以几乎所有躲在暗影里意兴阑珊和他们的中国女孩搞搞弄弄的老外们，都有些诧异地伸长颈子，又再朝我们这边瞧。

但是他们粗鲁的好奇很快被五六个匆匆撞进酒店的学生游击队员给压下，所有人又不动声色地低下头去。学生之中有几个似乎尿急冲进厕所，有一个似乎是他们暂时的领袖一跛一跛地走到吧台，把腰际的配枪摘下，按在调酒师面前：

"押着，"他说，"换半打啤酒来。"

"算了吧，算我请客好了。"调酒师说。

跛腿的学生领袖和他的甫自厕所出来忙不及拉拉链的队员们匆匆走了不久，又闯进了五六个着黑衫持盾牌短棍的镇暴警察，为首的家伙用同样的台词押他的盾牌换酒。调酒师照样拎了六瓶啤酒给他们，不过这回他收下了盾牌。

卡鲁祖巴，我在心里寂寞地大喊，这已经不是你的时代了，但是世界正一步一步走进你的世界。他们不必扮演。他们就是。你的鬼脸早已消失在城市冷寂的上空所有的人却都抄袭了你的鬼脸。肉体等不及你赋予定义,加速下坠成为肉体它自己。你不必担心挑错脸谱会被人责难或嘲笑。因为早就没有观众了。观众当初为了骗你(啊你永恒的鬼脸),如今只会一种表情了。

卡鲁祖巴。

乐团停止演奏时我听见一阵女人突兀的尖笑,原来是香炉(真他妈的香炉)拿着球杆在台球桌那边花枝乱颤。周围一圈老外,其中一个大约是输了球怎地,在桌边学熊跳舞。

婴儿呢?我回头看见红蕙抱着卡鲁祖巴的私生子和适才在舞池中间跳舞的金发青年激烈争辩。

"我问你,孔子最得意的弟子是谁?"

"颜回。"红蕙说。

"嘿嘿。"小咪说。

"哥俩好啊。""四季豆啦。""快到了啊。""七个桥啦。""三星照该你喝。"四丰和羽瘫趴在桌子上。

"他是不是好人?""是。""伯夷是不是好人?""嘿嘿。""是吧。""他们都是饿死的。""你懂个屁。""那我问你,东邪是谁?""黄药师。你懂个屁。我问,郭靖第三个师父叫什么?"

这真是痛不欲生的卡鲁祖巴的鬼脸的世界啊。有一次我问卡鲁祖巴:"为什么你的作品里没有稍微认真一点在悲伤的人呢?"

卡鲁祖巴忧愁地望了望在我们四周飞来跑去化装成——忍者、情报头子、院长、陈松勇、打香肠的女贩——这些从他的作品中跑出来或者将跑进他的作品中的人物们，每个都嘻着一张鬼脸。他摇了摇头："不行啊，来不及啊，一停下来悲伤，亏欠的睡眠便会大举侵来。会睡着的，那太可怕了。"

我开始感到昏倦欲睡，便走过去，打破僵局。

"颜回是笑死的。"我说。

有一回，我说，孔子在路上遇见一个人，张开四肢横躺在地，他问孔子这是什么字。我说，大。孔子说，错了。是木。后来孔子也如法炮制躺在地上。这是什么字？他问颜回。太。颜回说。我说。

金发青年专心地听我说完，困惑地望着我。我向他解释了一番其中的含意。他还是没有笑。

"哈哈。"我说。

他还是没有笑。没有人笑。

"哈哈。"我说

"你很卑鄙。"他指着我的鼻子。

"你很恶心。"他朝我鼻子挥了一拳，像是硬生生替我挤出一个鬼脸。

我想起卡鲁祖巴在被人彻底遗忘前的最后那些年，常常无端地陷入瞌睡之中。在演讲进行到中途，在便利商店的收银机前，在灯光如昼的棒球场外野观众席。我在和他讲话的过程必须不停地插科打诨，但稍不留神，他便趴在你的膝头上睡着了。似乎是一笔不知何年可以偿清的睡眠烂账，那么，他是开始在悲伤喽，我不怀好意地想。

那次卡鲁祖巴传授给我逃避睡觉的方法。他说："最先，把一切都当作材料。千万不要去感受它们。你告诉自己，我是在使用这些。眼泪、番茄酱、手枪、白头发、法国号。排列它们，找出它们的关系、永无止境地组合下去。刚开始会这样，你会在睡前意志涣散时不安地跌入那些材料的情境里，你将拖延许久才昏沉睡去，梦里一片空白。后来你不再理会那些被当作材料的事件，你像个锯木工人一样一躺下便呼呼睡着，梦里却延续着白天的组合游戏。最后一个阶段时，你终于发觉你躺在那儿根本不是在睡觉，组合发展那些材料的工作自发地在进行着。你爬起来，坐在床沿哈了根烟。它们在进行着。你跑去泡了杯牛奶喝。它们在进行着。最后你缩进被窝里打手枪。它们进行着。这时候，你已经可以告诉自己，你永远不再需要睡眠了。"

我烂醉地任由 W 扶出酒店回到家中时，夜似乎正苍白着脸蹒跚离开。我扶着甬道两旁一间间房间的纱门，颠颠倒倒地走向甬道末端的厕所，预备大吐一场。

一推开门，父亲正坐在卡鲁祖巴强迫送来能自动冲洗屁股的马桶上，碎花的裤头摊叠在他瘦条条覆满白毛的腿跟下。粉红色的崭新的马桶似乎和这厕所渍迹遍墙阴秽不已的情调不很搭轧。

"回来了？"父亲按下了自动冲水的按钮，惬适地眯上了眼。我怀疑他是否一整晚皆坐在这只马桶上，不断重复地玩着那个冲屁股的把戏。我突然有一种离开家已很久的苍凉感觉。似乎父亲便在我离去又回来的这段时间迅速老去。他的双眼和嘴唇皆被深深地埋进皱纹之中，我只能看清他两个黑黝黝的鼻洞。

"怎么样？"

"没什么！"父亲真的老了，我在心里想，"卡鲁祖巴的情妇跑来哭闹了一场，气氛有点僵，不过大家都还是玩得很愉快。噢对，她还带了他们的孩子来。"

父亲又按了一次冲水的按钮。他现在已是个温驯的老人，整天承受着亦正在老去的母亲不知罪因的冷战惩罚。他竟然还为这个幼稚的举动羞怯地朝我笑了笑，像是在博取一个同谋者的同情。我想起许久以前卡鲁祖巴在报上评议父亲的一篇八股悼文，父亲震怒异常，彻夜挂电话给他那些调查局、情报局、人二单位[1]、报社的老关系们，要他们"查办"卡鲁祖巴。

"后来姐姐回来了吗？"这真的还是我离开的那个晚上吗？

"怎么，"父亲似乎颇为惊讶，"她，不是早在，你离开的那晚，就在巷口被一群初中瘪三给辱杀了。"

父亲的表情十分平静。那么，当真是许久以前的事了。我开始呕吐，父亲赶忙跳起，要我吐在那马桶里。我跪下来对着马桶的咽洞干呕了两声，手不觉按到冲洗屁股的装置，一柱水枪喷进眼里。我便这样像个浪子似的哭了起来。

"别难过，"老去的父亲在一旁安慰着我，"说起来，卡鲁祖巴还算是个诚实的人呢！"

---

1 过去台湾当局在各机关设立，监控所在人员的机构。

齐人

　　约好。一道去古厝那边。父亲投下了大笔的金钱整修，我们必须赞美。往老街走去的路上，三个人的影子被扁扁地拖在砖上，天空一片火红。眼皮不断地跳。经过中药铺时，檐下有三个脸黯在阴影里的妇人，窃窃私语着。我知道她们说的是谁。有一次我打她，为什么要让我家成为这条巷子的笑柄。母狗。

　　但是没有用。我常常怀疑：我像是根湿烂在这条街上的一株植物，走不开了。但是为什么，为什么丝毫在这条街上的童年印象都没有。奇怪的是这条街上，似乎从不曾看见过孩子……老人、羊癫风的汉子、娼妇、寡妇、卖油郎、算命的瘸子——就从不曾见过孩子。

　　你怎么可能记得，父亲说，你那时是个白痴呵。拿了一张照片给我看：有一个头很大的孩子，身躯像小鸡一样。眼白似乎要淹过了瞳仁。这就是你。

　　胡说。这像只蝌蚪。这就是你吗？女人凑过来插嘴。从店门望出去。整条街的黄昏似乎开始焚烧旋转起来，金黄色的光在苔青的瓦檐或那些老人釉黄的脸上沸腾着。

那是一九九三年的农历除夕。街角商家摆在走廊的夹娃娃机，玻璃柜里的娃娃已清一色将卜卜口[1]的布娃娃，换成父亲模样的娃娃了。我后来在停在路边的私家轿车后车窗上，看见吸盘悬着浓眉怒目蓝布长袍胖短身材的父亲玩偶，才恍然大悟，原来整个城的夹娃娃风潮，不理会父亲、我和女人在我们那幢房里的迟滞时间感，在大街小巷里欢快地沸腾起来。

我不止一次地看见蓄长发还穿着初中制服的瘦削少年们，拎着一整袋他们夹起的，像番茄或释迦那样一只一只挨挤成堆的父亲布偶。夹娃娃风潮的后期，我甚至看见那些来源可疑的货车，停在夹娃娃柜商家的门口。工人们触目惊心地搬下了一只一只巨大的、和真人等高的，同样是浓眉怒目、蓝布长袍的布娃娃父亲。第二天，商家挂出了这样的告示：

凡夹满五十只小吴经国娃娃

可换一只大吴经国娃娃

我若是稍微细心，应当发现女人在那一阵子，特别地躁乱和不安。她总是在临睡前绘影绘形地向我诉苦，这个家真的待不下去了，连养在屋里的四条土狗都像在跟她作对似的，尤其是大扫除的时候，她快要打扫到屋子一处堆满杂物的死角时，那些畜生们就会轮流挡坐在死角之前，像人一样挤眉弄眼地想引开她的注意。她只要不理它们横竖打扫下去，就会在那些死角发现一些遗失许久乃被

---

[1] 即龙猫，日文片假名。

遗忘的东西：父亲的一种椭圆的白塑胶盒装的补药、我们某一次用过丢弃的保险套、女人很在意（因为她反复叨念着）而我不甚留意的一些玉石或纽扣之类的小玩意……

"你知道我还扫出了什么吗？"女人同谋似的谄笑和要挟神色令我有些讨厌，"我扫到了一只布俑，做得跟真人一个模样……是按老头的样子做的……"

她误会我了。女人可能把我对父亲爱恨交参的复杂情感，简化成念咒或傀儡这类低级的具体行动了。我有些心不在焉，街上浮晃流转的传闻和事件，使我很难再把注意力停留在这幢静止中黯去轮廓的屋子里的琐碎细节。

有一次在对街镇公所的公告栏上，看见一张寻找遗失幼儿的海报。海报上一排一排下来二十几张胖娃娃的照片，照片的下方是那些娃娃的简单档案。譬如说李鼎，男，出生日期一九八三年四月二十八日，失踪日期一九九一年七月。这一阵子城里人口贩子的恶行传闻像瘟疫或夹娃娃热潮一般在大街小巷里扩散。我看着海报上那些唇红齿白的娃儿以及下角两行醒目红字：

换了其中任何一张照片，心急如焚的可能是你

正微微陷入有生以来头一回对这座城市产生的茫然陌生感，突然发现右下角倒数第二张相片下写着：

吴国庆，男，出生日期一九六八年十月十日。失踪日期一九九二年二月。

那不是我吗？照片上的婴孩傻气地笑着，坐在藤椅上敞开的小

碎花肚兜还把小鸡鸡难看地露了出来。

一定是女人干的好事。我气急败坏地赶回家，女人正在后院，替那四条列队站好的土狗洗澡。

"做事情有没有用大脑想一想呢？出生是六八年，失踪是九二年。二十五岁的人了，还算是遗失幼儿吗？况且是和难看的肠炎疫苗海报贴在一处！"

冲口而出的竟不是自己愤怒的初衷。女人委屈地诉说那天清晨看我拿着一只大塑胶袋出门（其实我是去夹娃娃的），便有一个不祥的预感：这男人再不会踏进这幢房子的门槛了。对面的秀玲阿姨不是在镇公所当专员的吗？就托她去登了张寻人启事，慌乱间也只找着那张周岁照。女人又露出暧昧的诡笑。可能是办理这件事的部门搞错了吧？也许是秀玲阿姨弄错了？

稍早时为了塞填住女人这种宛如在流沙上开一个口子、无边无尽的恐惧，我开始把自己当作针笔般的，在每天归家后将自己在这座城市行经的足迹向女人详尽地描绘，似乎要让她断肢残骸地在脑海里拼贴出这座我们皆不甚清楚的城市的版图。

我们的地图制作是由城东一间老板蜡白着脸微笑的素食店开始。那次我讲得唇干舌燥直到中夜，才把一条街上全部商家的细部特征描述殆尽。女人像织绣一般密缀着原本空白的关于我的行踪之揣想所第一次浮现的档案：素食店旁是一家胎毛笔店，胎毛笔店旁是一间西药房，西药房依序像链条延伸着一家莱阳桃醉店、一条小巷子、一家便利商店、一家录影带店……

到了我开始往城南转悠的那一阵子，女人脑海中的地图，便被迫模糊而秩序紊乱了起来。那一阵我习惯西装笔挺，混在孝子歌队中号哭着蹒跚至城南的墓地,在每一处白烟扬起炸完一种小爆竹的坟头,向丧家乞讨一种上头堆着肥猪肉的白饭,然后学那些孝子们用手把肥猪肉和白饭往嘴里塞。

女人开始向我埋怨,她不太能借由这种白烟里遥远鞭炮声的想象,以及孝子队们兀鹰一般聚集到祭坟人家的坟前这样的画面,便准确地演算出我那一日白天移位的行踪。女人的埋怨掺杂在清扫宅院的琐碎细节、对父亲古怪的老人行径的臆想、对自己关节或经痛之类的诉苦,或是对那四条土狗的敌意之中,以至于我不很理会她这种自陷困境的苦恼。

后来夹娃娃机的风潮蔓延整个城的时候,女人借由我外出归来所描述的地图,便是乖谬错乱到让她手足无措的地步。不论我该日游荡至城东城西城北城南,不论我磨时间的地点是在茶叶蛋店、图书馆、咖啡屋或是牙医诊所,兴高采烈描述的场景全是没有差别的,一台一台躺满了五彩娃娃,上头悬着个机器铁爪的玻璃柜。好几个夜晚,女人扳着手指,努力将我连续数日描述的夹娃娃机,里头的娃娃式样,以及操纵的摇杆做了一番组合,想找出它们之间差异所暗藏的,这个城市街道的秩序。但最后她却颓坐在床沿,绝望地啜泣起来。

那时整个小城对我父亲的兴趣,由我们这幢房子里父子媳三人共处的种种绘影绘形的阴暗揣测和秽渎谣传,转移成了从街头巷尾的夹娃娃柜里夹起我父亲模样的娃娃的风潮。

父亲却在这段时日里像闭了壳的蛤蚌缩在自己的房里。除了某几个夜里我起来解手时,听见他冒突于寂静闷黑里,艰难痰窒的打嗝声,以及无时无刻不飘移在这幢屋子里的一种他煎的治疗膝盖的草药味；我几乎快要褪去这幢房子附着于身的那种阴郁气质，而以为父亲当真变成大街小巷在玻璃柜里任人操纵铁钩夹起的无数个布偶娃娃了。

有一次我在一台夹娃娃机前浪费了二十多枚十块硬币却一无所获，一个少年走到我的身边，沉着声指导我：要看准那种侧卧的……重心在腰部不在头……对对对……嗳钩子太过去了嘛真笨……对……要记住不是用钩子末梢去夹，是用钩臂和机器顶部胳膊这个部位去夹……咳又掉了真是……不过快了快了……。

那次我近乎半蹲脸贴着玻璃柜屏气看自己操纵的铁钩夹住一只父亲娃娃，怒目圆睁的父亲被铁钩环住肚腹，诧异地悬空而起，然而就在铁钩要将娃娃吊至出口前，父亲突然眯着眼，朝我吐了一个鬼脸，然后一个筋斗翻跌而下，躺回那堆和他一模一样的娃娃之中。

阴郁的森林及某些回旋不止的双人舞

我知道你所有的事。

有几次我几乎要趋身上前了,用私语一般的狎昵腔调,这样对女人说。

女人有时便在候车的时候,大庭广众旁若无人地拿出粉盒来补妆,对着小圆镜一只眼睛大一只眼睛小那样地检阅自己的睫毛,待大致满意了,便啪一声合上粉盒,把它丢回袋子里;有时她会向那边小学门口的摊贩买一串糖葫芦,眼神涣散地含着那些番茄外壳的糖浆都融化了还不知觉;有一阵子选举,我发现全部候车的人都面朝马路,只有她煞有其事地站在空无一人贴满了红红绿绿竞选海报的公布栏前,用口红替那些候选人的大头照快乐地画上眼镜、胡子、青春痘以及老虎的王字额。

那几次,我都像一张烙扁的阴影,贴在她的身后,我几乎要脱口而出:我知道你所有的事。

是的,everything,我不知道这个女人脑袋里想的是什么,但是我知道发生在她身上的所有的事。

有一个雨下得很大的早晨，公车在按例的堵车中姗姗进站，原本司机还闭着车门不打算这一站的人们再挤上他那已塞满了湿淋淋、热气腾腾的人的车肚子里。

车子被堵在站前的马路上，门却沉默地不肯张开，我挨挤在这一群雨光中模糊成黑影的人们中，呆滞驯良地站着，任雨刷拨到后视镜的雨水，泼在头上，然后一些淋湿的老头子开始沉不住气拍打起车门，司机这才刷地按下了气闸，把车门打开。

就是那时候，我大约是用伞端的尖突戳了身旁一个佝着手肘乱挤的胖子的屁股，这原本也没多大意义，只是浑身在这一堆像刚从水里捞起的乳猪的中间，一种像针尖一般的恶戏冲动。想想看，贴挤在一起的湿淋淋的衬衫，老头子们油水混浊的头油，还有棱角分明的公事包和踩着水的尖头皮鞋，一切在累积着一种古怪突梯的情境，我若不用这个针尖去戳它个一下，一定会膨胀至爆炸不可收拾的局面。

我一定会在人群里不能控制地大笑起来。

谁知道那个胖子竟在一股脑朝车门蠕动的人潮中硬生生地回转身来，然后急流勇退地推搡着我，使我们两人都脱离了朝车上挤的人群。

"你小子欠揍你！"

他喘着气，起劲地挥舞着手臂，在雨水贯地的声响中，咒骂声被消音了。我也喘着气，然后我看见在我们身旁一个女人，打着一把伞，非常贴近地注视着我和胖子。是女人！她认真地睁大眼睛在一旁看着，又像屏着气怕干扰了我们争吵的节奏。

后来，胖子还是挤上了车。我跌坐在人行道下水流湍急的下水道盖子上。女人依旧撑着伞，她没看着我，似乎在思索着这整个事件，最荒谬的也就是趣味最高的部分。

"喂。"我说，虽然全身浸在水中，我直直地望进她眼睛的深处。

"我知道你所有的事。"

阿鲁，你说得对，时间鲜少朝前进行，像是隔距着自己打起的水花间的每一次弹跳，像一枚水漂。以为在朝前奋进，其实重点不在此，重点在于每一次的升起和落下，同样高度的波峰和同样没入的波谷。你以为是这样的，其实完全不是。每一跃出水面，你总发觉力量正从腰际和脚底消失，你感到自己不如在水底时想象的，可以再次撑身弹跳到上一次的高度；而当没入水底时，你惊骇于自己愈见明显不能抗拒地、想摊开四肢向池水沉下去的睡眠渴望。

就是在这样胆战心惊地计较自己升落的弧度时，遗落了时间，你知道死亡蛰伏在终点，但你仍不能停止地，在个别的事件间，计算着自己跳跃能力的相关数据。

阿鲁。

我想象着这样的情景：一整锅的，像汤饺那样，皮肤犹闪着银色光泽的裸身男女，一整锅，倾倒到池子里，然后他们哗哗哗哗交叉错落地争相弹跳，最后一一没入水中。然后再倒一锅。

哗哗哗哗。

我的厌弃起自于此。阿鲁。

所以总是必须从最私密的一些收藏开始。你也许可以改变某些时间滑行的弹道，你可以采用别的姿势进入那些事件，你不必在弹跳中扯开它的立体感和历时幻觉。譬如说，一开始他们是这样传言的：ㄅ¹和W是一对孪生子，他们有一位在情报局做事的神秘的父亲，有一个后来念了军校的大哥。当然这样的铺陈不是重点。像一切在眷村长大的孩子，他们都有一段说出来教你目瞪口呆的青少年性经验。很长的一段时期他们认为"我"就是"我ㄅ"加上"我W"，他们连成了一个完整自足的世界。他们的父亲因为某些那个时代才有的谬异原因，在他们的生命里消失了很长的一段时间，他们的母亲因为感染了肺吸虫而长期在疗养院治疗。很惨淡的背景。但那不是重点，至少不是这次私密叙述的重点。他们厌弃女人，他们互相手淫，在夜晚的床上，在颓毁的防空洞，在学校的厕所，或就在被老师处罚监禁的保健室里。不止于此，他们互相爱抚对方，眷恋着放置在对方身躯里那一部分的"自己"。

每当我想起如是画面，我不晓得如何去描绘他们：是将一个你我都经历过的因手淫过度而面容惨白几乎要欢叫而出的沉默的罪恶的少年一分为二，还是归类为那些赤条条堆叠在一块的同性恋少年的肉体意象；还是其实就是一个对着镜子痴恋在彼处的纳西瑟斯。

叙述的焦距总是在一个较疏忽的岔口便模糊消失了。一开始我们努力地组合这些身世的素材，隐隐感知它们后面有一幅你必须按叙事意志去拼成的图。很遗憾地，后来硬就是弄迷糊了。

---

1 ㄅ以及下文出现的ㄨ、ㄚ、ㄅ均为注音符号，可对应拼音的k、u、a、b。这里仅作为代号使用。

这还只是一个遥远的故事。

关于她的事，在聆听过程总要避开那些煽情的部分，或是把叙述中不能遏止逐渐加强的夸耀或虚荣的哀伤企图压制下去。总是有某些恰到好处的时刻会在故事的终点前出现，通常是，一向沾沾自喜的叙述者突然遭遇到雷击一般的濒死恐惧和悲恸。

姑且将他称之为崔宁吧。

当然，第二天，当崔宁和你一同从堆满绍兴酒空瓶和酸梅籽、溢出烟灰缸的烟蒂、荧幕兀自跳闪不已的KTV空房间醒过来时，和粘腥的口臭与恶心同时涌上的念头是这个故事已到了终点了。从此以后你也甭妄图自崔宁那儿旁敲侧击问出一点有关她的事。崔宁苍白着脸（在喝酒这方面他实在是非常不行），仓皇恍惚地笑着。他不记得昨晚自己说了些什么。当然你也完全不记得了。你们在柜台前抢着付账，然后在KTV的大门骑楼意兴阑珊地分手。

这是关于她的全部故事。

在她之前，裂片残骸的你会常听到崔宁和其他女人的一些怪异的遭遇：乂、丫、夂、法拉利或迷你奥斯丁等等。全部冠以代号。脸孔模糊后所留存下的档案全是那些光怪陆离的邂逅、上床到很风度地分手。有些部分甚至像一首安静伤感的小诗。肉体羞怯无声（因为他不很记得当时说了些什么）地从饱胀的高张情绪（因为他是在偷情，他正在背叛他的女友）中冉冉升起。

崔宁有女友，或者不可避免，他的女友正叫作秀秀。

一些静默无声的，在微光中冉冉上升的肉体印象。有些甚至可以比拟少年时期初学会自渎的那种情境,躲在漆黑的房间,怦然心跳、羞涩、洁净的罪恶感,一种饱胀恬静的幸福和对短暂当下的私密的悲叹。

在秀秀之前,几乎所有的女人年纪都比他大:大六岁、大三岁、大四个月、大两天。秀秀似乎是他漂泊的官能之诗的终站,仅只是因为她年纪比他小,而象征了某种应该栖止下来的童话吗?但那不是重点。秀秀在遇见他时,已经不是处女了。秀秀甚至本来是他从前最好的朋友的女友。我有一次和崔宁在一间叫 Roxy 的老 pub 里遇见了那个男孩。一八五以上的身高,被一个法国女人搂着,他看见在楼座上的我们,轻轻地把已经醉了的女人从自己身际卸下(当时我确有一种他仿佛是卸下一件睡袋或面粉袋之类的感觉),拎了三瓶啤酒上来。坐在我和崔宁的旁边。

"敬你。"三人自顾静默地喝了一会,他突然对崔宁说。

"敬你。"崔宁几乎是羞涩地回答。

又静默地各自喝了一晌,他问:

"秀秀好吧?"

"很好。"

那晚,我和崔宁在这间叫作 Roxy 的老酒吧楼座上,俯瞰着他昔日的好友他背叛的秀秀从前的情人,摇摇晃晃地扶着已经烂醉的法国女人走出门外。崔宁突然告诉我:他最好的朋友。罪恶。且是光透不进去的罪恶。偷情。三人在一起时两人私密的眼神交会。最后摊牌。女人的眼泪和让他惊愕不已的决绝冷静。他的朋友令人丧气的拖泥带水和连续剧腔调。

这些重量,中断了透明如膜、呼息可闻的恬静的肉体之诗。一切的动作和轮廓，开始了意义的延续。

很多个夜晚，崔宁自噩梦中惊醒，身旁搂着是酣睡的秀秀。他突然发现在他这一生（漫长的二十五）的肉体之诗里，没有一段，甚至一句意象是关于秀秀的。他曾在MTV、汽车旅馆、租来的车子里，甚至旅行途中借宿的小学空课室里和那些比他年长比他经验丰富的女人做爱。像没融开裹着奶油自咖啡中浮起的糖块，女人的油白身躯总是断肢残骸地自记忆的暗黑中浮起。有时是一段胳膊，有时是一对奶子，有时是一排脚趾头，有时是一个清晨在烧饼油条店里，被抽风机的声响不停打断的，索然无味的谈话。

总是不断有女人来引诱他，带他上床，然而却在隔日清晨毫不遮掩她们沦肌浃髓的疲倦和衰老。崔宁说，是不是她们在事前皆能嗅出，他体内某部分的荒芜，面无表情后面的一片空白。他的枯败无味的灵魂不会在肉体之后还意欲摸索肉体之外的某些东西。

是的，阿鲁。

时间鲜少朝前进行。我始终活在时间的规则中，但是她们没有。他说。

他说他高中时有一次当班上总务，把班费污了请他的哥们，没几天就花光，后来被查出来教官叫他去训导处盘问了一个下午。他和深谙问案技巧的教官盘桓攻防至黄昏，惊然发现教官室的日光灯亮得耀眼，突然一阵厌烦，便一切都招了。不是什么大不了的过错，也不过一个大过罢了。他想起他一辈子被朋友倒钱的士官长的父亲。留了一封信回家，说为了维护家风，会断一只手指谢罪。然后跷家南下投奔他的哥们。

因为没带身份证，实在没法替他找到工作欸，他的哥们抱歉极了。哥们的家待久了,哥们的妈问起,换成哥们的哥们招待,然后是哥们的哥们的哥们。

有一天晚上他独自躺在嘉义的旅馆看 A 片,黑人白人、奇淫技巧,洋洋大观。他不记得自己离开家多久了,有生以来第一次体认到自己构造里,那个永不能填补的空洞。

他觉得寂寞,于是连夜坐野鸡车[1]北上回家。

我们不知道他为何提到这一段。不是正谈到他的那些比他年长的女人吗?或是到现在为止一直迟迟未出场的她,她的一些事?或是某种晦涩的隐喻或意象?关于他的肉体之诗?或者关于时间?

是关于时间。他说,我活在时间的规则中,她们没有。

他说,当夜回家,颜色和质感又回来了。他和母亲抱着痛哭,吃猪脚面线,淡淡地回答母亲离家这一阵的生活,母亲努力要嗔怪却难掩兴奋的好奇问话,几乎要把他这次的离家当成英雄的成人式冒险。一切是在扮戏,但他喜欢这样,需要这样。

直到他父亲被吵醒起床。他母亲机巧地要他向父亲下跪。戏在延续着。但他喜欢那种挣脱了无色的空洞的质感。他父亲的回答让他激灵灵打了个冷战。

为什么你的小指还留在你的手上?他父亲说。

几乎最后都不能避免地提了家庭。她们的,他的,他们的身世。

是不是这样?阿鲁。

似乎他父亲看穿了他某些和意义脱离的本性,不是说谎,而是

---

[1] 非法营运车辆。

他，不能去实现承诺，他不能承载重量。

很多年以后，当他握着棒球，当他抓住公车的吊杆，甚至当他的手在女人的身上游走时，他都只使用四只手指。他总是感觉到，从那时起，他的小指便封闭了血管的活瓣闸门，拒绝血液再进入。他的小指逐渐轻盈透明，和他的整个身体若即若离，其实早已是不属于他了。

总有时效性。

又譬如说先前提到的ㄅ和W吧。一对双胞胎兄弟，他们不是相互提携走过自给自足的青春期吗？他们像在布满绿藻的水族箱，奇异地爱着脐带一端的另一个自己。似乎在青春期以前脱离母胎二十个年头的生命，犹被浸泡在两人一同蜷缩着的羊膜内而和世界隔离着。

后来ㄅ在美国死去，是在一个街角被一辆自巷子里快速倒车而出的克莱斯勒撞死。（我为何会偏执地记住克莱斯勒这个名字，乃因有一次看电视上一个关于克莱斯勒的广告。一个母亲搂着她劫后余生的女儿，两人感激着克车的ABS装置及安全气囊——一种在高速撞击下会从驾驶盘涌出瞬间充气将驾驶包裹在柔软的气囊里的安全装置——使她的女儿在某一次剧烈的车祸中毫发无伤。那时心中奇异地出现这个画面！啊，ㄅ是被这么安全的一辆车给撞死的呢，当ㄅ躺在那辆克莱斯勒的排气管下时，车子的驾驶是否正被包裹在母胎羊膜一般的安全气囊装置里呢？）

你的另一半，被攫入浓稠的暗黑里去了。ㄅ死去一个多月，有一次遇见W，我这样对他说。只是时效的问题。

我也曾有一个双胞胎兄弟呢。真的。清楚地记得，吸乳的时候，瞥见母亲的另一枚乳房，猴子一般攀着一个红着脸满脸皱纹的家伙，清楚知道那便是另一个自己，是否该霸占母亲所有的乳房，让他像果树上多余的果实因吸不到养分而干瘪枯萎，变成一张扁平的胎衣。狡猾的家伙，甚至怀疑，是哪一次迷路或离家出走没再回家，那家伙，便冒充着原应更完美优良的我，进驻我的位置。有几次，父亲带我去杂货店，指着冰柜里两种冰棒，要我挑一种。心里明明打算好了是要凤梨的，一开口却说："我要绿豆的。"

问过母亲我可曾有一早夭的双胞兄弟。母亲诧异地笑着说：

"双胞兄弟？阿鲁的上面还有哥哥姐姐，怀阿鲁的时候，家里的经济状况并不好，本来还打算把阿鲁拿掉呢。怎么吃得消有另一个阿鲁呢？"

只是时效的问题。我的另一半，在更早的那一次，便被攫入暗黑的那一边去了。而你的，则拖延至二十年后，才悄声消失。

但是，要说的是时效性这件事。

回到崔宁。

在另一个雨下得很大的早晨，你赶早便撑着伞到公车站。不错，她在那儿，站在雨光中，整个人因为盛装了全车站只有你知道的秘密而像只陶壶那样发出幽微的光。你按着计划，在车进站大家朝车门挣挤的当下，用伞尖朝一个挑拣后感觉较胖（在场竟没有一个真正的胖子！）的家伙屁股戳去。他忙着朝车上挤，没有理你。你又迅速挑了另一个颇胖的欧巴桑（呼呼，刚才只注意到男的，没想到身边就现成一个女胖子），再戳。应验了，你被推搡了一把，跌倒在人行道旁的积水中，女人从你身旁走过，你准备了这样的台词："我。知。道。你。所。有。的。事。"

女人面无表情地跨过你，利落地最后一个跳上车。

崔宁告诉过我那种恐惧。

他说，曾经有另一个女人（那许多比他年长，在秀秀之前，滑进他的肉体之诗的，没有名字的其中一张脸），教给他一种小时候跟玩伴学来的许愿方法：天空有飞机飞过，小小的一点，你用手把它圈住，抓在拳握里（假装的），叫你身旁的人打那只握住飞机影子的手一下，然后凑近嘴，谨慎地，咻一下把它吸下去。每吃下五十架飞翔在天空的飞机，可以许一个愿望。

这其实是女人圈锁着他的肉体，一种诗意的符咒。第一个愿望还没许成，他便和告诉他这个方法的女人分手。但他仍是很认真地积存着吃着天上的飞机（台北天空上的飞机可真少啊）。一直到有一天，他终于抓到五十架飞机，在他身旁替他打一下握住飞机的手的那人，已是秀秀，他却迟疑不敢许愿。

他突然惶惑不已，记不得命定的一次恍惚（是不是告诉他这个许愿仪式的女人离开他的那一阵子），自己在吃下第十五架还是第十六架时搞花了，在那一瞬的恍惚片刻，含糊便带过跳到第十七架。万一、万一在其实只有吃下四十九架时便以为已吃下五十架，或者在吃了五十一架时才许愿，错过了该在五十架时许愿的神秘瞬间。

这个故事的总结，是不是一句话："我们总是错失了时效性？"

我知道你所有的事。

她还没有出场。

经验是这样的，如果一开始崔宁有些松动想说出来时，没让他说，或者在他铺陈着各种情境或细节的因果——有时我们会岔开，谈论到星座或血型的一些问题——那就甭想叫崔宁再告诉你些什么了。呼之欲出，却在边缘的一些突起的东西上（舌尖或指端之类）绕行着，然后就流掉了。故事始终在它的另一面叨絮着；床底的上门牙，幼时窗外飘过的一只兽，或者你抬头耸悚着的始终跟在你身后的月亮，如同我那阴鸷的、消失在记忆暗黑处的孪生兄弟。故事应在起始便由它的这一面来演绎，而不是齿轮和皮带、胸肋和骷髅的那一面。

崔宁说，很平凡的故事；秀秀是分界，分界的那一边，是崔宁的肉体之诗，如果你还记得那些汤饺一般的、皮肤犹闪着银色光泽、朝前像打水漂一般弹跳的肉体。那些比他年长的、不意图夹带意义的女人肉体。分界的这一边，则是全然陌生的、他必须审慎思索每一处情境肌理的经验。

很平凡的故事：女人有个正在当兵的男友，是个流氓，但那不是重点。崔宁也有个可能会厮守一生的女友，秀秀，稳定的性关系，一个月上两次馆子上一趟音乐厅。他和女人，相偕潜入私密的倒影世界长达一年有余，这之间没发生过任何肉体关系。不值得惊奇。好多次的暧昧情境已远超过崔宁之前和那些女人单薄的肉体界限。但他们始终没有跨过。是女人不愿给他？不让情境冒险流向边界？很可能，但是崔宁不断强调，在那些时候，你不会想到这些，你可以朝另一个方向去揣测，很可能是更高难度的挑逗和诱惑。更高难度对另一阶段新的肉体之诗的敬意和自尊。

但完全不是那样。很多次的暧昧情境。女人甚至很清楚地觉察到崔宁的勃起。但他们没有跨过。是守着她的男人吗？很长的时间崔宁是这么以为。粗鲁点说吧，今天若要玩玩一场背叛游戏的话，他们两人皆是最有资格扮演对方的首席诱惑者。

全然的敬意。像初恋少年那样的焦灼和痛楚。有生以来第一次,崔宁为着一个女人,去构建了那么多组繁复精密的坐标,试图逼近她的意义:他翻遍了坊间的星座书(她是天蝎座);有一回他问起我紫微斗数中怎么看廉贞坐命的女人,他细细地入戏玩索着女人飘忽游移的一些回忆:童年的,和她男人的,她自己一个人关在房间里的。

譬如说有一个关键性的夜晚,崔宁驾着向朋友借来的TOYOTA载女人飙上阳明山,两人选了一处可以俯瞰台北市夜景的转角,偷爬上一栋人家别墅的阳台。他们换着嘴喝一瓶超商买来的,有漂亮玻璃瓶味道却像发酸的果汁的雪莉酒,这时女人开始告诉他一些奇怪的琐事:她小时候有很长的一段时间患有癞痢头,每天顶着擦了紫药水的光头到学校上课,有一年之久她陷入了不肯开口的无声世界,在那一年中包括对家人她说了不到十句话,她还说她小时候固执地喜欢用手去抠肚脐,她的父亲不知什么理由执拗地认为这是一个非纠正不可的恶习,似乎在试过了各种无效的禁制手段后,她的父亲有一次把她关在浴室里,用水管抽她。

"就是为了抠肚脐吗?"

崔宁惊异极了,他觉得自己被什么东西刺痛了,其实更主要的原因是他陷入了一种不安和无措的恐慌里。他完全不能理解女人告诉他这些事所透露的讯息。他嗅到了女人正在挑逗他。但似乎是隔着一扇又一扇有着各式奇异的锁的门,他必须一扇一扇地推开那些门,但他对如何开那些锁则一片空白。

女人似乎陷入了述说所带来的欢快。她说到她的姐姐,带着复杂的自小受压抑的妒意说道，有一个台风天，豪雨造成的淹水已淹过了家门口的鞋架，她的姐姐还在学校，她的父亲神色紧张地拿一把大伞给她，叫她去学校接姐姐回家。她说她那年才小学三四年级欸，她走在水已浸到大腿上端的街道，看见泡在水里的电线、招牌，漂过身旁的塑胶拖鞋、死老鼠、垃圾，以及她自己浮在水面上拖在身后的黄色雨衣后裾，突然就很绝望地在大雨滂沱的街上哭了起来。

她在和我调情。崔宁说。有一度他甚至怀疑她是否相当熟练如此轻快地展示自己一些阴郁沉重的往事，让男人毫不能抵抗地跌入（因为对被扭曲的悲恸的陌生和尊敬）任她摆弄的情境。但是那只是一闪而逝的念头，他很快便进入情境。她甚至还说起，小学的时候，她爸妈带她姐姐去应酬时，总是把她一人留在家里做功课（因为她的癫痫头带不出场？），她则整个晚上舒服地一个人看一晚上的电视，然后要在预估她爸妈回来前一个小时左右把电视关掉，因为她姐姐一进门便会冲到电视机前，摸摸电视的机身有没有发烫。

"hóu——你看了一个晚上的电视。"

她说有一次，他们提早回家，她听见她爸爸的伟士牌机车引擎在弄口，她便慌张地把电视关了，然后大难临头地抱了家里的两台电风扇，密集地对着电视机猛吹。很狼狈，她说。

她在和他调情，他却不知该以什么舞步迎身而起。他这才发觉自己完全没有一个诱惑者所应有的配备，即使是最基本的本能。他一直是习惯被诱惑的啊。

于是，像是一个初恋的少年，交换信物那样地，把自己最私密自怜的伤口展示给他的情人。崔宁笨拙地打断了女人的叙述："我知道那种感受。"然后他开始说。很糟的一次告白。他说了什么呢?我不知道,也许他说了那次的离家和手指的故事,也许他说了我之前告诉 W 的隐匿于黑暗中的孪生兄弟,也许他一个一个回溯从启蒙他开始,那些淡无轮廓、没入灰黯的衰老气息的女人的肉体。

在说话的当时,他已然明白,他和她之间,有一种防腐剂般的暧昧的气味已悄然离去。他仍不能停止地说着,这是他有生以来第一次,很可能也是唯一的一次了,借着诉说,在重组着自己的意义啊。

最后终于一切都说完,他喘着气,她则静默着。

过了一会,她说:"很好听。"

崔宁说,表面上看,他回到了秀秀的身边,女人则在他和他的哥们或是秀秀在一起时,像个撒野弄痴的小孩那样出场。大家都知道她有个流氓男友,正在当兵,没什么,也就夹荤夹素地和她逗。没有更诡丽或荒淫的事情发生,女人不是条件顶好,没有必要去干犯已疲惫不堪的升平的气氛(不是伦理),年纪也都到了嘛。

有一段小小的插曲:哥们之一,有一次悄声地告诉我们,他的另一个哥们,都不熟的,有一次被女人约出去,也开了房间,怎么说呢?有点复杂,她好好地把那家伙玩了一顿,她抱着他的身体,却始终不准他上她。也没什么好大惊小怪的,也许还是算替她军中的男人守了身。大嘴巴的家伙在哥们间夸耀着,大家却隐隐觉得那里面有某些她对他的羞辱。

这一点我和崔宁的看法倒是一致:的确没什么大惊小怪的,因为那已不重要了。我们可以说是女人嫖了那个沾沾自喜的傻蛋。这里面还包含了一些复杂的什么：她不准他上她。不过最重要的早已发生过了，且已结束了。

崔宁后来告诉我，在那以后，他常常在夜半醒来，撑起身点支烟，静静地审视着秀秀沉睡中的身体。他对身旁的这个女人了解多少呢？每个礼拜做爱三次，他的手掌熟悉她身体每一个转折的弧线。他记得她刚离开从前那个男人（他最好的朋友）的那一阵，每夜都会哭着从噩梦惊醒，他从来没问她什么。但是那时他们仍是每晚做爱，然后她从睡梦惊醒。他不记得是从何时起她可以一觉安睡到天亮。他完全不知道那一阵子她心里在进行些什么。秀秀应该也不知道和她做爱的这个他的身体，已经被女人占领了里面的某间房间，别的女人是无论如何也进不去了。

我知道你所有的事。你和她们不同。时间鲜少朝前进行，而只是像水漂那样在起伏弹跳了逐渐感受到肉体衰老下沉的重量。我曾认识一个嗓音低沉、深具魅力的女人，但不过两年后再遇见她时，她已颓颓老去，像覆上了赭红色厚绒布而被吸去了光泽的钢琴。但你和她们不同，我知道你所有的事。我甚至不为你命名。那只是时机的问题，崔宁在告诉我这些事之后，这个名字便被我剥除。但你留了下来，如同ㄅ和W，我从不同的人们的闲谈中听见他们的事，旋即将他们遗忘。但我后来始终记得W这样告诉我：ㄅ车祸死去的那天清晨，他从一片强光中醒来，全身像撕裂般地疼痛，他起身为自己泡了杯牛奶，但喝下去后马上吐了出来。眼里所见的事物，全部模糊重叠为分裂的两个，他没有办法集中焦距。他记得自己梦见牙龈很痒，用舌头去舔，并且用手去摇动牙齿，然后很轻易地，将满嘴的牙齿，像剥玉米那样地全摘了下来，一点也不痛。然后他突然预感到今后可能只剩自己一个人了,便在床沿别扭而阴鸷地哭泣起来。

时候到了他们会纷纷剥落,然后开始了记忆。我看见你在雨光中,撑着伞,最后一个挤上车门。

消失在银河的航道

A

从疲倦的长征归来,战争时搏杀的残忍场面已不再出现于我们相互夸耀的对谈中,归程的漫长和似乎永无止境的迷途,使大家沉默下来。"那么究竟是多久以前了?"战争结束时悲壮的疲倦被可笑的琐事拖曳着,我们的话题开始围绕在被絮的埋怨:艇舱内的积水、放肆地蔓生繁殖的水草和小鱼,还有被积水浸泡得发白皱缩的足趾所发出的臭味。人人蓬头垢面、牢骚满腹。彼此看不顺眼,开始怀念在圣战中死去的同伴,遗憾倒在战场上的为什么不是眼前这些令人厌烦的家伙。

这时候我开始在辗转的噩梦中念着你的名字。对战争荒芜麻木的恐惧,使我在持枪时成为一具完美的不透露情感的适于生存的机器。我曾经面不改色甚至眼睑未跳地射杀了成千上万江边口吐人言哀哀告饶的兔子,然后用汽油浇灌在它们被鲜血玷污的纯白的茸毛之上，焚尸时煎出的油汁把行刑的河滩浸泡得如同豆沙馅一般滑腴柔软；我曾经为了逼供，将那些雌雄同体的异教徒的阳具割下，原先声调闪烁一会儿低沉嗓音骂着三字经一会儿嗲着声狡猾地嘲笑我们的顽固家伙，便突然变成一个柔弱无措的女子，不一会就把全部的情报给招供了并且这些异教徒在它们身上的另一半死去时，会悲恸欲绝，然后以女人的形体慢慢消损憔悴，慢慢死去。

这些不曾使我稍微动容。

只有你。当我的水手们被如斩草一般横劈肢体的连续动作魇住，当他们为了刻意去遗忘横劈后浆血迸溢和延续如亡的表情，而只余下空白的大弧度的前臂动作；当他们努力忘却屠戮的惨状却发觉屠戮的动作像复仇的咒语一般附着在身；当他们发狂地发现自己不能控制地在发呆时无端做出挥刀或反勾手指扣发扳机的动作；当他们为了这些，恐惧地狂嫖纵饮时，我却痛苦地知道，真正教我死惧欲死的根源，是你苍白稀薄且愈见淡去的表情。

当我抚挚着腰胯佩刀曾锋快无瑕得像叹息一般温柔剥开那些被殖民者或革命分子肠肚脂肪的刀刃时，每每如是喟叹，其实最残忍的人，是你，不是我。

我的骄傲使我在白日始终沉默不语，像一个沉着坚忍的指挥官。然而，入夜之后，你开始重复着稀薄消蚀的形象，从內里将我肢解。一般是这样的情节，你在我的追逐下，跃入水中，我亦跃入，激流里抓住你白色的足胫，然后惊死地发现，好像一块冰糖那样快速地溶解，最后只剩下握在掌心一块晶莹的胫骨，然后完全消失。我四肢摆动挣扎于弥散着你的水中，你完全消失了，又像羊水完全将我浸浮捧起。

我迷失在对你的每一瞬呼息的恐惧,每一举手投足背后情氛迁移的猜测、每一段对话的沉思,我迷失在环绕运转于你外围一切的光影明暗和剥析不清的情感原型。以至于我慢慢、慢慢地,让你内里,真正的面貌,从我的指缝间,像掬捧的水,淅沥流尽。

——将军,这间屋子里禁着古兽"最后的恐惧"。每年春秋,皆要活祭童男三百、童女三百。圣战之前,也曾先后有几位大英雄,自称不知恐惧为何物,入屋屠兽。却无一生还。

我站在朱漆斑驳的"博爱牌坊"(据说是为了纪念那些在第一次核战前,因一胎化而造成女荒的年代里,一些伟大的妇女,为了解决平均三百个男人配不到一个老婆的比例恐慌,在她们有限的一生中,改嫁了三百次以上,临幸了三百个原该以处男之身抱憾而终的丈夫)下,聆听着火眼金睛雷公嘴的副官半带撺张半带拦掇地介绍。(你他妈的我死了,你不正名正言顺地掌权?)囚禁着"最后恐惧"的房子在不远的山丘上闪着紫色的微光。屈卑的不怀好意的老百姓们远远地跟在我们后头。

妈的英雄。"用加农炮把房子轰掉!"我说。

但是我看见你穿着素衣缟服,在人群中看不出心思的眼神。你是倔强地不肯让我看出你担忧我为了一时逞强接下这个等于自杀的挑战;还是失望我不像个浪漫的战争诗人,冲冠一怒为红颜,仅为了取悦你,把自己的诡丽的死法当作花束献上。

"开玩笑,副官,这次秋祭,把我当作牲品送进去,我要亲手宰了这只为恶无数、荼毒我善良百姓的妖孽!"

雷公嘴脸上的阴霾一扫而空,犹惺惺作态假意温柔地提醒:

"将军,恐惧由怜悯而起,无所不入,然后以爱情而终。"

百姓们欢声雷动。妈的。我此去是成是败，他们都得了便宜，周处除三害，有一害不正是他自己吗？再瞥一次人群。你白色的身影已消失不见。

B

说穿了，她是个疯子。就这么简单。一切教我们翻译不出拼凑不起的零散情节，我们战战兢兢用诗的语言超现实的美学视角甚至满头大汗像解读伟大的卡夫卡那样地用心，来体会她那双发愁的眼神，那张无血色的嘴里，娓娓说出的荒诞事件下，用其余任何方式都无法表达无法体会的精微情感。一切全他妈的是她这个疯子边叙述边微笑陷入冥想的胡诌八道。

干！

这是我们这个五人专访小组，几个月下来用隐藏式摄影机偷窥情侣们自以为独处时露出狼狈嘴脸的工作，首次被摆了一道。说起来，我现在还乐得嘴巴咧到了脑门后头，那些家伙，全窝囊得紧，全真他妈嘴脸活现得拧下来就可以作面具来现卖（"醋坛面具、"凯子"面具、"色狼"面具、"我在虎烂"面具，等等），还有一点教我们诧异不解的是，这些投书到我们"爱情拔牙室"节目的女孩子，还真是他妈真心要掀她们男朋友的台子咧，她们跟我们工作小组合作的态度，简直教人不得不怀疑她们如此这般任着男友当着全国电视观众面前猪哥，只是为了赚到那几分钟荧幕前秀一下的难得机会。

说起来我们也是抓住现在人喜欢又羡又妒又不齿地看到别人笑

话的心态，其实"爱情拔牙室"拔哪门子的牙？第一次投书来节目的女孩子说她善妒的男朋友"暴力倾向"，"我不知道欸，反正有别的男孩子来和我搭讪——而且这种情形很多，他就会想和别人打架"。结果我们雇了两个帅哥故意当着她男朋友的面和她调情，甚至提议帮她拍裸照。然后当他脸色大变准备动手时，我们再从隐藏摄影处冲出，念着千篇一律的台词：先生先生请不要生气这是我们"爱情拔牙室"节目的一个小小的小小的玩笑我们知道任何再美好的爱情也会像牙齿一样有蛀牙我们节目的用心就是替您和您的女朋友拔去这个蛀牙嘻嘻不要生气来对着镜头笑一个嘛笑一个啊全台观众都在看着你啊！

狗屎。

到了下一周他们小两口应邀上节目时，女孩子肿着脸始终闭口微笑点头摇头回答问题，待到了录影棚外面，一张嘴，我的妈呀，满嘴牙全给打掉了。

这还算阳奉阴违至少两人还恩恩爱爱手牵手上了节目，算他妈给足了我面子。有一次一个女孩投书来说男朋友喜欢动不动就带她到幽僻处，然后毛手毛脚。见面那天哇裙子短得简直就像条小手帕儿兜在腰间，还有意无意没事就弯弯腰抬抬腿，把那条小得不能再小的银红色小内裤给露几下（她八成为了上这个节目，还挑选了半天才决定穿这条内裤）。男朋友果不其然，没两三句开场白就挠挠蹭蹭地上下其手。其实天可怜见，我要是她男朋友，见她这身打扮，还有什么耐心去吟诗诵词。不过也确实太猴急太不斩札[1]了一

---

[1] 没分寸，闽南语。

点。躲在隐藏式摄影机后面的我们全看得忘了出去，口水直流。后来是那个家伙竟然猪哥透顶开始扒起她的银红色小内裤，我们这才想起躲在此处的目的，便冲了出去：

先生先生对不起等一下这是一个小小的玩笑刚才两位的哈哈已经被我们拍摄下来我们是爱情拔牙……

话还没说完，那个家伙竟然从怀里掏出一把黑星，然后喝令我们把摄影机砸烂，一字排开跪在他的面前，叫我们倒着歌词唱三民主义歌，罚我们做伏地挺身交互蹲跳，稍不满意就像训导主任教训学生那样一巴掌巴在我们脑后。那个贱样的穿银红色三角裤的女孩竟然在一旁咯咯咯咯笑得花枝乱颤。

后来那位老大弄明白我们是电视台的，就命令我们不必砸摄影机了，不过得老老实实地给他老人家重拍。天啊！接下来发生的事，我真是不敢回想了：我们拍了三个小时又二十分钟他们谈恋爱的镜头，真是他妈你所能想象的最恶烂的三流爱情文艺片的剧情、台词都出现了。咱们的老大风流倜傥满口斯文，女主角不胜娇羞，时不时恩赐地把银红小内裤给闪露一下……

结果呢？甭提了，那一集的节目接到了八百多通观众的恶毒怒骂（我还不知道原来有这么多人关心爱情的品质），那个妞儿被广告商看上，网罗去当内衣和卫生棉的广告女郎了。

干！

然后我就接到了她的电话。

那时我正趴在爱琳身上，一边干活儿，一边听她慷慨激昂地发表那套教男人真正羞愧得无地自容的女性受迫害史和大女人沙文主义。所以当我拿起听筒时满心还充塞着那种憾为男人的罪恶感，更由于对方是个似乎颇有教养的女子（我那时就他妈的听不懂她说话的方式），更使得听筒这一头光着屁股的我，说起话来恭谨分寸，不敢像平时那样胡乱调情打屁了。

"……男人……总是这样子……他，他，我不知该怎么说……他爱的不是我，是他自己的告白……然后他就突然中止了……不是，是消失了……他完完全全地消失了……好像是恶意地用这种消失来报复我……"

"等，等等，小姐，您是说……他，他失踪了？哈哈。"我一边集中注意力想了解她的语意，一边闪躲着爱琳在一旁用巴掌打我的光屁股蛋。

"不是失踪……是消失了……他迷路了很久，一直在设法找回航道，但是他始终不间歇地说话，一直说个不停……那么不是证明着他仍旧是在于这个质能的世界里吗……但是，这次，他就真正地，完完全全地消失了……"

"啊……哈哈，对，呱呱，对不起，"该死的爱琳，"哈，小姐，对不，哈，对不起，我这里有点急事，"爱琳居然搔起我的痒，"您定个时间、地点，我们另外再谈好不好？"

C

然后我走进房间。这时我才恍然大悟，原来囚禁在这屋子里贪婪残暴的兽，人们所说的"最后的恐惧"，并不是诗的语言去形容一只毒龙、青发獠牙的恶鬼，或是睁眼便使人凝成化石的美杜莎。原来我被当作祭品送进来阴谋伺机手刃（其实人们根本就不指望我能再走出去）的兽，就是"最后的恐惧"。流动的冰凉的质粒贴着我的肌肤徐徐滑行，甚至没有我所能预测最抽象的官能的胁迫，没有叹息、啜泣、模糊移动的人影或教人起鸡皮疙瘩的郁金香邪恶的香味。快速流动的介于光、气息或尘埃之间的冰凉质粒，被我呼吸入肺，再喷散出来。我心中突然兴起莫名的强烈的哀愁，仿佛久远以来，自己刻意去遗忘的时间流逝的惶恐，又被唤醒。这一辈子征战星际的骁悍、精练、骄傲和虚荣，甚至近年来藏在心底时时涌起的疲倦感，都像被遗弃在黑夜陌生旷野的孩子，倔强地撑持着，却一点一滴地从周身每一毛孔，释放出去。

阿谖，你在哪里？

（没有用的）

你在哪里？

在哪里？（我迷路在你没有表情的瞬变万千的表情里）

冥玄星云，地球参考坐标（癸，午，南方）。进入夜季的第四十三个太阳标准日。陨石。

肆虐了三个地球星期的冥玄风暴终于过境。我们的舰队像疲倦的候鸟，泊止（其实仍保持等速航行）在无边际的柔和黑暗里。庄严的军葬仪开始，水手们把牺牲于这次圣战的战士的骨灰，飘洒向舱外的天空。他们被埋葬在悬空的永远的黑暗中。

（全是一群傻蛋）

水手们为着舰上蔓延的霍乱和失忆症恐慌不已，这些古老的疾病，使我们考据不出早已失传的治疗方式。舰舱外一成不变的景致和赌桌上一成不变的输赢（五十二张牌、骰子的六面、四个玩家、七十种以上的游戏规则，这些数据交互次方再次方）。庞大数字的几率变异也填遮不了无止无尽的时间的空白。有的舰上发生了喋血暴动，红了眼的水兵们刺杀了他们的指挥官，然后把船舰自杀式地朝陨石撞去。最后拍出的传真是短短两句革命宣言：

"至少，我们要感受有一个目的地可以降落的快感。"

没有用的，阿谖。我继续把玩着战役中杀掳来、带回去取悦你的玩意儿：有远从人马星一路谨慎收藏的奇妙的眼珠，传闻该星的雄人马生性淫色，但是当我们的战士当着它们的面轮奸它们的妻子，然后迅速剜下丈夫的双目，泥丸大乌黑的一对眼珠，会继续地、永无竭止地、汩汩流着泪；有一个香锦囊，是从一个神话般的守军的血尸顶上剥下的，那一次我们的部队遭受了从未有过的顽强抵抗，我们牺牲了三个纵队、一个装甲师和无以数计小组推进的敢死排，才摧毁了那处隘口的碉堡。但是竟然发现，使我们遭受如此惨烈伤亡的守军，总数只有一人。士兵们起哄地在他胸前发现这枚香袋，大家都相信这是一枚具有神奇力量的护身符。我们把他的头颅砍断，取下香袋，剥开，里面一张被血浸红的宣纸竟写着四个娟娟秀秀齐齐整整的汉字楷书：

"盼君早归。"

我暗自反省，我之所以为了得到这些象征着爱情的顽强不朽的珍贵物事（虽然我的幕僚和水手嗤之以鼻称他们为"一文不值的恶心的噩梦"——当然他们指的可能是我收集的另外一些较触目惊心的东西：譬如说在临终前放弃抵抗相拥而吻的一对年轻恋人被我的军刀利刃割下的两双唇，唇瓣至今犹紧密衔合；还有一具文着早逝妻子刺青的阴茎，它的主人发誓此生再不与任何另一个女人交欢），不惜用甚于一般战俘十倍以上的残暴手段，来凌迟这些自以为至死殉情的家伙，真是为了取悦你而无计可施的下策？我最信任的少数几个人之一的军医扁旦（他是扁鹊的六百零二代传人）善意地提醒我，我已有偏执狂倾向的危险。我微笑着感谢他并答应一定注意。但是立刻急电到地球，密令我的禁卫队将他遍布地球的十七个老婆和两百个情妇甚至仅仅一夜风流夕露之欢的妓女，悉数扑杀。我要让他返回地球时，发现自己和我一样，置身于一个爱情的荒原。

可怜的扁旦。事实上当我像婴儿贪恋着奶嘴一般每天抚掌着这些代价惨重的战利品时，我内心并非激动迷乱，相反地，我清冷异常，我平静地揣想着当你收到这些蹂躏了爱情的卑微尊严却使得爱情凝止成永恒的礼物时，脸上是什么表情（爱情何其尊贵，爱情又何其卑微不堪命运的戏弄），看着那双眼珠如泣如诉地泪流不止，看着那四瓣爱人之唇绝望地胶漆般地吮合着，我甚至有一种疲倦的看透人世的苍凉。

我无法预知你收下这些礼物时的表情。或许你会不耐烦地撇撇嘴，何必呢？你会这样说，何必像个残忍的孩子，把自己自惭形秽自知得不到的东西悉数作践；或许你会用那种教我发狂忧愁而同情的目光睇视我，然后自以为看透我地喟叹着，你只不过是个被自己的恶作剧吓坏了的孩子。你会笑着说，何必呢？没有人为你的恶作剧而食不下咽或者辗转难眠，真正耿耿于怀的是你自己，真正煞有其事把爱情当作那么一回事在膜拜的，也只有你啊。你说，这些湿答答血淋淋的东西，又证明了什么？证明了你向幸福的爱情恶意的复仇？还是你匍匐在它们卓然成永恒的蔑视姿态下？嗳，你会忧愁地告诉我，什么都不是，一旦融入它们背后无限庞大无法预测生命荒芜的背景，什么你加诸之上的价值和定义，都脆弱不可信呵。

那个头颅被你们砍断的守军的妻子，也许在家乡悲恸欲绝，然后坚忍地将遗腹子带大，晚年成了个阴沉的因长年寡居而变态的、虐待媳妇的婆婆；那双眼珠的主人，也许因自己的妻子遭轮暴的惨状不断在脑海中交映，使它成为人马星最残暴的采花大盗，专淫人妻女；也不一定，也许它相反地成为人马星恶惩采花大盗的神秘盲剑客，它惩治淫犯的手段让人马星所有的采花大盗都闻风丧胆；还有那四瓣"最后之吻"，如果当时你没有杀了他们，谁知道在岁月的暗沙悄悄松逝而去之后，他们之间又是怎样的关系。也许是无限的厌烦，也许某一方在外面偷情，也说不定真的相守终身，也许吧，但那又如何？

（但其实你始终一言不发，自始至终叨叨不休的，就只是我一个人的声音。）

D

让我告诉你吧，他早就死亡了。他是谁？他？就是那个唠叨不已噜苏得要命的老头。死了，对，他，死，了。怎么死的？吓死的。哈哈，满意了吧。声音？是啊，声音……声音是他的没错，嗳，不过他就是死了，死了还能怎么样？没辙嘛，我说他。除了这样吁吁喘喘反复不休地埋怨埋怨，他还能做什么？亲眼看见？笑话！我何必亲眼看见，他就被钉在我家客厅墙上，一张人皮，对，他的皮，我说，他的皮他的风干的裸身的皮钉在我家客厅当壁画呢！哈哈，满意了吧？

让我们爽快一下吧。我的小妖精。

描述一下？你不相信？好吧，反正说起来，也不算是我杀了他，是他自己杀了自己，是他自己的恐惧杀了他自己，没错，是我骗诱他进去的。"最后的恐惧"，他的声音如今犹在那间房子里徘徊嗟叹，他的皮却被我钉在客厅的墙壁上。他的头发炸立，可以想见当初在无止境的恐怖中衰竭死去的惨状；他的眼珠奇迹似的没有腐烂，但是失去焦距的瞳仁之中早就蒙上了灰色的尘翳和我替他涂上的松节油；他的嘴巴、耳洞和阴囊两侧都被蟑螂和白蚁咬破，里头塞满了蠕动的幼虫和灰白色的虫卵；乳房下方的你的刺青图像亦不停地褪色。谁能想象他当日的教人不敢直视的威严神态呢？

背叛：谁？我？背叛？呱哈哈哈，笑话，我不是说过了，是他自己的恐惧杀了他，除此之外，没有任何人，没有任何人的死惧、乞求、哀号、诅咒，能动得了他半分的。不错，背叛，我是这世界上最忠心于他的人，我是他的副官，谣言甚至说我是被他阉了的娈童，但是我若不背叛他，恐怕就是背叛了我自己的仇恨。

我是这个世界上最恨他的人。

为什么？你要听？等等，我已娴熟于扮演丑角来博取他的欢心，他总是在最烦心的时候说，雷公嘴，来一段猴子挠痒吧……我却不习惯用自己的哀伤来取悦别人。什么绰号？你说他称呼我什么？噢，他是这么喊我的，火眼金睛雷公嘴。

你现在还不知道我是一只猴子吗？

你看看我的尾巴，还有我肚子上的毛，你看，我翻过身给你看，我的屁股还是红的呢……你蹭挪着什么？你怕什么？我们都打过炮了。你那是什么表情？你以为我喜欢和人搞？你嫌我脏？我还嫌你呢！

要不是你是他的妻子，你是他不忍碰触的"美的幻影"，我才懒得碰你那光秃秃没有尾巴的屁股哩。

对。我恨他。我要亲手杀了他，就算把他剥成标本也不能泄恨。我要亵渎他这一辈子让他痛苦万分抑郁不已的美的图像。

问题在于这里，一些流传已久，界线分明的善与恶、罪与罚或是施暴者与受害者的因果对立。因为习惯古老得让人丧气，人们开始一窝蜂地"作更精致的反省"。他妈的精微，于是一些角色清晰的关系开始被颠倒混淆。薛西佛斯滚石头，分明是这个窝囊的家伙得罪了神，受到神的处罚。但是有些家伙就这么阿Q地说他心知肚明地意识着自己不休止的徒然动作，便是对神祇的蔑视；有些家伙更是无聊到打起那块石头的主意来，竟然替石头哀哀叫屈；有些王八竟然说出这种理论："也许神是为了惩罚石头，才创造了薛西佛斯这个角色的一生。"

混账！我知道那些造谣者或是娘娘腔的吟游诗人在描述我和他的关系时，会为了谄媚读者，故意扭曲了我复仇的动机：他们会把我写成一个最后迷恋于自己复仇者的阴险姿态而遗忘了最初复仇原因的自恋狂；或者把我写成因长期沉溺在仇恨噬咬他的伺机阴影里，最后竟模仿起他，我杀了他，却成为另一个他，成为另一个杀人妻子的独裁者。人们竟然忘了他近于疯子的残暴行径和变态举止，竟然歌颂起他的诗人气质、他对爱情的专一。

好吧。就算这些是真的吧。那么我这个角色一开始出场的价值是在哪里？难道我他妈的我被强迫烹了自己妻子这件事全是活该？

E

我实在弄不懂她为什么要约我在天文台见面。

因为是将近关门的清晨,除了三两个打着呵欠的工作人员,偌大天文台竟一个游客或观察者都没有。我随着她走进一间圆顶的漆黑的房间,上方则用幻灯机打出繁密的缓慢移动的立体星相图。

我也弄不懂她为什么要选这个时刻,强撑起的意识被不停泛滥的睡意侵扰着。她似乎对天文的知识十分渊博,十分谦抑地对我介绍着什么后发座、室女座,什么漩涡银河、球状银河……正当我快被这一大堆枯燥又繁杂的星系名称和方位距离推算公式催眠时,她突然又提起"消失"这两个字。

"就是在那儿……就消失了,"她指着圆顶幻灯机打出的漫天繁星偏左的一簇星丛,分不出是惋惜还是赞叹那样地喃喃着,"消失了……在这之前,对话始终在进行着……哦,不能说是对话,应该是,应该是……怎么说呢……应该是他锲而不舍的告白。我……"她这时像个知道自己迷人的特质却又不知所措的少女,红了脸,无辜地说:"我虽然自始至终都没有回答过一句话,甚至一个暗示……但是……我知道,不是……我一直自信,他的告白,会无限期不休止地进行……其实(她像是偷笑那样掩着嘴眯起眼睛),他啊……他这个粗鲁的家伙,他也知道我始终不回答,其实是在不休止地默许着,啊,不,是期待着他的告白……"

凭良心说,我知道有些热恋中的少女,一边像是哀叹不已地跟人埋怨自己的情人是多么地差劲多么不可理喻;一边又像是怕天下人都真信了她的话而瞧不起她的情人,反倒回头遮遮掩掩地替他辩护。这些时候，我通常会聪明地装聋作哑，她骂他的时候，我便义愤填膺表示不平；待她急了替他辩护起来时，嘿嘿，我便顺竿子溜上，是嘛是嘛，在男人里，他算是难得地完好；那她可就又犯贱地数落他的不是了。

如此，毫不费力地，更多我欲窥知的真相，便会在这种交相矛盾的状况之下，和盘托出。

但是，但是，现在她在说什么呢？我隐隐约约地感到她可能是在使用另一套语言，来极力想表达她的困境。消失？她指着那一团他妈骗小学生的人造星空，难不成还外星人之恋，哈哈。

"太太，哦不，女士，请你不要激动，慢慢说，慢慢说。"

她奇怪地瞪了我一眼，继续喃喃自语。天知道，也许她是用暗喻的手法；或者她在讲一则寓言；再或者，该不会是禅吧？

"……他就像一个被宠坏的孩子一样，他有时像个残暴的杀人魔王……欸，我都不敢去想那些可怕的事情……真的，但是他有时又像个虚荣的英雄，劲搞搞地博取大家……我知道其实是我……大家的尊敬……"

"对不起，女士，恕我打断一下，他的职业，我说，他的身份是？"

"他是将军。"她面无表情地说，仿佛还沉溺在冥想的余绪之中。

"将军？"呃，那她是？如夫人、小姨太，还是黑市情妇？太好了哈哈哈。"是哪一位将军？你私下告诉我，我们节目不发布，嘿。"

像是惊觉了我不纯净的聆听姿态，她突然从那种热病似的亢奋中冷却下来,她又奇怪地看了我一眼,便像合上了壳的蚌贝,再也不肯把那个昏乱神秘、可能盛满了灰色的黏稠汁液也可能藏了一粒珍珠的世界,向我张开了。

"我说,"我说,"不谈那个,你刚才说,消失,呃,消失是不是?"

她这一脸含糊的微笑,不再说话。该死,真的合上了。

"你是说,他的告白消失了,在那个地方?"我指着她适才指的那一处星丛所在,谨慎地观察着她脸上线条的变化。

这时我注意到她非常剧烈地颤抖了一下,因为这个动作太突兀而戏剧化,使我不自主地联想到这个节目开播以来,那些个为了上电视亮相而使各个奇招来引起我们注意的小骚包们,她们甚至当着准备出洋相的男友面前,向我施起媚来。这样的联想多少使我倒了胃口。她这种神秘兮兮的姿态,该不会也是个噱头罢了。

……不会吧……

凭良心说,她是个美人胚子,但是问题就出在她是个胚子。照她说她也该有三十好几了,可是她把头发披洒下来的模样,实在活该就是个穿着高领洁白睡衣抱着洋娃娃的小女孩。她身体里的某些属于女人的特质,可能在她由女孩跨向女人的关键时刻,因为某些事故,便永远胎死腹中了。如果她这当口脱光了衣服站在我面前,我可能还真的气不喘心不跳无动于衷呢。你懂我的意思吧,我是说,倘若我真和她搞起来,那实在会有一种鸡奸小男生的罪恶感哩。

"我知道你在想什么。"她说。

啊?

"我想什么？"

"你在想，你正和一个疯子说话。"

这时候，突然整个星空，不，整间星相室的幻灯星象，都暗了下来，我们在骤然黯暗的漆黑里，突然感觉到对方清晰的呼息。一扇门打开，有个穿着制服的男人从光里走了进来，说：

"对不起，二位，关门时间到了，明天请早。"

F

已脱离辐射尘换算标准航道 4.76—4.83 光年。地球参考坐标（不明，不明，不明）。试用仿地球参考坐标锁定第二十七组乱射波测 H-1004 号白皇星系第四行星参考坐标（不明，不明，不明）正执行二十八组测算。进入日季第一个太阳标准日。无。

已进入日季，舰舱外仍是一片漆黑。我们两次迷失了航道。滥用倍光速跳星系式飞行的结果，使得我们的年岁不规律地倒退：一些血气方刚在圣战末期才投入战场的年轻武士，全变成了流鼻涕绑冲天辫的小鬼，他们赤着足呱呱咯咯地在舰舱和机房之间跑来跑去，玩骑马打仗或是躲猫猫；至于我的那些耆老深沉的幕僚们，全成了年轻力壮色痨痨的小伙子了，他们兴高采烈地冲进女俘房营，想让那些平日板着脸不搭理这些老头的骄傲女囚尝尝厉害，看看她们是不是还故作嫌憎其实大小声呼救其实掩嘴偷笑地只和年轻人混在一起。陡一进女俘房营，傻了，一大屋子裁纸娃娃扮家家酒的女娃儿。倒是从前替女囚们端菜饭尿壶的老妈子，一个个娇艳欲滴弱不禁风。

我们究会迷途至何时？到我们衰老至死！还是蜷缩成胎儿？只是我的忧惧和绝望，从不因时间的流逝逆转扭曲或折叠而稍淡释。舰艇之外，时时有闪着银光的巨大武士幽灵扮着鬼脸错身而过，他们头戴雅典娜盔，身穿金银锁甲，一手持长枪一手擎着青铜大盾，骑着遮了眼罩的战马，在幽漆无际的夜空泛着孤寂的寒光。或许长久流浪在空旷宇宙里的孤魂生涯实在是太无聊了，以至于一旦遇见了如我们这种迷路的航队，他们便精神奕奕地表演倒立、倒骑、把头摘下之类的杂耍特技。

　　我始终在怀疑，这场血腥丑恶的圣战，以及其后不断延长的星际迷航，是否只是个杜子春式的试练。是否这一切都只是我的幻觉，我经过了这戎马征战的一生，其实犹在"最后的恐惧"的房间里。"最后的恐惧"不是恶魔或怪兽的嘴脸，而是个如贴心的爱人一般的能量放大投影机，把你内在的一切恐怖、惊怵、幻影和噩梦，投影而出，历历在目，直到你的坚持被耗竭殆尽。

　　或者也许这场圣战和永不停止的迷途都是真的，只是我和我那些如今已变成婴儿的战士们都不是真的。我们早已死去，根本不存在于这个质量世界的坐标上，在太空里平和航曳的舰队里，是一个舱房一个舱房的。骷髅和骨骸。这一大篇叨絮不休的谵语，只是我遗忘了或不承认自己已然死亡的犹未熄灭的忧思和意志。

　　阿谖。

　　你在哪里？

　　我在哪里？

　　没有用的（没有用的）。

G

说来话长。

我和我的妻子（她是一只多么迷人的母猴子啊）原是我们那个星球首屈一指的厨师。我们为自己的手艺自豪，却不慕虚荣，简直把烹调当作一件艺术来虔诚看待。

那时他的星际长征还未进行计划，却已将邻属的几个和平的星系吞并，我们的星球沦陷时，我们夫妻拜手艺之赐，不像其他的同胞受到屠杀或污辱的厄运。我们被命为他的宫廷厨师，大体上甚至可称受到礼遇。

但是一住进分配给我们的宿舍，有关宫廷的一项禁忌像可怕的阴影笼罩下来，即是：自将军即位以来，宫廷里没有一个官吏、人员敢携带妻眷在身边。因为传说将军曾有一段关于爱情的伤心往事，使他对浸浴在爱河中的情侣恨之入骨。

我们一方面为着这个传说忐忑不安，一方面又侥幸地以为：将军至此对我们并未采取手段，会不会因为我们乃是一双猴子，而他的嫉恨仅止于人类。况且我们夫妻的手艺，是各有特色，少了任何一人，宫廷宴席上的菜肴，必定大为失色。

虽然如此，我们仍相当谨慎：我们夜间戴着口罩做爱；在人群面前，装作形同陌路，非但不彼此交谈，连以目光传情示意都不敢。

但是那一次（该死的），我的妻子告诉我她怀孕了，我忧喜参半，恍恍惚惚，第二天在午餐上菜时，忍不住以爱怜的目光示意她少做一些事，多让我分担。不料就这一瞬目的工夫，被我们精悍狡猾的将军瞥见了。

那天晚餐结束,他将我叫至第一级军事将领才准进入的会议厅。

"我想喝一碗母猴脑粥。"笑吟吟地,撒娇似的对我说。

枯槁的声音在空旷的会议厅回荡,我能怎样?

我能怎样?

我当晚回去,头一次不戴口罩并且不让我妻子戴口罩那样地和她大干起来,她先是举足无措,不断地用眼神示意并且询问,但是不久似乎被我绝望的热情感染,或者是她预感到自己的命运。她开始配合着我,完全地忘形地陶醉在我们有生以来第一次不是沉默的巨大欢愉里。

那晚我们一共搞了八次,激情的叫声像古老哀愁的男女情歌,透过厨师宿室的门板,从甬道进入元帅府大厅,环绕了三圈,再沿红毯阶梯回升,在站满了卫兵的走廊游荡,然后从将军卧室的铜锁钥匙孔钻入,干扰着他沉睡中的梦呓。

我当晚就把我的妻子杀了,剖开她的脑壳,费了一整夜的工夫将她的嫩白的脑花熬成上好的猴脑粥。

第二天早餐,当我乌黑着两个眼圈战战兢兢地把我妻子的脑端上餐桌时,我已经万念俱灰了。他舀了一匙,细细品尝,然后咂咂舌。

"好样的!"

他竖起拇指,热泪盈眶。马上升我当亲卫队司令和他随身的副官。你说我能怎样?我谄媚地笑着拜谢了,然后不动声色将他吃剩的猴脑端回厨房,一口一口,不敢滴漏,和着泪吞了。那是他娘我老婆的脑浆！

在他晚年和战争末期，他陷入冥想和喃喃自语。但是在即位之初，他似乎还妄想着以权力的无限，来报复你的沉默与空白。

他派人明察暗访，把全国最美的处女全召至他的后宫，然后进行他恐怖的邪恶的测试。他在那些矜持的处女入宫和他独处的头一夜，便单刀直入掀摸她们华丽的曳地长裙摸她们的私处，那些吓坏的羔娃子们只要稍做抗拒或略带扭捏状，马上被他三下两下强干了然后下令宫廷侍卫拖下去剁成肉酱。只有一回大约是御用采办宿醉未醒或者怎么，弄来了一个娇滴滴的天生的淫妇，他捞裙子的手才动作到一半，她那儿已自动在里头把吊带袜、纯丝的内裤给褪得精光："陛下，上来爽快吧，好好地干干我吧。"他惊喜交集，以为皇天不负苦心人，童年的影子情人总算被他给找到了。

第二天他便册封她为后。头些天他还被她那些五花八门的床上特技给搅得晕晕陶陶，昏天倒地；但是没几天，他开始起疑，密嘱我把事情调查个清楚。我不到一天工夫就把调查成果上报，原来我们的新科皇后，是他娘的娼街储养的准婊子，还没开苞却训练有素的倌人。他大怒便秘了三天，命令我们把皇后剥个精光，扔在后院让他畜养的那五十只吼吼阳具巨大的西藏狸轮番上阵。"把她干成蜂窝！"他说。起初咱们硬底子功夫的皇后还谈笑用兵，应付自如，但是到了第二十只上身时她已开始呻吟，三十只的时候她开始厉声惨号；到了轮到第四十只的时候，她已经是一摊被扯烂泥糊糊的白肉了。可惜了那一身吹弹欲破的白肉。

他剜了她的奶子，铺在元帅府长街上曝尸，把和这次事件有关系的御用采办、美容教师和丫鬟全给毙了；还派军机在全国所有的妓院特区上空投掷烧夷弹,这件事暗地激怒他杀了手下好色嗜赌嫖如命的陆军司令,差点引发了一场陆军和卫生部长勾结的血腥政变。

那一阵政局诡谲、谣言四起。他先派手下用老妇推婴儿过街的老套假车祸方式,将力倡"娼妓是全国男人的卫生保障"的卫生部长座车阻在大街(我怎么知道?笑话,我是那次狙杀行动的设计者)。将卫生部长的那几个孬种保镖射成钢珠签稀饭,正准备把他架回元帅府慢刑伺候,他却面孔扭曲嘴脸狰狞地死了。我们先以为他是先见之明随身携带毒药以躲掉我们生不如死的刑炼;后来才知道弄错了,他是被活活地吓死的。

搞掉了卫生部长,他还秘密策动陆军司令亲信的副官兵变,革命时期出生入死曾救过他无数次的陆军司令在临刑前哇哇乱骂,说他是婊子养的阳痿的阉猪,并且大声告诉面无表情的执刑枪手一个秘密,说他自从他小学时摸了他们班上吴×谖的私处之后,就残废了。哈哈哈哈。他先还笑容可掬地替他的革命伙伴捋脸洒奠酒,甚至被那家伙吐了一口唾液也不以为忤。但是当他听到这个,脸色大变,亲自走过去用军刀将陆军司令的舌头给挖了。那根舌头落地后仍呱呱不止,将他们同盟二十多年的一切阴谋、丑闻和恐怖活动悉数暴露,后来是他将它煮熟亲自吃了,才解决了这个困境。他将执刑枪手处死,然后以反革命的罪行逮捕那个听信于他的傻蛋副官。并定陆军司令被处决之日为国殇日,全国降半旗致哀三个月。那一阵我真担心他多疑的矛头会指向我。

H

"我想,他让自己的声音彻底消失,是不是……是不是他能讲的话都已完全讲完了,他已没有什么好讲的了……"

"你呢?"

"我?我并不重要……说起来真像他在说话……好像,一场爱情的背后,一定要有仇恨和欲望的流动,才觉得安心……是不是这样?"

但是,我和他之间,根本连碰触的可能都没有,只是无止境的述说和无止境的聆听罢了。

我有时在想,我和他,到底算不算是爱情呢?

每一瞬时的他,像一张一张写满了不切实际的梦话活页纸的他,装订起来,就是我了。

他有时也在怀疑到底我是哪点值得他痴迷——后来也就弄不清了……因为我早就……不知在什么时候,就被架空抽换成他了。拨开我生命的蕊瓣,每一层都是他精心设计记载好了的……你懂我的意思吗……也许因为一开始我便撤防了任他填充注解设计我,所以他反而无从如别人一样,用刺伤、嫉妒、假装遗弃这些动作,来印证我的……他想要的爱情。

"或许这是他计划的最后的一个步骤,他涓涓不止地,耐心地把'他',一点一滴地渗透给我,等到盈积满了,他便按照计划消失……你知道那种感觉吗?一直在你耳边喁喁私语唠叨不休的声音,突然就消失了……其实初始的感觉并不是很严重……就像你一直开着 ICRT[1] 的电台在睡觉,其实也没有在听(听了也不懂),那个男播音员叙述的内容你根本也不太关心……可是,有一天,声音突然,中断了,一点声音也没有了……慢慢地,我里面的一句话一句话累积成的'他',开始像被大力士转着身子抛出去的链球,失去了重力的均衡……失控的坏了的音匣那样反复不休地重叙着他的话……阿谖……阿谖……没有用的……没有用的……"

I

我又陆续和那个女人会面了六次,不,七次左右吧。她仍是叨叨不休地叙述着"他",以及那条消失在星河之间的航道。偶尔她会出其不意地蹦出一些奇怪的但似乎和"他"相关的人物和事件,但每每都在我的追问之下,仿佛厌烦至极地闭嘴不语。每次几乎都是这样不欢而散。而我每次亦认为这次大概是完蛋了,她再也不会把那个陌生的关于星空和将军的故事告诉我了;但是每次都是她主动联络约我出来。而我也奇怪每次都像中邪一般她一通电话时间地点,我马上魂不守舍急着赴约。即使是正在和爱琳打炮,我也草草结束。

这段期间,我们的节目"爱情拔牙室"因为被报纸强烈抨击为"败坏风俗趣味低级诱惑青少年不尊重他人隐私"而告停摆。爱琳忙着她新的案子,我则陷于那个女人的故事的冥想中。

最近几次见面,我已学会尽量不发问,任着她去讲。大概知道

---

[1] 台北国际社区广播电台,是台湾地区的英语广播电台。

这件关于"消失"的事件，有几个人物：将军、副官、一个作家和作家小学时的初恋情人。但是由于她时常前后矛盾语焉不详，使得这些人物的脸孔时常混淆错置，我也弄不清谁是谁了。

老实说，我并不很听得懂她的话，可是我他妈就是觉得听她说话舒服极了。就像有些时候，你会突然厌腻透了那些仪式一般的做爱须知，而突然怀念起少年时期自己关起房门躲在黑里手淫的时光。我是说，那些时候，你脑海中交递闪过的，是不断流动的极美的组合，你完全，完完全全地融解在你自己构筑的官能极限之中。不必提心吊胆小心翼翼地按着 A 片或者光华商场买来的性爱须知上的指示一步步去做，前戏、爱抚、喃喃低语，亲爱的，你真美，无懈可击，手指若即若离滑过耳后、颈脖、乳头、两肋，然后是肚腹两侧、大腿，然后直下要害……我不是说这些老套得让我厌腻，问题是当你知道全世界的男人在干女人的时候都是这一套时，难免会有点扫兴。难免就想嘲笑它一下或是撇清什么的。就是那个意思。

我不由得想到爱琳。她是个聪明的女人。她不会像扮戏或者我从前那些假惺惺的女友们，她不会来那些老套。她有时会仰叉着身子翻在床上，一边喷着烟，一边抛媚眼，"客官，我欲火焚身，快快上来干吧。"有时候跳起脱衣舞来。她陶醉的样子真是让人兽性大发。总之，她自信得很。

不过，我现在不是在说爱琳。我在说她，那个说梦话的女人。我是说，其实我并不爱爱琳。好吧，就算是爱吧，但是那多少有点好死赖活的意味。我对爱琳的爱里头，少了某些要素，从前我说不上来这些要素是什么；但是我现在听听这个女人叙述着她的将军，我知道我的爱情少了什么。那便是感动。

对，感动。

我和爱琳的爱情，充其量算个合伙人。我们志同道合地瞧不起那些你侬我侬的狗屁调调，瞧不起那些成天噢噢我的爱私底下他妈男盗女娼的家伙，然后我们便凑在一块了。我们都拿着对方的丑态开玩笑，但其实又精明得像两条势均力敌的狗，识趣地嗅得出对方的禁地和要害，然后避开不去触碰。

你懂我的意思了吧。我说我真喜欢听她说话。那个女人。打个比方，就像我小学的时候，我们老师带全班到一个山里的一条小溪旁写生，我爱死那个地方了，我们是走了好长一段铁轨，在山里的铁轨，才到那个地方的。但是我们老师便叫我们大家在小溪旁散开，各自找地方就可以画了，于是你想想那种景况，全班五十多个小朋友统统坐在小溪旁调起颜料并且不久即洗起他们的水彩笔来了。我是说那么一条山里的小溪透明地把上头的树木都映在里面的那条小溪，一眨眼工夫，就被染上了一漩一漩红色黄色蓝色黑色的水彩染料。如果那时候，其中有一个女孩子，不像其他同学忙着画画，却把鞋子脱了，在那透明的水里洗起她白色的脚丫子来……我会用一辈子的爱情来爱她的……当然那次并没有这样子的一个女孩，但是我的意思就是这样。我是说那位将军其实是个幸福极了的家伙，他真的碰到了这样的女孩，可是包括我在内，许多人终其一生，这样的女孩都只有在他自慰的时候，才会出现。

J

我按着暗中跟踪的路线走访她丈夫，在之前我已将他的资料大概查阅了一下：他学生时代曾拿过多项校园内的小型文学奖（从高中时的"交通安全作文比赛""教孝月作文比赛"到大学时的省政府办的那一类"提倡善良风俗""发扬民族文化"的作文大赛），似乎原是位颇被看好的青年作家，但是之后大约在文坛真枪实弹的激烈竞争下始终不很如意，他写了一阵子那种明星杂志里连载挖人家隐私美其名"星海浮沉录"其实如假包换的黄色小说。之后又沉寂了一阵子，竟然写起科幻小说来了。

由于是个不太重要的写匠，所以关于他的资料也仅此而已。不过我确乎颇有感慨：因为我当年学生时代也是个"被看好的青年作家"，我几乎可以肯定我们曾不下数次在"美化大众的心灵""绿色大地反扑"这类的文学奖颁奖典礼上打过照面，彼此瞧不起对方，对对方的作品嗤之以鼻，虽然他如今沦落成这种三流的写字匠，但是比起我迎合着大众口味在电台制作这些偷窥别人洋相的节目，他究竟还是坚持着对文学的执着啊！

当我提到拜访他的来意时他并不显得如何惊讶，狎昵地喷着满口酒臭冲着我笑，"我老婆是个疯子嘛！"我很不高兴他这样的态度，似乎如此一来，我不是和他同类（把他老婆是疯子这件事当作一个会心的秘密），就是和他老婆同类（是个疯子）。

"哈，你不就是那个专在'提倡社会善良风俗'的作文比赛得奖的家伙吗？"她的丈夫过气的三流科幻黄色小说家认出我来。

"彼此彼此，哈哈，彼此彼此。"我苦笑着说。

"怎么？打起我老婆的主意了吗？"满口酒臭，我想我是来对了时候，"她可真是个尤物啊，呱哈哈哈。"我这时环顾了这一间典型日本漫画书中漫画家工作室的屋子，满地板散置的酒瓶、袜子、男用内裤、飞碟和太空梭之类的塑胶玩具（当然还有 E. T. 布偶），还有几本翻开乱扔的《天文学入门》《小牛顿一千零一问——太空篇》之类，粗浅的关于天文学的书籍。比较特殊的是他的天花板，除了角落拉起的一条晾满了滴着水的衣裤袜的尼龙绳外，天花板上贴了一张巨幅黑底的星象图，这使我联想起上回在天文台她煞有其事指着圆顶幻灯天灯喃喃自语的模样，那儿比起这里，确实要逼真多了。

"老实告诉你呵！"他用说悄悄话的神态其实洪亮无比的声调说，"她啊，中看不中用啊，呱哈哈哈，'不中用'，你懂我的意思吧？啊？你别打她的歪主意了吧。"他这时整个身子倚在我身上，浑身狐臊，满嘴口臭，我想起从前在颁奖大典礼见到他时，他还是一脸准作家的灵性表情，今昔之比，不禁有点难过，"我这可不是故作开明暗地吃醋的，老实告诉你，我和她结婚以来啊，总共没上过三次床吧。"

"她是石女？"我仰头望着天花板的星象图，试着寻找上回她指着"他"消失的星丛所在，但是满天星斗，一片昏花。

"不是那个原因，不是那个原因……"他这时候顺着我放松的手臂，整个瘫跌在地上。

"你们现在没住在一起了吧？"奇怪的我内心隐隐地有这样的企盼，我总很难把她清洁高贵的形象，和眼前这个肮脏的酒鬼联想在一块。

"唔……"他咕噜了一声，也不知是回答我还是不过打了个呼，然后便自顾自地睡着了。

我跨过他醉成一摊烂泥的身躯，跨过满地的酒瓶调味料烟灰缸和太空船玩具，还差点被一把死光枪绊跌了一跤，走近他屋角散堆了稿纸和书本的一张桌子。看看这家伙在写些什么，也许会有些关于她的资料。

桌上一本翻开的书倒着，封面是《中国天文史话》，我翻了过来，发现该页用红笔画满了线。

……一场浩劫……一九〇七年一个风沙弥漫的日子，在甘肃省河西走廊古道上走着一个异样打扮的人。他的装束同他的身影显得有点不相称，高耸的鼻子，突出的颧骨，皮帽下边露出了一缕黄发，一对浅碧色的眼珠子不时露出不安的神色。他急匆匆地赶路。周围的景色似乎没有什么能引起他的注意。

几天之后，在鸣沙山下的敦煌莫高窟里，这个人同一个姓王的道士见了面，他们经过了一番密谈，看来事情进行得还算顺当，双方的脸上都露出了喜色。

一群骆驼夹杂着毛驴的队伍沿着这条故道走回来。牲口的背上背着密密捆绑着的箱子，走在最前头的就是个外国人。他是谁？这一驮驮的箱子里是些什么东西？第一个问号现在可以明确地回答，他就是英国以盗窃我国珍贵文物而出了名的斯坦因。

这无数还未能弄清楚的被窃文物中有一件是本文的内容所要说的。就是原藏于敦煌莫高窟的唐代星图卷子。该卷现藏于伦敦大英博物馆，斯坦因编号 MS33260……

画红线的部分到此而已，我略瞄了瞄下文的内容，大约是介绍这件重要星图的内容以及其它星座组织的绘图方法，显然这位现已睡死的科幻小说家对这些并无兴趣。

我继续翻了翻压在这本书下显然是新近在进行的几张稿纸，不遵照稿纸格子的秩序，潦草地用铅笔写着（大概是小说家自己的备忘录之类的资料）：

……事实上当时一并被盗走的，还有一份较该件星图卷子重要许多的文件。只是后来不知原因地散佚了，否则它在天文学史上的意义或者宇宙生命与人类的交会，甚至时间逆转的印证，都有惊骇世人的重大价值。那是一份不知在外太空飘游了多久，随陨石跌落在宋朝民户的诗集。对，诗集，并且是用白话文汉体字所写的所谓"现代诗"。内中附录的笔记体小说，记叙的尽是我们二十世纪一些三流科幻小说的情节：太空航行、星际大战之类的。笔者以为斯坦因当年舍本逐末地珍藏了唐代星图，却任该诗集流散，可能是对如此荒诞的时空错置不愿置信，认定是狡诈又天真的中国笨道士摆的乌龙，伪造古物却大出纰漏……

宋人卢子玉的《辰梦录》就曾经记了这一条："治平元年（西元一〇六四），常州，日禺时，天起大雷，一星庞如满月，见于东南。稍时又数震，移西南。及坠，于宜兴县民许氏园中。火光赫然照天……乃一玄铁铸之巨舟，俱焚余骸……乡人鼓噪寻人，得一匣，色玄，启之，有诗稿……所载皆晦诞之事，仄韵芜乱……以为不祥，后不知所终……"笔者以为，这份诗集若不是那位道士伪造，则人类源起的假说将重新改写……近代遗传工程学者曾指出，在希腊悲剧中出现的人面狮身史芬克斯及埃及的人面狮身像，未必是古文明的神话梦魇或图腾崇拜；而是一种高度遗传工程的产物，可以使猫科的狮子和人科的人类交配而产下后代。……据此猜测，在远古之时，可能有一批掌握了高科技高智能被称为"神"的人种，役使着我们如今称为"先民"的次等人种……他们对力学、天文学、生物学的智慧甚至远超过了今天的我们……后来可能是一次大规模的星系移民计划，使他们全部离开地球，遗传工程的技术没留下，使得不同种交配的人面狮身因不具生殖能力，而告绝种……

接下去是同样噜苏的笔调介绍这份诗集流散的经过，以及夸耀著作家寻觅这份价值重大的诗集的艰辛过程。我这时有些混乱，他写的这一大堆资料，究竟是小说还是真的，总不会他写科幻小说，当真对天体、宇宙、外星人这些东西还成了内行咧。

三流科幻小说家她的丈夫在我背后打着呼噜，满屋子烟味酒味和屁味。我试着让自己清醒些：之前翻开的那本《中国天文史话》所说的都是真的（因为不是他写的），后来在斯坦因之后的那一大段关于诗集的记载，就是他掰出来的鬼话连篇了……那么，他所说的斯坦因怀疑是贪财道士伪造出来的诗集，可能是这个小子自己卖不出去乘机拿出来冒充星球诗人作品的烂诗册……

果然！我在桌上一堆成人漫画之下，找到了一叠稿子，是一篇又一篇文言体类似志异录之类篇幅极短的小说，稿纸空白处亦是用铅笔写上：

——此为该诗集中附录之笔记小说——

像是刻意为了创造一种特殊的文体或风格,他的诸篇作品竟仿佛努力维持着某种笨拙的哀感。在同一时期泛滥着概念、剖析或是嘲弄刻薄的文学著作之中,显得格格不入,像一个穿着老式的肥大的内裤的过气美女,却恬不知羞耻地摆着娇羞欲死的滑稽神态。但是我翻到后来,却不觉泪眼潸潸,像个多情的少年。笔记体的小说记叙的无非是类似这类的无聊琐事:有一篇记叙着在一个清晨,作家来到一家豆浆烧饼油条店,老板娘是个五十开外的和气妇人,有一对姐妹花女儿。姐姐身段面容都好,就是嘴唇厚了些,正是熟极欲进的年华;妹妹姿色无瑕可击,就是身架还带着一种女孩子未长成的尴尬气质。姐姐热情开放,没事儿就用眼梢儿勾他,害他被半截油条噎到;妹妹却含苞未放,抿着唇涨红了脸,端豆浆来时抖泼了他一身。然后是一大段作者对于女人的赞美形容词和意象的卖弄,有花有草有小鸟,还至少掺杂了四十个以上的"啊"。作者描述他神魂颠倒,不知所措。他想和姐姐上床,和妹妹恋爱……

我实在看不下去,便跳过了数页,看看结局如何,却没头没脑地看到这么一段:

……是焉老婆不喜,硬将余之□□拽扯,余叫苦不迭。思及前因,悔之不殆。老婆又执余耳跪卧铺以趔。噫,不亦苦乎……

我猜测我翻去的那一大段八成是不厌其详欲擒故纵地吊读者胃

口,不吝笔墨地描写著作家在姐姐和妹妹各有风情的暧昧关系里彷徨,又喜又怕,满涨着温柔和性欲。结果却情锋逆转,原来这是一个比仙人跳还可怕的陷阱:两个姐妹精湛的演出(废话,女人卖骚还需要花心思去揣摩表演技巧?)原来是帮她们的母亲(和气妇人)钓一个丈夫。蒙汗药、春药,摸黑调包……反正种种可能都可以发生,最后便是他醒来发现身旁睡的不是女儿是娘。然后一对姐妹花儿,端着水盆、红巾和蜜饯子进房来,对着满脸错愕的作家和身旁娇羞不已的妇人揖拜,贺喜爹爹,贺喜娘娘……

天啊。

天啊,这是什么恶烂故事?

但是接下来的另一故事却让人柔肠寸断,不忍卒读。自传色彩颇浓的感伤笔调追叙著作者童年一段湿湿糊糊梦遗一般的苍白往事。作者回忆他小学的时候,暗恋着他邻座的一位女生,那个女生纤细苍白,弱不禁风,并且成绩总是名列前茅(我们幼年时期的作家总是汗流浃背地和班上一些他看不顺眼的牛头马面争倒数第一、二名)。小家伙暗藏鬼胎,施展出他十岁便已露端倪的早熟才情,把一些写了肉麻诗句的小字条藏在女孩的抽屉、书包,甚至在例行被罚做值日生抬便当篓时,把情书塞进她的便当盒,女孩无动于衷,自顾苍白;但也不像班上其他动不动告老师的女生,把事情张扬开来。他更爱她了,简直是咬牙切齿地爱,他觉得她正宽容地,允许他和她继续着这个神奇的秘密。

第二段,故事说到有一天,他终于按捺不住了〔此处之下以朱红批注着:(憾邪!叹叹)〕,在字条上斗胆地提出了约会的建议和时间地点。那天放学,他焦躁不安如"虫蚁啮咬"在约定处等她。

不出所料的天大意外，她竟然像梦中的公主一般，姗姗出现。之后又是一大段对女人的赞美形容词和六十个以上的呜呼哀哉哇哼嗟兮的语助词。

十岁的他开始结巴口吃语意颠倒地和她讨论着彼此的兴趣。他发现她的品味并不如想象的高尚。当他面容忧郁（他太入戏了）地和她谈起他们那个时代最伟大的爱情小说时，她却有些不好意思地说自己喜欢看小亨利，当他声调柔和含情脉脉地对她轻唱《归来吧！苏连多》时，她立即兴致勃勃地回唱了一首当时收视率最高的卡通片《恐龙救生队》的主题曲。他先是惶乱不已，以为她是存心寻他开心，但是后来发现她的膝盖不能控制地抖动，才蓦然想起：她也不过是个十岁的小女生哇。哪能人人都像他这般早熟得多愁善感呢。

第三段情节急转直下，让人目瞪口呆。他叙述着他如何内心挣扎地将手放在她哆嗦不止的膝盖上，柔声说："不要怕，不要怕。"而后以浮夸不实的高贵华丽的副词修饰语，描述着他，他……他居然把手伸进她的裙子里面……

此处之下以朱红批注了十三个"憾邪"和一百多个"叹"字。

她并没有赏他一个耳光或是站起来掉头就走，只是害怕地抽抽噎噎地哭了起来。他难过极了，一直温柔地安慰着她，但是伸进她裙子里的手因为极大的震动而忘了伸出来。后来他描述着她像只疲倦的小动物把头倚在他的腿上睡着了。（他的手还是没伸出来？）

末段弥散著作家教人心碎的悲愁气质。他懊悔不已，惆怅万分地回忆着，女孩第二天就没来学校，从此也没来过。身旁的座位一直空着，两天后老师叫后面的同学补了上去。没有人问她怎么了怎么突然消失了。

他百思不解她这样的动作是在告诉他什么？他想不出里面的含意。她是要以消失来冻结最纯粹的美感；还是在告诉他，他伤害了她（是更高形式的伤害）。他不能遏抑地想念着她，内心满涨了痛楚。但是他那时还是一个什么都无法受人注意的十岁少年，谁会把他这伤心的真实故事当一回事。

从那年起，他便忧伤地染上了手淫的恶习。

K

我回去的时候，爱琳正叨着烟在客厅赶下个礼拜的案例，不外是些夸张的一本正经的嘴脸，底子里却粗蠢无比的家伙。我突然厌烦无比。我们从容无所忌惮地躲在窥伺的摄影机之后，把那些滑稽无比的世间男女情爱的狼狈神态透露出来。我们可以预期电视前的观众那种又是嫌憎又是满足的猥亵神情。我们愚弄了郑重其事投书来"爱情拔牙室"然后打扮得花枝招展的女孩，和不知情蠢态毕露被她们摆道的男友，我们也愚弄了流着口水等在荧光幕前看笑话的观众。然后呢？当他们眨都不眨眼背得烂熟"我达达的马蹄是个美丽的错误，我不是归人，是个过客"的情话被我们当成口头禅的笑话之后，然后呢？

然后呢？

"真相大白，"爱琳把手中的烟屁股捺扁，抬头说，"你的那位'影子情妇'不过是个妄想症，或是受到妄想症患者迫害的可怜女人。我的一位文艺圈的朋友告诉我，她和她的过气小说家丈夫的一段曲折遭遇。他和她原是小学时的同学，后来似乎是她转学还是什么原因休学之后，他们便没再见面——你知道小学生的那一套，反正他后来成了小说家，而她是他少年至整个成长过程的爱恋的图像。到了二十年后，他和她在一次三流文人的聚会上相逢了……据当时在场的一位武侠小说家回忆，似乎是他和她说了一席话，使她激动万分……没多久，就传出两人同居的消息……问题是，小说家这二十年来作品中的女人原型，全是按着他想象中的她来设计的：但是一旦两人生活在一起，他才发现时间的错隔使他的'她'和真正的她之间，造成了多大的差距。他开始企图修正拉近这个差距——却不是改变作品中的'她'，而是按着作品中的'她'来强迫她扮演，强迫她接受改造……"

一如往昔，我们再次对这些谈论的对象嘲笑一番，然清楚对方肉体上的需要，在粗俗的黄色笑话和挑逗性的言语暗示之后，一同走进卧室。

但是这回，我漫不经心地回应着爱琳的挑逗，内心却紊乱地交递出现她的对话和他的对话，里边似乎有一种微弱坚持的声音在盘绕着。

……消失了……消失了……

……回不去……回不去……

"你怎么了？"爱琳问，并且努力地用手指、嘴唇和舌头想使我亢奋起来。"我不知道。"我说，内心满涨着悲伤。脑海里浮现着她孩子似的洁白影子，也许我和将军，都是残废，他是被爱情去势了的无能者；我则是被这个充塞了肉欲、交配和勾引女人上床前的心机阉割了我内里的，对爱情的乡愁。

"你怎么？你怎么了？"爱琳不停止地舔着、拨弄着我奄颓的雄性，声音里充满了恐惧，"怎么了，你该不是爱上了那个神经有毛病的女人吧。"

我闭上眼睛，放弃辩答，任由她徒然地把湿滑的口水涂在我的形同死去的两胯之间，并且用干燥的嗓音不断地问：

"你怎么了？"

"你怎么了？"

"怎么了？"

L

争战数十年，你亦老去，如今我已放弃去究寻盘踞着我疲惫如死的身躯在说话的，是迷途在爱情里的将军，还是早已遗忘原因却一径怀藏着报复欲望的副官。你始终令我近身不得：当你若有所思仿佛在聆听我焦灼的爱的告白时，我感到自己像个被迫扮演高贵情人的无能者，我满心错抑委屈渴求和由你而起的恐惧在异化为诗时，已注定要成为在风中发须零乱形容憔悴的雕像的牲品。渴求和死惧一旦成诗，就被判定了永远不得抚慰寂寞放逐，像断线的风筝一样永远飘在语意和意象的天空。

于是你说，那就来吧，把你的唾沫吐在我雪白的胸脯上吧，把你肮脏的精液喷洒在我的胯下，作践我，鞭笞我，拧住我的头发命令我舔你脚汗腥臭的足趾，把我当作母狗那样地和我交欢。何必先把我扩散成无际无涯的透明，然后像个忧郁的诗人那样无病呻吟。

于是我变成满脸淫色奸污那位圣战英雄的高贵妻子的副官，来吧来吧，像一对奸夫淫妇用禽兽的姿势交尾，伟大的将军啊，你看看你这位冷若冰霜叫你痛楚不已的妻子，她在床上是怎样的一位荡妇啊！去你妈的忧郁的诗句。去你妈的无声的永不停止的爱的告白。

但是我像个肮脏的孤儿那样地哭了起来。她睥视我。你睥视我。当我们像交尾的禽兽那样猖猖大喊时，她嫌恶地几乎要一脚将我踢开。我们又听见了将军叨絮的话语：

没有用的

阿谖（阿谖啊）

没有用的

我们永远到不了目的地了

你在哪里

我在哪里

没有用的

闭嘴！闭嘴！从我的身体里出去，（没有用的，）停下你那恶心忧伤吧，（你在哪里？）狗屎！看看你贞节的妻子吧她被我贪得吱吱乱叫去他妈的透明（但是我们会迷途至何时）停止停止她像嗅郁金香那样着迷地嗅着我狐臭的腋下停止停止她像嗅着我狐臭的腋下停止闭嘴我的我们的航道从何时起便消失了呢（闭嘴）阿谖阿谖你最内里真正的面貌，从我的指缝间像掬捧的水，淅沥流尽（闭……）没有用的。

初版《红字团》自序

这一本书里收的六篇小说,最早的《红字团》写于一九八八年大一暑假,最近的《手枪王》也已是快两年前的作品了。如今读来,很多地方真是皱眉不已、尴尬地吃吃笑,但也有一点轻轻的新奇和感动。那时的自己,真的很相信,写一篇小说,可以把好多问题的反省都盛装在里面了。角色的移位、镜像关系的暧昧、推理的突兀和惊吓……在叙事腔调犹因生涩而常发出刺耳的刮磨声时,便很相信"小说"这玩意儿是有一和前代作品相互对话的难度累积、而不成熟地什么材料都倒下锅去。

我的一些朋友犹在寂寞地写着,他们不能自拔地困惑着创作者位置的下降,悲情的神话姿势也不像我的老师们那般理直气壮地冲突毕现。写作似乎只有仰赖社区集团的方式支撑着。我想起自己在写这些作品时,是多么担忧很多年后,有没有人去理会它们?而如今连我自己都不很记得,最早的几篇是在什么想法下写成的。慢慢在学习写作的快乐即在那些人脸和人脸间交互流逝的表情,用好听的故事去说,不那么结构森严。

虽然这本书并来不及做到。

2005年版《降生十二星座》自序

《降生十二星座》的原身《我们自夜暗的酒馆离开》（皇冠出版）自一九九三年初版迄今，已十余载矣。这十多年来，我个人的人世际遇或心境，其变化不可谓不大矣。这期间，真实生命的骇丽风景汹涌、扑面，将我整个吞没，以其对应年轻时小说暗室里精微焊接的纯净结构，真只有用四字套句以概括其体会："百感交集、无言以对、瞠目结舌。"那互为镜像的两个对立世界，对我而言，同等繁复、庞大而艰难。我有时已分不清自己是在其中哪个世界，较心不在焉或较专注凝神？在哪边较纯真童话而在另一边较残虐暴乱？或是在哪一界面有其不动如山的朴素信仰在另一端则彷徨如在无倒影梦境颠倒行走？

这其中，所收录的短篇《降生十二星座》，几成为这十余年来所有大小选集，我个人的代表作。在某些严肃的场合，仍会有一些文学同好，就这篇小说中的某些症结、或隐喻、或推理线索、或意欲追问的形上核心……向我征询。但我常会陷于"啊，真的不那么清楚记得",又怕是年岁增长后自己虚荣的添加附会,又怕像矫情避谈少作,这样的尴尬处境。其实在此书之后,我曾有近四五年处于写不出东西,甚至打算放弃写小说这一志业的阴惨时光。后幸于不同时期不同阶段得遇一些"拉了一把"的恩人、长辈(不论是我那流浪汉困顿生涯真正的经济援助;或是某一篇发光的、让我热泪漫流的序文或评论;或是以自身姿态示范的,写小说这一行业的端肃近乎修行,而非弄潮炫技的"未来的时光"),也摸索、攻坚了几本毁誉参半的长篇。这样的时刻(如我一直视为良师畏友的黄君私下劝告:"你已得到过多的宠爱。"似乎一直保持在引擎运转的热车状态,但真正的代表作始终仍未出手),回顾,重读自己的少作,难免兴起一种"难道当真十年只磨一剑",一切拉成远景,原来仍只在原点蹭蹬打转的躁郁。

我还会写出怎样的作品?

我是否已失去了从前那些美好、不畏人世的质素,我有没有让虚无侵夺,让形式的纷繁遮蔽了,年轻时固执朝人性深井悬垂绳索一探究竟的高烧热情?

我只是在临帖?依傍一种已然成熟的巨大传统(不论中国或西方),在想象中的"理想的读者"的旁征博引中瞎目前行?或一切其实只是匍匐在那些伟大神殿前,"文字即肉身即存在",挑角,拟仿(再没有能让人惊异的原创了),移转的"自我戏剧化"?(异乡人?发达资本主义时期的抒情诗人?恶汉?换取的孩子?歧路花园?)

我记得写作《降生十二星座》这篇小说时,大约是在我大五那个暑假(我延毕一年,其时已放榜考上戏剧研究所,但因仍得暑修补齐之前被当掉的英语实习课，所以仍得留在除了强烈日光下缓慢移动的老人们，所有大学生全像魔法轰然消失的、空荡荡的阳明山上）。那是一个奇怪的时点，大四时成日聚会酗酒、夜里出没，宛如狐神花鬼的创作同伴们（那时我们弄了一个叫"世纪末"的地下社团）早在一年前各自毕业散去，男孩去当兵，女孩们或回台南台东澎湖鹿港当小学代课老师，或留在台北的小出版社当小编辑，当初和我一同延毕的炮辉那时也不得不应征召入伍。几个和我同一年考上研究所的女孩，也要到九月底才返回山上。

整座山上只剩下我一个人。

那真是一段奇怪的时光。每天早晨，我会抱颗篮球，独自一人跑去前山公园的篮球场，像演独幕剧一样，跑篮、罚球线练投，四十五度角立定跳投，底线跳投，假拟有人防守时的运球过人、翻身跳投……在那球场的四周，浓荫错致、蝉鸣不已。有一些提着铝筒盛装煮沸米粉汤或芋头粥的阿婆或在一旁闲散坐着、手摇蒲扇赶苍蝇，或和那些上山泡温泉、赤膊时犹肌肉精壮的阿公们调情打屁。公园里的宪兵队，有时会由值星官带着那些红短裤的平头阿兵哥穿绕那些树丛花丛操跑。从来没有人注意我这个肢体僵硬、一头乱发的怪异青年，自顾自比画地在无人的球场上"练习"各种想象的篮球基本动作。我从来没有参加那些球场上即兴凑合报队的半场斗牛甚至全场比赛。这也是我挑选那日头曝晒的上午，避开傍晚时各路球痞在此会聚之黄金时光的原因。主要是我害羞且自卑，对于在众人面前的某一个出丑，常会耿耿于怀甚至羞惭欲死。

但那真的有点滑稽：没有比赛，没有防守者，却重复着一些自己想象的进攻动作（我还摇头晃脑地做假动作，或蹭一步后跳投篮呢）。常常是投出手后，得气喘吁吁自己跑得老远去把球捡回来。如今我耳边几乎像远方的鼓声，犹仍出现那种皮球在水泥地上单调乏味的弹跳声响。

待力气放尽，我会回到赁租宿舍，用冷水将那像太阳能电瓶吸附了炽白滚烫的头发、颅顶、身体里的热冲逼出来，直到浑身发冷。然后回到三坪多的房间，拿出某本伟大的小说，抄读着其中某些段落。

我不记得那个暑假我读了哪些作家的作品。那时没有女友，在山上收养的狗们也送回永和托我母亲照顾，人渣朋友们尽皆散去。那时甚至没有每日读报的习惯，更别提电视了。除非有长辈灵光一闪想起邀稿，不然所写的小说大抵是处在没有预期会发表的漂浮状态。如今回想，那样的书写时光，真像《天平之甍》里，那几个渡海到中国、耗费了大半生抄写经文，回航时却遭逢飓风船难，大批手抄经沉入海底的日本僧人。过去、此刻和未来全在一混沌梦境的状态，像从整个汹涌的"真实世界"之时间河流脱离开来，独自在一封闭淤浅的小水洼里打转。只要有一个念头："这一切都是徒然罢了。"系住那一切孤独、疲惫、重复行动的执念细绳就会绷断。

我就是在那样一个夏天——那时我或以为我的一生，就是那样纯净状态的无限延续——以后来急行军起来几乎可以写半本长篇的悠长、奢侈时间，磨磨蹭蹭、缝缝补补写完《降生十二星座》。